芸文庫

ポランニー・コレクション

経済と自由

文明の転換

カール・ポランニー
福田邦夫　池田昭光
東風谷太一　佐久間 寛 訳

筑摩書房

目次

序文（カリ・ポランニー＝レヴィット）　11
編者ノート　謝辞　25

第1部　経済、技術そして自由の問題　27

第1章　新しい西洋のために　28
第2章　経済学とわれわれの社会的運命を形成する自由　37
第3章　経済史と自由《フリーダム》の問題　50
第4章　経済思想の新たな地平　70

第2部　制度について　81

第5章　制度分析は、いかに社会科学に貢献するか　82

第6章　国際理解の本質　112
第7章　平和の意味　131
第8章　平和主義のルーツ　148
第9章　未来の民主的なイギリスにおける文化　160
第10章　ウィーンとアメリカ合衆国での経験――アメリカ編　179

第3部　社会科学をいかに用いるのか　191
第11章　社会科学をいかに用いるのか　192
第12章　政治理論について　211
第13章　世論と政治手腕　223
第14章　一般経済史　240
第15章　古代における市場的要素と経済計画　278

第4部　危機と転換　313
第16章　今、何が求められているのか――ひとつの応答　314

第17章　近代社会における哲学の衝突　341
第18章　混乱の暗い影と社会主義の見通し　399
第19章　転換期の現代に関する五回の講義
——十九世紀文明の終焉　407
第20章　転換期の現代に関する五回の講義
——統合された社会への動向　417
編者解説1（ジョルジオ・レスタ）　429
編者解説2（マリア・ヴィットリア・カタンザリティ）　479
訳者解説　ポランニー思想のアクチュアリティー（福田邦夫）　521
訳者あとがき　546
索　引　557

凡例

1　本書は、Karl Polanyi, *For a New West: Essays, 1919-1958*, Cambridge: Polity Press, 2014. の全訳である。収録された論稿は、まずイタリア語に訳され、Karl Polanyi, *Per un nuovo Occidente: Scura Scritti 1919-1958*, Milan: Il Saggiatore, 2013. として刊行された。ただし、元となるテキストの大半が英文であることから、英語版を底本とした。また、ドイツ語のオリジナルテキストが入手できたものについては、ドイツ語から翻訳した。

2　本文中（　）内はポランニー自身により手書きで挿入された注記であり、〔　〕内は、訳者による補注である。また章末注のうち、（1）など、カッコつきの数字は原書の注であり、＊1など、アスタリスクのついた数字は訳者による注であるが、原注の中には、訳者の判断で訳出しなかったものもある。ドイツ語オリジナルテキスト、英語オリジナルテキスト、英語版原書の異同などを検討した結果、原書編者ジョルジオ・レスタ、マリアヴィットリア・カタンザリティによる推定、編集に疑問がある場合には、訳注にその旨を示してある。傍点を付した箇所はポランニーがイタリック体で強調した箇所を示す。なお、索引として取り上げた項目は訳者の判断によるものであり、底本とは必ずしも一致しない。

3　本書の訳出にあたっては以下の先行訳を適宜参照した。『〔新訳〕大転換――市場社会の形成と崩壊』（野口建彦・栖原学訳、東洋経済新報社、二〇〇九年）、『経済の文明史』（玉野井芳郎・平野健一郎編訳、石井溥・木畑洋一・長尾史郎・吉沢英成訳、ちくま学芸文庫、二〇〇三年）、『経済と文明』（栗本慎一郎・端信行訳、ちくま学芸文庫、二〇〇四年）、『人間の経済I――市場社会の虚構性』(玉野井芳郎・栗本慎一郎訳、岩波モダンクラシックス、二〇〇五年)、『人間の経済Ⅱ——交易・貨幣および市場の出現』(玉野井芳郎・中野忠訳、岩波モダンクラシックス、二〇〇五年)、『市場社会と人間の自由——社会哲学論選』(若森みどり・植村邦彦・若森章孝編訳、大月書店、二〇一二年)。なお、煩雑さを避けるため、本文での引用・参照に際しては、邦訳書のメインタイトルのみを記す。

4　引用文の訳出にあたっては邦訳書のあるものは原則としてそれを用いた。ただし表記を、適宜新字・新かなにあらためた箇所もある。

ポランニー・コレクション

経済と自由——文明の転換

序文

カリ・ポランニー＝レヴィット

近年、カール・ポランニーの著作に対して著しい関心が寄せられるようになり、ポランニーが著した『大転換』は中国語、韓国語、アラビア語をはじめ一五を超える言語に翻訳されています。また雑誌や新聞が特集を組み、ポランニーの知的遺産を高く評価しています。とりわけ資本主義の発展に関する分析は、世界的に影響力のある政治フォーラムで注目を浴びるようになりました。二〇一二年には世界中からエリートが集まったダボス会議でポランニーについての議論が行われ、まるでポランニーの亡霊が出没しているようだと報告されています。覆い隠すことの出来ない世界経済の危機は、社会における経済の位置という根本的な問題――父ポランニーの全論考の中で最も重要な問題――を浮上させることになりました。私たちの民主主義が一九三〇年代以降もっとも深刻な危機の中で突き付けられている挑戦の意味を理解するためには、資本主義の歴史を再検討する必要があります。このため、ジョルジオ・レスタとマリアヴィットリア・カタンザリティは、カール・

ポランニーが一九二〇年代初頭から一九六四年の死に至るまでの期間に行った講演原稿や草稿から、未だ出版されていないものを編集しイタリア語に翻訳してくれました。この魅力的な論集は自由経済秩序が崩壊し、民主主義が終焉した両大戦間期の歴史を再検討したものです。現在の民主主義の危機は、管理されていた資本が解き放された結果生じたものでもあります。そして市場原理主義にもとづく新自由主義イデオロギーが蔓延した結果生じたものでもあります。その危機の本質を理解するために本書を注意深く読んでいただきたいと思います。

本書をよりよく理解していただくために、カール・ポランニーの人生と彼の哲学について若干考察し、主著『大転換』の現代的意義に対する私の理解を述べさせていただきます。

父ポランニーは情熱的な人でした。彼は知識人には社会的責務があると固く信じていました。ハンガリーでの初期の論稿や講演の中で「われわれの世代」との言葉を使い、自分自身そして自分と同世代の人びとには、一九一四年の惨事と大戦の破壊行為に対する道徳的な責任があると言っています。彼にとって自由と責務は切っても切れない関係があります。彼の市場化した社会に対する批判は、日常生活が商業化していること、つまり社会関係が非人格化していることに対する嫌悪に根ざしていたと思われます。彼は、どのような形態の社会主義であっても、人びとが自分の所属する共同体と社会、そして民主主義に対して責任を持っているということを確かなものにするものでなければならないと信じていました。ですから彼は、政治権力を一手に集中し、何もかも中央で決定し、指令するような計画経済という考え方を信じてはいませんでした。一九二〇年代、彼はウィーンで、当時ドイツ語圏で最も重要な社会科学誌において展開された社会主義経済の計算可能性に関する議論に参加し、自由主義の主要な擁護者であったルートヴィヒ・フォン・ミーゼスと議論を戦わせました。そこでポランニーは、機能主義的で団体的な社会主義経済のモデルの輪郭を描いたのです。労働者、消費者、そして市民それぞれの選挙によって選ばれた代表を通じて行われる交渉により、それぞれの利益が保証されるというものです。この見解はG・D・H・コールのギルド社会主義やオーストラリアのマルクス主義者オットー・バウアーの考えと似通った見解でした。

当時ポランニーは、彼の言葉によればジャーナリストとして地道に暮らしていました。ここでポランニーに関する身内話を開陳するものではありませんが、ポランニーの母、つまり私の祖母は自分の子供が将来就く職業について明確な考えを持っていました。すなわち次男の父は法律家に、弟のマイケルは医者に、長男のアドルフは祖父の職業を継いでエンジニア兼会社経営者にするというものでした。ところがアドルフ伯父は、祖父の仕事を継ぐどころか、当時としては誰も行くことが出来ないような遠いところ、つまり日本に旅立ってしまいました。その後、伯父はイタリアに移住しましたが、ムッソリーニが擡頭してきたのでブラジルのサンパウロに逃れ長年暮らし、そこで生涯を閉じました。要するにそもそも父は、彼の伯父の後を継ぐ形で、裕福なブルジョアジーになることを運命づけられたのですが、そうした人生を放棄して、他の家族が「ドロップアウト」したと評するような立場に身を置こうと決意したわけです。

父はとても優れたジャーナリストであり政治アナリストだったと思います。彼は、ロンドンで発行されている『エコノミスト』誌をモデルにして、ヨーロッパのドイツ語圏で発行されていた『オーストリア・エコノミスト Der Österreichische Volkswirt』誌に記事を書きました。この週刊誌は金融・経済に関する一流の雑誌であり、私は掲載された父の論文をすべて読みました。彼は、国際問題の編集主任でした。ヒトラーが政権を取った一九三三年、ファシズムの影はオーストリアに影を落とし始めました。残念なことに、雑誌社のオーナーも発行責任者も、ポランニーのような著名な社会主義者が編集に携わることを拒絶したのです。この時父は、イギリスで職を探すように勧められました。数年後、父はロンドンの労働者教育協会で講師の仕事を見つけました。これはオクスフォード大学とロンドン大学が運営する成人教育機関でした。ここで父が受け持った科目は、彼が得意とする現代の国際関係論と、彼にとっては全く新しい科目であるイギリス経済史でした。彼がケントの近郊とサセックスの公立図書館で開かれていた夜間学校で準備した講義ノートが、『大転換』の骨子になりました。と同時に、彼は「近代社会における哲学の衝突」（本書第

17章）というタイトルで一連の講義を行いました。この論文は本書で初めて翻訳・公刊されます。

マルクスもそうですが、ポランニーの研究の原点は、イギリスにおける産業資本主義の起源、特に一八一五年から一八四五年にかけて労働および土地の市場化を支えるインフラストラクチャーが法的に整備された時期に関する研究にあります。無論、貨幣の自由市場はこれより古く、キリスト教の教義から高利貸しが罪深いものとみなされ禁止されていた時代に遡ります。労働、土地そして貨幣の市場があいまって、社会から経済を離床（disembedding）させる結果をもたらしたのです。経済はそれ自身、生命を持つものとみなされ、社会は経済の要求に応えるべきものに変わってしまいます。これは歴史上かつて見られなかったきわめて奇異な事態でしたが、その結果、経済成長を目指して途方もないエネルギーが解き放たれることになりました。

私の父の知的源流はカール・マルクス、マックス・ヴェーバー、フェルディナント・テニエス、そして原始経済学（今日の経済人類学）の二人の学徒、ドイツのトゥルンヴァルトとウィーンのマリノフスキーにあるでしょう。社会権や経済危機に関する現代の議論を展開する上でこのことに触れておきたいと思います。というのは、記録が残されているにせよ残されていないにせよ、個々人や個々の家族が生活の糧を失ったり、飢えに脅かされたり、はたまたそうでなければ共同体全体としての存続が困難になるような時代はこれまでなかったからです。原始社会ではある家族が収穫に失敗すれば食糧不足に陥ったことは確かですが、そうした場合には他の共同体の家族が食料を供給してくれたので生活必需品の不足に陥ることはありませんでした。飢えに対する恐れと利得に対する愛が経済生活を突き動かすようになったのはつい最近、十九世紀初頭のことでした。社会生活に関してはこれ以上触れませんが、ただこの理由により、私は社会的生産物を市民権の一つとして分かち合うことは、ポランニーが指摘しているように、経済生活（economic livelihood）と道徳的正義の基礎の双方を脱商品化する一つの手段になると思います。

今日の社会権とグローバルな公共財に関する議論を念頭におくと、ポランニーが全世界的なベーシック・インカムを支持したであろうと思われますが、それは以下三つの明確な理由からです。第一は経済的理由、第二は社会的理由、第三はとりわけ重要なことですが、政治的理由からです。経済的理由についてはよく知られており、何度も繰り返して議論されています。人びとが生活をしていくには消費財の購入にあてられる基礎的収入が必要です。だからと言って生産物の市場機会が創出されるということを解説するためにケインジアンになる必要はありません。さらに不断の技術革新は今までになかった割合で鉱業、製造業、運輸業さらには商業等の産業活動に投入される労働を減少させています。これは世界的規模で見られる事象です。こうした条件の中で、社会的生産物である賃金をただ雇用のみから——もしくは大半をそこから——獲得するということは、もはや理にかなった考え方ではないのではないでしょうか。労働市場が徐々に不安定化する性質を持つ点をふまえると、人々はベーシック・インカムによって、生活の収支を合わせるというストレスから解放され、経済活動を自ら組織するための足場を得ることができます。

社会的な議論を重ねることとは、一つの正義です。社会的不正義が蔓延すれば、人々の社会的な結合に問題が生まれます。こうした中で、社会的生産物に対して行われている相対立する要求に折り合いをつけようとしても国家は役に立ちません。このような社会には経済を発展させる能力がないのです。より平等な社会、そして不公正や不正がより少ない社会は経済成長と発展を達成する社会である、ということは今や多くの人々に認められています。エコノミスト風に言えば、効率的な発展に向けて人々を動員できるか否かということは、最終的には社会的結合度と社会的正義——希望と信念にもとづく自分たちの犠牲的献身と努力は、公正で平等な社会的生産物の配分に結びついているという——の認知にかかっているのだと私は信じています。

父ポランニーがベーシック・インカムを支持したであろう理由は、進歩した社会における自由とテクノロジーに対して関心を寄せていたからであり、このことは『大転換』の最終章で述べられています。一九五〇年代、ポランニーがニューヨークとカナダを往き来しながらコロンビア大学で教鞭をとっていた時ですが、社会的常識に同調することから生じる画一的思考、同調主義《コンフォーミティ》、そしてポランニーが命名する「ことなかれ主義」が次第に頭を持ち上げつつあることに対して、深い懸念を抱くようになりました。これは一九五〇年代のアメリカでのことですが、彼は高度に技術が発達した社会はその内部に全体主義の種を宿しているのではないか、ということを示唆しています。彼はこのことを、メディアが持っている役割が明確になる前に、つまりメディアによる社会全体のコントロールが強力になる前に書いたのです。無論、政府の見解とは異なる意見を表明することが事実上禁止され、その場合は高い代償を支払わなければならなくなった二〇〇一年九月一一日の事件が起こる前に書いたものです。

父は、自由《リバティ》を守るためには、不服従《ノンコンフォーミティ》＝非同調を制度化する必要があると考えていました。これをイギリスの古典的な自由主義《リベラリズム》が持っている美徳であると理解していました。しかしながら、こうしたイギリスの自由は、十九世紀末から二十世紀初頭にかけて利子所得生活者としての恩恵を享受することのできた特権的上流階級のみに限られたものでした。蛇足を承知で言うと、かの美徳は、英仏による植民地の領有と莫大な海外投資によって支えられていたのです。この時代は、イギリス、フランス、ウィーン、さらには西ヨーロッパにとってはまさにベルエポックだったのです。この時代には、偉大な芸術作品が生まれましたが、芸術活動を楽しむことができたのは限られたごく一部の人々でした。

また父は、ギリシアの古典文学に造詣が深く、中でもアリストテレスを高く評価しており、アリストテレスが、社会生活に独特の領域としての経済があることを発見したのだと確信を持っていました。とはいえギリシアの民主主義は奴隷制に依拠していました。父もブルジョア社会の恩恵を受けていたのですが、ブルジョア社会における文化的表現活動は、特権的エリートのみに限られたものでした。

ポランニーは、創造的な活動は人間の属性であり、また必要なものであり、すべての人々が創造的な活動に参加すべきであると信じていました。彼にとって民衆の文化《ポピュラー・カルチャー》とは、集合的な知恵・知識・伝統であり、その社会で暮らす通常の人々にとっての常識でした。といっても、これは今でいうところのポップ・カルチャーとは関係ありません。そうではなくて、それぞれの社会は、それぞれの社会独自の大衆文化の集団的蓄積に根源を持つ民主主義を創造すべきだと考えていたのです。この点に関しては、一九五三年に発表し、数年後にイタリア語に翻訳された論稿「ジャン・ジャック・ルソー、または自由な社会は可能か」(1)(『市場社会と人間の自由』第13章)の中で言及されています。これは啓蒙時代において古典的なテーマであった自由および平等に関する問題を扱った興味深い小論です。彼はこの小論で、ルソーの考えを下敷きにし、政府の究極的な基盤は、賢智、知識、伝統、そして大衆文化が織りなす人びとの常識に基礎を置いたものでなければならないと強く主張しています。この世を去る数日前、ポランニーは、「封建的国家(nation)の心臓は身分的階級の特権であり、ブルジョア国家の心臓は財産であり、社会主義国家の心臓は人民である。集団的存在は、文化の共同体を享受する。私はそのような社会に暮らしたことはないが」と書き残しました。

私は、かつて『大転換』がわれわれが生きている時代にとってどのような意味を持っているのかということについて少しコメントをしたことがあります。ポランニーが著した『大転換』は、十九世紀の自由な秩序の時代——これは一九一四年に崩壊してしまいましたが——から、それぞれの国が、国家的なファシズム、ソヴィエトの社会計画あるいは米国のニューディール政策によって経済を守ろうとした時代までを対象として書かれたものです。

ヨーロッパ大陸では、社会主義者が多数を占める中、産業資本家と議会の間で対立が激化し、その中で民主主義的な政治プロセスが停止してしまった、ということを理解しておかなければなりません。ポランニーは、一九三二年に書いた「経済と民主主義」(『市場社会と人間の自由』第3章)と題する論稿の中で、産業資本家に代表される経済的利害と、議会の多数派に代表される民主主義との間で生じた抗争について記しています(2)。産業資本家の利益が議会における社会主義多数派よりも優勢を誇る場合には結果民主主義が停止し、ファシズムが到来しました。また抗争は、政治的、経済的民主主義にとって有利に働く場合には、社会主義に取って代わられたであろう。一九六〇年代から一九七〇年代にかけて、南アメリカでは民主主義的体制が打倒され、軍事独裁体制が打ち立てられましたが、これは経済的民主主義を守るための措置であるとして正当化されました。その後、経済的利益の侵害に反対するため多くの人々が二〇年間にわたり政治的活動に動員された結果、民主主義を再構築することができたのです。

よく知られているとおり、『大転換』の最終章は、大急ぎで書かれたものであり、ポランニーが同僚にノートを参考にしながら文章を組み立てるよう依頼したものです。ナチズムがスターリングラードで敗北し、世界大戦がターニング・ポイントに差しかかった一九四三年に、父はアメリカからイギリスに帰ってくるのが嫌でたまらなかったのです。その時父は、戦後の世界についての議論に参加したかったのです。彼のオプティミズムは、『大転換』の最終章に映し出されています。そこで彼は労働、土地、貨幣はもはや商品であることを止めるであろう、各国は適切な国内の経済体制を自由に採用するであろう、そして生活必需品や主食品の価格は固定され、市場の力から保護されるであろう、と述べています。一九四五年に書いた「普遍的資本主義か地域的計画か?」(3)(『市場社会と人間の自由』第10章)の中で、アメリカだけが普遍的資本主義を信じ続けるであろうが、自由放任主義的で市場原理にもとづいた十九世紀型の資本主義は終焉するであろうと述べています。このようなことは起こっていませんが、福祉国家が導入されたり、経済分野や社会分野を振興する政府の役割が拡大し、資本家と労働者の利害対立を首尾よく大幅に解消した結果としての完全雇用などが実現したのです。

『大転換』は一九四四年に出版されてから今日まで多くの人に着実に読まれていますが、

二十世紀になってからははじめて、地球上の生命体を維持する自然や環境を破壊しつづける禽獣のような資本主義（predatory capitalism）を批判する真に変革的な書となったのです。両大戦間期にポランニーが指摘した資本主義と民主主義の抗争は、今や新たにグローバルな規模で展開されているのです。過去三〇年間、資本は北アメリカにおいて福祉国家が獲得したものを奪い返すことに成功を収めています。今ではヨーロッパにおいて資本は福祉国家が獲得したものを奪い返しています。今まで富裕な人々が引き受けていた税の重荷を貧しい人々に転嫁しているのです。生産性の向上によって高い所得を得ていた人々はより多くの所得を手にしましたが、アメリカやカナダでは低賃金階級の人びとは一層貧しくなっており、実質平均賃金は過去三〇年間ほとんど上昇していません。資本があらゆる規制と監視から解き放たれてからは、金融資本の集中はその実態の把握を困難にさせ、二〇〇八年の金融危機のような事態が数多く発生するようになりました。最強の政府ですら、今では独裁的な金融資本の人質となっているのです。

父は、一九三三年に「世界経済危機のメカニズム」[4]（『経済の文明史』第四章）と題する注目すべき論稿を書きました。父はその中で次のように述べています。世界経済が崩壊した究極的な要因は、株式取引マニアのせいではないし一九二九年のウォール街における株式の暴落でもない。また一九三一年にスターリング・ポンドと金との兌換が停止したからでもない。それはイギリス、フランスそして米国が、帝国の皇帝や、王や、ツァーリーやスルタンといった専制君主が政治的大変動によって葬り去られた上で、一九一四年以前の自由経済秩序への回帰を目指したからだ。戦争で支払わなければならなかった社会的・人的被害は、ドイツを罰するための賠償金と等価ではありませんし、戦争に勝ったヨーロッパの債権国が貧しいヨーロッパ大陸の国々に要求した構造調整に要した費用とも等価ではありませんでした。

この論稿は、われわれに、地球的規模で発生した二〇〇八年の金融危機をグローバル化と力関係のシフトというより広い視野でとらえることを可能にしてくれます。西欧における資本主義の中核地域はスタグフレーションと国内投資からの収益減少に悩むようになり、これが一九七〇年代における新自由主義体制に転換する契機となったのです。他方、東アジア経済は工業化政策に主導されて高い経済成長を遂げるようになりました。世界経済の成長基軸が北西地域から南東地域に移行したのです。この移行過程は、一九九〇年代初頭には目に見える姿で、そして今やグローバルな力関係の変動は不可避的な姿で進行しています。他方、EUや米国は依然として最も広大な市場を提供していますが、今や購買力平価で見れば南半球《グローバル・サウス》の実質的な生産は北半球《グローバル・ノース》を凌駕しています。十九世紀中葉以降の世界経済を特徴づけていたヨーロッパや北アメリカへの輸出に伝統的に依存していた世界は、今や伝統的な従属に対して巻き返しを始めたのです。

資本主義の中心に金融機構と貿易関係を通じて深く統合されていたヨーロッパの東部と

地中海の周辺諸国、それにアメリカ合衆国の南の周辺諸国は、今回発生した金融危機により極めて深刻な打撃を受けました。この危機は解決されるでしょうか。ユーロ圏では疑問視されています。政治的システムが機能不全に陥った一九二〇年代の記録を上回るほどまでに所得格差が拡大している中で、家計や企業が、債務漬けの経済がさらに膨らんでいるアメリカ合衆国が、この危機を乗り切るのは困難だと思われます。しかし、これら諸国とは対照的に、過度な経済の自由化に抵抗する経済が出現しつつあり、この経済は、銀行や対外資本勘定をコントロールし、投資を海外から国内へと切り換えて金融危機を乗り越え、再び堅実な経済成長を取り戻しています。

（1）"Jean-Jacques Rousseau, o è possibile una società libera?" in Karl Polanyi, *La libertà in una società complessa* (Turin: Bollati-Boringhieri, 1987), pp. 161-9.

（2）"Wirtschaft und Demokratie," *Chronik der großen Transformation: Artikel und Aufsätze, 1920-1945*, vol. 1 (Marburg: Metropolis-Verlag 2002 [1932], pp. 149-54.

（3）*The London Quarterly of World Affairs*, vol. 10, no. 3, 1945, pp. 86-91.

（4）"Der Mechanismus der Weltwirtschaftskrise," *Der Oesterreichische Volkswirt*, 25 (suppl.), pp. 2-9.

編者ノート 謝辞

本書には、モントリオールにあるコンコーディア大学「ポランニー政治経済研究所」所蔵の論文を収録した。多くは解読が困難である。手書きのコメントや自筆で手直しした部分があり、保存状態もよくなかったからだ。私たちはポランニーの意向を汲み取り、出来うる限り原本に忠実に再現した。そして再現する際に検討を要する箇所には注を付した。タイプミスやわかりにくい文章は、読み易く直した。イタリック体で強調されている箇所はそのままにした〔日本語版は傍点〕。本書に収録したポランニーの論文の出典と執筆された日付は、注に記載してある。

本書を出版するにあたりカリ・ポランニー＝レヴィットに感謝申し上げたい。彼女は本書の刊行を快諾してくれただけではなく、絶えずわれわれを励まし支援してくれた。またマルグリット・メンデル、アナ・ゴメッツにも感謝申し上げる。両氏には、ポランニーの原稿を書き写すのを助けてもらった。またミケル・カンジャーニ、デイヴィッド・ラメンティには思慮深いコメントを数多くもらった。またポリティー・プレスのマヌエラ・テクサンからは、実に貴重なアドバイスを受け、本書英語版編集を全面的にサポートしてもらった。

第1部　経済、技術そして自由の問題

第1章　新しい西洋のために（1）

読者の中には、まだ、第一次世界大戦を思い起こす者もいよう。この戦争により、われわれの世代は、歴史が単なる過去の出来事ではないという事実に目を見開かされた。平和の百年[*1]の間よすがにしてきた、思考停止の哲学の主張とは裏腹に。そして、ひとたび始ってしまえば、それは、止むことがなかった。

私はここで、われわれが目の当たりにした光景を呼び起こし、われわれのわだかまりの正体を見定めようと思う。偉大なる勝利と、沈鬱な絶望とが、邂逅を果たしたのだ。いずれにせよ私が問うているのは、経験したことと成し遂げたこと、そして、見て見ぬふりをしてきたこととの帳尻合わせではない。まして気休めに、未来を語ってみせようというつもりもない。もっと大きな変革に、目を向ける時が訪れたのだ。

いまや広い世界と接触するに至り、文化的西洋の不毛性を示す、さまざまな兆しが認められる。私はなにも、西洋が、科学や芸術において到達したことの水準を問うているのではない。たしかにそれらは史上稀なほどの隆盛を見た。しかし、ここで問題にしたいのは、西洋が精神と人生に与えた価値は、西洋以外の人類によりどれほどの評価を得たのか、ということである。目下生成しつつある国々では、西洋の物質的産物や科学的成果を貪欲に消費しているが、われわれ西洋人自身がそれらをどのように意味づけてきたかという点に及ぶと、彼らは侮蔑を隠そうとしない。この西洋という文化的実体は、伝統的に、思想家や著述家が担い手だったのだが、その言い分に耳を貸す者はもはや見当たらない。敵意に満ちた聴衆のせいだと思い込みたくもなろうが、そうではない。そうではなくて、もう西洋には、語るに値するものがどこにも見当たらないのだ。この事実に、われわれは正面から向き合わねばならない。たとえそのせいで、西洋文明の本性が暴露されることになろうとも。いや、すでに思いもよらぬ情勢の変化を受け、それは否応なく白日のもとにさらされつつある。今後この過程で、われわれが抱いてきた価値への確信も、真価を問われることになるだろう。

ここで理論的な探究は行わない。私はただ、あの始まりの頃をありありと思い出せそうな人びとに、語りかけるつもりで書いていきたい。

一九一七年のロシア革命は、明らかに、一七八九年のフランス革命が東へ東へとやってきた末に生じた出来事であった。専制政治を打破し、小作人に土地を与え、抑圧の対象となっていた諸民族《ナショナリティー》を解放したロシア革命は、さらに、搾取の汚穢《おわい》にまみれた産業システムの解体を約束した。英雄的だった頃のソヴィエト社会主義には、西洋の著述家や芸術家たちから惜しみない支援が寄せられた。急速に広まりつつあった神をも畏れぬゲルマン的ファシズムに対して、自由と民主主義、そして社会主義を守るべく彼らは身を固めた。ボリシェヴィキとユダヤ人へのヒトラーの迫害は、キリスト教的普遍主義と、現今の産業社会の中でそれに由来するものとに向けられた最後の攻撃手段だった。伝統的な価値観を根絶やしにしようとしたヒトラーの仮借ない攻撃が、現代の西洋を創り出したのだ。その後、この西洋の支配は文明化された世界にとどまらず、アジア奥地や熱帯アフリカの部族共同体にまで及んだ——政治的西洋とその同盟者たるソヴィエト人民、すなわちかつての物乞いたちとが、強大なドイツに勝利した結果玉座に就いた道徳《モラル》の勝鬨《かちどき》。とはいえロシアで、資本主義的市場システムがもたらす倫理的無関心の状態から、社会主義的土台に立って責任を自覚すべき段階へと経済生活の水準が高まっても、それだけでは、人間の堕落は止まらなかった。ファシズムに対する勝利は、スターリンの犯罪によって、もはや取り消されたに等しいものとなった。幻滅した西洋は、地位、名誉、そして自信を喪失した。大陸におけるバランス・オブ・パワー[*2]の変化は、第三次世界大戦という身の毛もよだつ妖怪を呼び覚ました。地球の半分を覆っていたドイツと日本の支配構造が消失したことで、権力の真空状態が生まれ、アメリカ合衆国とロシア——超大国という名の絶海に浮かぶ二つの孤島——の間には憎悪が醸成され、平和に対する恒常的脅威とならぬわけがなかった。ヒロシマを吹き飛ばした爆風は、権力の真空状態から生ずる危険性を何千倍にも増幅した。ロシア軍は、数に物を言わせてユーラシア大陸を覆いつくし、ワシントンの悪夢となった。中国大陸では、毛沢東による蔣介石の排除がアメリカ合衆国に打撃を与え、合衆国は、あたかも相続すべき遺産を横取りされたかのようであった。イギリス人たちは、近東とバルカン半島で、ひしひしと脅威を感じていた。西洋は、今や、さまざまな政治権力の寄せ集めを意味するものとなった。ソヴィエト・ロシアに対する核攻撃は現実味を帯び、あのバートランド・ラッセル[*3]でさえ、予防戦争を擁護するようになった。思想家も著述家も、そして芸術家たちも、自らの存在意義を奪われ、現実に対して目を瞑《つむ》ってしまったのである。アジアにおける諸国民の蜂起は——合衆国、フランス、ロシアでの諸革命に端を発した連鎖反応の一環なのだが——共産主義への道ではないかと誤解された。政府高官たちのこしらえた政策は、それ自体が歴史の一齣にすぎないのに、そのような政策のプロパガンダを行うことこそ切望するに足る役割であると、西洋の知識人の眼に映ったのだ。とはいえ、こうした全般的な創造性の欠如の根幹には、世界全体における生活条件の徹底的な変化が横たわっている。

いったんほとぼりが冷めると、不気味な光景が道徳の地平に立ち現れた。それは冷戦でも、アジアでの内戦でもなかった。われわれ自身に由来する力から生み出されたキノコ雲こそ、いわく形容しがたい危機の象徴だったのだ。そして人類は、進歩の本当の意味を理解するようになったが、進歩の方こそ、人類をその掌中に握り締めて離そうとしなかった。

産業革命が人類史の分水嶺だった。三つの力――工業技術・経済組織・科学――がこの順番で、同じ系譜の中から別々に誕生し、互いに絡み合いながら(ただし当初は目立たずに)まだ百年も経たぬ以前、社会の激動を準備した。そしてこの激動は、押しとどめがたい奔流となって、今も次から次へと、数百万もの人びとを新たに巻き込みつつある。工業技術の創意工夫に始まって、市場の意図的な組織化へと向かう動きが続いた。科学は――約一世紀遅れて、ただし爆発的な効果を伴い――最後に加わった。これら三つの力すべてが、いよいよ勢いを増していった。工業技術と科学の深まる友好関係に経済組織は好機を見出し、生産における効率性の原理が(市場と計画との双方の力によって)眩暈《めまい》をもよおさせる程に推し進められていった。西洋の文化とは、相互に補強し合い、束縛や節度など聞いたこともない科学・工業技術・経済組織が、人間の生を原料に、生み出し続けているものである。これら三者(経済組織と同様に科学や工業技術も)を、人間の別名である進歩と、自由の謂《い》いである人格の完成というわれわれの意志に従属させること、これこそが不可欠の生存条件となった。西洋は子どもたちをそのように教育する責任を負っている。社会学者の目には、核分裂・原子爆弾・アジアの諸革命が、それぞれ科学・工業技術・政治という互いに疎遠な分野に分類されるのは当然と映るだろう。しかし実際には、これらはいずれも、産業文明が成長する只中での相関的な歩みである。進歩とはおそらく、地理的でもあれば、理論的でも、実践的でもあるだろう。その方向性はさまざまであっても、前進という点では変わらない。西洋にとって方向性の異なる進歩とは、ある一つの問題を象徴している。西洋が、過去の行いに対して担うべき責任を創造的に果たしていくにはいかにすべきか、という問題である。

文化的西洋が負ったこの課題は、大陸全体の再生と分かちがたく結びついている。アジアにとって工業化は絶対的な目標ではない。それはあくまで一定の留保のもとで行われている。このことが何をもたらすのか、成行きは時のみぞ知るだろう。いずれにせよ、この世界全体が工業・科学・経済という船に乗り込んだ以上、西洋には果たすべき責任がある。われわれはまだ波止場につながれたままだ。その上、西洋的思考の担い手たちは、パワーポリティクスに巻き込まれたせいで、冷戦とそれが生み出した暴力的な狂気の精神的《モラル》犠牲者となってしまった。アメリカ合衆国で民主主義と資本主義とが同義とされ、イギリスとフランスで国家の地位が植民地の占有と不可分となった時、彼らは威信を喪失した。西洋の道義的優位はヒトラー主義との長い戦いを通じて獲得されたのだが、根腐れしつつあった過去の歴史をただ徒《いたず》らに追認するうち、なしくずしに霧散することになった。

われわれを育ててくれた世界認識も、もはや消え去ってしまった。普遍主義のおかげでわれわれは、広い世界、全宇宙（oikoumenē）の一員であることを教わった。しかしそれも、工業技術が作り出した文明に白旗を揚げた結果、思いもよらず、互いに疎遠な――いずれも工業化されているが、資本主義か社会主義かという点でのみ異なるのではなく、むしろ、通約不可能な中心的価値観という点において異なる――異文化の群れが生み出されてしまった。自身が立たされている立場を周囲に知らしめ、また、それを自覚することこそ西洋の課題である。囲いこまれ、切り詰められた西洋は、濃縮された急進的な西洋であるとともに、柔軟で寛容な西洋でもある。それは、工業化された社会の生みの親であると同時に、そこから派生した社会に対しても責任を持ち、なおかつ、そのような諸社会が形成する家族の対等な一員でもある。そして、前工業化時代の普遍主義に名を連ねつつも、ポスト工業化時代における普遍主義をいち早く体現している。西洋とはまた、かつての幻想の所産であるとともに、後に独特な仕方で、自らこの幻想を認めたことの産物でもある。それは、野放しの自由という自由主義のユートピアと、隅々までの規制という反自由主義のユートピアとの双方をくぐり抜けてきた。権威主義と自由思想《リバテイニズム》を、伝統主義と反伝統主義を、そして、エリート階級支配と衆愚政治のそれぞれを徹底的に考え抜いてきた。[*4] 一般法則と歴史的固有性、経験主義と現象学、論理実証主義と象徴主義、トマス主義と実存主義というかいくつもの方法論の発見を体験してきた。同様のことは他の文化もまた経てきたが、しかし、西洋と同じ経路を辿ったものはない。西洋の普遍主義――ユダヤ=キリスト教の遺産――は、普遍的な妥当性を備えた生のあり方を求める意思表示である。西洋が、資本主義も社会主義も含め、瞬く間に地球の半分近くを覆った産業文明の担い手となった際に、この普遍主義はいたるところで人口に膾炙《かいしゃ》するようになった。われわれは西洋以外の人びとについてあれこれ考えをめぐらせていたのだ。しかしそれは対話ではなく、止むことを知らない独り言であった。何の返事もかえってこないがゆえに、われわれは勝手な考えを連ねつづけてしまった――誰に支持されるでもなかったが、否定されることもまた、なかった。口を封じられたり、鼻づらを引き回されたり、聞けとなじられることもなかった。というのも、われわれには、話すべき友がいなかったのだから。

（1）「カール・ポランニー・アーカイブ」ファイル番号37-12　原稿の日付は一九五八年一〇月一六日。ポランニーの手によって推敲されている。このテキストには、二つの古いバージョンが存在する。タイトルと日付はそれぞれ「新しい西洋のために」（For a New West）一九五八年七月二八日と「新たな西洋」（The New West）同年九月二一日となっている。

＊1　一八一五年のウィーン会議から、一九一四年の第一次世界大戦勃発までの百年間を指す。ポランニーによれば、この間列強の勢力均衡政策によりヨーロッパでは大規模な戦争が回避され、その結果、自由主義的市場経済の興隆が可能になったとされる。『大転換』第I部第1章のタイトルにもなっている。

＊2　平和の百年の間、ヨーロッパ列強がとった勢力均衡政策を指し、自由主義経済の展開

を下支えしたシステム。ポランニーの理解では、多数の列強がそれぞれ軍事力や経済力を土台に拮抗することでのみこの均衡は保たれるため、第一次大戦前の協商国と同盟国、第一次大戦後ヴェルサイユ体制下での戦勝国と敗戦国、冷戦下での東西両陣営のように、二極分化が起きると成立しえないシステムである。詳しくは『大転換』第I部を参照のこと。

＊3 ラッセル（Bertrand Russell 一八七二～一九七〇年）は、イギリスの哲学者、数学者。一九五〇年にノーベル文学賞を受賞。第一次大戦の際に反戦運動を行い投獄され、大学での職を失う。また、第二次大戦後には原水爆禁止運動やベトナム反戦運動に尽力した。一方で、本人は後に否定したものの、一九四五～五〇年頃にかけて私信や論文、講演などで対ソ予防戦争の積極的擁護と受け取れる発言を繰り返した。

＊4 中世の神学者トマス・アクィナス（Thomas Aquinas 一二二五頃～七四年）が作り上げた神学と哲学の総合、およびその影響下で展開された哲学的立場のこと。トミズムともいう。

第2章　経済学とわれわれの社会的運命を形成する自由(1)*1

経済決定論への盲目的な信仰はさまざまありますが、こうした信仰は人類の発展を阻害する最たるものとなってきました。結局は悲観論につながるのですが、ここで論じたいことの全体像は次のようなものです。

今日、思慮に富む者は誰であれ、人間の置かれた状況が危険にさらされていることを認識しています。人間は単純な存在ではなく、その滅びかたにもさまざまな可能性があるでしょう。戦争になろうと、戦争のない状態であろうと、人間は物質的条件や精神的《モラル》条件のもとでのみ人間性を育むことができるのですが、今のような技術環境では、われわれはこの先人間らしく生きることはかなわないかもしれません。モスクワ裁判、アウシュヴィッツ、ヒロシマにその兆候が表れています。

環境をますます高度に人工化しようとする営みを、自分たちの意志で捨て去ることはできない――また、すべきではない――ので、われわれとしては、そうした環境を前提としつつも、人としての内なる声に耳を澄ませ、それにかなうよう、自ら適応していかなくてはなりません。機械文明の中で人の生に対して意味と統合を回復させるという課題と、向き合わなくてはならないのです。しかし、その問題に対してどのような水準で取り組もうと——文化的統合か感情的バランスか、あるいは単に国民《ナショナル》の存亡としてのみ問題化する場合でさえ——人類が自覚的に追求する目標として、当の課題を社会的正義の要求に見合う形に調整しなくてはなりません。深刻な疑問が生じるのは、まさにここです。生の意味として求めるに値するものとしては、良心の自由を守ることがわれわれにとっては際立った問題だからです。それは、妥協することがあってはならず、だからといって人生の他のさまざまな目的をも損なってはならないというほどの要求なのです。しかし、正義は自由を犠牲にしなくては達成できないかのように言われています。これは経済学に根ざす理由ゆえのことなのです。自由放任主義《レッセ・フェール》*2はそれゆえに、われわれが自由《フリーダム》のために支払う対価なのだと言われています。われわれが愛するさまざまな自由は——これは否定されないと思いますが——経済の隙間で育ってきたものであり、そうした隙間次第では必然的に消滅する（と言われている）からです。このことと、厳格かつ不吉な経済決定論（いまやますます目につくようになりました）の背後にあるのは、現代世界における経済的なるものの顕著な役割と、それが人類史に対して一般的に持つ決定性との双方に関する、強い確信です。

ここで論じたいのは、われわれを取り巻く全体状況をこのように評価することには、本質的な真実と根本的な誤謬があるという点です。われわれの制度が生の経済的側面により規定されるとみなすのは正しいのですが、この事実を、経済的なものそれ自体の性質に内在する、超時間的な性質といった事柄に帰するのは、全くの間違いです。

われわれが暮らす社会というのは、部族社会、祖先中心の社会、封建社会とは異なり、市場社会なのです。この社会において、市場という制度は、共同体にとって基礎的な組織です。血縁の紐帯、祖先崇拝、封建的な忠誠心は、市場的な諸関係によって置き換えられました。これは新しい事態なのです。というのも、供給・需要・価格が一つのメカニズムとして——すなわち市場として——制度化され、これが社会生活の従属物以上のものになるほどの事態は、決してなかったからです。反対に、経済システムの諸要素は通常、親族、宗教ないしはカリスマといった経済関係以外のものに埋め込まれていました。個々人が経済的制度にかかわる時の動機は普通、それ自体が「経済的」な動機ではありませんでした。つまり、生を営むに必須の事柄を欠く恐れから動機が生ずるのではなかったのです。大半の社会——古典的な意味での自由放任主義の社会、あるいはそれを模した社会以外のあらゆる例——に無縁だったのは、まさにこの、一個人として飢えに直面するのではないかという恐れから個々人が狩りや漁をし、耕作をして収穫をするという行為でした。

というのも、十九世紀になるまでは、物質的な財とサービスの生産と配分が社会の中で、市場システムを通じて組織化されることは決してなかったからです。それが組織化されるようになったのは一大発明と言えますが、このことは、生産、労働、土地を市場システムへと引き込むことで達成されました。労働と土地は、それ自体で商品となるよう仕立てられました。つまり、労働や土地は、あたかも売買を目的として生産されたかのように扱われることになったのです。両者ともに実際には商品でないことは言うまでもありません。それらは（土地のように）生産されたのでは全くないし、仮にそうであったとしても、（労働の場合のように）売買を目的として生産されたものではないからです。

そうした段階へ移行したことの真の意義を見極めたければ、労働とは人間の別名であり、土地とは自然の別名であることに考えをめぐらせるとよいでしょう。こうした擬制商品の出現は、人間と自然の運命を、それ自体の法則に支配される自己制御的な自動機械《オートマトン》の働きにゆだねてしまったのです。

市場経済は、こうして新しいタイプの社会をつくり出しました。そこでの経済システム、あるいは生産システムは、自律駆動的な装置にまかされることになりました。制度上のメカニズムは、人間の日常的な活動についてのみならず、自然の資源をも支配したのです。

このような形で、社会に存在する他の諸制度から画然と区別されるものとしての「経済領域」が生まれました。いかなる人間集団も、十全に機能する生産装置を欠いては存続できないがゆえに、経済領域の出現は、社会の「残り」の部分を、単なる付属品の地位へ追いやることとなりました。この自律的な領域はやはり、自己制御的なメカニズムにより調整されました。その結果、こうした制御機構は、人間の生きる社会の総体に対して決定的な作用を及ぼす要因となりました。したがって、これ以降に登場する人間の集団が、類例を求めることすらかなわないほどに「経済的」となったのも無理はないでしょう。「経済的動機」は今や、世界を手中に収める至高の存在として君臨し、個々の人間は、そこから逸脱しようものならあるのは死のみ、といった世界に投げ出されたのです。

しかし、掛け値なしのありように目を向けるなら、人間は、理論的に想定されているほど利己的だったわけでは決してありません。市場メカニズムによって、物質的財への依存が前面に出てきたとはいえ、「経済的」動機が労働の唯一の誘因となることは決してありませんでした。経済学者も功利主義的なモラリストも、経済的営みにおいては物質的動機以外の動機は捨てよ、と勧めましたが、無駄でした。つぶさに検討すれば、人間は依然として驚くほど「混合的な」動機にもとづいて振る舞っていることがわかるでしょう。その場合、自己や他者への義務感が動機となることも排除されないし、おそらくは労働そのものをどこかで楽しんでするでしょう。

しかし、ここで問題にしたいのは現実の動機ではなく、仮想の動機のみです。人間の本性に関する見方というのは、日常生活の中で人が抱く心のありようではなく、日常生活を覆うイデオロギーにもとづいているからです。それゆえに、飢えや利得が唯一無二の「経済的動機」とされ、人間は実際にそうした動機にしたがって行動すると考えられました。その一方で、他の動機はこの世離れしたものであり、日常生活とはおよそ関係がないと考えられました。すると、名誉と誇り、市民としての責務と道徳的義務、さらには自尊心や互いの礼儀でさえ、生産には無縁のものとされ、「観念」の名のもとでなんとなくくられてしまったのです。こうして、人間は二つの部分、つまり、飢えや利得に相当するものと、名誉と権力に相当するものからなると考えられていました。「物質的なもの」と「観念的なもの」、「経済的なもの」と「経済外のもの」、「合理的なもの」と「非合理的なもの」といった具合です。功利主義者はこうした一対の用語を整えるに至って、「経済的」なものが属す側には合理性が備わっているかのように仕立てました。自分が利得のためにのみ行動しているとは考えまいとする者は、不道徳の烙印だけでなく、狂気の烙印さえもおされるようになったのです。

このような事態から引き出される、人間と社会についての全体像とは次のようなものでした。

人間については、われわれは自らの動機を「物質的」あるいは「観念的」と規定することができ、その上で、日常生活は「物質的」動機によって営まれるという発想が自明であるかのように仕向けられました。

社会についても同様の教説が提示され、諸制度は経済システムによって「決定される」とみなされました。

市場経済のもとでは、もちろんどちらも正しい命題でした。しかし、市場経済のもとでのみ、という点を忘れてはいけません。もちろん、過去に対してもこういった言い方を当てはめるのであれば、それは時代錯誤のそしりを免れません。未来についても同様な態度をとるなら、それは憶断というものです。というのも、「経済的動機」に染まったこの新しい世の中は、誤謬の上に打ち立てられたものだからです。直感で言うなら、飢えと利得は、愛や憎しみ、誇りや先入観ほどには「経済的」ではありません。およそ人の持つ動機というのは、それ自体で「経済的」ということはないのです。宗教的、美的、性的経験といったものはあるかもしれませんが、〔経済に〕固有の経験といったものは存在しないのです。前者の諸経験により、〔経済に〕似通った経験が結果的に生ずるのです。宗教、美、性といった語は、物質的な生産にあからさまに関わっているのではありません。

経済的要因は、あらゆる社会生活の底流にあるとはいえ、一定の明確な誘因を生む原因にはなりません。その点では、同様に普遍的、一般的な法則である重力の法則と、それほど違わないのです。

確かに、食物を得られなければ人間は死に絶えるのであり、それは、落ちてくる岩を避けなければ押し潰されるのと同じ理です。しかし、飢えの苦しみは個人的なことではなく、集合的な次元で問題となる事柄です。ある一人の人物が空腹であるとしても、その人のしようとすることが決まっているわけではありません。絶望のあまり強盗や盗みを働くかもしれませんが、しかしこのような行為はおよそ生産的とは言えません。人間——政治的動物としての人間という意味ですが——にとって、すべては自然状況によって与えられるのではなく、社会的状況によって与えられます。飢えや利得を「経済的」なものと考える十九世紀の見方のもとになったのは、市場経済でのきわめて人工的かつ念入りに整えられた生産組織にほかならなかったのです。

さらに、この市場メカニズムのせいで、経済決定論を一般法則と錯覚するようにもなりました。

もちろん、市場経済のもとではそうした決定論は有効なのです。実際、市場経済においては、経済システムの働きは社会の他の部分に「影響」を与えるだけでなく、それを決定づけもします——それはちょうど、三角形の三辺が角の大きさに影響するだけでなく、それを決定してしまうのと同じことだと言えます。

社会における階級構成を例に取りましょう。労働市場における供給と需要は、それぞれ労働者階級と雇用者階級と同一になりました。資本家、地主、借地農、商人、仲買人、専門職等々の社会階級の範囲は、それぞれ土地、貨幣、資本、それらの使用、また、さまざまなサービスの市場に対応する形で画定されました。こうした階級の収入は市場により設定され、彼らの地位や身分はその収入によって定まったからです。

市場メカニズムが社会階級を直接決定する一方で、他の諸制度は市場メカニズムによって間接的に決定されました。国家と政府、結婚と子の養育、科学や教育、あるいは宗教や芸術の組織、職業の選択、住まいや居住地、私生活の美的部分は、功利主義的なパターンに従わざるをえませんでした。あるいは、なんびとであれ市場メカニズムがあってこそ糧を得られるのだから、こうした制度は少なくともその働きを妨げてはならなかったのです。「経済的」人間が「本来的」人間であるごとく、経済システムこそが「本来的」な社会なのだ、という誤った結論に至るのは、避けようもないことでした。

市場メカニズムが働く際の苛烈さは、経済的動機の強さに起因すると誤解されています。しかし実際には、両者の間に何の関連性もありません。市場に関わる個々人が抱く動機がどうであれ、市場メカニズムは厳格に働くことしかできないのです。供給・需要・価格のシステムは、個々人の動機の強弱、合理性の程度、動機が功利主義、政治、宗教のいずれに起因するかにかかわらず、一定に作動します。十九世紀の学者たちによる経済決定論の発見とは、市場の発見、そして、なぜ数ある選択肢〔個々人の動機の強弱、合理性の程度、動機が功利主義、政治、宗教などによる決定〕の中で市場による決定が優越するのか、という点をめぐる形式的な必然性の発見にすぎませんでした。この形式的必然性によるなら、選び取られるものが経済的システムに適合的であろうとなかろうと、言い換えるなら、市場で取引されさえすれば商品が現実的であろうと擬制的であろうと無関係なのです[2]。経済決定論を社会学的現象として見た場合、それは市場が存在する範囲でのみ成り立ち、市場外では影のようにぼんやりとしか存在しえない現象です。

経済決定論の基盤は、きわめて根拠薄弱なのです。経済的要因は、多種多様な仕方で社会のプロセスに影響するのですが（逆も然り）、市場システムが卓越する場合を除けば、そうした影響が決定的に働くことはありません。社会学も歴史学もこの見解に齟齬をきたすことはないのです。さらに人類学者は、物事を決定していくのがもっぱら文化による時、それが技術的――経済的とさえ言ってよいでしょう――組織化に依存することを慧眼にも否定しました。用いる道具がほぼ同じで、経済環境がきわめて似通っていながら、協力が卓越する社会もあれば、競合が卓越する社会もあります。協力的ないしは競合的な態度がどのように発達するかということ以上に、共同体の文化的・道徳的《モラル》雰囲気全体にとって死活を制する問題があるでしょうか？　連帯の原理と傲慢さとの区別以上に、人間性の理想として受け継がれてきたものの実体《サブスタンス》を、その深みから示せるものがあるでしょうか？しかも、そうしたイデオロギー上の甚だしい相違でさえ、経済的要因に影響されてはいないのです。

ここで提起したいのは、自由《フリー》〔を可能にするよう〕な諸制度とは、協力や競合といった形で人間をうながしていく原理の表現にほかならず、反対事例が見つかるまでは、制度は経済の技術的・組織的な面からは独立しているとみなされるべきだということです。自由《フリーダム》が制度の中に居場所を見出すのは、人格、統合、個性、不服従《ノンコンフォーミティ》＝非同調がすべて十全に達成される時です。自由な制度の実現は、市民が享受しうる一連の自由《リバティ》がどのように価値づけられているかにかかっています。さらに、ジョン・ステュアート・ミル[*3]が述べたように、交易の組織化は、それが公的であれ私的であれ、個人の自由《フリーダム》に関する問題ではありません。交易と商業の組織化に関わる自由は、良心の自由の価値づけやその制度面での保護といったこととはほとんど何の関係もありません。後者はある社会における文化全体の問題であり、そのような文化の中で何が重視されているかは、経済的要因によって規定されているのではないのです。

どのような社会が望ましいとみなすべきかを判断するのは、経済学者ではなく、モラリストや哲学者の仕事です。産業社会にはある種の豊かさがありますが、それは物質的福利であり、それに比べ社会全体の善という点では見劣りがします。人の生における意味や統合を回復させるために正義や自由を維持しようとする際、もし、生産における効率性、消費経済、行政の合理性をいくばくかは犠牲にするよう求められているのだとすれば、産業文明はそれを行うだけの余裕があります。今日、経済史家から哲学者に送るメッセージは、われわれには正義と自由を共に達成する余地があるのだ、というものでなくてはならないのです。

（1）「カール・ポランニー・アーカイブ」ファイル番号37-4 日付のない講演原稿。一部はすでに「時代遅れの市場志向――文明は新たな思考形態を見つけなくてはならない」(Our Obsolete Market Mentality: Civilization Must Find a New Thought Pattern) として『コメンタリー』(*Commentary*, 3, 1947, pp. 109-17) に発表された(『経済の文明史』に所収)。

(2) 元の原稿にあった空白箇所を編者が補筆した。オリジナルは次のようにしか判読できない。「……なぜ数ある選択肢の中で市場による決定が優越するのかという点をめぐる形式的な必然性は経済システムに適合的であるか否か……」。

＊1 訳出にあたり、本稿と一部重複する「時代遅れの市場志向」(平野健一郎訳『経済の文明史』所収) および「経済決定論の信仰」(若森みどり訳『市場社会と人間の自由』所収)、また、若森みどり『カール・ポランニー――市場社会・民主主義・人間の自由』(NTT出版、二〇一一年) を参考にした。

＊2 自由放任主義 (レッセ・フェール laissez-faire) は、十八世紀フランスの重農主義者が提唱し、その後、古典派経済学を確立したアダム・スミスによって理論化された経済思想。経済活動への規制を排することで市場に最大限の自由を保障し、富の分配は全面的にこの市場に委ねるべきと説いた。本書では一貫して「自由放任主義」と訳出した。

＊3 ミル (John Stuart Mill 一八〇六～一八七三年) は、イギリスの経済学者、思想家。功利主義思想家ジェームズ・ミルの長男。十代のころにベンサム主義の影響を受け、

功利主義思想家として出発するが、精神的危機を経た後、イギリス・ロマン主義や、コント思想、大陸の社会主義、ドイツ人文主義などの思想を吸収し、旧来の経済学に修正を迫るようになる。代表作のひとつである『経済学原理』全五巻（末永茂喜訳、岩波書店、一九五九〜一九六三年）では、経済体制の是非は人間の自由と個性の保障という点から判断されるべきと説いた。ポランニーは、ミルの『自由論』（塩尻公明・木村健康訳、岩波書店、一九七一年）を「真の自由主義についての古典的名著」（『市場社会と人間の自由』二六七頁）と評価している。

第3章　経済史と自由《フリーダム》の問題[1]

私に与えられた課題は、明確でシンプルなように思われます。それはすなわち自由の問題なのですが、この問題の本質は、変容しつつある世界において自由の遺産を守るためのわれわれの力量やいかに、という点にあるでしょう。とはいえ、「変容しつつある世界」と口に出そうとした途端に、四方八方で警報が鳴り響き、おろおろすることでしょう。右も左もわかりません。もはや右派も左派もないのです。「光の子と闇の子」[*1]も同じく助けになりません（そして何も明らかにしてはくれないと思います）。実際、時に人は、どちらがどちらなのか、確実に知っておきたいと願うものではないでしょうか。

自由という言葉で私が言わんとしたのは、具体的な制度、すなわち市民的自由《リバティ》——複数形の自由（*freedoms*）——良心の光に照らして個人的信念を追求する余地についてです。つまり、差異を持つ自由、自己の見地を守る自由、少数派に属する意見を持つ自由、そして共同体内の異質な存在であるがゆえに、その名誉ある構成員であり続ける自由のことです。これは、再洗礼派が[*2]（そして後にはクェーカー教徒たちが[*3]）、「内なる光」と呼んだものを追い求める自由だと言えるでしょうし、あるいは政治学の言葉で言い換えるなら、ジョン・ステュアート・ミルの世紀がもたらした貴重な功績を、決して手放さない自由とも言えるでしょう。

国家《ナショナル》の安全保障と市民的自由が対立し、ジレンマに陥る可能性を認めることには、私もやぶさかではありません。この事実を無視するのは現実から目をそらすに等しい。とはいえ、現実の状況と政治的自由という観念的な原理との双方に開かれた精神を持って相対するならば、このジレンマは、必ずしも自由にとって致命的とはならないでしょう。

さらに、これはきちんと申し添えておかなくてはなりませんが、私は自由という言葉で、私たちの同胞に汗を流させ共同体に貢献することもなく法外な利得を得ることや、科学技術上の発明を公共の利益のために利用せずにおくこと、あるいは私的な便宜を得ようと企み、公衆を不幸にした挙句、そこから利潤を得る権利を認めたわけではありません。こういった意味での自由が姿を消すならこれに勝ることはありません。ジョン・ステュアート・ミルは当時、自由放任主義経済の信奉者でしたが、私的取引や私的営利を個人の自由の問題として保護すること、すなわち思想、意志および良心の自由という根本的価値観とは無関係な問題として扱うことを拒絶しました。

ここでもう一度、冒頭の発言を繰り返すことをお許しいただきたい。自由という問題の本質は、変容しつつある世界において自由の遺産を守るためのわれわれの力量やいかに、という点にあるのです。というのも、変化は自由のための諸制度を破壊するに違いないと考えられているからです。これについては、全く相異なる二種類の言い回しで議論されています。ミルトン風に言えば、サタンの言葉と天使たちの言葉とでも言えましょう。[*4]サタンは主張します。「心配するな。やり遂げるのだ。自由のための制度などブルジョワの欺瞞に過ぎない。変革こそが必然的に、この資本主義のイデオロギーをお払い箱にするのだ」。

別の方角からは天使たちの見立てが響き渡ります。変革は自由をお払い箱にすると。彼らが導く結論はまさに正反対です。「おやめなさい！　資本主義を変えようなどと考えてはなりません。自由な営利に干渉すれば、あなたがたは自由そのものを必然的に失うことになるのですよ」。

マルクス主義的決定論という邪悪な力と、自由放任主義的決定論という天使の軍勢の狭間で、私たちは二種類の必然論の犠牲者であることに気づくのです。マルクス主義的必然論は、時としてほとんど熱にうかされたように宣言します。もし現状に身を委ね、その不変性と資本主義がもたらすある種の破壊に甘んじて目をつむるならば、われわれの自由の喪失は必然であると。そして自由放任主義的必然論はきっぱりと、変容しつつある世界におけるいかんともしがたい不変性を主張します。自由放任主義の見立てに従わないのであれば、（いわく）農奴に身をやつすのは避けがたいのだそうです。私の信ずるところ、これらはいずれも同じ経済決定論的信条——十九世紀の唯物論の名残——の相異なる二つの形式にすぎないと言うべきです。経済史はそのいずれをも支持することはありません。

マルクス主義的決定論は、社会の発展経路に関するある種の時刻表とでも言うべきものに依拠しています。奴隷制社会の後に続くのは封建制であり、その後には資本主義が、そして資本主義の後には社会主義が、というようにです。これと並行してイデオロギーも変容していきます——それはちょうど、神学から形而上学、そして実証科学へというオーギュスト・コントの時刻表と似た類のものです[*5]——。結局のところあらゆる事物が、あらかじめ決定されています。イデオロギーも同様で、それが制度と化しているかどうかには関係ありません。長期的には社会の経済的土台、つまり技術水準が、生産条件、換言すれば所有システムを規定し、そして技術水準と所有関係は、相揃って制度化された理念と価値観という上部構造を規定するというのです。灌漑技術は奴隷所有者たちの社会を作り出すだけでなく、そのような社会はまた、最終的にはフェティッシュな偶像崇拝も生み出さざるをえない。挽き臼は封建社会を作り出すだけでなく、そのような社会はまた、最終的には教会信仰を生み出さざるをえない。蒸気機関はブルジョワ社会を作り出すだけでなく、そのような社会はまた、結局のところ自由、平等および友愛のイデオロギーを生み出さざるをえない。電気とさらに原子力の時代は社会主義を生み出さざるをえず、そのような社会のもとでは、支配的なイデオロギーとしての自由、平等、友愛は再度姿を消し、弁証法的な唯物論に取って代わられるというのです。

さて、以上すべてのことに共通して、非常に重要な一片の真実が含まれています。技術と自然環境は、人間社会の基礎構造を規定する決定的な要因ですし、その社会のイデオロギーに深く影響するでしょう。しかし唯一、市場経済のもとでのみ、経済的要因が文化に影響を与えるだけでなく、文化を決定するのです。市場経済のもとでのみ、経済が社会の状態と形式とを決定することになるのです。経済決定論は市場経済において動かしがたい事実となります。ただし、市場経済のもとでだけです。それより前の時代を考える際には、経済決定論は時代錯誤にすぎず、未来を予測しようとする際には単なる憶断となるでしょう。

自由放任主義と同様に「マルクス主義」もまた、十九世紀的な条件を反映しています。市場経済とは、市場、すなわち供給・需要・価格のメカニズムを通じて編成された経済です。市場経済のもとで暮らしていくためには、原則的に市場で物を買わざるをえず、そのためには他所の市場で何か他の物を売って収入を得るしかありません。しかしながら、市場経済を市場経済たらしめているのは、その自己調整的な性格です。市場経済は、生産・労働・土地を自身のシステムに包含することによって成立します。私たちが暮らす社会より以前に、労働と土地の運命を供給・需要・価格メカニズムの手に委ねた社会は存在しません。ひとたびこのような事態が成立してしまうと、社会は経済によって決定されることになります。なぜでしょうか？　結局それは、労働が人間の、そして土地が自然の別名だからなのです。市場経済とは、それ自体の法則に支配される自己制御的なメカニズムの作用に、人間とその住処とを引き渡すのと同義です。したがって、経済決定論の構想が経済メカニズムの作用によって支配される社会で現れたことにも合点がいくでしょう。経済決定論とは現実の引き写しだったのです。

しかし経済史家であれば、ある固有の現実について付け加えねばならないことがあります。経済的要因は通常、人間社会において数ある規定要因のうちの一つにすぎません――当然のことですが、海岸の存在しない国に強力な海軍が建設されることなどありえませんし、熱帯の海でシロクマが捕獲されることもないでしょう。しかし文化のパターン、つまりある社会において文化的にとりわけ強調されるものは、技術的要因や地理的要因のいずれによっても決定されることは、ありません。ある集団の人びとが、日々の生活において協働的な振る舞いと競争的な振る舞いのどちらを育むのか、またその人びとが、生産技術を集団で利用するのと個人で利用するのと、どちらをより好むのかということは、多くの場合、生産手段に関する功利主義的な論理とは一切無関係です。さらに、その共同体が持つ実際の基本的な経済的諸制度とさえも関係ありません。ある集団では敵意に満ちた競争の精神で営まれる仕事、利用される生産技術が、別の集団では、全く同じものなのに、相互依存と融和の精神において営まれるということがあります。マーガレット・ミード[*6]やフォード[*7]、トゥルンヴァルト[*8]といった現代の文化人類学者の研究は、このことを見事に明らかにしてくれています。それにもかかわらず、多くのマルクス主義者たちをして――私の知る限りでは、これはマルクスには当てはまらないのですが――自由な営利にもとづくシステムは、私たち個人の自由の喪失を伴わざるをえないなどと予言させるのは、一般的法則としての経済決定論に対する盲信です。実際、この予言に論理的必然性は微塵も含まれておりません。自由や人格を尊重すること、精神の独立や寛容さ、良心の自由に重きを置くことは、一方では、協働的・調和的に振る舞うことと、他方では、敵対的・競争的に振る舞うことと、全く同じカテゴリーに属するのです。これは広範に観察しうる精神のパターンであり、無数の異なる方法で表現され、慣習と法によって守られ、さまざまな形式で制度化されています。しかし技術や、それどころか経済システムとさえ本質的には無関係なのです。私企業制のもとで、世論は寛容と自由の価値を見失うかもしれません。一方イギリスおよびアメリカ合衆国では、戦時経済の非常に厳格な統制のもとで自由な世論の力がかつてないほどに強まりました。

ドイツやロシアの計画経済は、確かに、市民的自由《リバティ》のほとんど全面的な欠落を伴いました。しかし、いったいドイツにおいて制度的自由の確立が一度でも企図された証拠など、どこにあるというのでしょうか。あるいはロシアにおいて新たな政体が廃されて以降、同様の企図が存在した証拠がどこにあるでしょうか。すると自由放任主義者は、そうした意図の有無に関して、雇用に選択の自由がないことの結果なのだと断定します。しかし信頼に値する調査が示すところでは、実際にはドイツあるいはロシアにおいて、労働力が個人の次元で裁量されることなど一切なかったのです。両国の政治的な不寛容としめつけは全面的にプロパガンダの問題であり、政治的および行政的手段によって補完されていました。さらに警察的な手段は、いかなる警察国家においても効果を発揮するでしょうし、その国家が自由放任主義経済を採用しているかどうかは関係ありません。市民的自由と経済システムの間の分かちがたい結びつきなど、どこにもなかったのです。あるいはもっと最近の事態を見てみましょう。アメリカ合衆国では、一九三二〜四五年の期間に比べて比較的自由な経済の局面であった一九四六〜四八年の間に、市民的自由の水準が高まったという何らかの証拠があるでしょうか。誰もが知っているように、まさにその正反対のことが起きました。というのも——繰り返しますが——市民的自由は経済政策とは無関係であり、より一般的な諸要因と直接に結びついているからなのです。あるいは、最後にイギリスに触れたいと思うのですが、イギリスは自由放任主義の規範にしたがって、すでにはるか昔農奴制と自由を分かつ境界を飛び越えました。政府は、形式的には労働の管理に関して絶対的な権力を握っており、ごく稀でしたが現にその力をふるうことをためらいませんでした。それでも、市民的自由についてのイギリスの水準が、世界にとってのモデルであるのを止めたことがあるでしょうか？

しかしながら、市民的自由と経済システムの関係について全く同じ決定論が、ニュアンスを変えて、今日再び姿を見せています。実に皮肉なことですが、今回の経済決定論は反マルクス主義の主導者を自任する人びとによって唱えられています。原理的には市場経済と同義である十九世紀的形態の市場システムを擁護しないのであれば、私たちは必然的に自由を喪失することになると彼らは警告しています。(2)

しかし、彼らの新たな金言には、過去のものよりも多くの真実が含まれているでしょうか？　確かに、良心・言論・信教・結社の自由などが正当に評価され、市場システムの拡大と並行して制度化されました。また、今世紀の歩みと共に政治的急進派や宗教的・民族的《ナショナル》少数派の権利もますます保障されるようになりました。現在の決定論の基本的な主張は、現今の経済制度を維持するのであれば、これらの自由が再び姿を消すことは必然であり避けがたいというものです。このような見解は、高潔な善意の人びとによって力説されています。ハイエク教授[*9]もその一人です。

こうした悲観的な予言を耳にするようになったのは、市場経済の始まりと時を同じくしています。つまり、経済決定論の現在の主張は、かつてのものと何ら変わっていないのです。かつての予言によれば、私たちが暮らす私有制に立脚した経済システムのもとでは、民主主義を手放す限りにおいて自由を得ることができるのだと言われていました。というのも、民主主義のもとでは資本主義は群衆によって破壊されるか、自由を犠牲にして、つまり独裁制によって、はじめて維持することが可能となるからだというのです。これほどまでに決定論的で、なおかつ真実に背いた主張はありません。このような議論は、マコーリー卿[*10]が決して譲ろうとしなかったホイッグ[*11]的見解の代表例――分別のわかった、イギリスのエリート層独特の階級意識を反映した見解と言えるでしょう。

ここでマコーリー卿の書簡の一部を読み上げることをお許しください。この書簡は、ニューヨークに暮らすアメリカ人の友人、高名なH・E・ランドール氏[*12]に宛てて一八五七年に書かれたものです。経済学的臆断が垣間見えるこの手紙の中に、いったいどの程度の真実が含まれているのか、みなさん、どうかご自身で判断してみてください。

私がジェファソン氏[*13]をあまり評価していないことにあなたは驚いておられますが、私はあなたの反応に面食らっております。かつて私が物した章句はおろか、議会や党大会、大衆の御機嫌取りが慣わしとなっている選挙演説の場ですら、国家の最高権威を、頭目にそそのかされた群衆、換言すれば社会の中でもっとも貧しく無知な人びとの手に委ねるべきだなどという見解は、口に出すどころか、ほのめかしたことさえないと確信しております。かねてより私は、純粋に民主主義的な諸制度とは、遅かれ早かれ自由あるいは文明を、ないしはその両者を破壊せざるをえないのだと信じてやみません。人口が稠密なヨーロッパでは、そのような諸制度の影響は瞬時といっても過言ではないほどに早く現れます。そう遠くない過去にフランスで起きたことがその一例です。一八四八年に、フランスでは純粋な民主主義が確立されました。わずかな間に略奪の横行、国家の破産、土地の新たな分配、物価の高騰、自堕落な貧民の扶養を目的とした富者に対する破滅的な課税を懸念するのに十分な根拠が見受けられるようになりました。このようなシステムは、二〇年もすればフランスをカロリング期と変わらないほどに貧しく、野蛮な国にしてしまったことでしょう。幸いなことにこの危機は回避され、今では独裁と人気のない演説台、そして従順な群衆が存在するばかりです。自由は去りましたが、文明は救われました。ここイギリスで純粋な民主主義政府が成立するならば、その結果がフランスの場合と全く同じものとなるであろうことに疑いを差し挟む余地はありません。貧しき者たちが富める者たちに略奪を働き、文明が完膚なきまでに破壊されるか、あるいは軍隊的性格の強い統治によって秩序と財産が保護され、自由が消滅するかのどちらかになるでしょう。

　あなたの祖国はこのような不幸を免れる恩恵に浴し続けるのだと、あるいは思われるかもしれません。しかし私はといえば、少なからず異なる見解を抱いていると、率直に申し上げます。地理的な要因によって引き延ばされてはおりますが、あなたがたにも避けがたい運命があるのだと私は確信しております。肥沃かつ未だ占有する者のない広大な土地が存在する限り、貴国の労働者たちは、旧世界の労働者たちよりもかなりの程度安らぎを覚えることでしょう。そして、そのような事態が現実のものである間は、致命的な災いを呼ぶこともなく、ジェファソン的な政策は存続を許されることでしょう。しかし、オールドイングランドと変わらぬ密度で、人びとがニューイングランドに住まう時がいずれ訪れるでしょう。賃金の下落、変動も、私たちと変わらぬまでに見られるようになりましょう。アメリカ合衆国でも、マンチェスターやバーミンガムのような事態を見ることになるのです。数十万の職人たちが、確実に、折々職を失うことになるでしょう。その時、貴国の体制は、まぎれもなく試練にさらされることになるのです。労働者たちは困窮から不満を抱き、反抗的となりましょう。すると扇動家たちは、食べ物さえ満足に手に入らない者がいても、誰かが百万長者となるのはやむをえないなどとは許し難い不正だと語り、労働者たちはそれを待ってましたといわんばかりに傾聴します。ひどい場合、ここイギリスでは不平不満が巷に溢れ、時には小規模な騒擾《そうじょう》にまで至ることもあります。しかし、そのようなことは些細な問題に過ぎません。というのも、我が国では災いの受難者が支配者ではないからです。国家の最高権力は、ある階級、つまり不特定多数の人々の手に握られてはおりますが、彼らは教育を受けた選ばれた階級であると同時に、財産の保護や秩序の維持と密接な利害関係で結ばれており、またそのことを自覚してもいる階級です。したがって、不平を抱く輩は結局は穏便に押さえこまれることになるのです。災いなる時は、富める者から召し上げ、貧しき者を救うなどという措置を取ることもなく克服されます。国家の繁栄はすぐさま再建され始めます。すなわち雇用は増え、賃金も上昇し、誰もが平穏と欣快《きんかい》に包まれるのです。

イギリスが今ご説明さしあげたような仕方で危機の季節を潜り抜けたのを、私は三、四度目にしてきました。同じとは言わないまでも、来世紀へと向かう道程において合衆国もまた、似たような季節を潜り抜けることを余儀なくされましょう。ならばこれを、いかに成し遂げるおつもりでしょうか？　首尾よく果たされることを衷心より願っておりますが、私の理性と願望はせめぎ合っており、最悪の結果への予感を禁じえません。貴国の政府が、困窮にさらされ、不満を抱えた大衆を抑制しえないであろうことは十中八九明らかです。というのも、貴国におかれましては大衆こそが政府であり、常に少数者たる富者は、専制的なほど恣意的に、大衆にあしらわれているからです。朝食を満足に取ることすらできなかった、あるいは、夕食を満足に取ることすら望めない群衆によって州議会議員が選出される日が、遠からずニューヨーク州にも訪れるでしょう。そのようにして選ばれた議会がはたしてどのようなものとなるかは、火を見るよりも明らかではありませんか？　一方では政治家が、忍耐と所与の権利の尊重を求め、公共の義務をあくまで順守せよと説くのに対して、他方ではデマゴーグが、資本家や高利貸しの圧制についてがなりたて、何千もの誠実な人びとが日々の糧にさえ窮しているのに、シャンペンをたしなみ、馬車を駆るのを許される者がいても致し方なしとは何事かと問いかけるのです。パンを求めて泣き叫ぶ我が子の声が耳にこだます労働者は、どちらの候補者を好むとお思いですか?

私が申し上げてきたごとき災いなる季節にあって、繁栄の回帰を妨げかねない措置を貴国が取りはしまいかと、私は深刻な懸念を抱いております。欠乏の歳月におかれた人びとと変わらない振る舞いに及びはしまいか、種籾《たねもみ》を貪ったあげく、来るべき年を欠乏ではなく、絶対的な困窮の年にしはしまいかと懸念しているのです。困窮はただちに略奪を生むことでしょう。そうなれば何も残りません。貴国の政体は碇《いかり》なき帆船となりましょう。すでに申しましたように、社会がこのような下り坂に差し掛かる時、文明あるいは自由のどちらかが、姿を消さねばならなくなります。カエサルかナポレオンのごとき人物が、その豪腕で支配の座を摑み取るか、さもなければあなたの祖国は、二十世紀の蛮族たちの手によって五世紀のローマ帝国のごとく徹底的に荒らされ、灰燼に帰すことでしょう。ただしローマと異なるのは、貴国にとってのフン[*14]やバンダル[*15]といった部族は国外から侵入して来るのではなく、あなたがたの国の内部で、あなたがた自身の持つ制度によって生み出されるのです。

このように考えをめぐらせると、至極もっともだとは思いますが、人類に恩恵をもたらした偉人たちにジェファソンを加えることは憚られるのです[(3)]。

次のように結論させていただきたいのです。アメリカ合衆国はまだ、そこに留まり続けているのだと。アメリカは民主主義の国であり、その自由も、またその繁栄も失ってはいません。二十一世紀が訪れた後も、改革されたアメリカ経済、安定しており公正で繁栄に浴するアメリカの経済が、今日のマコーリーたちに対する回答になるであろうと私は固く信じております。すなわち、かつてないほどの確固たる自由と解放を手にした国民からの回答になるであろうと。

（1）「カール・ポランニー・アーカイブ」ファイル番号35-10 一九四九年、大学院公法・行政学クラブ向けに開かれた講演。

（2）ポランニーは以下の段落を鉛筆で削除している。「しかしながら、市民的自由と経済システムの関係について全く同じ決定論が、ニュアンスを変えて、今日再び姿を見せています。実に皮肉なことですが、今回の経済決定論は反マルクス主義の主導者を自任する人びとによって唱えられています。原理的には市場経済と同義である十九世紀的形態の市場システムを擁護しないのであれば、私たちは必然的に自由を喪失することになると善意の人びとが警告してくれています」。

（3）ポランニーはこの長い引用の典拠を示していない。他の箇所でも同様だが、そもそもこれらの草稿は、出版を意図しそのために改訂するといった仕方で書かれてはいないからである。引用元の情報については編集部〔原書〕の方で付記した。ここで引用されているマコーリーの手紙は以下のURLからアクセス可能である。http://books.google.it/books?Id=ul5DAAAAYAAJ&pg=PA86&dq=You+are+surprised+to+learn+that+I+have++not+a+high+opinion+of+Mr.+Jefferson&hl=it&sa=X&ei=TEc3U6uYNOr8ygOd24GIBA&ved=0CDQQ6AEwAA#v=onepage&q=You%20are%20surprised%20to%20learn%20that%20I%2020have%20not%20a%20high%20opinion%20of%20Mr.&20Jefferson&f=false（二〇一五年四月現在）

＊1 アメリカの神学者ニーバー（Reinhold Niebuhr 一八九二～一九七一年）の著書『光の子と闇の子』（武田清子訳、聖学院大学出版会、一九九四年）のことか。

＊2 プロテスタントの一派。ツヴィングリ（Ulrich Zwingli 一四八四～一五三一年）による宗教改革が不徹底であるとして、より根元的な変革を求めたグレーベル（Konrad Grebel 一四九八～一五二六年）やマンツ（Felix Mantz 一四八〇～一五二七年）らが創始した。自発的信仰にもとづく少数者の教会の再現をもって改革の徹底と考え、幼児洗礼の廃止と自覚的信仰告白による成人洗礼を実施した。

＊3 プロテスタントの一派でフレンド派ともいう。十七世紀イギリスの急進的ピューリタンの神秘主義に端を発し、信者たちが自己の信仰を肉体の震動によって表現したためこの名が付いた。既成の宗教に満足できず、彷徨の末に神の声を聞いたフォックス

(George Fox 一六二四～九一年)により創始された。フォックスは魂の新しい時代について説教し、個々人に対して神から直接に与えられる啓示(「内なる光」)にもとづく宗教生活を勧めた。

＊4 イギリスの詩人ミルトン(John Milton 一六〇八～七四年)の長編叙事詩『失楽園』上・下巻(平井正穂訳、岩波書店、一九八一年ほか)に登場する悪魔サタンと天使たちのこと。旧約聖書創世記を素材に、原罪を犯した人間と、神の愛と恩寵による救済という問題を扱った作品だが、サタンがアダムとイブを誘惑し禁断の果実を食べさせようとするのに対して、天使は二人に忠告を行い楽園追放の際にも神の救いについて説く。

＊5 コント(Auguste Comte 一七九八～一八五七年)は、フランスの実証主義哲学者、社会学者。若いころサン・シモンに出会い、その社会主義思想に影響を受けるが、社会組織の原理をめぐって袂を分かつ。フランス革命と産業革命に伴うフランス社会の混乱を前にして、従来の形而上学的方法を批判し、社会を動かす法則を科学的・実証的に明らかにしようとした。その結果コントは、人間の知性が「神学的段階」、「形而上学的段階」、「実証的段階」という順序で、三段階に分かれて発展すると説いた。

＊6 ミード(Margaret Mead 一九〇一～七八年)は、アメリカの人類学者。心理学を修めた後ベネディクトに師事し、「文化の型」を取り出す手法に影響を受けた。ミードの最大の関心は、子どもの養育に関する社会間の差異、人格形成と文化の連関にあった。サモア、ニューギニア、バリなどで多くのフィールドワークをこなすとともに、

社会一般への発言も多かった。主著は『サモアの思春期』（山本真鳥・畑中幸子訳、蒼樹書房、一九七六年）。

＊7 フォード（Cyril Daryll Forde 一九〇二〜七三年）は、イギリスの人類学者。ナイジェリア南東部ヤケ社会の経済をはじめ、親族や儀礼に関する研究で知られる。考古学や地理学にも造詣が深く、生態学的視点を重視した。また、国際的なアフリカ研究の組織化においても活躍した。主著は『生態・経済・社会』（*Habitat, Economy and Society*, New York: Dutton, 1963）。

＊8 トゥルンヴァルト（Richard Thurnwald 一八六九〜一九五四年）は、ドイツの民族学・社会人類学者。ソロモン、ビスマルク、ニューギニアなど、オセアニア各地の他にタンザニアでも研究調査を行う。機能主義的立場を取りながら同時代のイギリス社会人類学とは一線を画し、社会組織・経済・技術の相互関係や植民地体制下の社会変化を進化主義・歴史主義的側面から考察した。主著は『民族社会学的基盤から見た人間の社会』全五巻（*Die menschliche Gesellschaft in ihren ethno-soziologischen Grundlagen*, 5 Bde., Berlin: Gruyter, 1931-1934）。

＊9 ハイエク（Friedrich August von Hayek 一八九九〜一九九二年）は、オーストリア出身の経済学者。その業績は景気理論と自由主義論の二つに大別できる。前者においては中立的貨幣論の立場からケインズの論敵として知られ、後者においては最低限度の社会保障などを除き、競争を阻害するような計画はすべて排除すべきだと主張した。第二次大戦後は、M・フリードマンらとモンペルラン協会（Mont Pelerin Society）

を創設するなどして自由主義思想の究明と発展に尽力した。一九七四年ノーベル経済学賞受賞。主要著作に「貨幣理論と景気循環」『ハイエク全集I-1』（古賀勝次郎・谷口洋志・佐野晋一・嶋中雄二・川俣雅弘訳、春秋社、二〇〇八年ほか）などがある。

＊10　マコーリー（Thomas Macaulay 一八〇〇～五九年）は、イギリスの政治家、歴史家。奴隷制廃止運動を行ったザカリ・マコーリー（Zachary Macaulay）の長男。一八三〇年からホイッグ党下院議員、一八三四年からはインド最高会議議員として植民地インドの教育制度改革や刑法典の制定に尽力。帰国後『イングランド史』全五巻（*The History of England from the Accession of James the Second*, vol. 1-5, London: G. Routledge & Sons, 1848）を執筆し、ベストセラーとなる。同書は歴史を人間の自由と進歩の単線的発展過程として描くホイッグ史観の先駆けとなった。

＊11　イギリスの政党で自由党の前身。一六七〇年代末、カトリック化政策を推進する国王チャールズ二世の弟ジェームズを王位継承者から除こうとした政治家たちが「スコットランドの暴徒」（Whig）と呼ばれたことに由来。王党派のトーリ党（Tory）と対立し、議会による王権の制限を主張。名誉革命（一六八八～八九年）後には、地主、貴族の他にも商工業階級や非国教徒の支持も受けて勢力を拡大した。

＊12　H・S・ランドール（Henry Stephens Randall 一八一一～七六年）の誤りか。H・S・ランドールは、アメリカの農場経営者、教育者、著述家として活動し、『トマス・ジェファソン伝』（*Life of Thomas Jefferson*, vol. 1-3, Philadelphia: J. B. Lippincott, 1857）の著者として知られる人物。

＊13 ジェファソン（Thomas Jefferson 一七四三～一八二六年）は、第三代アメリカ合衆国大統領。独立運動に参加して「独立宣言」を起草した。

＊14 北アジアの遊牧騎馬民族。五世紀半ばに一時はフランス北部やイタリアにまで侵攻するなど西ローマ帝国と激戦を繰り返し、カスピ海からライン川に至る広大な王国を築いた。

＊15 ハスティンガ人やシリンガ人が中心となって形成されたゲルマン系の混成集団。民族大移動期に北アフリカを征服しバンダル王国を建設。シチリア島の占領やローマを略奪するなど西ローマ帝国を圧迫した。

第4章　経済思想の新たな地平[1]

われわれが抱えている喫緊の課題の中には、社会的生のあり方を自分たち自身でこしらえてきた技術に適応させねばならないという事態に由来するものがある。(……)[2]そのような調整がなされるべき生の領域とは、もちろん経済の領域である。このことは大雑把に言って何を示唆するのか。そして、新たな経済学はわれわれの課題にどのような光を投げかけるのか。これが問題である。

まずは、生の経済領域についての通俗的《プラグマティック》な定義を確認しておこう。すなわち、「われわれが飢えることなく生きるために欠かせないと確信されている方法」である。では、折に触れて一部の人びとがこうした確信を実際に抱いているのであれば、この定義はほとんどすべての時代の、ほとんどすべての人びとにとっておよその真実であると言ってよいのだろうか？　アメリカ産業界の指導者たちは年間数十万ドルを稼ぐのだが、われわれの生産水準は明らかに彼らの尽力に多くを負っている。実際のところこの尽力は、そこまで必死にならねば自分たちは飢えてしまうのだという恐怖に由来するのだろうか？　もしそうでないのなら、こうしたあり余るほどの豊かさを達成したことの要因として飢えへの恐怖を読み取るのは、はたして妥当なのだろうか？

答えは完全に、ノーである。南洋トロブリアンド諸島では、通常住人たちが必要とする量の二倍のヤムイモが栽培され余剰分は腐るに任せている。彼らは自分たちの経済生活を豊富さをめぐる語彙によって表現する。一方われわれの基準に照らせば、われわれは欠乏に囲繞(いにょう)されていることになる。トロブリアンド諸島民の基準をあてはめてみるとわれわれは豊かさに取り囲まれているのだが、それを稀少性の観点でとらえることにより自分たちの経済生活を麻痺させているのだ。だからこそわれわれは、億万長者たちが飢えの恐怖に駆り立てられているなどという虚構を、さもありなんとみなすことができるのである。

とはいえ、この虚構と表裏一体の関係にあるのが、原理的に誰もが労賃を稼ぐか利潤をあげなければならないという真実である。さもなければ所得なしでやっていかざるをえず、どうやって生活必需品を調達しうるというのか？

誰もが所得を得るため、何であれ自身が所有するものを売ろうと努めねばならないのは当然とされている。その結果、われわれの社会は現在のごとく編成されているのだ。そして、その他のあらゆることがこのシステムの要求に従属させられることになった。資産家は資本あるいは土地の効用を売り、労働者は自身の労働力の効用を売りに出す。そして、彼らが得る所得は、現実に市場で達成された価格である。すなわち、資本の効用の価格は利子と呼ばれ、土地の場合は地代、労働力の場合は賃金と呼ばれる。仲介者《アントレプレナー》はサービスを売り、利潤によって報いられる——この場合の利潤とは、財の生産価格と生産物の売値との差額である。(3) 彼の所得もまた市場に依存している。

このように、彼ら全員の所得を決定するのは市場システムである。そして、それぞれの所得は、労働市場、資本市場、土地市場など彼らが何を所有しているかによってそれぞれ異なる市場で決定される価格である。唯一仲介者だけが、彼の提供するサービスにとっての直接の市場を持たない。それゆえ、彼はリスクを背負うことを余儀なくされる。おそらくそれが理由で、仲介者は大規模な工業では姿を消すのだと思われる。経営者がそれにとって代わり、保証された給料を受け取るようになるのだ。

ここでこれ以上われわれの経済の本質について踏み込むことはしない。市場経済が「経済的動機」と呼ばれるもの、すなわち、飢えの恐怖と利得の期待に訴えかける力を持つとわれわれが確信を持って考えていることを確認できれば十分である。

しかしながら、飢えと利得を「経済的動機」とみなすことで、生の経済領域が持つ真の適応可能性について私たちは憶断を下してはいないだろうか。この点についてさらに検討してみよう。

ある意味では、この問いにイエスと答えざるをえない。というのも、市場経済は物質的財の生産と分配を調整し、飢えと利得は（われわれが定義したように）このシステムの働きを保証しているので、これらを経済的動機と呼ぶことは妥当である。飢えと利得は、偶然とはいえ、経済システムがよって立つ動機となっているのだから。

しかし、飢えと利得はいかなる意味でも経済的と言えるだろうか？　飢えと利得は、本質的に経済的なのだろうか？　美的あるいは宗教的動機が、美を求めさせ、敬虔たらしめるのと同様に、つまり、ある経験が発露し表現される際にその性質が自明であるという意味で、飢えと利得は経済的動機と言えるのだろうか？　否、決してそうではない。飢えには経済的なものなど一切ない。飢えているからといって、特定の何かができるわけではないのだ。空腹が生産開始の合図となることなど決してありはしない。それはもしかすると強盗の誘因となるかもしれないが、だからといってこれは経済活動だとは言えない。同様に利得への衝動も特殊経済的な動機ではない。そういった発想や、またおそらくそういった欲望が存在するのだとしても、精巧な経済メカニズムによって媒介されることがなければ、物質的財の生産と分配には何ら関わりを持たない――この点こそ、問われるべきであろう。

この論点は、とりわけ重要である。このことをはっきりと認識しなければ、われわれは経済システムが当然のごとく経済的動機を起点に稼動しているとみなさざるをえなくなる――その際の動機とは本質的に経済的であることを意味し、われわれはそれが飢えと利得であると無批判に想定せざるをえなくなるのだ。

われわれの活動の自由に対する、これ以上劣悪かつ非科学的な束縛など考えられない。もしそうなれば、われわれの経済システムを科学技術に適応させ、なおかつ正義にかなうようにするという課題は解決不可能になるだろう。

市場経済が駆動する以前に、飢えに対する個人的な恐怖が生産活動に加わる動機となるような経済システムは存在しなかった、と言ったほうがより真実に近いだろう。共同体はおそらく——普通そうであるように——絶えず食糧の問題に関心を寄せるだろう。しかしこの関心は共同体全体のものであって、個人に受け渡されるようなものではない。狩猟や漁労、農耕や収穫に参加した程度によって決まる、個人的な分け前が関心事ではないのである。飢えへの恐怖は、人を経済領域における活動に駆り立てる個人的動機となりうるが、未開社会には、そうなることを未然に防ぐ安全装置が制度的に備わっている。中世の社会についても同じことが言えるし、実際のところ重商主義システムにおいてさえ同様だったのである。現在私たちが経済的誘因と呼ぶものを避ける傾向は、いたるところに見られる。ただしこのことは、社会の側から分配されるものと、それに対して求められる負担の間の連関を絶ちうるという意味ではない——これは明らかに不可能であろう。手にしうるより多くのものを分配することはできず、実際多くの経済体制のもとで、ある人の取り分はその人の努力に左右されるだろう。しかし、重要なのはそこではない。飢えに対する個人の恐怖は、暮らし向きがより良くなるか否かという不安とは全くもって異なるのである。われわれ自身の社会にはあってより貧しい社会にはないもの、それこそまさに飢えへの恐怖というムチなのだ。

交換における利得動機についてさえ、このことはより多くの真実を含んでいる。このような動機は完全に不在であるか、あるいは存在するとしても排斥され、望ましくないものとされている。もちろん多くの例外が思い浮かぶであろう。しかし、そうした例外の重要性を誇張すべきではない。われわれは現在の眼で過去を眺めがちであり、なじみの無い事象よりも親しみの持てそうなものをより安易に見出す傾向がある。重要なのは、ある時代において支配的な諸制度の性質なのだ。というのも、支配的な諸制度こそ派生的な制度の成長と限界を決定するからである。商人の存在は、商業的な振る舞いが支配的であることを必ずしも含意するわけではない。今日、修道院が存在するからといって、社会が修道院間の関係によって規定されるわけではないのと全く同じことである。市場の存在は中立的な事実である。貨幣の使用は通常、副次的な事柄である。貨幣の存在が貨幣化された社会をただちに意味するわけではない。ある経済の内部に市場が存在しているということは、決して、市場経済が存在していることを含意するわけではないのだ。

それでは、私たちのこの市場経済とは何なのか？　経済的動機によって稼動し、その浸透が今日、不気味かつ大規模に広がっている市場経済とはいったい何なのであろうか？

それは、市場パターンが支配的であるということなのだ。未開社会は親族体系をそのシステムの基盤としている。封建社会の場合、それは人格的な紐帯である。そして、われわれの社会は市場パターンに埋め込まれているのである。

これらの社会を分ける基準はシンプルである。さまざまな市場があるというだけで、労働市場と土地市場の存在が含意されるわけではない。労働と土地という社会的存在の二つの柱は、いたるところで市場の活動から守られている。というのも、われわれが専門用語で労働と土地と呼び慣わすものは、人間と人間を取り巻く環境の経済学者による呼び名に過ぎないからである。それらが市場において組織化されるや否や、換言すれば、人間とその周囲の環境が市場の活動に委ねられるや否や——またその場合にのみ、市場は社会における支配的制度へと成長することになったのだ。親族体系や修道院、封建的な紐帯、あるいはその他もろもろの類型の社会的パターンと同じように(4)。

形式的には、このことは市場に支配された社会そのものの中に表現されている(5)。市場システムは自律的かつ自動的になる。というのもひとたび生産要素、つまり、労働、土地がそれら自身の市場を持つことになれば、労働と土地の結合物である資本は、利潤の均等化を唯一の目的に一つの市場から別の市場を目指して移動することが可能になる。これこそ私たちが自己調整的市場システムと名指すところのもの——すなわち、労働と土地のための自由な市場を構成する諸市場のシステムと呼ぶものなのである。

このようなシステムが、その中に住まわされた人間たちの社会を破壊することなしには、一日たりとて存続しえないだろうことに今や疑いの余地はない。人類は死に絶え、自然はこの盲いた挽き臼[*1]のなすがまま、塵芥になるまで破壊されるだろう――破滅に向かってぐるぐると回り続けるバベルの塔である。

もちろん、このような状況が現実に存在したことは過去に一度も無い（経済理論家の中には、依然として、そうした状況を実際の政策の出発点として仮定する者もいるのだが）。市場の支配が増長する際には逆向きの運動が伴った。これは、回り続ける悪魔の挽き臼[*2]に対抗して、人間社会――人類と自然――の実質《サブスタンス》を保護するための運動であった。とりわけ、労働と土地がいまだかつてこの挽き臼のなすがままに、完全に放置されたことは一度たりとて無かった。一方でわれわれの精神と思考は、経済学者の憶断という「毒風」に、不幸にも――実際にはそうならざるをえなかったのだが――さらされていた。どれほど極端な制度であろうとも制度的な反作用を伴うことは免れなかった。そうやって社会は、一定程度保護されたのだ。しかし、哲学と宗教思想の領域で商業主義の影響がはびこるようになった。それゆえ私たちの人間観は、経済学の前提に深く影響されることになった。さらに、人間は自らの理想にしたがって自らの世界を形作るのだというわれわれの自由観も、同様の影響を受けていたのである。

人間に関して[6]……

（1）「カール・ポランニー・アーカイブ」ファイル番号20-7　日付不明の原稿。文書目録によれば、おそらく一九五〇年代後半に書かれたものである。

（2）この後に、判読不可能な手書きのコメントが挿入されている。

（3）ポランニーが言いたかったことを非常に簡潔な形に要約すれば、「原価と生産物価格の差額」であろう。

（4）「社会的パターン」（social patterns）という語は、われわれが「社会」（society）と置き換えたものである（ひとつ前の段落とのかねあいも参照のこと）。おそらくここでの「社会」は、筆が滑ったかあるいは（こちらの方が可能性が高いと思われるが）メモなどで本人が慣用的に用いていた略記であろう。ここで列挙されている諸項目について、ポランニーが社会と呼ぶ意図がないことは文脈から明白である。しかし、ポランニー自身、これらすべてを包含するような一般的な範疇の名称を見出すのに苦労していたのではないかと思われる。

（5）原文では「以前には」（formerly）となっていたのを、「形式的には」（formally）に訂正した。この誤記は、公刊を意図した推敲を施されていないポランニーの英語原稿においては、大変興味深く、また典型的なものである。こうした誤記は多数存在するが、ささいなものについてはそのすべてを注で指摘することは控えた。というのも、この版はテキスト・クリティークを目指したものではないからである。とはいえ、ポランニーのテキストに文献学的・言語学的な興味を持たれたのであれば、「ポランニー・アーカイブ」の原本を参照することは可能である。

（6）原稿はここで中断されている。

＊1 ここでいう「盲いた挽き臼」は、直後の段落に出てくる「悪魔の挽き臼」と同義。本章訳注2を参照。

＊2 自己調整的な市場システムを指す比喩であり、ポランニーはこれを『大転換』第Ⅱ部のサブタイトルに用いている。そもそもはウィリアム・ブレイクの詩『ミルトン』の序詩第二節に出てくる表現だが、ポランニーによればこの「挽き臼」（自己調整的市場）は、自然環境を破壊し、人々の社会的紐帯を解体し、人間性を粉々に挽き砕いて吐き出すようなシステムである。

第2部　制度について

第5章　制度分析は、いかに社会科学に貢献するか(1)*1

われわれ経済学徒は、人間の経済というのは、たとえそれが学問的な観点からであろうと、われわれだけの関心にとどまるものではないという点を、ともすれば忘れがちです。何らかの意味での経済なしには、いかなる社会であれ存続できないのですから、あらゆる社会科学は、「経済的」という言葉を自家薬籠中の物としておかなくてはなりません。社会学者、人類学者、歴史学者、政治学者、社会心理学者といった人びとは、それぞれの見地から経済的な要因、動機、利益、階級、条件、それに人間の経済をめぐるあらゆる要素が関わる進歩について扱わなくてはならないのです。したがって、あらゆる社会科学者は、各人が経済用語の意味に向きあわなくてはならないという（ありがたくはない）立場に立たされた、と悟るようになります。とはいえ、よく「知っている」のは経済学者だろうと彼らが思い込んでいるとしても仕方ないのではないでしょうか？　それで、経済学者が頼られることになります。ところが、いざ蓋を開けてみれば、そんな生易しいものではないとわかるでしょう。周知の通り、経済学には、あらゆる核心部分について意見の一致を見ない議論を、果てしなく（とはいえ、全体として見れば無益でもないのです）行うところがあるため、貨幣、資本、資本主義、貯蓄、投資、均衡といった、広い意味での富、また当然「経済的」なる語についても、それらが何を意味するのかを、もしわれわれから学べると真面目に期待するなら、他の社会科学者は早晩幻滅することになるでしょう（とはいえ、経済学が払ってきた対価について、あまりからかうものではありません。他の社会科学者もまた、自らの分野の専門用語については、似たような苦しみを味わう羽目になるでしょうから）。しかし、問題はさらに続きます。経済学者がこしらえたような定義というのは、他の社会科学者の役に立たなかったし、これからも役に立たないだろうから、経済学への望みはおよそ持たぬ方がよいと、われわれの仲間で、このように言い放つ者がでてきました。つまり、経済学者による経済学用語の定義は明らかに他の社会科学者には無益であると、公言したのです。少なくともエリス教授[*2]は、この点について微塵も疑いを持っていません。アメリカ経済学会会長就任演説で教授は、「経済学は、市場における個々人の選択の過程と結果についてのみ関心を向ける」と言い切ったのです。経済分析（広い意味での経済理論ではなく）という意味ではエリス教授は全く正しく、すると他の社会科学者は、もし厳密に形式的な経済学や稀少性の経済学が設けているこのような制約を認めないのであれば、自らリスクを負いつつ経済用語を定義することになります。稀少な手段を扱えるのは、このような類の、合理的行為に関する論理を適用する場合であり、それは、市場によって組織された経済に対する適用なのです。

この点は、詳細な検討に値します。私自身が関わっている経済史においても、また他の社会科学においても、経済領域を扱うのを避けることはできません。人類学者であれば、経済主義的な臆断に無意識によりかかってしまう危険性があります。しかも、人類学はあらゆる点でそうした偏向を拒否すると自覚しているので、なおさら危ういのです。そうした錯覚には本当に注意しなくてはなりません。メルヴィル・ハースコヴィッツ教授[*3]とナイト教授[*4]との論争は、それが露わになった例です。ハースコヴィッツは、経済学の影響から解放された人類学者としては先駆的な人物ですが、にもかかわらず、当人が意識しないところで、経済分析に対しては無防備でした。私が記憶している限りでは、彼はこう書いています。景気変動を除けば、交易、貨幣、市場、資本、投資、貯蓄、その他、近代の経済生活に見られる現象は、どんなものであれ、野蛮な社会にも等しく見られるのだ……。

ケンブリッジ大学の民族学者アリソン・クウィギン女史は、「原始貨幣」に関するとても有益な研究書を著した人物ですが、彼女もまた、人類学者が経済学者にどこかとらわれた末に抱く錯覚を露呈しています。著作の冒頭では、一風変わっているけれども、しかしもっともな書きかたで、「もし、人が経済学者でないならば、その人は貨幣の意味を知っているし、経済学者でさえ、一章かそこらを費やす中で、それについて述べることが可能だろう……[2]」と、反骨的な姿勢を見せています。いよいよ経済学からの独立宣言がなされたぞ、という風にも映るでしょう。にもかかわらず、クウィギン女史は、人類学者ティレニウス[*5]の著作から借用した貨幣の定義（その定義自体、貨幣に関する理論家ベンディクセン[*6]のモデルから定義の部分をそっくり借用したものです）を、疑うことなく易々と採用しています。結果はご想像がつくのではないでしょうか。原始的な貨幣対象物を分類しようとする人が、ベンディクセンの代用貨幣理論[*7]のような定義から一体何が得られるというのでしょうか？「典型的」ないし完全な貨幣というのは、ベンディクセンによれば、「商取引から生じた紙幣や手形にもとづく貨幣[(3)*8]」です。そういった完全に名目論的な影響のもとでは、クウィギン女史が、代用貨幣だけが「真の」貨幣であり、原始的な貨幣対象物は、厳密に言えば、貨幣の代用物でしかないと決めつけるのも無理はないのです……。

したがって、これまたよくあるような皮肉な顚末を迎えるのです。当初は独立を高らかに宣言したのに、結局は従属を表明するだけのことで終わってしまう。しかも、無意識的なものが介在するがゆえに、完璧なまでに罠にはまるのです。

社会学者であれば、経済理論には通じています。ただ、おそらくハーバート・スペンサーだけは例外で、スペンサーと経済学とのかかわりは、とりわけ皮肉なものです。どういうわけか、スペンサーは「経済学の原理」を書かずにいられたのです。その理由は定かではありません。にもかかわらず、スペンサーは、経済学と経済政策について、これまでのどの学者よりも粗雑な見解を、結局は表明してしまうのです。それと比べれば、バスティ

[*9]アは緻密な経験主義者でした。挙げ句の果てに、有機体論的な社会学の瞠目すべき体系を作りあげたのですが、しかしそれは、独立した個々人に基礎づけられた経済的個人主義と完全に齟齬をきたしています。しかも、この断絶を埋めたり、一貫性を持たせようとする素振りは見られません。デュルケーム、パレート、マックス・ヴェーバーであれば、話は別です。これらの鋭敏な知性は、経済理論を意識的に取り入れ、その意義を見極めつつ、自らの社会学の世界に結びつけようとしました。デュルケームは、社会についての道徳の問題は分業の問題でもあるとみなしましたが、そこでは、仕事を特化することが人間の経済にとって基本的な事柄であると、明晰に考えられていました。ここでのデュルケームの見解は、アダム・スミスと同様、個々人の分業について触れたものです。しかし、トゥルンヴァルトが示したように、原始社会の実態は、決してこの見解に合致していません。逆に、しばしば村落全体が何か一つのものに専門化され、たいていは村全体として外部との交易に用いるものを作っており、村落内部で交易がなされたという証拠はないのです。パレートによるエリート周流理論は、競争の法則を、権力を伴うさまざまな地位に対して適用しただけのものです。言うまでもないのですが、パレートの合理性の概念は、市場による功利主義的な価値づけを言い換えたにすぎない性質のものです。さらに、マックス・ヴェーバーの一連の著作でさえ、ミーゼス[*10]の貨幣概念はもとより、メンガー[*11]流の合理性概念をも、それらとは全く異質の、カール・マルクスやカール・ビューヒャー[*12]に由来する概念

と融合させようとして、逆に痛手を被っています。こうしたことを鑑みると、人類学や社会学が、経済組織の問題について、ろくに貢献していないのもうなずけるのではないでしょうか。経済学者による不十分な道具立てをわざわざ取り入れたことに大きな原因があるのです。

最後に、特に言及に値するのは、経済に関する用語を手当たり次第借用せざるをえないのは歴史学者だという点です。経済史学史上の碩学たち、たとえば古代ギリシア史のベック[*13]、イギリス史のカニンガム[*14]、ドイツ史のシュモラー[*15]は、経済学の影響が広く行き渡る前に自らの研究を仕上げました。この人たちは運がいい。当時、経済史はいまだモンテスキューやアダム・スミスにならうといった段階だったのです。したがって、カニンガムもシュモラーもリカードの経済主義を否定したのですが、こうした所業は自分たちの意に沿わぬものだとして、経済学者からは頑《かたく》なに無視されました。しかし二十世紀の変わり目頃、知的な潮流にも変化が見られました。経済主義がはびこり、それが当たり前となったのです。経済史はこの犠牲者です。バビロニアやエジプトの史料が公開され、考古学や古銭学が成果を挙げたおかげで、われわれの歴史的知識は格段に増大しました。にもかかわらず、エドゥアルト・マイアー[*16]でさえ、こうした新しい分野で経済の歴史を研究することはかないませんでした。センナケリブとサルゴンの宮殿だったニネヴェの発掘から一〇〇年。スーサのハンムラビ法典の発見からほぼ五〇年。一〇〇万点にも達しようかという勢いで私家文書は増えてきています。ところが、楔形文字を用いていた文明の経済史は、いまだ全く試みられていません。ヴェーバーは一九一〇年に(4)、そうした試みは時期尚早であると書いています。ロストフツェフ[*17]は近年の代表作で、メソポタミアには宝の山があるとだけ述べるにとどめています……。歴史の経済的な側面は、歴史叙述を確かなものにするどころか、その弱点を示すようなものとなってしまいました。古代メソポタミアの商業文書が広く知られるようになり、現代的な発想が着実に資料に組みこまれるようになって、彼の地の経済に関する全体像は混乱してしまったと言わざるをえません。経済史は、おそらく他のどの社会科学にもまして、学術概念を専門の経済学者に依拠したと同時に、この学問ほど、形式的な経済学があからさまなまでに実りをもたらさなかった分野もないでしょう。

さて、本講演のタイトルは、「制度分析は、いかに社会科学に貢献するか」などと、いささかわかりづらいものにしたのですが、それについて少し説明したいと思います。ここでは制度分析を、人間社会一般の経済的な側面に対する、形式的な経済学や稀少性の経済学よりも一層確実なアプローチを端的に示すものとして位置づけています。その核心にあるのは、「経済的」という語の意味を、形式的《フォーマル》なものから、より生身の人間に近い実体的《サブスタンティブ》な意味へと戻してやるのは、制度派経済学の中の、この立場だという点です。制度分析の立場では、実体的な意味は、市場という現象を唯一の例外として（この場合は、形式的ないしは稀少性にもとづく定義によってのみ有効な理論を生み出すことができます）、社会科学のどの分野であっても、一貫して守られなくてはならないということが主張されるのです。

今夜お話しすることの主旨は、そうしたアプローチの特徴を、特に経済史に照らしながら、大づかみに示すことです。そうすれば、他の社会科学の分野、とりわけ人類学と社会学に対して、それ[5]がどのように貢献しうるかという点がつかみやすくなるでしょう。

すでに触れた通り、このアプローチの主な特徴は、経済的という語の実体的な意味のみに依拠するという点です。これを念頭に置いた上で第二の特徴を挙げるなら、それは、経済的という語の形式的な意味に伴う、経済主義的ないしは近代化的ニュアンスは払拭しているということです。手短かではありますが、私が考えているいくつかの用語について定義してみましょう。

ここで、実体的な意味での「経済的」とは、「物質的な欲求を満たすことに関連するもの」であり、「物質的」という形容詞はもっぱら手段に強く関連し、目標や目的――つまり、さまざまな身体的欲求の総体――についてはほんの二義的なもの程度にしか考慮していません。

そもそも経済というのは、経済的要素の集合が制度に具現化されたものとして定義されます。こうした要素には、需要や欲求、物質的資源、サービス、生産活動、財の移動や消費などが挙げられます。この一連の要素のリストは、場合に応じて、長くもなれば短くもなります。しかし、稀少性はこうした要素に入らないのです。経済的な諸制度は、経済的な諸要素だけからなるのではなく、また、経済的な諸要素も、経済的な諸制度にのみ見出されるのではありません。

経済的動機というのは、もっぱら通俗的《プラグマティック》に定義した言い方です。というのも、そうした動機が実際に存在するのかどうかが疑わしいからです。したがって「経済的動機」と言う時の「経済的」は、用語としては一般的に用いられる意味を踏襲し、三種類の動機を指すものとして使っています。

(a) 賃金のためだけに労働すること。すなわち、労働をとりまく社会学的関係とは関連がないということ。

(b) 物同士の取引や交換にもとづいて利得をあげること。「物同士の取引《バーター》」や「交換《エクスチェンジ》」という用語は、相手側からこちら側へ財が移動することとして定義される。その場合、取引相手の行動は、交換関係の帰結としてなされる。

(c) 主として生命維持に必要なものが得られなくなるのではないかという恐れから行為すること(自分が飢えるのではないかという恐れ)。

「経済的制度」という語は、その経済的特徴が問題となる限りは、程度の問題であることに注意すべきです。ゆえに、単に経済的要素が存在するだけで、ある制度を経済的制度に転換するに十分だとみなすべきではありません。これは重要な点です。というのも、「経済的」という語の実体的な定義には、ほとんどあらゆる事柄が含まれ、経済的要素はほぼあらゆるところに存在するからです。しかし、経済というのは経済的諸制度に具現化された諸要素の集合ですが、制度というのはそうした諸要素の集中を含まぬ限りは経済的とは言えません[6]。こうした意味では、われわれは工場や穀物倉庫を経済的制度と記述するでしょうが、クリスマスや議会は、実体的な意味での経済的重要性はあるにせよ、経済的制度ではないのです。

ここまで来ると、社会学者、人類学者、政治学者は、こういった経済的制度や動機の定義を受けて、次のような問いを発したくなるでしょう。ある特定の社会において、経済的制度は非経済的制度とどのような関係にあるだろうか？　さらに、ある特定の事例において、経済的制度は、どの程度経済的動機にもとづいて作動しているのか？

これらは、人間の社会で経済が強くかかわる問題に対する、唯一のオルタナティブなアプローチかもしれません。したがって、あらゆる社会科学は、この一般経済史の中心課題を明らかにすべく、貢献しうる立場にあるのです。

さて、「経済的」という語の実体的な意味にもとづくさまざまな定義の話はこれくらいにして、こうした定義によって、過去を経済主義的ないしは近代化的な視点で誤って解釈するという悪夢からいかに解放されるかという点について述べましょう。

近代化的あるいは経済主義的態度とは何か？

それは、経済的な事柄に関して、人間はより利得をあげられる方へ傾き、守銭奴的で、利己的で、競争的で、闘争的な性質を持つとみなしているだけのように、表面上は見えるかもしれません。ならば、そういった見方を改めていくことは、経済学者の手に余る事柄となるでしょう。というのも、そうした動機や行動のパターンは、文化人類学が扱う問題であり、文化人類学者なら、それらが出現する様子、または不在である様子を見極められるからです。野蛮な社会を近代の守銭奴的な社会と誤解しようと、あるいはヴェブレン[*18]が得意げに皮肉ったように、近代の資本主義を見栄というものにとり憑かれた野蛮な社会であると誤解しようと、この点ではさして変わりはありません。つまりこれらの見方は、どちらの場合も、もっぱら動機や価値に関する事柄に依拠しているのですが、そうした事柄というのは、文化人類学の守備範囲にあるのです。

幸いにも、この問題は人類学の次元で終わるのではありません。利にさとかったり、守銭奴的といった態度について、いついかなる場面で目の当たりにしたとしても、われわれがそうした態度を「近代的」と感じるのは、市場という制度に付随する文化複合の特徴にすぎないのです。市場に関わる諸要素が経済にどれだけ見られるかによって、われわれはその社会を近代的であると判断します。すると、われわれが注意すべきなのは、市場に関わる諸要素が存在しない場合であっても、それらが存在するかのように仮定することです。そしてこのことに注意が向くことこそ、まさに「経済的」という語を実体的に定義することの内実なのです。そうした定義により、市場という枠組みで考えることなく、主要な経済制度について再定義することができるのです。

形式的な経済学では、交易、貨幣、市場は、「他を圧して」経済制度へと祭り上げられています。ただ、この中のひとつ、すなわち市場がシステムにとってきわめて重要となっています。他の二者は、市場というシステムに付随する過程でしかないのです。市場（供給・需要・価格のシステムが具現化した制度）が当たり前となるや、交易は財が市場を行き来する物理的な面だけを意味し、貨幣というのはそうした取引を円滑にすべく用いられる手段でしかなくなったのです。さらに単純化することさえできるでしょう。もし市場が組織だった交換の場であるなら、貨幣は交換の手段で、取引は交換される財の移動なのです。ここから、交易の存在が認められるならば、そこに市場はあるはずだということになり、貨幣の使用が認められるならば、交易（さらには市場）もあるはずだということになります。これでは市場を通さない交易が見過ごされ、あるいは少なくとも軽んじられ、非交換的な貨幣の使用は、奇習とみなされても仕方がないでしょう。ここは知の大鉈を振るって、交易、貨幣、市場が論理的に緊密に結びついているのは当たり前だと思われているところへ、それは単なる恣意的な構築物であること、三者はそれぞれに独立した制度上の起源を有していること、さまざまな貨幣使用や、後に交易へと結晶化したさまざまな要因は、もともとは互いに別個のものとして制度化されていた可能性があることを切り分けて認識する必要があります。このように、「経済的」という言葉を実体的な意味として理解することにより、制度分析を行い、市場を前提とする意識――また、それに伴う近代化や経済主義のニュアンス――を、経済に関するイメージから取り除く余地が生まれるのです。

貨幣

貨幣制度の起源を取り上げてみましょう。市場での売買に慣らされたせいで、貨幣は交換の手段とみなされ、貨幣にそのような機能があるなら、それは支払いにも、価値の尺度にも、貯蔵にも用いられると考えられていました。レイモンド・ファース教授[*19]は、ロンドン経済学院におけるマリノフスキーの後継者ですが、『ブリタニカ百科事典』第一四版[*20]では、原始貨幣をいまだに次のように定義しています。

経済システムにおいては、それがどんなに原始的であっても、ある一つの物品が、貨幣であるとみなされるのは、さまざまな種類の財を次々と交換するための便利な踏み石のようにして、それが決定的かつ普及した交換手段として成立する場合に限られている。さらに、そのようにすることで、原始貨幣は価値の尺度として働き、他のあらゆる種類のモノの価値が、貨幣によって表されるようになる。さらにまた、それは過去の支払いと未来の支払いに関連して価値の標準となり、また価値の貯蔵手段として、富が凝縮され、準備、保有されることを可能にする。

実際のところ、原始貨幣の真の特徴は、ほぼ逆です。十九世紀の通貨に見られがちだったような、また、リカード派経済学がすべての商品貨幣がそうあるべきだと考えたような、全目的の貨幣といった話ではありません。それどころか、原始貨幣は、特定目的の貨幣であって、使用する先が異なる場合は、異なる貨幣対象物を割り当てたのです。そうした「使用」という言葉は、ここでは、ある社会学的に限定された状況において、量化可能物にもとづいていたり、あるいはそうしたモノとの兼ね合いでなされる操作を意味しています。

このことによって、制度的起源という問題に対して部分的に答える途を見出すことが出来るでしょう。互いに異なる使用は、互いに独立に制度化された部分が大きいのです。モノの中には支払いに用いられた例もあります。他のモノは、尺度として用いられたでしょう。また別のモノは、交換手段として使われたかもしれません（ただし、もし交換というものが存在していたならの話ですが）。この「もしも」は重要です。そうした交換的な使用は、存在せずとも構わなかったのだし、実際のところ、通常は存在しなかったのですから。するど、貨幣についても、いくつかの定義をしなくてはならないのです。社会科学一般の目的のためには、貨幣は、言語、書くこと、度量衡にほぼ相当する記号のシステムとして定義されるべきです。より狭く言えば、貨幣は支払い、基準、貯蓄、交換に用いられる、量化可能物を意味します。

（1）支払いとは、量化可能物を、責務を果たすために使用することである。ここでは、責務のある状況にあるという社会学的状況がある。（未開社会でしばしば行われるような、支払いが何らかの理想的なユニットでなされる状況を想定するならば）ここでの操作は、財の所有を相手に譲り渡すことである。ある場合では、資産の債務者から債権者への移譲を伴う措置がなされることがある。

（2）もし物同士の取引が一般的に言って実施可能であれば、価値の基準（standards of value）が求められる。つまり、物同士の取引にかかわる双方の側でいくつもの品物を用意し、それらが最終的に等価となることである。基準が生み出される別の場合として、基本物資の管理が挙げられる。この場合、棚卸をしたり、計画を立てたり、処分したりといった時のために、物資同士が互いに等価にならなくてはならない。さらに三つ目の場合として、婚資、殺人償金《ブラッド・マネー》、罰金などの評価が挙げられる。ここで、基準が生み出される時、貨幣の交換的な使用に依拠するのではないという点に注意したい。実際、右に述べたさまざまな使用により、交換的な使用は不必要となっている。

(3) 量化可能物の貯蔵は、単に将来に備えてのことかもしれない。この場合、貯蔵される財には貨幣の性格が付与されているとはとても言えない。一方、貨幣対象物、すなわち、他の貨幣使用のために用いられるモノは、しばしば財宝として蓄えられる。

(4) 貨幣の交換的使用は、もっとも特殊な場合であり、組織化された市場の外部では、ほんの稀にしか見られない。しかし、たとえ見られたとしても、他の貨幣対象物が他の「貨幣使用」のために割り当てられていることがしばしば認められる。

では、このことをハンムラビ時代のバビロニアを取り上げて見てみましょう。大まかに言って、税、地代、賃金は大麦で支払われていました。等価性を表現する基準としては銀が用いられていました。交換の手段については、何か一つのモノが卓越していたようには見受けられません。大麦、油、羊毛、銀、デーツなどが、それぞれ同じ程度に広く用いられ、その中のどれかが特に多く利用されたということではなかったのです。あらゆるものが、神殿や宮殿の広々とした倉庫群に集められ、基本物資財政《ステープル・ファイナンス》〔小麦等の集中的な管理・分配・処分〕が実施されました。特に重要性を持った市場が（……）[7]実在したとは認められません。あらゆる取引は（われわれが言うところの）「現物でなされ」、管理上の必要から設定された、主要作物同士を等価とする基準は、何世紀もの間、安定していました（シュメールの神殿資料の校訂者であるダイメル神父[*21]は、三千年紀にわたってと述べています）。これは度量衡を、何代にもわたる王の治世をまたぎつつ、長い時間をかけて変更し、公布された等価基準を供給の側にあわせることで成し遂げられました（供給量は、沖積土の土地では、水をどれだけ使えるかにほぼ対応していました。これもまた、王が主導する灌漑事業の規模に大きく依拠したのです）。バビロニア経済のもっとも理解が難しい特徴は、このようにして辻褄が合うのです。価格や基礎的な度量衡は驚くほど安定した（後者は実に千年以上にわたって保たれました）のですが、これは、ある計量の単位を上位の単位とどのように組み合わせるかを、度量衡システム（連続した計量単位の全体の比率）に矛盾させず、定期的に変更することで成し遂げられました。税や地代は、度量衡が大きくなれば、自動的に増大しました。土地の基本単位あたりの税は銀一シェケルに固定され、これは大麦一グルと同じです。大きな作物の場合、グルという単位の中身はより多くなりました。しかし、財政システムとしては、収入と支出を銀のシェケルで計算することには変わりなく、等価物の量が増えたとしても、そのことに影響はされませんでした。つまり、収支上の数字（もし収支というものを備えていたとして）には変化がなかったのです。

バビロニアについては、翻訳された楔形文字資料の扱いに通じてないという制約のある者[8]がそうした解釈を進めるのは危険です。

しかし、西アフリカの古代的《アルカイック》な経済[*22]に見られる再分配なら、詳細に取り上げることができるでしょう。季節や社会的地位にもとづいて度量衡が変わるということは、彼の地ではとてもよく見られます。これは価格の安定化が主な目的です。ある例では、貨幣のような仕組みのおかげで、小売りの範囲が、卸売と小売りの価格システムへと組織化されています。ニジェール川湾曲部では、タカラガイの貨幣には二種類の計算法があります。一と一〇万の間にある四種類の分類のうち、二種類の計算法があるのは、数字がもっとも小さいものと、もっとも大きいものに限られます。たとえば、一方の側の計算法では、

$$8\times10=100$$
$$10\times100=1000$$
$$10\times1000=10000$$
$$8\times10000=100000$$

もう一方の計算方法では、通常の十進法が用いられます。すると、卸売り商人は一〇万の額面で、それより少ない量を受けとり、小売り商人は末端の消費者からより多くの量を集めることになります。たとえば、小売り商人が一〇万の額面で買うと、六四〇〇〇しか払わないのですが、消費者からまるまる一〇万を集めるのです。中間業者の意をくじくようなシステムであることに気がつきます。彼らの活動の余地がまるでないのです。

この種の仕組みを見るにつけ、ニジェール一帯では、複雑な市場システムが、無秩序に陥る恐れも無く、再分配のシステムに組みいれられていたことがわかるのです。

こうした目立たない仕組みが、より大きな問題を解く鍵となりえます。たとえば、社会階級の安定が、エリートの貨幣としてのみ流通するモノに支えられるといった問題です。砂金以外の金は、古代ギリシアでは王、首長、神々の間でしか流通していませんでした。象馬はエリートのためのものであり、それは奴隷との交換によってのみ購入可能でした。象牙もまた、奴隷との交換により購入されました。さまざまなサイズの銅線が貨幣として用いられていた証拠もあります。あるサイズのものは雑穀を購入するためであり、他のサイズのものは小麦を購入するためでした。これらの場合、貨幣というのは栄養を階級別に維持する仕組みとして機能していました。

「経済的」という言葉の実体的な定義により、交易という言葉で何を言わんとすべきかについて、利得から、共同体外部からの財の調達へ、言葉の力点を移すことができます。交易の起源が外部の存在にあるというのはほとんど議論の余地がないのですが、このことが、価格の固定について、新鮮な仕方で光をなげかけてくれます。さらには、外国との交易に関する歴史の大部分は、未開社会（たとえば、ティコピア[23]の社会）で実践されていた慣習的な交換レートに沿っているように思われます。古代的《アルカイック》な交易は、ごく限られた種類の交易品を交換する行為から成り立っているので、この交易は「交易港」（外国との交易における行政的な中心地）で行われます。交易は原則的に、ある交易品のユニットと、他の交易品のユニットとの、一対一の交換として行われます。

経済史の問題は、価格の変動が現実に現れる過程を追いかけることです。つまり、それがいわゆる真の変動価格（市場価格）なのか、偽の変動価格（供給の状態や他の行政上の価格要因に密接に従って変動する制度上の価格）なのかが問題となるのです。

そうした市場で値切ることとは、価格変動の証拠では全くありません。価格を除き、あらゆるものが値切られます。たとえば、度量衡、財の品質、異なる財が支払いとして用いられるレート、取り合わせ（さまざまな交易品《トレード・グッズ》の慣習的な組み合わせ）、そして究極的には、利潤です。もし価格が固定されていれば、どちらかの側が利益を得て一対一の関係に変化が見られたのかどうか、それはいずれの側で、どれほどの変化なのか、が問題として残ります。この問題に最初に遭遇したのは、ポルトガル公館のヴェネツィア人で、初期のアフリカ西海岸交易について多くの著述をものしたカダ・モースト[24]の一節（一四五五年）においてでした。それによると「……」[9]

クラッパートン[*25]とデナム[*26]は、十九世紀はじめの中央スーダン[*27]に関する記述で、カノ[*28]の女性について不満を述べています。彼ら一行のキャラバンは、辺鄙な場所を行く際、デーツと雑穀を必要としました。件の女性がキャンプに押しかけて、トーバと交換で、ほんの一〇パーセントの利潤で売ると言いました。別の例では一五パーセントと書いてあります。私はこのことが理解できませんでした。さらには、羊、山羊などの価格についても書かれています。明らかに、トーバでの価格は、慣習的な相場価格の二・五倍にまで達しました。[*29]

十七世紀、フランス人のダイアモンド商人タヴェルニエ[*30]は、宝石をイスファハンでペルシアのシャー[*31]に売却しました。「しまいには王は言った。お前の持っている宝石をすべて、二五パーセントの利益を乗せて買おう。しかし、真珠は、より儲けの大きいインドで売れ」。

つまりこういうことです。伝統的な長距離交易は、伝統的な価格で行われたのです。ちょうど、ソロモンの馬一頭が一五〇シェケルであったように。

さて、締めくくりにあたり、この文脈における近代化の意味について注意を喚起したく思います。これは、十九世紀、ただし、第一次世界大戦の頃までの状況を指して用いる言葉です。このモダンな時代は過ぎ去りました。経済学者ほどこのことを痛感している者はいません。交易をはじめ、伝統的な定義は役立たずとなったのです。かつて交易は、利得のあがる、二者が関与し、平和的に行われる財の交換でした。今日、国際貿易は、そこからあがる利得が桁違いとまではいかず、二者間という側面はかなり後退し、平和的かどうかは後回しにされがちであるにもかかわらず、国際貿易の組織化が話題にされています。同様に、ほとんどあらゆる経済問題が、教養の失墜にさいなまれています。貨幣、交易、市場は今日、非近代的なタイプの問題を呈しています。制度分析の恩恵をもっとも受けるのは、特に経済理論ということになるでしょう。

（1）「カール・ポランニー・アーカイブ」ファイル番号 30-18 一九五〇年、ニューヨーク、コロンビア大学、経済学大学院生研究会での講演。

（2）『原始貨幣総覧』（A. H. Quiggin, *A Survey of Primitive Money*, London: Methuen, 1963）p. 1.

（3）この引用は、『貨幣の本質』（F. Bendixen, *Das Wesen des Geldes*, 3. Aufl., Munich: Duncker & Humblot, 1922）からであるのはほぼ確実であり、おそらくは第二章からではないかと思われる。

（4）元の原稿に「一九一九」と書かれているのを、ポランニー自身が訂正している。

（5）「それ」は、ここで提案されているアプローチ（制度分析）を指す。

(6)「ゆえに、単に経済的要素が存在するだけで……」からこの箇所までは、おそらくポランニー自身により削除された。しかし、本書の刊行にあたり保持することにした。

(7)この一文は、全体が手書きで加筆されたものであり、ほとんど判読不可能である。

(8)「制約のある者」と普通に書くのではなく、ポランニーは、「制約のあるといった者」という特異的な書き方をしている。これは、不定数の要素を表す際にポランニーが好んで用いるスタイル(「どれほどの数であれ、そのような者は……」)であり、本書ではそれを壊さずに編集してきた。しかしここでの用法は、どこか風変わりに聞こえるレベルにとどまらず、理解を著しく損なう可能性がある。

(9)ポランニーがカダ・モーストを引用するつもりだったのは明らかであるが、結局なされなかった。

＊1 訳出にあたり、『経済の文明史』および『人間の経済I』を参考にした。

＊2 エリス(Howard Sylvester Ellis 一八九八〜一九九二年)は、アメリカ合衆国の経済学者。一九四九年にアメリカ経済学会会長を、一九五三年から一九五六年まで国際経済学会会長を務めた。主要著作として、ノーマン・S・ブキャナンとの共著(『後進国開発の展望』全二巻、小島清監訳、東洋経済新報社、一九五八年)がある。

＊3 ハースコヴィッツ(Melville Jean Herskovits 一八九五〜一九六三年)は、米国の人類学者。西アフリカ研究および北米、中南米におけるブラック・アフリカ系文化の研究で知られる。経済学者との対話を訴えるなど、経済人類学にも貢献し、『経済人類学』

(*Economic Anthropology*, New York: Knopf, 1952) などの著作がある。

＊4 ナイト (Frank Hyneman Knight 一八八五〜一九七二年) は、アメリカ合衆国の経済学者。人類学者ハースコヴィッツと、経済をとらえる方法論に関して論争を行った。主要著作として、『危険・不確実性および利潤』(奥隅栄喜訳、文雅堂書店、一九五九年) がある。

＊5 ティレニウス (Georg Thilenius 一八六八〜一九三七年) は、ドイツの人類学者。

＊6 ベンディクセン (Friedrich Bendixen 一八六四〜一九二〇年) は、ドイツの経済学者。当時のドイツを代表する貨幣理論家に数えられ、貨幣指図証券説の立場をとった。主要著作として、『貨幣の本質』(大蔵省理財局訳、日本銀行調査局、一九二二年ほか) がある。

＊7 紙幣など額面どおりの価値がそのもの自体にはない貨幣。

＊8 訳者は『貨幣の本質』の増補第四版 (*Das Wesen des Geldes*, 4. Aufl. mit Anmerkungen u. Ergänzungen, München und Leipzig: Duncker & Humblot, 1926) を参照することができたが、第二章第一節には次の一文がある。「それでわれわれは、商品交換に裏打ちされた紙幣において、典型的貨幣の原型を見出した」(三〇頁)。

＊9 バスティア (Claude Frédéric Bastiat 一八〇一〜一八五〇年) は、フランスの経済学者。主要著作として、『経済の調和』(*Harmonies économiques*, Paris: Guillaumin, 1850) がある。

＊10 ミーゼス (Ludwig von Mises 一八八一〜一九七三年) は、オーストリア、米国で活

躍した経済学者。社会主義計画経済を批判し、社会主義経済計算論争の口火を切ったことで知られる。この論争に関し、ポランニーはミーゼス批判を行った(『経済の文明史』第五章を参照)。オーストリア学派に属し、ハイエクの師でもある。主要著作として、『貨幣及び流通手段の理論』(東米雄訳、日本経済評論社、一九八〇年ほか)がある。

＊11 メンガー(Carl Menger 一八四〇年〜一九二一年)は、オーストリアの経済学者。オーストリア学派の創始者であり、「限界革命」を打ち立てた人物の一人としても知られる。ポランニーは、自身の「実体的」経済概念を彫琢する過程で、メンガー理論への批判を行った(『人間の経済I』第2章を参照)。また、シュモラーの歴史学派的立場に対して、純粋理論を主張する方法論争を行った。主要著作として、『国民経済学原理』(安井琢磨・八木紀一郎訳、日本経済評論社、一九九九年ほか)がある。

＊12 ビューヒャー(Karl Bücher 一八四七〜一九三〇年。ビュッヒャーとも)は、ドイツの経済学者、経済史家。古代・中世の都市および経済史に関する研究に従事し、とくに家内経済、都市経済、国民経済という経済発展の三段階説を提唱したことで知られる。新聞学にも貢献した。主要著作として、『国民経済の成立』(権田保之助抄訳、栗田書店、一九四二年)、『国民経済進化論』(淡川康一訳、雄渾社、一九六五年)がある。

＊13 ベック(August Boeckh 一七八五〜一八六七年。Philipp August Boeckh とも)は、ドイツの古典学者。碑文、度量衡、暦をはじめ、古代ギリシア史に関する広範な研究

で知られる。マルクスやディルタイにも影響を与えた主要著作として、『アテナイ人の国家財政』(*Die Staatshaushaltung der Athener*, 2 Bd., Berlin: Realschulbuchhandlung, 1817)がある。

*14　カニンガム(William Cunningham 一八四九〜一九一九年)は、イギリスの経済史家。イギリス経済史のまとまった著作を著した最初期の人物。「ホモ・エコノミクス」の考え方を批判し、新古典派経済学からの批判を浴びた。主要著作として、『イギリス商工業の発展』(*The Growth of English Industry and Commerce*, Cambridge: Cambridge University Press, 1882)がある。

*15　シュモラー(Gustav von Schmoller 一八三八〜一九一七年)はドイツ「新歴史学派」の経済学者、経済史家。ドイツにおける経済史研究の基礎を据え、社会政策の実践にも関わった。マックス・ヴェーバーやカール・メンガーとの論争でも知られる。主要著作として、『十九世紀ドイツ小工業の歴史』(*Zur Geschichte der deutschen Kleingewerbe im 19. Jahrhundert*, Halle: Buchhandlung des Weisenhauses, 1870)がある。

*16　マイアー(Eduard Meyer 一八五五〜一九三〇年)は、ドイツの古代史家。古代ギリシア・ローマ、エジプト、オリエントに関して広範な研究を行った。主要著作として、『古代の歴史』(*Geschichte des Altertums*, 5 Bde., Stuttgart: J. G. Cotta, 1884-1902)がある。

*17　ロストフツェフ(Michael Ivanovitch Rostovzeff 一八七〇〜一九五二年)は、ウクラ

イナに生まれ米国で活躍した古代史家、考古学者。古代ローマ、南ロシアの黒海周辺地域に関する研究で知られる。主要著作として、『ローマ帝国社会経済史』全二巻、坂口明訳、東洋経済新報社、二〇〇一年)がある。

*18 ヴェブレン(Thorstein Bunde Veblen 一八五七〜一九二九年)は、米国の経済学者、社会学者。制度学派の創始者として知られる。主要著作として、『有閑階級の理論』(小原敬士訳、岩波書店、一九六一年ほか)、『企業の理論』(小原敬士訳、勁草書房、一九九六年)がある。

*19 ファース(Raymond William Firth 一九〇一〜二〇〇二年)は、ニュージーランドに生まれ、イギリスで活躍した人類学者。マリノフスキーの弟子でもある。ティコピア島などのオセアニアおよびマレーシアにおける親族や経済活動の研究で知られる。経済人類学的研究においては、形式的な側面を重視する立場を取った。この分野の著作として、『ニュージーランド・マオリの原始経済』(*Primitive Economics of the New Zealand Maori*, London: G. Routledge, 1929)、『ポリネシアの原始経済』(*Primitive Polynesian Economy*, London: G. Routledge, 1939)がある。

*20 マリノフスキー(Bronisław Kasper Malinowski 一八八四〜一九四二年)は、ポーランドに生まれ、イギリスで活躍した人類学者。近代人類学の確立に貢献した人物の一人。トロブリアンド諸島におけるクラ交換の調査を通じ、当時の経済学者に抱かれていた、功利主義的な動機から経済活動を行う未開人というイメージを批判したことで知られる。また、ライプツィヒ大学でカール・ビューヒャーに学んだこともあり、一

定の影響を受けている。主要著作かつクラ交換の調査記録として、マリノフスキ『西太平洋の遠洋航海者』（増田義郎訳、講談社、二〇一〇年ほか）がある。

＊21 ダイメル（Anton Deimel 一八六五〜一九五四年）は、ドイツのイエズス会士、神学者、アッシリア学者。紀元前二十四世紀以降の行政文書にもとづき、初期メソポタミア都市国家の行政・経済構造を体系的に記述したことで知られる。主要編著作として、『シュメール語辞典』*Šumerisches Lexikon*, 2. Bd.（Rom: Päpstlichen Bibelinstituts, 1927-1933）がある。

＊22 ポランニーは、経済の類型と社会統合の様式との関係について触れながら、ギリシア、西アジア等の古代社会において再分配が卓越したと指摘している（『経済の文明史』第一〇章、特に三八三頁を参照）。ここでは、時代区分としての「古代」ではなく、再分配的な経済を備えた社会のあり方を指すものとしてこの語をとらえ、「古代的」と訳出した。

＊23 ティコピア（Tikopia）は、現・ソロモン諸島にある島の名。人類学者レイモンド・ファースによる研究で知られる。

＊24 カダ・モースト（Alvise da Cada Mosto 一四三二〜八八年）は、ヴェネツィア出身の探検家。ポルトガルに派遣されてアフリカ西海岸を探検し、同国のギニア進出の先鞭を付けたことで知られる。主要著作として、「カダモスト「航海の記録」」（河島英昭訳『西アフリカ航海の記録』岩波書店、一九六七年）がある。

＊25 クラッパートン（Hugh Clapperton 一七八八〜一八二七年）は、イギリスの軍人、探

検家。一八二一年に、ボルノウ探検隊として、デナム（本章訳注26を参照）とともにアフリカに派遣された。トリポリからサハラ砂漠を縦断、チャド湖からカノを目指すルートをとり、ヨーロッパ初の北部ナイジェリア探検者となった。この時の記録として、『一八二二、一八二三、一八二四年のアフリカ北部・中部の紀行と発見の物語』（Dixon Denham and Hugh Clapperton, *Narrative of Travels and Discoveries in Northern and Central Africa, in the Years 1822, 1823, and 1824*, 2nd ed., London: John Murray, 1826）がある。

＊26 デナム（Dixon Denham 一七八六～一八二八年）は、イギリスの軍人、探検家。

＊27 ここでいう「スーダン」は、サハラ沙漠以南に広がる広大なサバンナ地帯を広く指して用いられている。現・スーダン共和国西部を東部スーダン、現・マリ共和国周辺を西部スーダンと呼び、チャド湖やカノ周辺を指して中央スーダンと呼んでいたと考えられる。

＊28 カノ（Kano）は、現・ナイジェリア連邦共和国北部にある都市の名。サハラ沙漠南端の交易都市であり、十九世紀にはソコト・カリフ国のもとで栄えた。

＊29 ポランニーが参照したのは、前掲書（訳注25）第二巻一二三頁であると思われる。また、「トーバ Toba」とあるのは「トーブ Tobe」（衣類の一種）の誤りか。

＊30 タヴェルニエ（Jean-Baptiste Tavernier 一六〇五～八九年）は、フランスの旅行家。ペルシア、インド、ジャワ島の旅行で知られる。インドではダイアモンドの取引により、巨万の富を得た。主要著作として、『ジャン＝バプティスト・タヴェルニエ六つ

の旅』（*Les six voyages de Jean Baptiste Tavernier*, 2 vols., Paris 1676）がある。

＊31 「王」を意味するペルシア語。

第6章　国際理解の本質(1)

国際理解の本質というテーマについて、何か啓蒙的な話題でお話しすることになっているのですが、明るい話にはならないだろうという気がしています。このテーマについて慎重に検討してみると、ここでの的外れな話により、聡明なみなさんがこれまで耳にしてきたものの中で、もっとも陳腐で月並みな事をごたごたと並べることになるだろうと感じずにはいられません。

それで、私は次のようなことを皆さんに納得していただければと考えています。すなわち、国際理解のためには、理想主義と良識《コモンセンス》の二つを働かせなくてはいけないということ。両者は、われわれの利益であり、また、世界の利益でもあると考えるべきだということ。実利と道理を二つとも満たさなくてはならないということ、です。ただ、成文化されない憲法や、エラストゥス主義[*1]の教会や、骨の髄までしみついた妥協への嗜好を国の制度としてお持ちの方々に対してこのような指針を与えるというのは、しかもそれを私が皆さんにお聞かせするというのは、気をしっかり保って立派にイギリス人たれと説くようで、はなはだ滑稽（Gilbertian）なのですが……。

そこで、理想主義についても、常識的な現実主義についても、国際理解につながらない類のものに限定してお話しせざるを得ません。

世の中には、われわれが十分に理想主義的でありさえすれば、戦争はすべからく防げるのだと説くような理想主義があります。同様に、戦争というものは、結局のところ防ぎようがないのだと考える現実主義があります。

まずは後者のほうから取り上げましょう。

戦争はいつも生じてきたというのは真実ではありません。（1）オーストラリアの先住民に見られるようなきわめて原始的な社会では、計画的で集合的な戦争遂行に伴う、規律、協調、その他の持続的な道徳的および物質的努力からなる必須条件を組織だてられないという、単にそれだけの理由から、社会は戦争に準ずる行為を行える段階にあります。（2）エスキモーのようにいくらか発達した社会は、戦争のない状態を知っています。しかし、そうした状態によらずとも、何とかお互いにやっていけてしまうのです（かわいそうな人たちとも言えます）。（3）広範囲にわたり戦争を廃止するのはよくあることで、これは普通、帝国の基礎と言われています。その意味するところは、戦争のない状態が、領土の広い範囲で、膨大な数の人びとにゆき渡るということ、つまり、戦争が生じるのを時間的空間的に抑止するということです。およそ人間社会にある制度のうち、戦争というのは人の赴くところどこにもありとする、一見現実主義者のような見方は、根拠のない疑似現実主義者の偏見なのです。

これまでも、過去には戦争のない時代があったのです。ならば、われわれの行く手に、戦争を知ることのない時代がありうるかもしれません。

さて、今度は疑似現実主義から疑似理想主義に移りますが、この場合、理想主義を増進することだけでは、やはりおぼつかないでしょう。むしろ、戦争を防ぐのではないかと期待させる類の理想主義は、実際に戦争を防いではくれないでしょう。現に、この種の理想主義は、この三〇年の間、どの時代にも増してよく聞こえてくる――「よく」という点を、声を大にして言いたい――ものでしたから、まさにこの種の理想主義こそ、この時代に比類のない規模で起きた両大戦に関係しているのではないかとも言えるかもしれません。良心的兵役拒否というのは、第一次世界大戦以前は、ほぼ知られていなかったのですから。

だから、これはわれわれにとって必要な理想主義ではありません。(1)戦争の制度的機能を否定し、(2)戦争は精神《マインド》や気質の異常であるとみなし、(3)当初は利益を見込めると思いきや実は「大いなる幻想」だとわかる戦争というものは、結局は割にあわないと信ずる、そういった理想主義です。この種の理想主義は、あらゆる基本的な物事を哲学的な形で抽象化するから理想主義的なのであり、それは今日では危険なのです。

このような理想主義は、別な表れかたもします。

1 「住民ではなく政府のせい」というパターンは、安っぽく、またきわめて危険な神話です。この理論は、本質的に正しくありません。

(a) フランス革命における国家の民主化により、徴兵制と一般民衆からなる軍隊の時代が到来しました。国民協約（National Convention）[2]により、「国民総動員」が開始されたのです……。そして、民主的になるほど、戦争も大規模かつ大半の人びとを巻きこむものになるというわけです。アメリカ合衆国は南北戦争において、近代史上初の大規模戦争を生み出しました。

(b) アメリカ合衆国についてのギャラップ調査からわかるのは、大衆は政府がドラスティックな手段をとるように強く求めたということです。この国[3]でさえ、一九四〇年と一九四一年には、徴兵制、労働管理、合理化を求める声は、全くもって民衆の側からやってきました……。

(c) しかし、政府と民衆が同じ事柄の二つの断面にすぎないにしても、あの若き指導者にとっては、デマゴーグが人びとを解放に導くことだけは避けたかったのです。それが「衆愚政治」に陥る落とし穴なので……。

2 戦争というのは、民衆の情熱、感情のほとばしり、憎しみや嫉妬の激情に駆られた末の判断の誤り、人間、原始的な人間、未開人に備わった獣性としての、制御不能な本能がもたらす盲目的衝動によって引き起こされる〔という言い方も見られます〕(4)。こうした言葉づかいは、人間的で好ましいものとしてではなく、侮蔑的なものとして受けとられなくてはなりません。

(a) 実際には、われわれが普通思い浮かべるような組織化された社会に見られる、ほとんどあらゆるシステムのもとでは、戦争か否かの決定をくだす政府は、政治家たちの関与により、あらゆる制度的安全弁にとりまかれています。戦争の遂行を決定する機関であれば、北米先住民《レッド・インディアンズ》であろうと、テューダー朝のイギリスであろうと、プロイセンであろうと、イタリア・ルネサンスのマキァヴェッリ的な諸国家であろうと、このことは等しく当てはまります。事実、ギリシア人、ペルシア人、中国人、アラブ人はいずれも、こうした制度的安全弁を見事に活用していました。この場合、核心部分は常に共通しました。感情や激情、その場限りの情を、最高度の重要性を持つ決定からは排除したことです。十七・十八世紀の王朝的な戦争は、官房と（おそらく）表に出ない派閥によって、感情ではなく、いわゆる国家理性にもとづいて決断されたのです。

(b) この反対の立場は純粋に近代的な現象で、これは実のところ近代の大衆民主主義がもたらしたものであり、戦争への大衆参加を必然にします。開戦によってかき立てられた感情が今日でさえ戦争の原因となるのかどうかは、きわめて疑わしいと思います。しかし、過去においては、戦争の原因はそうした感情でなかったことは確かです。かつてほとんどの戦争では、きわめて少数の者しか参加しませんでした（遊動民社会には例外もみられ、この場合は近代の全面戦争に似ています。ただ、実際の戦闘行為は、もっぱら「戦士」のみが行いました）。

3　戦争を神学的に説明することもまた、理想主義的な誤りの一例です。ルターとカルヴァンは、「原罪」が人間を御しがたく無秩序な存在としたがゆえに、国家、およびその法、監獄、死刑執行人がもたらされたと説きました。この意味では、人間がこしらえた、法と秩序にかかわる制度はすべて原罪に起因するものとなります。これと同様に、結婚というのは、人間が情欲につい負けてしまう傾向にあるがゆえに必要だという論法があります。善と悪は、ともに等しく原罪によって説明されます。だからこそ、神学的説明では、ある制度は別の制度と異なるものとしては「説明」されません。戦争だけでなく、平和もまた「原罪」に起因します。ならば、原爆だけでなく国連もまた、というわけです。重力はリンゴの落下を説明するだけでなく、船が沈むことも飛行機が飛び上がることも説明します。つまり、原罪は、残念ながら、ある特定の制度を説明すべく持ちだす現象としては一般的に過ぎるのです。だからこそ、たとえ戦争を無くすことに成功したとしても、「原罪」による説明を聞かなくなることはないでしょう……。

政府を非難し人びとを理想化することも、われわれの感情を抑えるよう警告することも、人間の堕落した本性に目を向けさせることも、どれも戦争を無くすうえで役に立ちません。こうした理想主義的な誤りは、戦争の危険を減ずるどころか、むしろそれを増大させてしまいます。

制度としての戦争は基本的な現実であること、およびそこから生じる問題や危険は、未熟な理想主義の次元からも、また未熟な現実主義の次元からも、解放してやらなくてはなりません。これはちょうど、セックスの問題と同様です。セックスの問題もまた、人間存在のほぼあらゆる側面に、ポジティブ、ネガティブ双方の点で広くかかわっています。ヴィクトリア朝期の、セックスに関する異様な理想主義と異様な苦悩を思い浮かべてください。セックスはロマンチックかつ情緒的に理想化され、その一方で、セックスをめぐるおびただしい恐怖が呼び起こされました。それは双方とも同じくらい無意味でした。理想主義的あるいは現実主義的に歪めてしまうことは、セックスの問題解決に資するのではなく、むしろ障害になったのです。このことは子どもを持つ親も教育者も気づいていました。こうした歪みによって、セックスにまつわる避けがたい問題はさらに悲惨なものとなり、避けられるはずだった問題は増え、真っ当な生活はひどく難しくなりました。小ずるく不誠実なものが生活のそこかしこに溢れ、道徳《モラリティ》や人格による真の力がそこなわれました。ロマンチックな理想化も、際限のない嫌悪も、セックス観の混乱から生ずる危険性を減じはしませんでした。そして、健康な人格にしっかりと根ざした力というのは、発達させられないままに終わりました。非人格的な要素(5)に情感を与え、何物にも替え難い豊かさと多様な価値観とにもとづく私的《パーソナル》＝人格的関係を持つことへと変えてゆく力です。

もちろん、セックスというのは戦争よりも基本的な事柄であるため、両者を並列に見ていくことには誤りもありうるでしょう。セックスは、人間が生物学的な生を営む限りは切り離せないけれども、制度としての戦争は、すでに見てきたように、必ずしもその限りではないからです。この点で、疑似理想主義者は、どこか危険な考えを呼びこんでしまいます。戦争は制度であり、それは人間の制度なのだから、戦争というのはわれわれのありかたいかんで、存在したりしなかったりすることになるというものです。戦争を宣言するのはわれわれではないのか？　そこで戦うのはわれわれにほかならないのではないか？　ならば、戦争をなくせるかどうかは、ひとえにわれわれにかかっているというわけなのです。

しかし、これは誤り、しかもきわめて危険な誤りです。ある事柄が人間の制度だからといって、その存在が人間にのみ左右されるということは真実ではありません。

われわれはそれをなくすことができるのだろうか？　という問いは、狭く、表面的な言い方にすぎません。

結婚の制度を取り上げてみましょう。結婚は、それに代わる、秩序づけられた関係性の形式を用意することなしには、われわれの側でなくすことはできません。われわれにできるのは、結婚の形態をどういうものにするか、といったことでしかありません。その選択の幅はきわめて広いかもしれませんが、両性の間で、何らかの形で承認された関係性を持つこと——これが、そもそもの結婚の意味ですが——自体をなくすことだけはできないのです。

このことは、セックスと戦争とをアナロジーで結びつけられないという見解と矛盾するように思われます。しかし決してそういうことではありません。ここで同じ土俵に載せているのはセックスと戦争ではなく、セックスと人間集団間の相容れない利害なのです。そうした利害は、セックスが人間の生において普遍的であるのと同程度の普遍性を持っています。そして戦争は(結婚と同様)、人間社会の基底にあるさまざまな事柄(ある時は集団間の紛争に、別の場合はセックスに関わる)によって引き起こされる問題を解決できる制度です。結婚という一つの形式が同じ目的に資する別の制度によって代替されなければ、結婚というものを廃止することがかなわないように、共同体が普通に機能するのであれば、集団の利害衝突を減らすことについて、決断を下さぬままに放っておくことはできません(ところで、これこそ、なぜ結婚が必須の制度であるかの理由です。セックスというのは、人類が存在するかぎり、公的な承認という過程が必要なものであり、それを決断せぬままにしておくことはできないのです）。したがって、理想主義者の最後のよりどころも、批判に耐えうるものでないことは明らかです。（戦争は、単にわれわれの意志により存在するのだと証明するのではなく）戦争は制度であるということが、なぜ、核心部分の機能を同じように担う他の制度で代替することがなければ戦争を無くすことができないのかを、十分に説明します。

集団のさまざまな利害が対立する上で、もっともよく見られる理由を考えてみましょう。その集団が領土に関わるのであれば、理由としては境界が挙げられます。自由主義的《リベラル》な理想主義者にとっては、戦争がまぎれもなく人間の思い込みによって引き起こされるものでしかないことは明らかです。そうした立場の人びとは、まず、戦争は非本質的な事柄にかかわりあうものだと考えるでしょう。結局、人間が地図を見なければ、こうしたささいな悩みを感ずることすらなかったはずだ、というわけです。それから、戦争は何の決着ももたらさないとも考えるでしょう。戦争という悲惨な過程には、真っ当な原因がないばかりか、戦争の結果もまた、作為にいろどられていると映るのです。

これは、アナーキストめいた、自由恋愛《フリー・ラブ》主義で疑似理想主義という、成熟しているとは言い難い人びとが行ってきた議論のようです。つまり、愛に人格的《パーソナル》な側面があるというのは、単に世間がそう決めているだけであり、同じ問題が何ら代わりばえもせずに続いてしまうのだから、結局のところ結婚というのは何も解決しないのだと言い張るようなものです。

実のところ、自由主義的《リベラル》な理想主義者は境界について誤解しているのであり、制度では解決できぬ問題を抱え、ゆえに人間生活の課題を克服できないと考える単純素朴な人びとは正しいのです。というのも、いかなる人間の共同体も、少なくとも一世代の間は、誰がその共同体に属しているのか、属していないのかについて明らかにすること無しには、共同体が存続していくための機能を発達させることはできないからです。共同体は国家に組み込まれています。したがって、国家に対する何らかの忠誠を欠いては、共同体は十全に機能することができません。しかし、誰が当該の共同体に属しており、誰が属していないのかを言えぬのであれば、忠義な市民を生み出すこと（ましてや、彼らに忠誠を期待すること）はいかにして可能でしょうか？　そしてこのことは、領域的な集団の場合には、境界によって決まるのです。言い換えれば、こうした性格を持つ共同体は、境界が画定され、それが乱される恐れがない限りにおいてしか、法と秩序、安全と安心、教育と道徳、文明と文化を創り出すことができません。たとえどれほど遠方のものであろうと、境界が少しでも脅かされるのであれば、共同体の通常の機能は妨げられ、境界づけられた共同体においてこそ実現される、より人間的な生の諸形式は途絶えるに違いありません。ついでに言えば、このことは相対する双方の共同体にあてはまります。なぜなら、境界はその両側に影響を及ぼすからです。あらゆるコストを見込んだうえで、決断がなされなくてはなりません。そして、代わりとなる制度が得られないのであれば、より人間的な生の諸形式を存続させるべく、戦争を引き起こさなくてはならないのです。

この基本的な事実に目をふさぐ理想主義は、戦争に代わる何かを見つけることができません。新しい忠誠のありかたを含まず、多大な努力を払って道徳的秩序を達成する要求をしないような代替物というのは考えられないからです。しかし、人類が真の課題（真の問題解決が含まれます）に直面することがなければ、そうした道徳的な努力はいかに生み出されるのでしょうか？　理想主義的な平和主義者なら、われわれが偏見を捨て、思い込みにとらわれず、聡明な状態で連帯しさえすればよいのだと言うでしょう。こんな仕方では失敗するしかないと言ったら驚かれるでしょうか？

戦争は制度であり、この意味において、戦争は非人格的なものです。兵士でさえ、自分たちの敵を個人的《パーソナル》に憎むことは稀で、兵士の階級が上がるほど、こうした憎み方をしなくなるものと考えてよいでしょう。人格的《パーソナル》な憎しみが戦争の原因だとする発想は、全く的外れです。しかし、そもそもなぜ戦争を人格的な事柄としてみなすのでしょうか？　制度的なものだと考える必要がない場合にこそ、人格的な事柄は人格的なのです。判事を判事として見る時、判事の人としての個性を期待するようなことがあるでしょうか？　このことは郵便配達員にさえ当てはまります。もしあなたの隣人に差し出された手紙があるとして、たとえこの配達員が、その隣人よりもあなたの方に役立ちたいと、個人的に思っていたとしても、他人宛の手紙をあなたに届けたりはしないでしょう。

このことはすべて自明の理なのです。しかし、こと戦争の話になると、われわれはその自明さを忘れてしまい、全く見当違いな発想をするようになるのです。結局のところ、戦争は人と人との間で発生するものではないのか？　それは、われわれ自身の行いではないのか？　もしその人物を個人的《パーソナル》に知りさえすれば、その人に対する恨みなどないと気づくのではないか？　国際理解というのは、国民《ネイション》と国民の間の理解であり、国民は個々人《インディビジュアルズ》からなる。したがって、個々人の間でわかりあえるなら、国民同士もわかりあえるだろう——これはつまり、制度の本質を完全に無視することですが、戦争はそれ自体が制度であるのだから、問題になるのは、軍隊、国家、政府など、さまざまな制度に他なりません。明白な常識的事柄を無視し、国際関係におけるありもしない「人格的《パーソナル》」要素に盲目的にすがりだすという仕方で、人間のかくも見事な救いがたさを目の当たりにするのは悲しいことです！　しかも、われわれの努力をこうやって誤らせることは、戦争を不必要となしうるような制度を打ち立てるための唯一の可能性を損なうのです。

　ここでの議論を総括するためには、戦争は妬み、憎しみ合い、その他さまざまな誤りや誤解などにもとづく、人間《ヒューマン》の弱さによって生ずるのでは必ずしもなく——ただし、そのような原因で引き起こされたものも多かったのですが——なんびとによっても望まれない戦争というものが存在するのであり、これこそがわれわれの時代の真の危機なのだと、強調しなくてはならないのだと思います。

あくまでも議論を進めるためのものとして、ここで大胆な想定をしてみましょう。二つの強国が、それぞれ独自に平和を守ろうと決めたとします。このことは、自国の必要にもとづくものだと、それぞれ確信しています。さらに、相手国と闘うべき理由があるとは考えていません。この二つの国が、自国領の安全を隅々まで守らなくてはならないと考えたとします。何か裏では相手への敵対心があるというものではなく、言葉の厳密な意味で、安全を確保しようとするものです。それ以上のものではありません。また、この二大強国は、隣り合っておらず、国境を接していないという風にもしましょう。

この、何の邪心もないような状態で、次のような思考実験をします。それまではこの二大強国を互いに隔離していた、ある強大な帝国が、突然崩壊するとします。この（崩壊しつつある）帝国の膨大な人口と広大な領域は、一夜にして無主の地となり、組織だった政府や円滑に機能していた行政機構も失われ、地図の真ん中に空白が生まれるのです。これは、いわゆる政治的真空状態です。権力の視点から言うと、二大強国は隣国となります。なぜなら、両者を分かつ権力がもはや存在しないからです。

ここで、次のことを主張したい。これは政治学徒であれば同意してくれるでしょう。目下、この二大強国の間には重大な戦争の危機が存在しています。これは、この崩壊した広大な帝国の再生に協力して取り組むか、あるいは帝国の再建を共に阻止するかのいずれかについて互いに合意せぬ限り、先延ばしはできても、いずれは必ず起きるような戦争です。

どちらもきわめて困難な芸当ではあります。しかし、こうした巧みな政治手腕を発揮できないのであれば、強国間での望まれない戦争は避けがたいのです。なぜでしょうか?

(a) この真空地帯に住んでいた住民は活発であり、その内部で派閥同士が抗争し、それぞれが独自の理由でもって、なにがしかの力（陸あるいは海の、人種的に類似あるいは別個の）を強化することに利益を見出すかもしれません。

(b) その結果、情勢に通じておくことが必須となります。つまり、内部の諸勢力と接点を持ち続けることになります。

(c) ある人びとにとっては救いの手となりますが、別の場合には支配となります。

(d) このことが一定期間にわたって起きるとしたら、そこにはひとつの流れが生まれます。

(e) これが、北からも南からも生ずるのであれば、その力は空白領域のどこかで、境界もないまま、闇の中で出くわすことになります。それは恐怖感がいや増す中で目隠し遊びをするようなものであり、最後には衝突を生むに違いありません。

これは全くもってそもそもの意図、つまり、自分たちの安全を確保するという意図には関係ありません。そこに妬み、貪欲さ、あるいは根拠のない疑念は関わっていないのです。しかし、望まれない戦争は起きるでしょう……。

このような状況が極東に到来しつつありますが、アメリカ合衆国とロシアは、望まれない戦争を避けるべく、中国の統一を再建しようと多大な努力を払っているように見えます。平和を握る鍵は、したがって、政策にかかっています。国際理解の手段は政策です。われわれが学ばなくてはならないのは、政策の法則なのです。

1 政策の第一の目的は、望まれない戦争を避けることでなくてはなりません。これは、今日の情勢では、きわめて大きな課題となるかもしれません。地球上の四分の三ほどが真空地帯になったのですから。

2 政策の第二の目的は、戦争を一掃することでなくてはなりません。原子力エネルギーが解き放たれたことにより、戦争は、この星とそこで営まれるすべての生命にとって、紛うかたなき脅威となったからです。

ここで再び、理想主義と現実主義との戦いが登場します。

政策というのは、ある状況をうまく処理するための手段、そうした状況において利害を保証してやる手段にかかわるものです。そこでの決定的な問題というのは、誰にとっての利害なのか？　どういう状況での利害なのか？　ということです。

これは政策が道徳《モラル》に関わってくる領域です。利害の担い手《ユニット》となるのは誰か？　その担い手が生き残りをはかることの意味は何か？　共同体の場合における生存競争の定義は、単なる生存競争というものではありません。そのアイデンティティを決定するのは生活様式です。しかし、同じことは状況についても言えます。世界に関する判断は、自己に関する判断です。アメリカ合衆国が世界に対して持つ態度は、ロシアのそれとは異なりますし、イギリスとも違います。政策には、ある状況下でのある人びとの利害および彼らの下す決定は何かということが含まれます。この両者において、道徳の問題が決定的となります。利己的でない政策というのは、語の矛盾です。しかし、誰の「己」なのでしょうか？　そのことが問題なのです。そして、どんな世界が想定されているのでしょうか？

政治における大きな問題は、われわれの国益を正しくとらえることと、世界の中で働いているさまざまな力をきちんと見極めることです。

すると、以下の場合にのみ、問題に対処する政策形成が可能です。

(a)　対内的には国民を統一すること
(b)　対外的には同盟を確固たるものにすること

およそ利己的な利害追求が他者によって支持されることはありません。そして、他者の支持があって初めて、共同体には強さが生まれるのです。これが、十九世紀イギリス政治の秘訣でした。同じことは今でも言えるのです。同じ答えが求められているのです。

真っ当な現実主義は、道徳や精神に関わる事実を現実として受けとめる現実主義です。そうした要因は、政治における基本的な現実なのです。情緒的な理想化は、事実から目をそらします。誰かの抱えている問題を理解したからといって、その人への愛情が冷めることにはならないでしょう。自分たちの国にある問題を理解したからという理由で、自国への愛着が損なわれることにはならないでしょう。

私がお話しするのは、当たり前の、一般的な事柄であると、すでに申し上げたかと思います。しかし、その当たり前についてあらためて考えてみるのは無益なことではないでしょう。それもまた、国際理解を促進するのですから。

(1)「カール・ポランニー・アーカイブ」ファイル番号17-29 日付のないタイプ原稿。ポランニー自身の手で多数の修正が入れられている。構成、見出し、段落の区切りについては、編者の手を加えた。元の原稿には、インデックス・カードから書き写されたと思われる多数のリストが含まれており、ポランニーがいかにして思考し自身の議論を練り上げたかの過程を目の当たりにすることができる。

(2) ここでポランニーは"Convent"の語を用いている。しかし、これは実際に英語で用いられる“Convent”ではない。ポランニーはドイツ語の*Konvent*を英語のつづりにして用いたのだが、このドイツ語の単語は“convention”を意味する（“convent”ではない）。ドイツ語の*Konvent*は、フランス語の一七九二〜九五年の“Convention Nationale”に充てるのであれば正しいのだが、英語の“convent”は、意味として間違っており、この置き換えは誤解を生む。

（3）イギリスを指す。

（4）読者の理解の便宜をはかり、また、ポランニーの発想と一貫性を持たせるべく、編者の側で補った。

（5）この単語は手書きで加えられている。ただ、判読には不安が残る（character の可能性も考えられるのではないか?）。

＊1 エラストゥス主義（Erastianism）は、教会の問題に関し国家権力が優越すべきとする立場。スイスの神学者トマス・エラストゥス（一五二四〜八三年）にちなむ。英国国教会に大きな影響を与えた。

第7章　平和の意味(1)

平和の公準

戦争はこの時代が抱える中心的な問題だと主張することは、われわれの文明に訪れた危機の核心に切り込むことでもある。なぜなら、この主張には二つの基本的な前提が含まれるからである。すなわち（1）戦争がなくならない限り、われわれの文明は戦争の最中に、また戦争を通じて滅亡するに違いないということと、（2）戦争廃止の試みを妨げるものが、われわれの社会における政治経済的制度の根幹と分かちがたく結びついていること、である。したがって、戦争は巨大な悪であり、戦争廃止はわれわれにとって最重要課題だと表明することは、革命的な原理を考案することでもあるのだ。

現体制を変えさせまいとする人びとは、このことを明確に認識している。「平和という危険な公準の上に打ち立てられた信条は、ファシズムの敵である」と、ムッソリーニは自身のファシズム観を『イタリア百科事典』で表明している(2)。平和の公準は、今日の世界を二つに分断する基点なのである。

すると、この公準の内容およびそれが依拠する前提は正確には何なのかが問題となる。平和を公準とすること、あるいは、英語による普通の言い方では、平和な世界を強く求めることとは、単純に言うならば、今日、われわれは戦争という制度なしにやっていけるのだと思うことである。しかし、戦争を人類の生存に不可欠なものの地位から外すのであれば、人間性が人間性そのものにより否定されることになる。戦争が避けられないものでなくなれば、どんな犠牲を払ってでも戦争はなくさなければならない。このことに優る課題は、他にないと言ってよい。これが、平和の公準の内容である。ただし、その妥当性は、前提の真偽にかかっている。つまり、そもそも人間社会を存続させる上で、戦争に訴える必要はもはやないのだという前提である。

戦争は「死と同様、避けるに避けがたい宿命(3)」であった。戦争に参加することは誰もが引き受けるべき宿命であり、そのような行為によってはじめて個々人の安全は保証され、もし従わなければ、それは共同体からの逸脱を意味した。しかし、旧約聖書も新約聖書も、またギリシア哲学もローマ哲学も、戦争という制度を道徳《モラル》の問題とみなすまでには至らなかった。戦争は犯罪であるかと聞かれれば、一般の民衆でも否と答えた。人びとの多くがこぞって平和の公準を受け入れることは、全くもって新しい展開である。それは近代人の意識に生じた、もっとも重要な変化なのである。

戦争という制度

戦争はもはやいかなる意味においても必須のものではないと言われるのを見るにつけ、戦争は原始的な遺物であり、洞窟に住んでいた人びとがするのと変わらない行為であり、われわれの啓蒙化された時代はようやくそれを捨て去ったのだという錯覚を皆が抱いているのではないかという気にさせられる。しかし、洞窟に暮らしていたわれわれの祖先が戦争行為を知っていたとは考えられそうにない。戦争のようにきわめて組織的な活動を行う理由も手段も持たなかったからである。戦争を遂行するための欲求、手段、能力は、文明がある水準に達し、おそらく人びとの相互依存が高まるにつれて発達したのだと思われる。戦争は「人類と同じくらい古くからある」のでも、「人類がその本性を変えぬ限りは存続する」見込みがあるものでもない。(4) 戦争は、人間の心理的本性に根ざしていると思い込むのは無益である。

なぜ人間がさまざまな制度を持つのかという問いは、個々人が当の制度を利用する際の心理的動機によっては、普通は説明できないと認めるべきである。たとえば、裁判所は法廷に訴えようとする個々人の心に生じた動機によって存在するのではない。(5) 共同体成員間での争いごとを、私闘によらずに解決することの必要性は、個々の例において対立の動機が何なのかということとは、全く関係のない事柄である。こうした動機は善でも悪でもあり、恒常的ないしは一時的、意識的ないしは無意識的、感情的ないしは合理的なものだろう。しかし、なぜ裁判所を設立すべきなのかという理由の正当性は、こうした特徴と何の関係もない。法廷があるがゆえに個々人にとって有利な（あるいは不利な）点が生ずることとは、共同体にとって有利な（あるいは不利な）点、さらには、共同体の一員としての個人にとってのそれとは意味が全く異なる。この立場からすれば、個々人は共同体内で保たれた平和から利益を得るが、訴訟当事者としての立場であれば、個々人として法に訴えることでもたらされるさまざまな利益（結果的には不利益かもしれない）を、自身に確保しようとする（あるいは被らざるをえない）ことになるだろう。

同様のことが戦争についても言える。戦争は一個の制度であり、その主要な機能は、他のさまざまな領土を有する集団との間で生じ、しかも戦争以外の手段では解決できない問題、なおかつ、それを放置するなら当の共同体の存続が危ぶまれる問題を解決することである。そうした問題は主に――絶対的にというわけではない――領土に関する事柄である。国家は、特定の境界内部にしか存在することができない。不明確な境界は、国家そのものを揺るがすこととなり、その影響の甚大さたるや、主権が常に脅かされる事態なのだと言ってよい。国家は必然的に無秩序に投げ込まれるのである。しかし、主権に対する挑戦が、為政者による軍事行動として、あるいは最終手段としては内戦として対応される一方、国境が火種となる場合、その問題は協定を通じて平和的に、あるいは戦争により強制的に除去されなくてはならない。平和的な協定締結に失敗し、しかも対立国同士がともに恭順する、より上位の権威がない場合には、戦争は避けられない。抗争に至る理由には善も悪もあり、合理的ないしは非合理的、物質的ないしは観念的であろうが、これらは最終的な決断に対する差し迫った必要性には決して影響しない。このことはたいていの対立に当てはまる。典型的な例——諸民族の移住、国民国家《ナショナル・ステイツ》の勃興、社会的解放という大きな運動——では、もしも（なんらかの超歴史的な権威が奇跡のように介入することで）紛争の動機に正当性がないとして退けられたのであれば、人類の進歩はかえって妨げられただろうと疑いえないのは確かである。内戦と対外戦争《シヴィル・アンド・ナショナル・ウォーズ》とが、歴史上さまざまな時代において緊密に結びついたことを振り返るだけでも、戦争は常に、正当とはみなしがたい理由により行われてきたのだと（後付でそう見えるとしても）軽々しくみなしてはならないのだと、心に留めておかなくてはならない。

「戦争は、人びとがその存在を望むがゆえに存在する」（オルダス・ハクスリー）

これはつまり、なぜ人間は戦争を行うかに関する心理的理論である。しかし、個々人がその存続を望むがゆえに存在する制度というのはきわめて少ない。人間の制度を、当の役職に就いている個々人を取り上げて、その心中を探るといった風に論じても仕方がないのではないか。法制度は、裁判官があのような独特の厳格さを抱くがゆえに存続するのではなく、発達した社会が、法の違反に対して何らかの制度的規定を必要とするから存続するのである。同様に、戦争は「好戦的な精神」が昂じた人びとによって引き起こされたり、そうした精神を抱く兵士によって遂行されたりするのではない。好戦的な精神は、むしろ戦争の結果であり原因ではない。戦闘に巻き込まれた人びとは、比較的フラットな精神状態でありうる。軍事学の教科書には、憎しみや貪欲についてはわずかな言及しかなされていない。王朝が戦争を行った時代でも、内閣が戦争遂行を決定した時代でも、政府がしかるべき単一ないしは複数の「敵」を想定し、戦争を遂行するという決断に対して、憎悪はたいして影響しなかった。アメリカ合衆国でさえ一九一七年に参戦したが、その最たる理由は、これ以上中立を保つなら、主権国家として相当な損害を被ることが明らかとなったからである。この論理に即す限り、アメリカ合衆国が（一八一二年に同様な状況で行ったように）イギリスに宣戦布告しようと、ドイツ（一八一二年の場合は、フランスでもあり得た）に宣戦布告しようと、それは大した問題ではなかった。いったん平和が維持できなくなれば、憎しみによって敵が誰なのかが定まっていったのかもしれないが、アメリカ合衆国を戦争に駆り立てたのは憎悪ではなかった。株式売買が興奮を求めてなされる行為ではなく、新聞がゴミを求めて印刷されるものではおよそないように、戦争は、実のところ、憎悪によって引き起こされるものではない。戦争とはそのようなものだから、感情には関与しない。たとえ感情抜きで戦争を遂行出来るのだとしても、そのことによって、戦争はより一層残酷なものでありうる。また、今日では、より動員力のある戦争遂行のために感情が喚起されなくてはならないのだが、それは戦争の本質というよりは近代の大衆民主主義という歴史的状況ゆえの産物なのである。

境界に曖昧さを残すがゆえに当該共同体成員の忠誠心も曖昧となり、彼らが納めた税も流出してしまい、共同体組織自体から主権の一部が損なわれるとしたら、いかなる共同体も定着し活動することがかなわないのは明らかだろう。これが、戦争による調停が人間社会存続の点で欠かせない理由である。したがって、戦争には神聖さがともなうのである。

平和の公準は、いかにもわかりきったことのように思えるとしても、それは政治の刷新に匹敵する価値を持つ。平和の公準は、人類の歴史において新しい時代がやってくることの前触れとなる、ある種の信仰行為でもある。戦争の犯罪性に関する確信が突如として現れ、通念となるに至ったのは、より包括的な共同体が新たに生まれつつあり、そうした共同体にこそ、世界の主権国家群の頭上に君臨する地位が付与されるべきと求められているのだとみなさなくてはならない。権力が国家の上位に打ち立てられ、そのように確立された主権は、かつて戦争が暴力によって成し遂げたこと（国家同士の仲裁）を平和的に達成するだろう。

これはいかにして実現されるのか？　実はこの点に平和主義の誤謬がかかわってくるのである。

平和主義の誤謬

平和主義の立場は、戦争は過去において何ら重要な働きをせず、それゆえ、さっぱりなくしてしまえるものなのだという誤った信念にもとづいている。これは致命的な幻想であり、実際にそのような平和主義運動の実質的成功例を見ればわかるのだが、そうした運動自体を破壊するような反動を必然的に生み出すのである。というのも、戦争に対する必要性がなくならない限り、なんらかの対立の際、自己の存在を主張する究極の手段が戦争であるのにもかかわらず、それに訴える余地をなくさせられた社会は、自己の存在条件の一つを奪われたのも同然だからである。それほどの究極的な選択を行える共同体は全く存在しない。もし平和主義運動が、一時は意義深い成果を達成したとしても、その後の崩壊が平和の公準という大義をも流し去る可能性があるとすれば、それは危険なことである。そして、ほぼ必然的にそうなるのである。というのも、平和がその公準に内在するものを求めながらも実現する力を持たない場合、平和の公準は、人類は平和を求めているにもかかわらず、積極的な行動をせず、行動には秩序がなく、腐敗すら伴っているではないかと非難しつつ、平和への道のりを麻痺させてゆく手段となりさがるからである。

寛容のアナロジー

ただし、平和主義がよって立つ原理は真なのである。ならば、その原理を忠実に実践したつもりが、結局はそれに背くことになってしまうというのは、一体どういうわけなのか?

この国[6]で寛容の原理をいちはやく唱えていた人びとも、同様のジレンマに直面した。宗教的寛容の原理は、かのもっとも偉大なイングランド人、オリヴァー・クロムウェルにより宗教的経験の領域から政治的な領域へと変えられてしまった。彼の心中にあったピューリタン的なるものは独立派へと発展した。つまり、良心の自由が寛容として読み替えられたのである。クロムウェルは自由と啓蒙を強制するために戦う独裁制という、近代史上、あるいは世界史上とも言いうるような見本となった。議会との紛争は、宗教的に不寛容な偽りの代議集団に対する、宗教的寛容を頑《かたく》なに信ずる者による闘争であった。しかしクロムウェルの議会に対する勝利が残したもの(仮にそのような結果があるとして)とは何であったのか? 長い目で見れば疑いのないことだが、ローマ・カトリックの非寛容がクロムウェル自身の寛容なプロテスタンティズムに勝利した。もしクロムウェルと軍隊が自分たちのやり方を通し、一六四〇年代に宗教的寛容性（究極的に言って、これは大反乱[*1]の結果となった）を伴う支配体制に着手したのであれば、その結果は反宗教改革の勝利以外の何ものでもありえなかっただろう。このことは容易に見てとれる。教会と国家はいまだ互いの結びつきを断たれてはいなかったのである。したがって、国家の側での宗教的寛容は、国家に対する非寛容な宗教の直接的な勝利か、混乱のどちらかに帰結しただろう。国家が宗教的制裁を法律から除き、宗教が国民国家《ナショナル・ステイト》の主権を承認しない限り、教会と国家の分離は必然的に崩壊に至り、イギリスはヨーロッパの反宗教改革による支配に遠からぬうちに屈することになり、宗教的寛容の大義は何世代にもわたって埋もれてしまっただろう（たとえばニューイングランドのような、制度的条件が形成されうる場所では、寛容はそれにともなって、共同体自体を危機にさらすことなく導入された）。カトリシズム的形態の非寛容が勝利する事態はこうして回避されたが、それはクロムウェルが寛容を時期尚早の段階で国に強いたという失敗に起因するに過ぎない。しかし、われわれの分析が正しいと仮定すると、そのことはクロムウェルの考えの誤りを示すことになるのだろうか？　決してそうではない。というのは、彼の宗教体験を真に表すものは、国家があらゆる宗教に自由を認め、宗教は国家の主権を手放しで受け入れるという時代を預言者さながらに認識した点にあるからだ。しかしこれは、多面的かつ広範な変化が社会の制度的構造に生じた後にようやく表面化しえた事態であった。クロムウェルの運命は、権力を掌握した指揮官のそれである。預言者的ビジョンを、政治的要求と取り違えることとなったのである。

戦争を代替しうるものは何か?

ならば、平和の公準を現実に根付かせていけるような制度的変化とは何か?もし戦争をなくすことができるなら、国際的な秩序がそれに取って代わらなくてはならない。しかし、今まさに滅び去らんとする秩序を新しい国際的経済秩序が埋めることなくしては、国際的主権の考案は不可能である。この秩序は、資本と労働および商品と賃金の自由な移動を伴う、国際金本位制によって形づくられていた面があるが、二度と復活することはできない。しかし、国際分業体制が何らかの形で維持されぬ限り、生活水準の全体的な低下は避けられない。たとえその事態は避けられたとしても、将来における生活水準の大幅な向上は、国際分業体制の再確立という単純な手段を通じていつでも達成可能であろう。近い将来に何が待ち構えていようと、国際主義は歴史の推進力として、否応なく存在感を持ち続けるだろう。

われわれの時代を根本で特徴づけているいま一つの点は、新しい国際的経済秩序は経済の広範な再調整を含まなくてはならないという事実に関連する。ただし、持つ者と持たざる者との間の調整というよりは、世界中のさまざまな国家間の、さまざまに異なる仕方での調整ということである。したがって、国際経済のレベルでなされる大きな再調整に伴う——実際、そこから切り離し難い——途方もない重圧に耐える社会組織を国民に備えさせることが国内政治の主要課題であろう。結局、それは国際的な経済再調整の防波堤となりうるような階級構造を備えた社会である。大規模な経済的犠牲を進んで耐え抜くことは、超越的な理想のもとで一致団結する共同体[*2]しか行えないからである。われわれの時代に社会主義が到来するのが不可避であるのはなぜかを突き詰めると、この点に行き着くのである。

それゆえ、国家間に平和的秩序を据えようとしたところで、それは単に戦いを拒否することではなく、そのような秩序の制度的基盤を着実な形で作り上げることでしかなしえない。この目標を達成するための最初の一歩は、経済生活を一般民衆のコントロール下に置き、社会における所有の格差をなくすことで、資本主義的な国民国家を地に足の着いた共同体へと変容させられるかどうかにかかっている。

意識改革

新約聖書の倫理的意味を制度的な生活の観点から再構成できる範囲で言うならば、そこにはまぎれもなく平和主義的かつ共産主義的な傾向がある。初期の教会による実践にはこうした性向が反映されており、そこには恒常的な制度のセットとしての社会を否定する姿勢が認められる。

人間生活には私的＝人格的《パーソナル》性質があること、また人格《パーソナリティ》は本質的に自由《フリーダム》であることの発見を通じ、人間の意識それ自体が諸福音書のなかで改革されてきた。それゆえ、制度的な社会に対する否定的な態度が新約聖書の倫理に透けて見える。制度も慣習も法も社会的存在の実体《サブスタンス》ではなく、個人間《パーソン》の関係としての共同体こそがそうした実体なのである。ゆえに、制度的な社会の本質を解釈することにより、そのような社会は否定されることとなった。

現代世界の観点からすると、イエスの社会哲学はアナーキストのそれであった。イエスの平和主義と共産主義は、制度的社会の避けがたい性質を否定することに根ざしていた。権力、経済的価値、強制は、悪であるとして拒否された。私的＝人格的生活の発見は、それゆえに社会的存在が恒常的な形式をとることを欲しようとはしない態度と結びついていた。

今や人間の意識が再形成されつつある時代を再び迎えている。社会の避けがたい性質を認めることは、人格を抽象的にとらえ、ゆえに自由を空想的に考えることに対して、歯止めをかけることにつながる。権力、経済的価値、強制は複雑な社会では避けられない。[*3]

個々人がこれらとの関わり合いから逃れる術はない。なんびとも社会から逃れることはできない。しかし、こう考えるからといってわれわれが自由を失うように見えるとしたら、それは誤解である。というのも、このように社会をとらえることを通じてわれわれが獲得する自由こそ確かなものだからだ。人は己の失ったものを自覚し、社会の中で、社会を通じて得る自由の確かさによって成熟に到達するのである。

イエスが発見した人間生活の真実は、今日再び問題となっている。今のこの社会においては人間が自己疎外の状態にあり、社会主義的改革こそが複雑な社会の中で私的＝人格的生活を取り戻す唯一の手段であると認識されるようになっているのである。

平和主義と労働者階級の運動

ウェスリーの信仰復興運動[*4]はイギリスを革命から救ったとよく言われる。社会的平和主義――階級闘争にかかわる一切を否定すること――は、キリスト教的生活様式の一部として確立された。労働者階級に関する限り、近代の平和主義は、単にこの協調主義的な信条を家庭から国際情勢まで広く適用しただけに過ぎない。当然、支配階級の成員は、自らの階級自体に伴う責任として、労働者たちがそうした信条を実践せぬよう妨害した。

全体からすれば、非国教徒は理想主義的な哲学を抱く傾向にあり、これは理想主義にもともと備わっていた宗教的発想が衰え、世俗的な発想に置き換えられた後でさえ持続した。ゆえに、宗教生活が衰退してなお、理想の世界は別世界の位置にとどまった。理想は超自然的な基盤をはぎ取られ、世俗的な内容へと張り替えられただけなのである——理想のあり方と現実のあり方との間に生じた落差は、そうした変化を経ても変わらなかった。社会正義の理想は、高潔さの名のもと、理想を実現する唯一の手段であるところの制度から切りはなされてしまった。同様に、戦後、理想としての国際連盟は、人びとの頭の中で制度としての国際連盟から切りはなされてしまった。平和主義が平和実現のもっぱらの障害となるに至った経緯の説明は、この国における労働者階級運動の宗教史的側面に求めるべきなのである。

（1）「カール・ポランニー・アーカイブ」ファイル番号20-13 一九三八年の草稿。同アーカイブによれば、本稿は「キリスト教左派グループ」の『会報』（*Bulletin*, No. 3, August 1938）のタイプ原稿として収録された。同ファイルは二種類のバージョンを収める。一方、ファイル番号18-39は、一九三二年の草稿を収める。

（2）『ファシズムの政治・社会教説』（Benito Mussolini, *The Political and Social Doctrine of Fascism*, trans. Jane Soames, London: Hogarth Press, 1933), p. 588. この小著はレナ

ード・ウルフおよびヴァージニア・ウルフにより、彼らの所有する出版社から、冊子体の形で刊行された。イタリア語のオリジナル版は、前年に『イタリア百科事典』(*Enciclopedia italiana*) 第一四巻収録として出版された。

(3) 『オセロ』(Shakespeare, *Othello*, Act iii, Scene 3, line 279) (引用箇所は、『シェイクスピア全集』第一一巻所収「オセロー」福田恆存訳、新潮社、一九六〇年、一〇〇頁によった)。

(4) 最初の引用に関しては、十九世紀のヘンリー・メイン卿に帰せられる一文は次のように書かれている――「戦争は人類と同じくらい古いが、平和は近代の発明品である」――『平和にご注意』(Michael Howard, *Mind the Peace*, New Haven, CT: Yale University Press, 2000) の冒頭を参照。二番目の引用は典拠不明。

(5) 元の原稿ではこの箇所は"repair."(「法廷に repair する個々人の心に生じた動機」) のように見える。これは明らかに筆の誤りで、ポランニーが用いる英語の語彙には時折見られる。この例は際立っているので、敢えて言及した。

(6) イギリスを指す。

＊1 清教徒革命のこと

＊2 ポランニーは、共同体 (community) と社会 (society) を区別し、前者を理念的な含意とともに用いる場合がある。これについては、若森みどり『カール・ポランニー』、特に第三章第三節を参照。

＊3　若森みどりは、"complex society"を「複合社会」ではなく「複雑な社会」と訳すことを提案している。本書でもこれを踏襲した。『市場社会と人間の自由』一九八～一九九頁を参照。

＊4　ウェスリー（John Wesley 一七〇三～九一年）は、イギリスの聖職者。弟（Charles Wesley 一七〇七年～八八年）とともに、説教と小冊子配布による熱烈な伝道を、イギリス、アイルランドで行い、下層階級を中心に信奉者を増やした。この運動は、のちにメソディスト教会の設立に結実する。ウェスリー自身は、伝道の目的は現教会の再生にあると考えていた。

第8章　平和主義のルーツ[1]

議長《チェアマン》、

どのような意味で、かつ、どの一点のみにおいて、私は平和主義者と呼ばれることに同意するのかをお話ししてもよろしいでしょうか？　ムッソリーニは平和主義に対するファシズムの位置づけについてこう述べました。「平和という危険な公準の上に打ち立てられた信条は、ファシズムの敵である」[2]。ムッソリーニがここで公然と非難する「平和という危険な公準」は、私が支持する信条です。とはいえ、それは、平和は「善き」ものであるがゆえに「かくあるべき」とする理想主義的ないしは情緒的な主張――あるいは別の言い方もあるかもしれませんが、いずれにせよ無意味な主張――ではありません。ただ、平和の公準を奉ずるのであれば、今の時代が、人間社会の発展の上で、政治経済的にいかに重大な局面を迎えているのかを、何らかの仕方で的確に把握することを前提とします。私がある意味同意するのは、世界情勢に関するこの具体的な把握に対してです。それによれば、ファシズムと民主主義が現在行っている闘争の核心には、資本主義と社会主義の闘争の場合と同様、戦争の問題があるのです。そうした信念を支持することで人は平和主義となるのであれば、私は、その信念を心から信ずる平和主義者であります。私は今夜、このことについて十分に論ずるつもりです。

ところが、もし、平和主義の意味合いが「戦うなかれ」との命令を受諾する点にあるなら、私は断然平和主義者ではありません。世界情勢に関する私の判断をもとにするなら、これとは逆に、ひょっとすると今後長期にわたって、戦争という制度がなくなったとしても、人類は戦わなくてはならないだろうという気がしています。

われわれの時代における戦争の危機とは、根本的に言うと何でしょうか？　端的に言えばこういうことです。

人間が物質的な存在であることが形式の上で如実に現れるのは、世界規模での相互依存においてです。人間存在の政治的形式もまた世界規模でなくてはなりません。もしわれわれの文明が生き延びようとするのであれば、世界帝国の境界内、もしくは国際的な連合の境界内において——征服と従属化、あるいは国際協調のいずれかを通じて——地球上の諸国家は、相互のさまざまな結びつきが、単一の包括的組織《ボディ》の内に収まるようにされなくてはなりません。平和がこの二つのうちどちらかを通じて組織化されるまでは、戦争は次第に大規模となり、止むことがないに違いありません。

つまり、経済的相互依存が議論の出発点なのです。

物質的要因に言及することは、この場合、いわゆる経済的利己心とは全く何の関係もありません。人口全体を、集団ないしは階級の次元で見た時の所得、利潤、賃金、水準が問題なのではなく、何百万もの人類のまさにその命が、ここで話題にする物質的要因に依存しているということです。何百何千万もの人びとの命を次々と奪うようなことは、事の道理からして、政治的に実行不可能であり、道徳的にも擁護できません。

さて、実際にはこうした経済的相互依存の状況にあるとしても、これを度外視してみましょう。すると、国家《ネイションズ》や民族《ピープルズ》は、ならば独立の主権国家を作り、経済的には自給自足して、平和に暮らしていこうと、ただちに宣言することが可能です。激情に駆られて判断をあやまったり、邪魔が入ったりなどして、そううまくはいかないかもしれません。しかし、政治的・道徳的には、こうした決断は正当化されるでしょう。ただ、たった一つの要因、正確に言えば経済的な要因は、この限りではありません。世界中どこでも自給自足が可能となれば、人類が物質的資源を急激に、また危険なまでの水準で失う事態（たとえば地球上の人口の著しい減少）は必然的に避けられないでしょう。生産条件を原始的なレベルへと無理に退行させれば、人類の大部分が飢えと死に陥るでしょうから。このたった一つの点こそ、世界規模で自給自足体制をとるなら戦争の問題が解決できるとする考えを受け入れられない根本的な理由なのです。[3]

ここからもっとも重要な帰結が導かれます。もし世界各地での自給自足が何の解決ももたらさないのであれば、最近まで存在した国際的経済協力の結びつきを少なくとも確保しようとしなくてはなりません。問題は、それをどうやって行うかです。

ここで提起したいのは、これは従来的な形式での経済協力では無理だということです。これまでのやり方はすっかり崩壊しており、それを復活させることはできません。経済協力の新しい形式を創出しなくてはならないでしょう。また、経済協力の新しい形式を創出するのが必須であるからこそ、政治的組織化の新しい形式を国際的規模で確立せざるを得なくなります。人類が目下経験し、かつ、将来的にも経験せざるをえないようなあらゆる不安、ストレス、苦しみの究極的な原因をわれわれが探さなくてはならないのは、新たなる国際的生活様式に対する差し迫った必要性があるからです。

これは、次のように反論されるかもしれません。経済協力の従来的な形式を復活させることができないのはなぜなのか？　国際的な経済協力の新しい形式が同じ民族同士の戦争や内戦の悲劇を必然的に伴わねばならないのはなぜなのか？

ここでの重要な論点は二つです。

国際的な経済協力の従来的な形式は崩壊しました。国際金本位制、国際資本市場、国際商品市場（財と支払いの自由な交換にもとづくものです）は消え去ったのです。このシステムは、国際金本位制に依拠していました。このシステムが復興しえないのは、国家の相互依存が緊密になるほど、このシステムを動かし続けるための犠牲が大きくなることが明らかだからです。それはなぜなのか？　国際金本位制が機能するには、関係各国すべてが、国際収支の制御不可能な変動によって国内の物価水準が変動する事態を許容する必要があります。物価の変動が上昇をみる限り、各政府は合意するでしょう。しかし、物価水準が恒常的に下落する場合は、生産の減退、つまりそこで生み出される消費者の富が落ち込むこととなり、それは大量の失業と、社会の枠組み自体が崩壊する危険につながりかねません。いかなる政府であれ、そのような事態を意図的に引き起こすことはできません。いかなる社会もそのような条件で生き延びることはできないのです。

国際的経済協力の現行の形式に対するオルタナティブは、新たな形式を組み立てることです。それを直ちに打ち立てることが出来ないのはなぜでしょうか？

少なくとも移行期の段階では――そしてこの段階は長期間にわたるのですが――関係各国は大規模な経済的犠牲を払わなくてはならないでしょう。現行の経済体制下では、いかなる国の住民であれ、そうした犠牲に進んで身を投じることはないでしょう。その理由は明らかです。真の共同体[*1]であれば、偉大な目標を前に自ら犠牲を払う決断をし、そのための努力を惜しまずに目的を貫くと考えてよいでしょう。しかし、われわれの産業システムのもとでは、社会はこのような意味での共同体にはなっていません。所有システムが社会を二つの異なる分節へと分けています。つまり、生産手段の所有者や管理者として工業生産の遂行に責任を持つ人びとと、そうした責任を全く持たない人びとです。

後者の人びとは、包括的な政策に関わる実際のコストを左右する立場にないのだから、そうした政策に伴う、賃金引下げや失業といった経済的重責を彼らに負わせることは、まともに望むべくもありません。この単純な理由から、現行の体制下では、経済問題に対し、国民全体が一丸となって振る舞うように仕向けるのは不可能です。これが、われわれの国民国家が、現状のようなあり方のままでは、国際的経済協力の新しいシステムを据えるという課題には不十分であることの究極的な理由です。

ところで、傑出した平和主義者が経済についてどのように思考するかの例を持ち出したいと思います。ここで問題になっているのは、経済的な自給自足が可能かどうかに劣らぬ問題です。すでにお話ししたことに従うなら、人間の共同体が、現状のようなあり方のまま、独立した主権国家の中で平和に存続可能であるとみなし、またそれ以外の可能性を想定しようともしない点は致命的です。バートランド・ラッセルは自給自足の可能性についてこう述べています。「既存の知識を応用すれば、イギリスがこの一〇年以内に、自国の住民を賄うに足る食糧生産を行えるようになるというのは、疑うべくもない」。それに、「国内供給力の向上はこれまでの想定よりもずっと容易なこと」だろうというのです。[4] ラッセルはこれに続き、『ザ・ニュー・リパブリック（*The New Republic*）』（一九三六年六月三日号）に収録されたO・W・ウィルコックス博士の記事から長々と引用しています。農業生物学に関するこのアメリカ人の著述家は、カリフォルニア大学のW・F・ゲリック博士の研究に言及しています。ゲリック博士は、自分は一エーカー当たり二一七トンのトマトを生産し、同様に二四六五ブッシェルのジャガイモを育てたと豪語しています。これは、アメリカ合衆国平均の約二〇倍です。作物は地面に植えられたのでは決してありません。浅い水槽に液体の化学薬品を満たしたものが用いられ、そこに根が浸かっている状態です。液体の化学薬品は電気で温められています。ウィルコックス博士は、記事をこう締めくくっています。「もうすでに、にわか科学者が、台所のテーブルの下に置かれたブリキの鍋で、大家族が一年間困らないだけのジャガイモを育てた話を耳にしている。この事実を鑑みると、浅い容器を何列も敷き、さらにそれを上に上にと、一〇〇フィート――あるいは一〇〇〇フィート――の高さまで積み上げるといった高層ビル農場ができても全くおかしくない……」。個人的には、こうした科学にもとづく農業の可能性を疑いはしません。実際、農業というのはそもそもの始まりから、多かれ少なかれ人為的な営みでした。しかし、ソヴィエト・ロシアの社会主義建設は、そのような取り組みがどのような経済を生むのかの代表例となっています。莫大な資本の支出により、生活水準が抑制されることとなります。はたしてラッセルは、この種の計画にともなう資本支出の量について、ましてそれが国家規模に達するほどのものとして計画されているのだと、認識しているのでしょうか？　この資本支出は、労働と商品の観点からして、その国の住民を一生涯にわたって奴隷化する恐れがあります。もちろん、綿花、コーヒー、茶の木の栽培容器、ゴムノキ、オレンジ、レモンの容器、さらには肉を調達するための豚、羊、牛の容器といったものでさえ、あってしかるべきなのでしょう。

しかし、ウィルコックス博士の発見は、他の分野でも関心を持たれています。そこでは、ラッセルの例にも増して科学的精神が一層際立っており、少なくとも自らの守備範囲においては偉大な科学者である人物がいます。私が言及しているのは、オルダス・ハクスリーの最近の著作『目的と手段』です。

ハクスリーは「まだ実験段階」[*2]と慎重ではあるものの、ゲリック教授の発明による「耕地のいらない農業」は、この本の中で最上の扱いを受けています。ウィルコックス博士の著書『国民は自国だけで生活できる』により、オルダス・ハクスリーは、イギリス人は自国で、他国の手を借りることなく生きてゆけるのだと確信しました。「一体、人口過剰はどの程度まで軍国主義と帝国主義の正当な口実となるものだろうか?」とハクスリーは問うています。「実際、「耕地のいらない農業」は、十八世紀、十九世紀の産業革命もそれに比べれば微々たる社会攪乱としか思われないほどの農業革命をもたらす可能性がある」。

さて、この微々たる攪乱がもたらしたことの一つが、イギリスの人口が一七〇〇年から一九〇〇年にかけて六倍になったことです。もし「耕地のいらない農業」によって、さらに六倍になるとしただけでも、地球上の人口は二〇億から一二〇億へとたちまちに増加します。しかし、ハクスリーはこの点についてきちんと目配りをしており、「出生率が急激に増加しない」という希望を表明しています。ところが、こうも言います。「これまでどの国の政府も、その国民の物質的福利の水準を引き上げ、帝国主義と外国征服を不要なものとするために、近代農業生物学の方法を大規模に適用することに真剣に努力したことがなかった。これはすこぶる重要なことである」。ハクスリーにすれば、この事実だけでも、戦争の原因は単に経済的であるのみならず、心理的なものでもあるという真実を十分に示すことになります。思慮の足りない者だけが、戦争の原因は経済的なものでしかないなどと主張するのです。しかし、帝国主義者と軍国主義国家というのは、あらゆる人為的手段を用いて食糧供給を増やし、科学の助けを借りてこの点で不可能なことを達成しようとするのだという指摘こそが、帝国主義・軍国主義に反対する普遍的な主張だということをハクスリーは完全に見落としていないでしょうか？ ムッソリーニの科学的「穀物戦争」[*3]やゲーリングの不純物なしのバターへの言及などは、ハクスリーが気にとめなかった点に思われます。平和的姿勢を見せるチェコスロヴァキアでさえ、農産物輸入を戦後の一三年間で七四パーセントを下らない率で減らしました。しかし、国民を貧窮させ、その生活水準を押し下げ、拡張主義的帝国主義の病んだ精神を受け入れるように仕向けるのは、まさにこれらの非経済的、疑似科学的努力がもたらす、ぞっとするような悪影響です。

「目的と手段」による立論はこの程度のものです。私が思うに、この種の議論についてすくいあげるべきものがあるとすれば、それは、目的は手段を正当化するという格言に従っているということぐらいです。

ゲリック博士の議論に時間を割いたのは、真摯な平和主義者がこうした問題を扱う時に露呈する軽率さを明らかにするためです。見当違いも甚だしい議論をするのは、宗教的な平和主義者ではなく、ラッセルのような合理主義者か、ハクスリーのように心理的な志向の人だというのが相場です。宗教的平和主義者だけが一貫性のある議論をします。その場合、間違ったことが言われているようには、とても思えないのです。

さて、本題に戻りましょう。主に経済的な理由から、生に関する国際的な組織化が復興されなくてはなりません。これは、既存の基盤に依るものではありえないでしょう。自国の経済体制が制御不能の国際的な力に振り回されることを、政府は許さないし、許せないからです。しかし、現行の経済体制が存続する限りは、新たな基盤に立つこともできません。近代の階級社会は、経済面において、国際的な協同組合設立に伴う大規模な犠牲を背負うに足る統一性を欠くからです。真の共同体[*4]だけが、歴史的英雄主義という道徳の力を発揮できます。この力なくしては、そのような努力がなされる見込みはなく、また、ほとんど克服不可能な障害を前にしてなお成功することもないでしょう。

われわれは、次のような状況下にあります。国際面では、世界連合を形成するにあたり時間が必要なことは言うまでもなく、その歩みを、最終的な完成段階に至る前に停止させることはできません。国内面では、現行の経済体制は、真の経済的コモンウェルスにより置きかえられなくてはならないでしょう。そうしたコモンウェルスだけが、世界連合形成のために払われなくてはならない大きな経済的対価を払うことが出来、また払う意思があるからというまさにその理由からです。これが、われわれの前途に控えている時代において、外務が内務に優越し続けなくてはならないことの理由です。

国家間の協力に反対する強国は、他国に対して帝国主義的戦争を強いるでしょう。どんな理由からであれ国際体制を好む他の強国は、こうした国々に対し一致団結して対抗することになるでしょう。

この長きにわたり、かつ痛みを伴う、協働的な解決法を編み出す試みにおいてこそ、現行の経済体制を地球規模の協力ユニットとしてとらえた場合に見られる内在的な弱点から、死活に関わる成果がもたらされるに違いありません。国際規模での真の経済協力という必要性に対して備えのない国際体制は、いかなるものであれ有効でないことは明らかだからです。したがって、さまざまな国民《ネイション》自体を——戦争、痛ましい敗北、決して安くはないコストを払った末に獲得する勝利を通じて——真の経済コモンウェルスへと変革するのでない限りは、人間の苦しみについていかなる尺度で理解しようとも、国際的政治秩序の望ましいあり方へとわれわれを近づけてはくれないでしょう。

（1）「カール・ポランニー・アーカイブ」ファイル番号18-38 一九三五～三六年のギリンガム講演。ポランニーによる多数の修正を伴う原稿。

（2）本書第7章、一三一頁を参照。

（3）ポランニー自身により、続きの箇所が余白に書き込まれているが、判読不能。

（4）出典未詳。

＊1 本書第7章訳注3を参照。

＊2 ハクスリー『目的と手段』の引用文は、『世界大思想全集 哲学・文芸思想篇三〇』（河出書房新社、一九五九年）所収のA・ハックスレー「目的と手段」（福田実訳、三五～六頁）を、一部改変の上、使用した。

＊3 ここでいう「不純物」は、マーガリンのことか。関連する文献として、熊野直樹「バターとヒトラー内閣の成立」『学士会会報』（八五八号、二〇〇六年）、古内博行『ナチス期の農業政策研究』（東京大学出版会、二〇〇三年）がある。

＊4 本書第7章訳注3を参照。

第9章　未来の民主的なイギリスにおける文化[1]

議長《チエアマン》、

お話しするにあたり二つの選択肢があると思われます。一つは、度し難いほどつまらないものでしょう。「文化」という語、またそれに関連し「文明」という語の単一ないしは複数の意味についての議論です。それからもちろん、両者を比較した時の単一ないしは複数の違いに関する議論もあります。もう一つの選択肢は、イギリスの文化およびその今日の問題という、もう少し具体的なテーマについて何か言うことです。ここでは後者をとりたい。おそらく許可をいただけるものと思います。実際、こちらのほうがよさそうですし、イギリス文化の今日の問題としては、未来の民主的なイギリスにおける文化というテーマがもっとも興味深いと思われます。それで、この点についてこれから論じようと思います。ただし、議長の許可を頂いた上でということに変わりはありません。

文明とは、ナイフやフォークやスプーンが得られるかどうかということであり、文化とは、その使い方に関わるものです。同様に、文明とは、図書館や婚姻に関する法律が整えられているかどうかということであり、文化とは、それらの利用の仕方に関する事柄です。これが、なぜ文明の範囲と文化の範囲がぴたりと重ならないのかということの、一つの答えでしょう。人は文明を持つことはできますが、その使い方までを手にすることはできません。文明は、道具や制度のように、ある社会で利用可能な、外在的なものを指します。文化は、文明のより内的な、個々人に根ざした側面なのです。古代のギリシア人は、バルバロイより程度が高かったとはとても言えませんが、彼らに文化があったかどうかということは、単にナイフやフォークやスプーンがあったから、あるいは、ましてや婚姻に関する法律さえあったからということだけでは決められません（少なくとも、彼らの神々について言えば、近親相姦が通例でした）。ホメロスとその一連の作品を取り上げるなら、詩の文化があったと言えるのかもしれませんが、ヘラ女神は、衛生文化とは何も関係がなかったでしょう。そうでなければ、この詩人はヘラが沐浴をするという後世に語り継がれた場面[*1]で、「すべての汚れ」[*2]（*rupa panta*）を落としたことにほとんど言及しなかったでしょう。石けんの利用については、一八〇一年の時点でもなお「ご婦人たちは体を洗うことを次第に顧みなくなった」と、イギリスの医師たちが記しています。しかし、ジェーン・オースティン、それにその作品に登場する淑女たちが文化的な存在でないという疑いを抱く人はいますまい……。ただ、どういう点で文化的なのでしょうか？　シェイクスピアにもバニヤンにも文化はありました。が、どんな意味でそう言えるのでしょうか？　バニヤンは、著作の序文を次のように締めくくっています。「我は汝のもの。卑しく賤なる我が身柄ゆえに汝これを望まぬかぎり——ジョン・バニヤン」。バニヤンはジプシーのような人物でした。彼はこう書いています。「私は父親の家で、とても貧しい環境で育った」。この序文は、のちの版では次のように改められています。「我は汝のもの。主イエスに仕えるべく——ジョン・バニヤン」。しかし、エリザベス朝期の詩の文化は、決して実体がないのではありません。だからこそ、ピューリタン時代の宗教文化では、イギリス人の精神的健全さにとっての重要性を鑑みた時、シェイクスピアを除いては他に匹敵する者のないモニュメンタルな作品を、バニヤンがこの宗教文化の中で生み出すことができたのです。

文化は、本質的には人格的《パーソナル》に現れるとはいえ、個人《インディビジュアル》に属すということではありません。文化のあるところには何らかの集団があると考えられます。というのも、文化とは集団に根づいた価値を指すからです。新しい価値を創出するという意味ではありません。ある人物が並外れて文化的だということはあるでしょうが、いくら傑出しようと、その人だけの文化を生み出すことはできません。エディントンがかつて言ったように、「スペードのキングだけをシャッフルすることなどできない[2]」のです。では文化は、共有された価値を指すとはいえ、誰によって共有されたということなのでしょうか？　ここがポイントです。共有の範囲が狭いほど、「文化」は一部の特別な人たちにだけ閉ざされた体のものとなっていきます。しかし、「文化」が単に、一部の人たちが、自分たちは特別だと思い込むだけのものだとすれば、それは階級という特権のための文化であり、そのような文化は、事の道理から言って、普遍性を持ちようがありません。キリスト教は、このような意味での「文化」に根本から反対しました（ただし、もちろん、インゲ師のように、人がキリスト教徒であることとジェントルマンであることのいずれかを選択する行為を否定する人もいます。ちなみに、もしそうした選択がなされなくてはならないのであれば、インゲ師自身は、ジェントルマンであることを選ぶそうです）。

ソースティン・ヴェブレンは、スカンディナヴィア系の出自の方でありますが、階級社会では、「文化」は必然的に階級の区別を表現することになるという理論を提示しました。大雑把ではありますが、その議論を紹介しましょう。ある種の文化形式は、あくせく働かずともよい人びとがいて初めて可能となります。ヴェブレンがもっとも言いたいのは、階級社会では、労働から免除されることは、文化の条件ではなく、まさに文化と同義になりがちだということです。すると、文化は階級としての優越性が転化したものということになります。労働からの免除は、主に富と余暇の局面で現れるため、時間とモノを消費することが社会的地位の基準となるのです。つまり社会的地位があるといっても、派手な浪費と桁違いな贅沢が、文化的価値としてみなされるものでカモフラージュされた結果として、社会的地位があるかのように世間で通用するというわけです。芝生の上をクジャクが羽を広げて歩いていたら、それは文化の証とされますが、ウシが草を食んでいる光景はそうはみなされません。前者は、金持ちの道楽として衆目を集めるに足るのですが、後者は違うからです。召使いを雇っているのであれば、どうでもいいような仕事に就けてやらなくてはなりません。「雇い主の余裕っぷりが人の形をして立っている」のを見せつけるためです。しかし、話はここで終わるのではありません。支配階級の文化は、もともと有閑階級ではなかった階級へ浸透していくでしょう。近代の文明化した共同体について、ヴェブレンはこう言います。

> 諸社会階級の間の境界線は、不明確で変わりやすいものとなった。そして、このようなことが起こる場合には、上層階級が、名声とは何かを作り出すや、それは規範としてほとんどなんらの障害なしに、社会構造全体を通じて最低の階層に至るまで、その強制的な影響力を及ぼす。その結果は、各階層の成員は己の属す階層から見てすぐ上位の階層で行われている生活様式を、立派な生活の理想として受け取り、その理想にかなった生活をおくるようにつとめるということになる。彼らは、うまくゆかなかった場合には、その世間的名声と自尊心を失う恐れがあるために、少なくともうわべだけでも、そうした生活様式の基準を守らねばならないのである。[3]

そうした有閑階級の「文化」（ひょっとすると、それを生み出した当の階級にとってさえ、それほどありがたいものではないかもしれません）は、他の階級に実害をもたらすまでとなります。文化ではなく、スノビズムが支配的となるのです。生活条件にそぐわないような文化には、価値がありません。人目をひく浪費の文化は、浪費する余裕のある当の階級にとってさえ、とりたてて価値のあるものではありません。単なる階級的優越の現れに過ぎないとも言えるからです。しかし、浪費するだけの余裕のない階級に対し、この文化は、道徳《モラル》を損なわせるという悪影響をもたらします。生活をより豊かにしていくのではなく、それを妨げ、挫折させ、破壊するからです。真の文化にとって一番必要なこととは、文化が、その担い手となる人びとの社会的現実に対応し、また、人びとはそのような文化に即して生活様式を創り出していくということなのです。

イギリス文化の問題とは、大まかに言えば、以上のようなことです。イギリスの文化が持つ力強さと美しさは、それが農村的であることです。イギリスの文化は封建社会の農村的環境から生じており、端的に言って階級文化なのです。ただそれは、中産階級全体と、下層中産階級の大部分にさえ、広がっていきました。田園《カントリーサイド》の生活様式が[*3]、国民全体に遍《あまね》く行き渡ったのです。

しかし、都市的文化の不在は、産業革命到来以降、深刻な欠点となりました。工場労働者が国民文化に取り残されてしまったからです。労働者たちは、故郷の農村的文化を失いましたが、かといって、次々と新しく造られてゆく町や荒涼としたスラムの只中で、それに代わる文化を身につけられなかったのです。将来の民主的なイギリスが、国民文化をあらためて身につけた労働者階級に自国の力強さを求めようとしないというのは、およそ考えがたい事態です。しかし、この国の都市生活が、文化の名に値するものとして世間に通用する立派な形式を生み出さない限り、そのような階級に力強さを求めることは、いかにして可能なのでしょうか？　これは、イギリスの民主主義が目下直面する文化問題というだけではありません。イギリス文化の縮図がここにはあるのです。

イギリス人は、自分たちの島国性にきわめて敏感ですが、大陸的なものを通さなくては、島国性が何かをはっきりと知ることはできません。しかし、とても単純な話なのです。大陸では、文明は町が生み出したものです。たとえばローマ帝国はさまざまな都市からなる世界であり、普遍的な都市文化を創り上げました。帝国が続いている間は、ローマ人は都市を造り続け、イギリス諸島が帝国領内にある限りは、ローマ人は飽くことなく、この地にも都市を築きました。しかし、ローマ帝国が崩壊したのち、西洋ではあらゆる都市が消滅し、文明は息の根を止められたのです。したがって、ヨーロッパ大陸における都市の復活は、文明の復活を意味しました。文明の復活は、北イタリアや南フランスのような、町が生き残ったところで始まったのです。これに続き、フランス、イタリア、ドイツ、ベルギー、オランダでも都市が成長しました。これはまた、貴族・僧侶と並び、ブルジョワジーが新興の特権階級として擡頭することでもありました。ほとんどあらゆる地域で、ブルジョワジーは革命的な形で生まれました。「聖職者、あるいは貴族のように」（と、ピレンヌ[*4]を引用しますが）「市民《バージェス》は一般法《コモン・ロー》の適用を免れていた。同様に、市民はある特定の身分（*status*）に属していた。ラングドックの町では、プチ・ブルジョワがその権利を獲得したのは、十二、十三世紀のコミューンにおいてであった」(4)。イタリア、南ドイツ、ラインラント、低地諸邦は、都市国家でひしめきあっていました。フィレンツェはトスカナに所領を購入し、都市の主導のもとで、農業の発展に力を注ぎました。こうした町では食糧価格調整政策を、市民《バージェス》たちのために実施していました。ピレンヌは「市民にとって、田舎の人間というのは搾取されるためにのみ存在するのである」(5)と述べています。フィレンツェでは、市民は貴族階級に対し、都市に移り、都市で居を構えるべく要求しました。貴族は、職人ギルドに加入し、実際にギルドの業務に従事していると証明した上でないと、市民権を得ることができませんでした。ドイツでもまた、食糧供給と原材料を市民が管理することこそ、町の持つ機能でした。

イタリアでは、ヴェネツィア、アンコーナ、ボローニャ、それにフェッラーラが、都市国家の代表格でした。また、ドナウ川およびライン川沿いではウルム、バーゼル、ベルン、またストラスブールが、フランダースではブリュージュ、ガン、イプルが該当します。都市生活とは、つまりは市民生活なのでした。政治意識が最初に発達したのはこうした場でした。典型的なイタリア人であるトマス・アクィナスの見解では、人間は本来的に町の住人です。聖トマスは、田舎の生活は不運や困窮の末に営まれるものにすぎないとみなしていました。もちろん、トマス・アクィナスによって描かれた町自体はきわめて農業的であり、こうした町は周辺の田舎を支配しつつ、田舎との間で支障なく行われる交換を通じて成立していました。この「聖人兼学者」は、農業は「汚くてみじめ」であると言いました。真のキリスト教的物質文明を最初にもたらしたのが町だったことに疑いはなく、大聖堂が建立されたのはこうした場所でした。中世のキリスト教的社会倫理は父権的とはいえ、封建的ではありませんでした。つまり、都市的であって、農村的ではなかったのです。ワルドー派とアルビ派は、サヴォナローラの先駆者ともいうべき党派的な人びとですが、それは町の激烈な宗教的良心の現れでした。都市というところは、商業や交易が生み出されただけでなく、大陸部における芸術と工芸、宗教と学問、政治術と政治学が生み出されたところでもありました。また、特に強調したいのは、先に挙げた有名な都市は都市的文化の担い手たち、あの誇り高く、裕福で、勇ましくもある市民《シティズン》たちと、軍事的役割も担った貴族階級の本拠地だったということです。

　これとほんのわずかにでも類似する事柄は、イギリスでは一切生じませんでした。ウィリアム征服王は、実に驚くべき短期間のうちに、集権的で効率的な行政機構を設立しましたが、これはヨーロッパでは最初で、また長らく唯一のものでした。王と役人に支配されるようになってからでさえ、十七世紀までは議会がその職務を引き継ぎました。内戦はほんの稀に行われる程度であり、大陸で国家間の戦争が絶え間なかったのとは比べものになりません。イギリスでは平和が優勢的だったのです。イギリスでは、町というのは軍事的に設けられたもので、おまけに軍事的支出のつきない場所でした。城壁で囲まれた町を維持し、この狭い空間で市民の秩序を保つことが、都市の存在意義だったのです。ノルマン人貴族が城を築いて、もっぱらそこで過ごすようになると、騎士たちは町の住民に代わって田舎を治めましたが、彼らはただの商人や農場主となり、軍務に戻ることは二度とありませんでした。町に対する諸権利《エンフランチャイズメント》の付与は金で買うという平和的プロセスを通してのことであり、放棄や叛乱といった暴力的な行為を通じてではありませんでした。バラ戦争[*5]以後、多くの町がさびれていき、「町の破壊」を禁じたテューダー朝の法は、全く無意味でした。

十六世紀には、裕福な人たちに町の行政機構を担わせることは、次第に難しくなっていきました。彼らは、町で仕事を続けていた場合でも、そこには住まなくなりました。財を築けばそれを土地に投資し地主階級になっていったと、メレディス教授が指摘しています。ロンドン——ローマ期以降、外壁を保持し、軍事上の特権を手放さなかった唯一の町——でさえ、例外ではありませんでした。確かに、この町は、イギリス史のほぼ全体を通じて、第一級の政治権力でした。マコーリーが述べたとおり、ロンドンがチャールズ一世を打破し、ロンドンがチャールズ二世を復位させたのです。しかしこの当時でさえ、イギリスの貴族たちは、城壁のはるか外に出ていました。シャフツベリは宮殿がオールダーゲート[*6](Aldergate)通りにあり、バキンガムはチェアリング・クロスの近くに住んでいたので例外ですが、貴族の名前がロンドンの地名に付けられたことはほとんどないのです。ロバート・クレイトン卿はオールド・ジューリーに、ダドリー・ノース卿はベイジングホールに住んでいました。チャーター・ハウス、クライスツ・ホスピタル、グレシャム・コレッジ、ダリッチ・コレッジ、またコレッジ・オブ・ゴッズ・ギフトといった名は、中産階級の慈善家によるものですが、ほとんどがロンドン市民ではありませんでした。リチャード・ジョンソンが一六一二年に、ロンドンの英雄となった市民を讃え、九人の名士を取り上げて書いています。[*7]いずれも大して重要ではありません。ワイン醸造業のヘンリー・プリチャード卿、食料品店経営のウィリアム・セブンオークス卿、洋服商のトマス・ホワイト卿、反物商のジョン・ボナム卿、ワイン醸造業のクリストファー・クローカー卿、絹織物業のヒュー・ケイヴァリー卿、食料品店経営のヘンリー・メイルヴァート卿です。一人が歴史に名を残すだけです。ウィリアム・ウォルワース卿、魚商人でロンドン市長、リチャード二世がスミスフィールドでワット・タイラーと面会した際、この農民たちの指導者を殺害した人物です。特徴的なエピソードがあります。イプルの傲慢なブルジョワジーが見事なドレスと宝石によってフランスの王妃に恥をかかせた時、スイス農民のヒーロー、アルノルト・ヴィンケルリートがゼンパハの戦いで英雄にふさわしい死に方をし、騎士の軍団が、全くの平民たちによって敗走させられた時、このロンドン市長は、革命側の農民と対峙する騎士と貴族の側につきました。市民が騎士階級に昇格する時は市民であることを辞退し、また、そのように強いられるのがほぼ暗黙の了解でした。おそらくチェンバレン家（その名声はバーミンガムとのゆかりが深い）をただ一つの例外として、イギリスの歴史的な家系で町や都市の出自を持つ例はなかったし、もしそうであるならば、元々の都市にとどまりました。

イギリス文化の制度的起源は、シャルルマーニュ（カール大帝）という天才に端を発しました。この人物とウィリアム征服王が、ノルマン・イングランドを打ち立てたのです。偉大な知性を持つ学者ウィリアム・カニンガムの記述が正しいのだとすれば、シャルルマーニュが公布した御料地令（*Capitulare de villis*）は、ノルマン様式の荘園制が営まれる場合に厳格に従うべき範でした（経済的単位としての荘園の起源は、もちろんアングロ＝サクソン時代にさかのぼりますが、ここで問題にしているのは文化的センターとしての荘園です）。九世紀のフランク王国は、ローマ帝国と最盛期中世のフランスとを結びつける存在でした。シャルルマーニュの主導した事業は、近年では「一時的な成功」と言われるようになりました。西欧においてローマ帝国を最盛期中世から切り離すことになった暗黒時代の合間の、輝かしいひと時というわけです。この無秩序と退廃の時代、都市や町はほぼ死に絶えましたが、シャルルマーニュは、貨幣、商業、交易、その他都市生活から派生するものに依らず、もっぱら自然経済のみにもとづく、きわめてよく組織された文化的センターを考案しました。御料地令の詳細な規制は、ノルマン人の征服者によって、彼の地で経済的・文化的生活を営むためのモデルとみなされたのだと思われます。カニンガムは、農村の大規模なセンターにおける独特の文化的価値を熱心に信奉しましたから、そこから生じた豊かさと生活の彩りをいささか誇張しているのかもしれません。私自身は、そうではないだろうと思います。とはいえ、自然に親しい存在であることの意義、自然がわれわれに与えてくれるものが明らかに幸福をもたらしうる点については、私自身、これを信ずるにやぶさかではありません。

イギリスの島国性については――ここまでのところで多くの点が理解されたと思いたいのですが――自然条件の恩恵を受けている部分はほんのわずかです。ノルマン人の征服以前、イギリスは島でしたが、島国的ではなかったのです。政治的に統一されておらず、それゆえまさに侵略者たちの交差点と言える場所でした。ノルマン人の征服後になってようやく、島を一丸となって守るようになり、同時に、行政機構を集権化し、国内に平和をもたらし、大陸には全く見られなかったような発展の途を歩めるようになったのです。つまり、外壁に囲まれ、恐怖心を抱きながら営む文明を放棄し、荘園とコテージを舞台とする開放的で農村的な文明への移行です。こうした奇跡的な例が汲めども尽きせぬまでに認められるのが、イギリスの島国性に見られる輝かしい側面なのです。「聖人兼学者」は、ダンテがその人生行路を描きましたが、シェイクスピアやキーツを生んだ、イギリスの田園《カントリー・サイド》についてはついに知ることがなかったのです。

イギリスの島国性は、荘園の文化が時間、空間、社会集団の面で広まり、ついには国民《ネイション》のほぼ全体を包含するまでに至る、長大な物語に紡がれています。新しい社会階級が支配層として擡頭し、社会規範の経済的基盤を次第に変容させはしましたが、文化的には、田園の大邸宅《カントリー・マンション》とコテージの世界に同化されたのです。

残念ながら、これ以上細部に分け入ることはできません。ここで明らかなのは、農村の文化が非農村的出自の社会階級へと広まることの内には、大きな危険がはらまれていたということです。つまり、こうした階級が、自分たちの生活条件にそぐわないような生活様式の価値観を受け入れようとしたのです。端的に言えば、ロンドンという都市に擡頭したブルジョワジー、銀行家や資本家、大貿易業者や商人は、自らの文化を打ち立てることには決して成功しませんでした。イギリスのピューリタンは、自由共和国時代に勝ち得たものを維持できなかったのです【チャールズ二世の肖像[6]】。王政復古の時代、文化的な代償を払うかのような仕方で、ピューリタニズムは上流階級の生活からは忘れ去られました。世間で理想とされる生活様式と実際の生活条件とのズレは、数多くの災いをもたらしたでしょうが、それを和らげる重要な動きが見られました。多くの都市階級出身者を伝統的支配階級の地位へと昇らせるとともに、伝統的支配階級の財政的基盤を、新しい資本家階層へと近づけたのです。

とはいえ、都市の貴族階級が十七世紀後半の文化闘争に最終的に破れた時、イギリスの文化は、統一性を獲得する一方で、多様性を失ったのかもしれません。

ナポレオン戦争およびディケンズの時代の頃、都市部の中産階級の中でも地位の低い人びとが独自の人間性《パーソナリティ》を求めたことで、同様な闘争が生じました。ディケンズの作品は、際立った個性《キャラクター》を持つ人物と一体となりました。マンタリム氏[*8]（Mantalim）、ミコーバー氏、チアリブル兄弟、また、誰よりも傑出した人物としてピクウィック氏というのは、イギリスの文化に全く新しいタイプの人間性《パーソナリティ》が現れたことを示しています。

十九世紀初頭の政治・宗教面での党派的な運動には、ロバート・カーライル[*9]（Robert Carlisles）やウィリアム・コベッツ[*10]（William Cobbetts）のような人物が山ほどいました。この階層もまた、『タナー通りの革命』でマーク・ラザフォード[*11]が小説に描いたにもかかわらず、やはり埋もれてしまいました。人間性《パーソナリティ》の多様性と豊かさは、国民《ナショナル》の統一のために犠牲となったのです。しかしこの時は、代償となるような重要な動きも見られました。下層中産階級は、自らの文化的位置づけをめぐる闘争で敗北したものの、農村に基盤を置く上で必要となる生活条件のいくつかについては財政面で確保できました。スラムの住人の水準にまで身をやつすことはなかったのです。彼らは田園地域《カントリーサイド》に家や庭を有し、それゆえに農村でのよき生活を享受することができました。そこでは、農村文化は、部族あがりの人間が身の丈に合わない服を着ているのではなく、（いくぶん地味ではありましたが）おあつらえ向きのものになったのでした。

一方、工場労働者階級の問題は、解決不能であることが明らかとなりました。真の文化的大変動は、美しさも秩序もなく、まして人間らしい文化のかけらさえないような、おびただしい数の町や都市郊外が突如として出現する中で問題として浮かびあがることとなりました。工場労働者もまた、あの素晴らしいオーウェン主義運動やチャーティスト運動を通じて独立した文化的存在であろうとしましたが、それも打ち倒されてしまいました。

またこの時は、労働者を支配階級へとすくいあげ、階級支配の経済的基盤を彼ら自身の生活条件に沿ったものとする対抗運動は全く見られませんでした。そういったものは、夢想さえできなかったのです。工場労働者は、田園的価値観を見出すことが端的に実現不可能な生活条件のもと、都市郊外で暮らすのを余儀なくされたのでした。

（1）「カール・ポランニー・アーカイブ」ファイル番号 17-30　日付のない講演用原稿。
（2）『物理的世界の性質』（Arthur Stanley Eddington, *The Nature of the Physical World: The Gifford Lectures*, New York: Macmillan, 1927）第四章「宇宙の縮小」（The

Running Down of the Universe)。
(3)『有閑階級の理論』(Thorstein Veblen, *The Theory of the Leisure Class*, New York: Macmillan, 1899) の第四章「衒示的消費」(Conspicuous Consumption) p. 84 (引用箇所は、ヴェブレン『有閑階級の理論』小原敬士訳、岩波書店、一九六一年、八四~八五頁を、一部改変の上使用。ただし傍点はポランニーが付した箇所に従った)。
(4)『中世ヨーロッパの経済と社会の歴史』(Henri Pirenne, *An Economic and Social History of Medieval Europe*, Abingdon: Routledge, 2006 [1936]), p. 57。
(5) 前掲書。
(6) 赤字による注記。講演中、口頭で補足するつもりだったと思われる。
＊1 ヘラは、毎年カナトスの泉に舞い降りては沐浴によって処女性を取り戻すと考えられていた。
＊2 おそらくホメロスの『イリアス』第一四書からの引用ではないかと思われる。引用箇所は、『イーリアス』(中巻、呉茂一訳、岩波書店、一九五六年) 二九二頁に依った。
＊3 "country" の語は、単なる文化・生活様式にとどまらない、政治的含意を持つ場合がある。この点をイギリス史の文脈で論じたものとして、レイモンド・ウィリアムズ『田舎と都会』(山本和平ほか訳、晶文社、一九八五年) および『完訳キーワード辞典』(椎名美智ほか訳、平凡社、二〇一一年) を参照。
＊4 ピレンヌ (Henri Pirenne 一八六二~一九三五年) は、ベルギーの歴史家。『ベルギー

史』全七巻（*Histoire de Belgique*, Bruxelles: Maurice Lamertin, 1929-1953）、『中世都市』（佐々木克巳訳、創文社、一九七〇年）をはじめ多数の著作がある。西洋の中世都市においては局地的取引と遠隔地取引の間に独特の区別があったという議論は、ポランニーに少なからぬ影響を与えた。

＊5　十五世紀後半イングランドの有力諸侯間に生じた内乱。

＊6　オールダーズゲート（Aldersgate）の誤りか。

＊7　ポランニーは、『ロンドンの名士九人』（Richard Johnson, *Nine Worthies of London*, 1592）を参照したと思われる。なお本文には「九人」とあるが、ジョン・ホークウッド卿（Sir John Hawkwood）への言及を欠いており、実際には八名しか挙げられていない。

＊8　ディケンズの小説『ニコラス・ニクルビー』に登場するマンタリーニ（Mantalini）のことか。

＊9　リチャード・カーライル（Richard Carlile 一七九〇～一八四三年）のことか。カーライルは、イギリスのジャーナリスト、社会改良家。哲学者トマス・ペインの弟子。ラディカルな思想内容の出版物を、禁を犯して出版し、これが原因となり何度も投獄された。

＊10　ウィリアム・コベット（William Cobbett 一七六三～一八三五年）のことか。コベットは、イギリスに生まれ、北米でも活躍したジャーナリスト、社会改革運動家。ロンドンで週刊誌『ポリティカル・レジスター』（*Political Register*）を発行、労働者・

農民のために議会と経済の改革を主張したことで知られる。工業化以前の農村社会を理想化し、工業資本家や支配層の貪欲や腐敗に対して義憤を抱いていた。論争的著述家として、たびたび筆禍も招いた。主要著作として、『田園騎行』(*Rural Rides*, London: William Cobbett, 1830)がある。

＊11 ラザフォード(Mark Rutherford)は、イギリスの小説家。本名はウィリアム・ヘイル・ホワイト(William Hale White 一八三一〜一九一三年)。一連の作品には、十九世紀中頃の非国教会員の内面が描かれている。代表作として、『マーク・ラザフォードの自伝』(*The Autobiography of Mark Rutherford, Dissenting Minister*, London: Trubner and Co., 1881)がある。

第10章　ウィーンとアメリカ合衆国での経験——アメリカ編①

アメリカ合衆国での経験は、教育が社会に有益な効果をもたらすかどうかは、まぎれもなく社会の現実次第であるということを裏づけていると思われます。

私のアメリカ経験は、オーストリア経験に比べればはるかに限られたものです。中西部に六週間滞在し、南部の中央から東側を八週間転々とし、また、東部にも数週間滞在しましたが、それですべてです。しかし、高校を訪れ、インタビューなどを行ったのに加え、三十あまりのさまざまな大学に短期間滞在することもできました。ある中西部の進歩的な高校における「社会科学の学習計画」に助言を求められたこともありましたし、ワシントンでは教育庁で官僚に接しもしました。後者の取りはからいで、民間資源保存隊[*1]（Civil Conservation Corps）等を通じた若者の救済措置に関わる政府諸機関を訪れる機会を得ました。

アメリカ合衆国の教育には、よく知られてはいますが、どこか不可解な逆説が認められ、それは次のように言い表すことができます。

(a) 原理主義——宗教信条が国家の法律により強制される一方、国家のあらゆる制度では、宗教教育や宗教的見地からなされる授業が全く見られない。

(b) 理想主義的「向上」——物質的・実際的《プラクティカル》な哲学と、極端な憲法上の伝統主義とが併存する。

(c) 実験的・創造的な態度をとりつつも、

(d) 外面性を重視——国民の教育水準は極めて高い。

現状に関する驚くべき特徴

(A) 教会と国家との完全な分離が、たいへん信仰心の厚い共同体に宗教的自由《リバティ》を保証すべく強制されており、この分離はアメリカ合衆国にきわめて逆説的な結果をもたらしています。

合衆国の原理主義的な州によっては、ダーウィニズムにちょっと触れただけで、たちまちに拒絶されるところもあるのですが、同時に、教員養成大学では、宗教的な観点からなされる授業を国家が禁じているがゆえに、たとえわずかであれ宗教的なものは消し去られています。このような措置は、宗教の自由《フリーダム》を世俗が蝕むのを防ぐためのものでしたが、その結果、教育現場の宗教からの完全な自由《フリーダム》を見ることとなりました。

このような具合に、教育は、アメリカでは実質上、ウィーンの社会民主主義的学校改革よりも世俗化されています。このことと共に、宗教的信念がきわめて限定的な領域に局在化する傾向が顕著であることを考えあわせると、共同体全体の思考、労働、生活が例外なく際立って世俗化していることを説明できます。

(B)　公的生活のあらゆる場面で理想主義が高くうたわれ、しばしば実践されるにもかかわらず、教育においては、若者をできるだけ早く、着実に生活の糧を稼げるようにするといった純粋に実際的な目標があからさまに目指されています。「仕事」は主要な関心事であるだけでなく、学生がよく休暇中に行う暇つぶしにもなっています。実際、不況に襲われたイギリスのある地域では、少年たちは大人たちに劣らず伝統的に仕事に対して熱心です(若者が仕事を得る手助けをするのが唯一の存在理由であるような教育システムにとって失業がもたらす衝撃を考えてください。若い男が仕事にありつけないのだとすれば、そもそも学校は何のためにあるのでしょうか?)。実際、アメリカ合衆国の教育者は多くの場合、これこれの科目――考えるべき課題があるのはわかるとしても、実際的な価値があるかどうかはまるで判然としない科目――がなぜカリキュラムに含まれなくてはならないのか、という質問にうまく答えられません。

他方、後に見るように、学校および教育は実際的な価値を持たなくてはならないという考えは、学校を社会的協働を世間にもたらす機関として、すなわち、環境などに意識的に適応しようとする次世代の人びとを育成する触媒として利用するという強い動機づけともなりました。そして、それ以上高尚な類の社会的価値は求められなかったのです。

(C) 社会的平等を打ち立てるという課題は、アメリカ合衆国の学校には課されていません。一介の個人として、金持ちも貧乏人も、自分たちは平等だと、当たり前のように思っています。この平等というのは、話し方、マナー、行動の点でも、八〇パーセントほどの人びと（黒人は除く）に当てはまります。金持ちがそれほど裕福でない者に対して社会的な優越感を抱くことはありませんし、普通の人びとが金持ちに社会的劣等感を抱くこともありません（もちろん例外は多々見られますが、だからといってこうした基本的な事実が揺らぎはしません）。したがって、人びとの間で平等は実現されているのです。平等の確立という課題を学校に求めるのは的外れなのです。

他方、個々人および集団間における所得の差は、社会的な差異を決定づけます。人びとが「誰それはこちらさんのお仲間だ、誰それはあちらさんのお仲間だ」と口にする光景が方々で見られます。それはちょうど、イギリスの社会階層に相当します。しかし、異なる性質が認められます。

このような社会的差異は、出自、育ち、氏素性に裏付けられたものではなく、所得に裏付けられているのです。所得が増えればある仲間に与するが、所得を失えばそこから離れていく。すなわち、現在の所得に見合った仲間に与するのです。したがって、(いわば)現金が集団をまとめたり分け隔てたりすることになります。こうした類の集団の区別は、どこか浅はかで、それでいてどうしようもないほど凶暴かつ激烈です。しかし、それが抜き差しならぬまでに至らないのは、所得が上下する事態がありふれたことだからです。したがって、同じ家族の中でも、その時いくらぐらい稼げるのかに応じて[2]、異なる社会水準で暮らすということになります。最年少の者が大学教授で、最年長の兄が鉱夫で、他の兄弟五、六人はさまざまな所得の水準で、それに見合った社会的な仲間がいる、といった具合です。すると社会的な仲間が変わるにつれて、それまでの友人同士が疎遠になることもよく見られますが、しかしその亀裂というのは、単にそうなっているだけのものであり、自己評価に影響を及ぼすほどではありません。他方、イギリスでは社会的な亀裂はきわめて深いため、見かけだけでもあれこれ人為的に取りつくろい、亀裂など存在しないかのように計らわなくてはならないのです。

ここでもまた、アメリカ的な教育の理想に失業が影響を及ぼす場合と同様、実際の経済的および社会的条件の影響は、明々白々といえます。

・実際に失業することが、仕事を得るための学校という考え方を事実上否定することになる。
・実際に所得がよく上下するので、所得格差にもとづく社会的差異の影響は顕著に緩和される。
・実際に雇用が得られ、事実上誰でも生活水準が常に上昇することが、もっとも自由で平等で公正だと誰もが思うような社会秩序への一般的な信頼を裏書きしている。

アメリカ的社会思想の理解は、このような発想で社会生活が営まれる中で培われた実際の社会的条件に関連づけることなくしては不可能です。これが、アメリカ人が社会に対して抱く態度の、おそらくもっとも本質的な部分なのです。したがって、

(D) アメリカ人が社会全体に対して抱く態度を「物質主義的」とするのは、ほんの表面的な意味でしか妥当ではありません。この場合「物質主義的」という言葉は、アメリカ合衆国の進歩とは何の関係もない価値づけとして用いたいと思います。現実には、その逆こそ真実なのです。アメリカ人は、アメリカの社会秩序には根本的な正義があると確信しています。アメリカ人は誰でも、この社会秩序のおかげで物質的な福利は万人によく行き渡っており、皆に可能性を与え、現に誰もが自由かつ平等でありえていると信じています。

これはある意味、真実なのです。なぜならアメリカ人というのは、これが真実であるかどうかを証明するという非常に重要な点を意にも介さず、自らの社会を信じ、神のご意志が地上においてもっともよく成し遂げられたものとして、この社会を支えているからです。こうした信念は、実際に神を信じているのかどうかとは関係のない次元で抱かれていると も言えます。というのも、逆説的に聞こえるでしょうが、社会に対する信仰が宗教を超越しているからです。社会への信仰は、己の信仰を生活のレベルで直接現すものだと言えましょう。したがって、アメリカ人の社会全体に対する視点や意見というのは、宗教的確信そのものであるかのようにとらえなくてはなりません。

ウェッブ夫妻[*2]は、ロシアの共産主義体制を教条支配体制と呼んでいます。合衆国もまた、教条が違うだけであり、広い意味では教条支配体制です。

(E) 盟約派[*3]の入植者たちは、国家でも国民でもなく、社会を築きました。アメリカ合衆国では、政治的国家は憲法によって社会のはるか周辺へと追いやられています。それは、ヨーロッパ型国家のように権力や権能を意のままにすることを決して求めないかぎりにおいて、しぶしぶその存在が認められているにすぎません。したがって、アメリカ合衆国における社会というのは政治的国家の支えなしに存在します。社会が国家権力や何らかの強制力に支えられていたり、それらに依拠していたりするという風には、アメリカ人は考えないのです。アメリカ合衆国連邦政府は、内務問題については警察権力を全く保持していません。警察は存在しません。社会は、社会自身によって支えられるものとみなされています。無政府状態（anarchy）が実現しているのです。

教育が決定的な影響を及ぼすこうした社会的理念の背景には、社会の現実があります。この社会の原理が究極のところ真であるという漠然とした信念が、社会の唯一の支えなのです。結局、社会は財をもたらします。類例がないほどの生活水準と機会の十分な平等という財です。結局、アメリカ合衆国にはパーセンテージでいえばわずかでしかない、きわめて富裕な人びとと、それなりの割合以上の数で下層の人びとがおり、後者はほぼすべてが近年の移民です。残りの人びと、つまり大多数は、世界でもっとも衣食住に恵まれ、（平均的な意味では）間違いなくもっとも教育水準の高い人びとです（経済危機は、たしかにアメリカ人の心や考え方にインパクトを与えましたが、それでもこうした評価を決定的に変えるまでには至っていません）。これが、盟約派の入植者たちによって始められた実験の成果です。それはまだ完了を見るに至っていません。いまだ継続中なのです。これが、よく聞かれる「アメリカはいかがですか？」とか「われわれは新しい国だ」といった言い方の意味合いです。こうした言い回しは、これまで一五〇年にわたってアメリカ合衆国で、今日そしておそらく今後二〇〇年にわたってソヴィエト・ロシアでも耳にするものと同じでしょう。つまり、広大な実験に参加する人びとの態度を意味するのです。ただし、アメリカ合衆国では、それで一体われわれはどこへ連れて行かれるのかといった、曖昧さと不確かさがきわめて顕著であるのに対して、ロシアでは目標も結果もすでにわかっており、いわばあらかじめ定められているという違いはあります。しかし全体として見るなら、アメリカ合衆国ほどソヴィエト・ロシアに似た国はありません。ソヴィエトを除けば、合衆国は、近代の歴史において、社会の建設を意識的かつ意図的に決断した結果として存在する唯一の国です。両者の真の違いは、ロシアにおける取り組みが、概して水準がより高いということにあります。

しかし、しばしばこの国でなされているようにアメリカ合衆国を見くびるべきではありません。合衆国には明らかに弱さがあり、それは「新しい国」だからという部分もあります。教育の達成度が低い層を見れば、その程度は実に低くはあるのですが、大衆の教育達成度は、平均水準では驚くべき高さです。あるいは、実験的な態度については、技術としては生産的な原理を文化の領域に応用するという、はなはだしい勘違いと見る向きもあるでしょう。しかし、この実験的態度のうち、何事も新たに始めるというアメリカ的伝統による部分はわずかです。むしろ、この態度は、学校が社会建設の課題ときわめて密接に関連することから生じるのです。

ここでわれわれは、アメリカ的な社会の現実がもたらす条件のもとで、教育がいかなる課題を負っているかについて、きわめて重要な点に触れているのです。

1　個人の生活と社会との関係は直接的、隣接的であるべきだとみなす態度は、盟約派の入植者たちによって据えられた社会の性質に根ざしています。あらゆる種類の権威、官僚制、政治的国家ないしは政府といったものを介在させることなく、個々人は自らの社会を思考しました。これが、アメリカ社会の極端な可塑性の源です。個人と社会の間には何もないのです。

2　急速かつ継続的な変化は、アメリカ社会の歴史における際立った特徴です。一般的に言えば、そこでは二〇年の間に環境が変わり、あらゆる個別の要素が、その経済的社会的機能を完全に変えるまでに至ったのです。

これが、なぜアメリカ人が世界中のどんな人々にもまして、社会変化というものをよく知っているかということの理由です（ソヴィエトは除く）。

これら二つの事実を見ることによって、新しい環境の変化における個人ならびに小集団の役割に対してアメリカ人が関心を持ち続ける理由がわかります。社会の可塑性と、変化だけが変わらぬ事実であったという経験がそれを説明するのです。アメリカ人は、社会変化における個人および小集団の役割について、われわれと比べようもないほどよく心得ています。ある日、アメリカ人が社会を信ずるのをやめ、その結果、社会から身を引いたら、社会はたちまち変化するでしょう。なぜなら、そこには変化を押しとどめるものが何もないからです。

　これが、教育は社会の形成に奉仕するという、アメリカ合衆国に見られる信念の背景です。教育がこうした思想と原理で子供を教化する（アメリカ人はこのような言い方をします）かぎり、教育は、他のどの国にもまして、社会を直接に形成し、かつ、それを支持する力となるのです。

　したがって、アメリカ社会とその改善（アメリカ的意味合いでしかないのですが）の観点からは、アメリカ式教育の成功は、教育効果の点では、二つの条件に依ることとなります。社会的理念があらかじめ存在することと、社会の現実自体が環境的要因となることです。社会変革を目的としたオーストリアの教育事例を取ろうと、アメリカ合衆国の、進歩的ではあるが本質的には保守的な教育事例を取ろうと、つまるところは同じです。

　社会的に有効な教育的努力の可能性を、社会の具体的なあり方から離れて抽象的に考えることは幻想なのです。

（1）「カール・ポランニー・アーカイブ」ファイル番号19–26　日付のない講演用原稿。講演タイトルは「ウィーンとアメリカ合衆国での経験」。

（2）「稼げる期間に応じて」とあったのを訂正した。
（3）イギリスを指す。
＊1　民間資源保存隊（通常 Civilian Conservation Corps と表記）は、アメリカ合衆国大統領ローズヴェルトによるニューディール政策の一環として、一九三三年から一九四二年まで行われた事業。若い男性を失業状態から保護する政策として知られるが、当時進行していた環境破壊から国土と天然資源を保護する意図も併せ持っていた。対象者は軍の指導下で各地にキャンプを設立し、植林をはじめ、キャンプ場・遊歩道の整備、土壌流出対策、自然保護、ダム・灌漑水路建設、歴史遺産の修復と保護など、戸外での多様な事業に従事し、月給や食糧を支給された。
＊2　ウェッブ夫妻（夫 Sidney James Webb 一八五九～一九四七年、妻 Beatrice Webb 一八五八～一九四三年）は、イギリスの社会主義者。シドニーは政治家、労働党の理論的指導者としても活躍した。ソヴィエト連邦の共産主義には懐疑的な態度をとり、『ソヴェト・コンミュニズム』全二巻（木村定・立木康男訳、みすず書房、一九五二～一九五三年）や『ソヴィエト・ロシアの真実』（*The Truth about Soviet Russia*, London: Longmans, Green, 1942）などで、そのありかたを批判した。
＊3　盟約派（Covenanters）は、十六から十七世紀にかけて、イングランドによる監督制導入等に反対し、自らの信仰を擁護しようとしたスコットランドの長老派を指す。

第3部　社会科学をいかに用いるのか

第11章　社会科学をいかに用いるのか[1]

こうした問いには、以下の論点が含まれるだろう。

第一に、科学とは、その成果を知識の一般図式の中でひとまとめにしておき、必要に応じてそこから引き出すという具合には用いることができない。それが不可能なのは科学にいかなる性質があるためか。

第二に、社会科学は自然科学と同じように用いることが困難である。社会科学にはそれを困難にするなんらかの原因があるのではないか。

科学はひとまとめにできない

この事実には単純な理由がある。

人間が環境に対して持つ生来的な関心は、[2]すべての科学の出発点である。しかしながら科学の個別分野は、それぞれが置かれた環境において、当の分野が持つ方法論にあわせやすい要素に主題を限定せざるをえない。結果として科学の主題は、生来の関心に発する根本的な主題——知の母胎《マトリクス》——からひき剝がされてしまうであろう。ゆえに、物理学、化学、心理学を(3)「すべて足しても」猫のモデルにはならないし、数学と植物学を組みあわせて草地のパターンをすっかり再現することもできないのである。

個々の科学は知の母胎からひき剝がされててんでバラバラの方向に拡散していく。それはいかにして可能となるのか。また個々の科学がそれでもなお真実を記している。それはいかにして可能となるのか。これらは興味をかきたてる問いである。だが科学が生来的な関心の内にその起源を有すること自体が、こうした拡散の原因でもある。人はさまざまな環境面とかかわり、さまざまな仕方で自らの進むべき道を探ろうとする。言い換えれば、生来の関心と知の母胎は双方が分かちがたく結びついている。科学的関心と科学的主題は、生来の関心に含まれる諸要因と知の母胎を形成する諸要素の間でなされた相互選択的な調整プロセスの結果である。要領のよい分類法が用いられたり、あるいはまったくの直観による場合もあるだろうが、知の母胎に属するいくつかの要素が、生来の関心を構成するいくつかの要因を満たすように秩序づけられることで、ついには方法がその形を整えてゆく。この調整プロセスの途上で諸科学は、しだいに「選択的」——より一般的な用語でいうなら抽象的ということ、つまりその方法論にあわせて調整された要素に自らを限定すること——になる傾向がある。その**(4)は真実を表すが、真理の多様な断片は互いに分かちあっていたものを徐々に失っていく傾向がある。

科学にできることとできないことを決定する鍵は方法論である。つまりそれは、特定の科学を構成する操作に妥当する一般的な規則である。主題として選ばれたものと「非科学的」問題として除かれたものとを区別するのは、方法である。その定義をめぐっても、したがって選ばれた要素の理解をめぐっても、また知の母胎の一部の排除——排除された部分はいまや「形而上学的」なものとして現れる——をめぐっても、科学は方法に負っているのである。

科学は方法論によって知の母胎からひき剝がされるのだ[5]。科学が誕生すると、それを宿していた知の母胎は破壊される。ただし母胎は不完全な科学の中で生き残るのであり、それが形而上学という遺物なのである。科学となるために、たとえば数学は数の魔力を排除した。物理学は「質料」それ自体を取り除いた。化学は錬金術の衣を脱ぎ捨てた[6]。生理学は「生命力」を排除した。論理学はそれ自体から「真理」を除外した。この偉業を達成するにつれ、科学は理論科学と位置づけられるようになった。成熟すればするほど、科学は知の母胎から離れていったのである。

さて、これらすべては当面自然科学に関してあてはまるが、社会科学については、これと比べて一見不明瞭である。ところが一部の社会科学の発展は、自然科学のそれと著しく似通っている。社会科学もまた、生という営みに対する私たちの生来的な関心からはじまっており、関心と主題が方法を通じて相互に調整されるような発展の段階には、漸次的にのみ到達する。この調整プロセスの途上で、方法という観点からでは手に負えない知の母胎が持つ諸要素は消滅する一方で、生来的な関心ではなく当の方法論の厳密な適用という点から選別され、「状況」の一部をなす要素のみが残ることになる。そうなると、心理学は主観的な精神状態に関心を持つことをやめ、経済学は生産なり利得なりとは無関係であり、政治学は統治技術ではないかのように映じるようになるだろう。このようにして、心理学は人間の魂の科学であることをやめ、経済学は富と価値の学問であることをやめ、政治学は主権の科学であることをやめていくだろう。

魂、価値、主権——知の母胎の遺物であるこれらに、もはや科学的なよりどころはない。今や心理学は自らの領域を行動の科学と、そして経済学は選択の、政治学は権力の科学と再定義するだろう。完成された科学は、元来の知の母胎を歴史的に顧みなくなることさえあるだろう。さらに科学は、知の母胎があらかた消失した後に、あらぬ方向に向って再拡張するかもしれない。心理学には動植物の習性が組み込まれるかもしれない。経済学は、稀少な手段[*1]の配分というその方法論にとって重要な要素を含むあらゆる状況、たとえば倫理的、美学的あるいは宗教的とされる状況へも無差別に応用されるかもしれない。政治学は、権力を生みだす状況にあるいかなる集団をも包摂するかもしれない。そしてここにおいてもやはり、科学が前進すればするほど、それは知の母胎に備わっていた多様な要素を完全に相互にひき剝がしていく。こうして社会科学は自然科学と同じく、実際的であろうとして互いが区別されるようになり、人間が生と直接関わる営みにおいて適応していた環境的世界の像を方法論的に歪めてしまうのである。

ところで私たちは、慣例的な科学分野の区分を別個に素朴に受け入れてきたので、自然科学と社会科学をより精密に定義する必要性を感じてこなかった。しかし、そもそもこの区分自体も、いま検討中の問題にかかわっているとみなされるべきである。諸々の科学分野の間にあるもっとも安定した境界線は、純粋に歴史的な諸科学——自然と社会の固有で反復不可能な相貌を扱う科学である——と、法や何らかの抽象物のような一般化を扱う諸科学との間に見出される。さらに重要な分割線——ただし、よりおおざっぱな分割線であるが——は、あらゆる人間の経験に関連する。この境界の一方の側には科学がおかれ、他方の側には環境をめぐる非科学的な私たちの意識、生の途上で起きうることをめぐる意識がおかれる傾向がある。そうした意識は、芸術的、道徳的、詩的、宗教的、私的《パーソナル》＝人格的なものとして記述されるか、単に素朴な経験として記述されるかのどちらかである。しかしながら現段階においては、これらの区別はどれも重要ではない。というのも冒頭の分析によって、自然科学と同様に社会科学においても諸分野の融合を通した協働が模索されえない理由、(7)「経済学はより政治学的に、政治学はより経済学的になるべきだ」といった一般的な要求に沿うことができない理由は、十分に明らかとなったからだ。諸々の社会科学は「抽象的であったり偏ったり」すべきではなく、したがってさまざまな相を持つ実践的関心が結びつくよう助力すべきであるという広く認められた考え方は深刻な誤りであるが、著名な書き手の間にさえ蔓延している考え方である。ソースティン・ヴェブレンは、彼自身が熱烈な実証主義者であるにもかかわらず、現実には明らかに形而上学的な概念である価値の問題に関心を持たない経済学者を非難していた。さらに注目すべきは、二〇年も後にロバート・リンド[*2]がヴェブレンの非難に賛同している点だ！　自然科学においてはかなり早い時期から方法という問題が意識化されていた。形而上学の排除は十九世紀後半——ロベルト・ユリウス・マイアー[*3]にはじまりエルンスト・マッハ[*4]によって画される時期——に大幅に進み、「質料」、「仮想の運動」あるいは「絶対空間」といった形而上学的概念を物理科学に復権させよなどと真面目に主張する学者はいなくなった。理論が持つ分析概念を融合するのではなく、新たな科学を創出するか既存の諸科学、相互に分離され区別された諸科学を特定の課題に応用することで問題は解決される。たとえば、経済的かつ政治的な動因、経済的でもあり政治的でもある制度、経済と政治の双方に由来する権力は実践の中では切り離しがたい。前近代的社会においては経済的・政治的制度が現に一つの統一体を成しており、個々の特性が分化した後でさえ、制度体の相互作用は緊密に続いていた。しかしだからといって、陰に陽に断言されているように、政治学と経済学はなんとかして融合すべきなのであろうか。両分野は主題と方法という点で法学と発生学ほど異なっている。正しい答えは以下二つのうち一つのみに見出されるだろう。

その一つとは、専門的な関心から生じた主題に、既存の科学よりも忠実に即した科学を創出することである。たとえば経済と政治の関係は、歴史社会学、人類学、一般社会学といった諸々の科学分野によって取り扱われる。生化学や犯罪学といった多数の科学が似通ったニーズに答えて個別に存在するようになった。こうした科学の専門化が無軌道に進むべきではないという主張にはいかなる正当な理由もない。諸科学が出現するかしないかをめぐっては、実際に成功するか否かという点こそが問題なのであり、第一義的にそれは、説明が求められている事柄を適切に処理してくれる方法をどれだけ見つけることができるかという点によっている。

今一つとしては、特別な問題のために既存の科学の協働を求めることも可能かもしれない。限定された問題のために既存の科学をアドホックに応用するわけだ。実際的な問題を解決する上で、原則上、社会科学が自然科学と同じやり方で協働すべきではないという理由はない。社会保険の新たな派生品を設計するために、統計学、法学、経済学を用いることなどが、こうした協働の一例である。用いられる科学は際限なく増加しうる。

要するに科学はひとまとめにできないのである。これは自然科学と同様に社会科学にとっても真実である。科学の特徴は、固有の方法を追求することにより、その科学のための事実を把握する術を確立する点にある。これはあらゆる科学にあてはまる特徴である。自然科学の実践的有用性は社会科学のそれよりもかなりはっきりと証明されてきたが、これは社会的事柄に「知識の連続性」（ロバート・リンド[8]）が欠如しているためであるはずがない。そのことは自然科学もまたこの種の「連続性」を欠いている点からして明らかである。方法という観点からすると、社会科学は自然科学にほとんど劣っていない。これとは別の点をめぐって、自然科学がより実用的である理由を探す必要が出てくるのである。

科学を越える人間の主権

自然科学の実際的な成功は単に、この科学によって生み出された知識が優れた効力と正確さを持っていた結果であると、まことしやかに論じられてきた。たしかにこれは、おおむね真実である。にもかかわらずこの説明は、自然科学の地位の本質的な特徴を明示するよりもむしろ隠蔽しているではないかという疑念がわく。

物質的環境に対する人間の態度は明確な目的によって方向づけられており、この態度は自然科学の繁栄によってほとんど影響を受けてこなかった。とりわけこの事実があるからこそ、自然科学は、医学、技術などの目的のために用いることができる。数理物理学あるいは生化学の発展は、幸運なことに、健康への関心なり、谷を安全に渡ることなりへの関心を減退させることはない。したがって諸々の科学の成果は、「知識の連続性」の中ではなく、同じ目的[9]に向って協働するさまざまな技術の束の中で貯えられる。相対性理論は人間が理解しているものとしての空間と時間を無効にしてしまったようだが、人はまだ溺れないように川を渡りたいと望んでいる。実践的問題についての合意、科学それ自体の手続きによっては変化しないコンセンサスを確立することは、技術や医学が発展する中で自然科学が首尾よく利用されるための前提条件である。

社会科学の状況は正反対である。人間が彼を取りまく社会環境に対して願望なり目的なりを持つ場合、たいていそこには、相反する行いを導きかねない両義的な要素が含み込まれている。実のところ社会科学は二重の機能を持っており、その有用性はこの二重の機能の間で実現されるバランスによって判定される必要がある。つまり、社会科学が目的達成のためにどの程度助けとなるかを問うだけでは不十分なのである。社会科学の有用性を明らかにする際には、それがどの程度助けとなるかだけでなく、どの程度妨げとなるかも問う必要がある。実際近年まで、私たちの相反する願望や理想を説明しようとする試みは、社会科学のほぼ唯一の目的だった。リンドが最近述べたところによれば、人間とは、一つの同じ「生のリズム」の中で「安全と危険、一貫性と自発性、斬新さと潜在、対抗と相互性」などといった目的を切望するものである。[10] 人間は自由《リバティ》と平等、解放《フリーダム》と秩序、その他相互排他的な理念を切望するだろうと付け加えることができるし、さらには、性と戦争、犯罪と伝統、ファッションとビジネス、教育と恍惚といった多様で複雑な事柄についての説明をもとめてもいる。人の判断には慣習的な偏りがあり、そうした偏りが生じる背景を科学的に分析してみれば心を乱すような結果が得られるのであるが、そうした分析が滞りなく遂行されたとしても、だからといって人がなんの迷いもなく決断できることなど、ほとんど奇跡といえる事態である。社会科学は人間が目的を達成する能力を強化したかもしれないが、他方でそれは当の社会科学がそもそも何だったかを知る人間の能力を明らかに減退させてしまったのであり、だからこそ難題を抱えているのである。

社会科学が人間の願望や目的に多大な影響を与えてきたことに議論の余地はない。現代では、経済、性、道徳、政治といった大衆的な現象を扱う大衆的な科学が影響力を持っている。一方でこうした科学の主張は、期せずして事実上、論点の先取りとなってしまう傾向があり、この場合、存在すると主張されている当の現象が創り出されてしまう。実業家の功利主義的心理、精神分析された人格における性意識、あるいは社会集団における階級意識などがその例である。また他方でこうした科学には自己論駁《ろんぱく》の傾向があり、プロパガンダの心理学あるいは不況の心理学がそうであるように、いわば発見されたと主張される当の法則の作用が封殺されてしまうことがある。しかし私たちが提起する社会科学のもっとも重大な影響とは、その影響が積み重なる傾向をもつことで方向づけられてきた混乱、すなわち社会的調整の基礎をなす価値をめぐって生み出されてきた精神的な混乱の中にある。

こうした影響はある程度は避けがたいものである。

自然科学が、力、実体、質料といった概念、幽霊や精霊、数の魔力、地球が平面であるという幻想、時間と空間の単純な性質などを排除してきたことは、必ずしも人間の生の営みを妨げなかった。ニュートン、ダーウィン、アインシュタインの発見にもかかわらず、人間は、空間と時間と重力、野生動物、地表に関して以前と酷似した振る舞いを続けた。私たちは、科学によって提唱されることが時として困惑の原因となること、場合によっては混乱さえ招くことを否定したいわけではない。霊、地球の形、動物種の不変性に関する伝統的な態度は、社会的存在と直接的な関係を持つ技術的な教義と密接な関係にあることが明らかとなった。つまり結果として、重大な調整はなされるほかはなかったのだ。しかしこうした社会的調整が最終的になされるのは、自然科学の明らかな実用性が技術的観念の新たな方向づけに有利となるように決定的に作用した際である。ところが、自然科学が私たちの推測にたがわず実用的であったことは、人間の実践的な目的がほとんどそれらによって影響を受けてこなかったことを実に見事に証明した。人間はまだなお、重さをはかること、病気が癒えること、大きな不都合なしに川を渡ることを望みつづけている。かつ科学それ自体は、人間がそれとは別のことを望むべきであるとは示唆しないのである。

社会科学は方法論的純化に向けて漸進してきたが、その過程には、これらの科学の範囲から、科学的であるようでいてそうではないもの、つまり形而上学的な遺物を排除する過程が含まれている。しかし自然と社会においてこれらの要素が果たす役割は、それぞれが大きく異なっている。たとえば、私たちが空間や時間や重力をどのように考えようとも、川は一定のコースを流れる。自然についての私たちの概念が変化したとしても、自然法則に影響は全く及ばない。他方、私たちの社会という概念の変化は、社会的存在を支配する法則に根本的な影響を及ぼす。また、自然科学は私たちの明快な実践的目的を揺るがすことはないが、社会科学はというと、ちょうどレントゲン技師の手をX線の影響から守るように、私たちの志向する価値を腐食効果から慎重に守るような措置がとられないならば、まさしく脅威となりうる。

言い換えよう。人間の生は、環境世界に対する調整のプロセスであり、この環境は科学が形而上学的であるとして排除してきた知の母胎の要素から構成される。そしてこれらの諸要素を思い上がって概念化し、科学と競合しようと淡い期待を抱いたそれ(11)〔形而上学〕が反科学的な力を試そうとする様が見てとれるや否や、これに対してごうごうたる非難が向けられる。しかしまた、だからこそ形而上学は尊厳を持つと言える。そこには、芸術、宗教、道徳、私的《パーソナル》=人格的生活、科学といった諸々の知の母胎である人間の共通意識は包括的性格を持つという主張が組み込まれているためである。道具として科学を用いるために、知の母胎と生の本来的関心――より概念化された表現をとるなら、生の価値づけ――は維持される必要がある。科学はそこから生まれるのだから。社会科学がこの生の価値づけ自体に必然的に影響を及ぼす傾向を持つという困難がつきまとうとしても。

こうした科学についての公準が含意するものは、私たちをためらわさずにはおかない。科学の知の母胎は、科学の進歩を妨げることなしに、あるいは少なくとも、目的を追求する上でもっとも効果的な方法の選択を妨げることなしに保持されうるだろうか。知の母胎の保存はいかなる対価を払ってでも追求すべきだろうか。あるいは、私たちの願望や目的自体が科学の光の中で明晰化され、より高貴なものとならぬよう願わぬ方がよいのであろうか。私たちが生の核から科学の影響を除外しなければならないのなら、人類はいかに進歩すべきか。かつその過程で、どのようにすれば、これら啓蒙の道具は、生の目的を混乱させることなしに確保されうるのか。進歩の余地を残しながら、進歩を追求する過程で道から外れてしまう危険を回避する、そうした創造的な妥協は可能だろうか。またもし可能なら、こうした方向性を持った進歩の必要条件とは何なのか。

これらの問いに答えを出す際には少なくとも、科学を無分別に使用し、知識が人間に影響を及ぼす本質的に多様なあり方をことごとく軽視してきた文明を批判する作業がともなう。「あらゆる知識は善である」という抽象命題は、「あらゆる自由《フリーダム》は善である」とか「あらゆる秩序は善である」といった格言と同様に曖昧である。科学のプロパガンダが危険であることを示す直近の事例の一つは、人間の理想に対する科学的懐疑主義のファシズム的用法である。取るに足らない手品[12]によって、懐疑主義の方法論的な一般公準は、人間の理想が妥当か否かという本質的な懐疑へと変容した。社会科学のファシズム的用法が、それに対して耐性を持つべく訓練された者たちにさえことごとく影響を及ぼすという、この科学の両義性を目の当たりにして、典型的な進歩主義者たちは今日、真のパニックに陥っている。答えは問題と勇敢に対峙することから得られるのであり、それは少なくとも、見境無くあらゆるタイプの知識が有用だとする自由主義《リベラル》的な公理を乗り越える作業を意味する。

もし私たちが知識をめぐって知っていることが一つあるとすれば、それは、人間の生に対して根本的かつ直接的に影響を及ぼすタイプの知識もあれば、決まった目的や狙いに資するという意味で実用的＝道具的であるにすぎないタイプの知識もあるという事実である。これは基礎的な区別である。道具的知識の広まりは、共同体に利用可能なあらゆる手段を通じて促進されるべきである一方、その性質上、人間の外的および内的な生を破壊するかもしれない知識——教育あるいは医学に関連した知識——は、社会が責任を持って知的な保護下で扱う。知識操作における抽象的な自由主義に対してはファシズム的反応が生じるが、こうした反応に対しては、人間と科学の関係をめぐる理解の円熟を通じてこそ、機先を制することができる。

実存的圧力が急激に増減している時、人間の生の意味と目的が明晰さを欠いていても、そのことは見過ごされてしまうか、あるいは迅速な調整を促進する上で有利なことだとさえ感じられてしまうかもしれない。しかしその時でさえ、共同体は、多かれ少なかれ無意識のうちに、安易な変化には高い対価が支払われることに気づき、そして科学の権威に対してリップサービスを迫られつつも、まさに当の科学への漠然とした不信感を抱きつづけるのである。このことについての有力な証拠がある。共同体の基本的な諸価値について明快かつ厳密な定義を下すよう、のるかそるかの状態で迫られているのだと仮定してみよう。すると世界は、共同体を解体してしまう科学の力に抗して猛烈な反応が起こることに驚き、立ち尽くすだろう。この主題をめぐるコフカ[*5]のうがった見方に私たちは同意する。「われわれの世界のいくつかの部分で著しく進行し、広範な影響をもたらしている、識者による知性の非難は、私には、誤った科学的態度の結果であるように思われる。もっとも、だからといって、その非難自体が誤ったものであることには変わりはない[13]」。

一つ確かなことがある。人間的な事柄を科学的に扱う危険性に対して、精神がどのような措置を講じて自らを守ろうと、そのような意図から人間の集合的な進歩《プログレス》や個人的な発達《プログレス》を止めることは不可能ということだ。人間は変化し続けるだろうし、この変化の中の主要な要因の一つは、社会科学のインパクトであろうし、そうあるべきである。したがって生来的関心はその形を整えていくのであり、人間はかつての姿をとどめ続けることはないのである。

私たちが進めてきた考察においてまさにこの地点で、方向づけられた存在であることの必要性がまざまざと見てとれるようになる。人間が自身の運命を定義できないなら、その統御は望みえない。人間の社会的目的が個人の中にないのなら、彼は自身の方途を失うことなしに新たな知識を吸収しえない。生と世界に対する彼の関心によって、彼自身が辿るであろう発展の方向が定まらないとすれば、彼自身に備わった変化する性質を自身で統御し、生を捉えて離さぬよう期待することは無駄である。

社会科学の使用は科学の使用に関する技術的な問題ではない。問題は、人間が科学を含めたあらゆる生の道具に対して主権を保っていくように、人間社会の意味に定義を与えることなのである。

(1) 「カール・ポランニー・アーカイブ」ファイル番号19-1　日付不明のタイプ原稿。おそらく一九三九年以降に書かれた(ここでポランニーが引用しているリンドの書籍の公刊日が三九年であるため)。タイプ原稿側面は傷んでおり、破れて失われた語もいくつかはあったが、その大半をかなりの精度で復元した。

(2) 〔原文 innate について〕このポランニーの論稿では「生来的 native」という語が頻用される。しかし彼が意図していたのは「生来の innate」という意味にもっとも良く合致するものであること、そしていくつかの箇所では「自然に natural」にも近づくことは明らかである。

（3）推定。この語は頻出するタイプの打ち間違え（おそらくは psy- を pys と逆にタイプする間違え）から始まり、残りは脱落部分の中で失われている。

（4）原典脱落部分。この頁の角は残念ながら欠損しており、ここにない語の最初の文字（滲みが激しい）はおそらく o か s あるいは a である。

（5）この謎めいた文は、おそらく科学が方法の助けを借りて知の母胎から発展することを意味する。

（6）〔原文 shed について〕われわれの推定。she のまとまりのみが判別できる。

（7）〔原文 demand〕あるいは「切実な要求 desiderata」かもしれない。この語の "de-" の後に続く部分は失われている。

（8）括弧内は編者の補足（後述するリンドについて参照）。

（9）〔原文 same ends について〕最後の語である ends は頁の裂け目で消失している。

（10）Robert Lynd, *Knowledge for What? The Place of Social Science in American Culture* (Princeton, NJ: Princeton University Press, 1970 [1939]), p. 42.（R・S・リンド『何のための知識か――危機に立つ社会科学』小野修三訳、三一書房、一九七九年、二二九頁）

（11）〔it への編注〕I. e. metaphysics.

（12）Leger には原稿の端の部分が破れてしまっているため失われた語がある。

（13）Kurt Koffka, *Principles of Gestalt Psychology*, London: Lund Humphries, 1935, Ch. 1:

"Why Psychology?" section "The Danger of Science."（K・コフカ『ゲシュタルト心理学の原理』鈴木正彌監訳、福村出版、一九九八年、九〜一〇頁）

*1 ポランニーは、複雑な人間の経済的営みを稀少な手段《ミーンズ》=財の配分へと抽象化する経済学の方法論を「形式的」と批判し、人間の生の過程に根ざした「実体的」経済学を提唱している。詳しくは本書第5章のほか、『経済の文明史』の第八、一〇章、『人間の経済』第1、2章を参照。

*2 リンド（Robert Staughton Lynd 一八九二〜一九七〇年）は、アメリカの社会学者。インディアナ州マンシーの調査にもとづき、妻ヘレンと著した『ミドゥルタウン』（中村八朗抄訳、青木書店、一九九〇年）は、都市社会学の古典として名高い。

*3 マイアー（Julius Robert von Mayer 一八一四〜一八七八年）は、ドイツの医者・物理学者。エネルギー保存の法則の発見者。なお、フルネームの一般的表記はユリウス・ロベルト・フォン・マイアーだが、本文は原文の表記に従った。

*4 マッハ（Ernst Mach 一八三八〜一九一六年）。オーストリアの高名な物理学者・哲学者。速度単位マッハ数は彼の名に由来。主要著作に『感覚の分析』（須藤吾之助・廣松渉訳、法政大学出版局、二〇〇八年）、『時間と空間』（野家啓一訳、法政大学出版局、二〇〇八年）、『マッハ力学史——古典力学の発展と批判』（岩野秀明訳、ちくま学芸文庫、二〇〇六年）などがある。

*5 コフカ（Kurt Koffka 一八八六〜一九四一年）は、ドイツ出身の心理学者。ウェルト

ハイマー、ケーラー、レビンらとともにゲシュタルト心理学を創始、精神を要素の集合ではなく全体としてとらえる見方を打ち出した。本文中でポランニーが参照する『ゲシュタルト心理学の原理』は、この心理学を体系的・総合的に論じたコフカの主著。

第12章　政治理論について[1]

政治理論の議論をはじめるために、科学分野一般を概観するなど、回りくどく見えるかもしれない。しかし、それが正しい手順であると徐々に明らかになっていくだろう。物理学に近い分野であろうと政治学に近い分野であろうと、あらゆる科学分野は、完全に独立した三つの要因が結びつくことによって存在している。要因とはすなわち、世界の〔核心というより〕「隅《コーナー》」に向かう人の関心と、限られた諸要素をあるパターンに最適化する方法、最後に、関心が向かう「隅《コーナー》」にそうした方法で捉えられる要素が現に存在することである。こうした要素に存在する規則性はパターンとして現れるのであり、科学分野はこれを記録するのである。

重要なのは、これら三つの要因が独立していることである。いずれも他の要因の関数ではないのだ。関心は人間に本来備わっているものに関連している。たいていの人びとは、自然、栄光、愛、秘密、運命に関心がある。すべては日常生活に関わることである。方法は、限られた要素に関係した操作を行う際に適用可能な基準のことである。この種の規則は無数に発案されるが、パターンを生み出すのはそのうちごくわずかであろう。最後に、世界には要素自体が存在し、現実にはそれらは散らばっている。方法がパターンを生み出せるか否か、生み出せるのなら、その時パターンとして現れた要素が人間の関心が偶然向かっている領域にあるか否かは、明らかに運次第である。にもかかわらず三つの要因が一致しないと、科学は生じえない。

自然科学におけるメンデル説[*1]が一例であり、そこには予期しえない成功を導いた方法と条件の出会いがあった。経験上明らかになったパターンに従って多種のエンドウ豆を交配させたところ、数値化されたパターンが生み出された。こうしたことが起こるとしても、私たちが遺伝現象に全く関心を持たなかったならば、メンデルの方法は科学分野の確立に結実しえなかったであろう。

さて、社会科学の領域においては、稀少な[(2)]手段からある優先順位に従って選ぶという工夫がなされる。こうして選択された方法は、市場に対して用いられるのでなければ無用の長物なのだが、いざ市場に当てはめれば、多種多様な価格をめぐる高度に複雑な規則性が立ち現れるような、あるパターンを作り出す。こうして驚くべき結果が得られるとはいえ、もし市場経済内の価格現象に関心が向けられなかったのだとしたら、理論経済学という科学分野は成立しなかったであろう。関心なくして、パターンから示される法則性はほとんど……[(3)]。

これを政治理論に当てはめてみよう。満たされるべき関心は、おおむね政体《ボディ・ポリティック》をめぐるものである。政治理論を生み出す方法とは、理性の法則である。検討される要素は、一方では個人の一部を形成し、他方では公益の一部を形成する。

私たちは、こうした基礎にもとづき理論がどのように創られるかを見る必要があるだろう。その探求の中で私たちは、科学を成り立たせる関心、方法、要素という三重の決定要因を一貫してよりどころとすることになる。

その作業に入るに先立ち、三つの要因の性質に関していくつかの特徴を整理しておこう。

(1) 不幸なことに、私たちの関心が向かう方向に対応する科学は少ない。科学というものは単純には疑問に応えないのである。関心の対象に近づくだけであるか、私たちの好奇心を部分的に満たす程度の明晰さにとどまるかである。数学の算術と呼ばれる部分――2×2はいくつなのかを教えてくれる分野――のように要点を得た科学分野はきわめて少ない。重力とは何かを知ろうとするのも自然なことである。だが物理学者が頑《かたく》なに言うところによれば、その問い自体が無意味である。それで私たちは、彼らが言いえることに満足しているのだ（その何かは私たちの関心の一部を完全に、他の部分をほどほどに満足させてくれるであろうが、本来的な関心は満たされないまま放置される）。

同じことが政治理論についても言えるだろう。おそらく人間にとり、共同体内の自身の地位、支配から生じる善悪、公務における正と不正、公共の福利やそのうちの自らの取り分に関する見通しなどに関心を持つのは、この上なく自然なことである。したがってなにより歓迎されるのは、共同体と彼自身の双方をより幸せにするために何をして何を避けるべきかという点についての、信頼のおける知識である。人は、いかに投票し、政府がどの程度存続し、いかなる外交政策を打ち出すべきかといった点について知ろうとするだろう。とはいえ、これに全面的に応えられる科学などないという事実に従う方がよい。

人はセカンドベストあるいはそれ以下の回答であっても、それで手を打つべきであり、社会内の自身の地位がいかなる性質のものであるかという点について何らかの見通しを得られるのであれば、つまり何らかの妥当性を見出せるなら、それで満足すべきなのだ。それさえ彼にとっては有益である。繰り返すが、正確なところ何が妥当なのかが分かるかどうかは、まさに人が抱く関心の性質次第である。自然科学は、「何かを知ることを欲する we want to know something」という感覚に着目して、これを早まって経験的な知覚の問題だと決めてかかる。

しかし、「何か something」、「知る know」、「欲する want」、というどれの語も、字義どおりに受け取るべきではない。現実に私たちの関心は、暮らしの過程で生じたひっかかりを反映しているにすぎないかもしれない。そのひっかかりは、疑問として形を整えることができず、したがって厳密にいえば応えることもできない。知りたいと感じる以前のこの段階において、私たちはまだ「何か」に関心を持っていないし、何かを「欲し」てもいない。いわんや、私たちが望むのは「知る」ことだというのも正確とはいえない。すべては状況次第である。私たちの関心が一定の知的水準に達したと推測される場合でさえ、依然として私たちが望むのは、どう振る舞えば関心の原因が払拭されるのかを何らかの形で理解したいという程度のことにすぎないだろう。それは「知識の渇望」とはほど遠いものである。いかなる質問に対してであれ理想的回答とは可算的な量を数値的に陳述することだなどという概念は、単に物理学者のやり方であり、数値化できないものは切り捨てるべきだということになる。実際、政治理論の場合、質問すること自体が無意味だとして嘲笑される。しかしながらこれは、人間の問題を理解するための能力が科学的精神にないことを証明するもう一つの例である。それは方法[4]——恣意的に用いられる——が政体を定義し、〔人間の本来的な関心に応えるべくあれこれと〕探求する余地は実質的に残されないということを含意する。しかしこれは科学の「第三の側面」、つまり関心が無視されてしまうことを意味する。もし「何か」についての「知識」がすべてなら、こうした事柄について学びうることは皆無になるだろう。同様のことが、数学にあてはまる場合もないわけではないのだが、だからといって数学が無益で非科学的な性格を持つというわけではない。実際には、政治理論も数学も無用ではなく、その用途が常に明確なわけではないというだけなのである。

しかしながら政治理論は、政体とは何かという関心ではなく、政体の中でいかに生きるかという点への関心に応えるものである。

(2) 理性の法則は、個人的な振る舞いを公益と結びつけることにある。これは、公益が個人的振る舞いの「目的」になるという仮定を含んでいるということである。実際の社会に当てはめてみると、こうした仮定は非常に漠然としているように見える。公益は、国民の繁栄、既存の社会の存続、個人の幸福、公的生活の自由、神との契約の維持、望ましい交易バランスなどといったさまざまな問題について言及する際、引きあいに出される。その上個人の振る舞いというのもまた、やはり包括的な語である。そこには、考えうるあらゆる角度から見た、個人の私的かつ公的な生活の領域全体が含まれる。今や理性の法則によれば、「公益」が諸個人の「振る舞い」の目的でなければならないということになる。こうした仮定は、①振る舞いが「動機」によって決定され（「目的」が振る舞いの一部になるには他に方法がないため）、②「公益」とは何であるかがあらかじめはっきりしない限り（さもなくばそれは目標になりえない）、実際のところ意味がない。それでもやはり方法の適用は、もやもやとはっきりしないままである。

公益のどの要素がどの個人的動機と関係しているかを示すより明確な定義がない限り、理性の法則は、認識可能なパターンを全く生み出さないと思われる。

(3) 要素の散らばりがこの問題への解決となる。自然と社会の分野から例を取ろう。人は聴力[5]に関心を持っている。もちろんその大半は実用上の関心である。会話の中で、あるいは音楽を聴く中で、私たちはこの関心を思いのままに満たす。しかしそのかなりの部分は、経験的な知覚によるものである。それは説明と予測を得たいという知的好奇心に訴えかける。しかし強度の経験的知覚に裏づけられた関心でさえ、もっともらしい「隅《コーナー》」、多様な要素が隠れているところに向かうのである。「聴くこと」は、音を人体解剖学と結びつけ、感覚生理学を生み出すだろう。あるいは「音」や計測可能な空間と時間——物理学が探求に成功してきた問題である——を扱おうとするかもしれない。「音楽」や和声の法則に言及するかもしれない。もしくは楽器の歴史やオペラの歌唱技術に向かうだろう。それぞれの場合において、一連の異なる要素が前景化する。(6) 感覚生理学の解剖学的側面と結びついた生の音。音響効果における、音の厚み、広がりの感覚、音色。和声の理論における旋律。楽器の歴史における芸術品や既製品。オーケストラと声学の訓練における身体器官。音を聞くこと、歌、音楽、人間の話し言葉は、すべて、私たちの関心が向かう世界の隅《コーナー》に集まっている。なおかつ、この領域に次から次へと方法のサーチライトをあてると、さまざまな要素が視界に入ってくる。関心を構成する因子がさまざまに入り組み、もっとも多様な形で混ざりあう。相互に隔てられた科学分野はそうした関心を部分的に満たすが、一分野ですべてを満たしきることも、多分野が一つになって関心を満たすこともおそらくない。実際、私たちの本来的な関心は探求の光が向かう先を方向づけるだけでなく、こうした操作の結果を組みあわせもする。この関心が損なわれない限り、私たちは諸々の科学分野の成果をあわせて活用するという肝心かなめのところを損なわずにいられる。これなしには経験的現実に理論的知識を応用することなど不可能であろう。

社会科学は人間の活動に向かうものであるが、私たちの意識において人間の活動は、自然の活動と全く異なる位置を占める。人間の活動の大半は、自然と社会の要素がおおむね一致しているという事実から成っている。私たちの物質的身体、感覚、欲望、実際上の精神的能力さえ、鉱物界、植物界、動物界と私たちの世界を結びつけるものだろうと考えられる。これは真実であろうし、また実際のところなぜ人間界のある部分がまさに自然科学のものといえる方法によって十分探求されえたかという疑問を説明するのだが、とはいえ社会科学と自然科学とでは関心の性格が全く異なるということは見落とされてきた。人間の活動では生きるという営みが自然科学の分野では知られていない切実さをともなって生じるのであり、自然の領域でこれと類似した切迫さの事例が見出されうるとしても、生きるということの意味自体が異なるのである。しかしながら、自然と社会の形式的な類比は、両方の事例において多くの科学分野で利用可能で多様な要素が散らばっている限りにおいて当てはまる。

これらの科学分野は何であり、それと政治理論の関係はどのようなものであるか。(7)

人間社会はもちろん、まずもって実践的なものであり、人間に対する理論的関心からのみ成るものではない。

　人間社会と関わる諸々の科学分野は、その大部分が、社会学、人類学、政治学、経済学、統計学などの多様な部門に分かれている。それらはみな、人間の共同体、個人と個人の関係、集団の歴史と集団生活、社会の中の人間の振る舞いに見られる規則性などと関係した科学分野であるが、これらの分野において可視化される現実の諸要素は異なっているか、あるいはそれら諸要素は少なくとも異なる仕方で関係している。ソシオメトリー[*2]を法〔学〕に、生態学を主権理論になぞらえる場合、同じ要素が散在しているとはいえ、その配置は非常に異なっている。しかしあらゆる科学分野の中でももっとも特殊なものの一つが政治理論である。

　ここでは理性の法則が政体から抽象可能なパターンの域にまで関心を矮小化している。この矮小化されたパターンこそ、個人における関心が公益へと向かう意志であることを明らかにするのだ。この意志は人間の目的となりうるものである。ここでの個人とは、ありのままの人間から上澄みだけをすくって理念化したものにすぎない、つまり市民の徳目によって決定された意志を持つ市民である。逆に公益の奉仕は、市民の意志の中に根ざすがゆえに正当とされる。主権は個人の自由《フリーダム》の関数として現れる。市民の権利と公的義務は、正当な権力の序列と同様に、あるパターンの一部を形成する。そのパターンは明晰さと可算性を獲得するが、その代償として理性の法則によって指し示されたものを除くその他すべての社会的現実の要素を闇に葬る。この不気味な構造は、数学のように空虚である。組織化された社会の存続という課題を前にするなら、政治理論ほどその生死にかかわる科学分野はなく、これを欠いてはいかなる人間共同体であれ、進歩は望めない。その主張がより一般的になれば、適用範囲も広くなるのだから。しかしながら、こうした理論的仮説を経験的現実に適用することは結局のところどのようにすれば可能になるかという問題は未解決のままである。(8)

答えはまたもや科学の「第三の側面」の中にある。つまり関心である。人間の関心は単純ではなく複雑である。関心は、もっとも多様なやり方で撚りあわされる。私たちを世界の「隅《コーナー》」に向かわせる、一見したところ単純な「関心」の中ではさまざまな性格、調子、強度を持つ無数の関心が結びついている。いまや、この領域に存在している現実の要素は、全く予期できぬ仕方で散らばっている。これらの要素に方法が適用されることでパターンが生み出されるわけだが、このパターンもまた予期しえぬものである。

ところで、こうした包括的関心は持続的な性質を持っている。それは科学分野を生み出した後も消えない。それは活動し続けるのであり、その主だった働きとは、多様な科学分野の中で得られた成果を活用することである。それぞれの方法は「関心領域」の中から明確なパターンを取り出すが、関心は、撚り糸のようなさまざまな絡まりあいの性質があるおかげで、相互にパターンを関連づけあい、そうすることで方法が用いられた際にいったんは切り離されたパターンを再度まとめあわせるのである。

(1) 「カール・ポランニー・アーカイブ」ファイル番号18-40　日付不明のタイプ原稿。
(2) scarceだと思われるが定かではない。ここにタイプされた語は判読が難しく、おそらくは誤植である("cscrace"あるいは"csorace"のように見える)。
(3) これは著者が手書きでつけ加えた一文であるが、添削されすぎて台無しになっている。末尾は頁下部の裂け目のため失われている。
(4) すなわち科学的精神。"It"は"He"に(手書きで)訂正されている(おそらくポランニーは「科学者」と考えていたが、この語はどの文脈にも登場しない)。
(5) 〔原語 audition〕ポランニーはここで"audition"という語を「聞く力」という古い意味で用いている。
(6) 〔原文 scene〕原文のこの箇所には誤植があるが(screne)、意味は明らかである。
(7) この疑問のあとには、オリジナルのタイプ原稿から完全に消された小見出しがある。
(8) この頁の上部は裂けているため、"to be"という語と"empirical"という語の大部分が失われている。しかしながらその再構成に大きな問題はなかった。

＊1　メンデル(Gregor Johann Mendel 一八二二〜八四年)はオーストリアの植物学者・

修道士。エンドウマメの人工交配による遺伝実験を行い「メンデルの法則」を発見したことで知られる。メンデル説（mendelism）はこの法則を基礎として遺伝現象を説明しようとする立場。

＊2　ソシオメトリー（sociometry 社会測定法）は、小集団における人間関係を測定・診断するための技法。ルーマニアに生まれアメリカで活躍した心理学者モレノ（一八九二〜一九七四年）が創始した。

第13章　世論と政治手腕(1)

後述するように、政治屋《ポリティシャン》＝政治家《ステイツマン》という問題を検討すると、間接的にではありますが、世論調査を歴史家の仕事にうまく役立てる方法が明らかとなります。間接的に、というのは、その恩恵を最初に受けるのが、歴史学者ではなく、彼の同好の士である歴史社会学者だからです。

あらゆる冒険譚のうち、もっともエキサイティングで、かつ確実にもっとも感動的なものの一つは、偉大な政治家が偏狭で強情な世論に勝利する物語です。歴史記述は、これより高潔なテーマを知りません。それに加えて、世論調査者にとっては難なく利用しうる事実だというのに、彼以外の者にはその事実が得られないことなど、現代の出来事に関して言えばごく稀です。というのも、常識的な政策に対する真の政治手腕《ステイツマンシップ》の勝利という筋書きをめぐり、世論の急転《ペリペテイアイ》(2)がどこで演じられるかといえば、それは世論を調査する者の技能が他の何者にもまして重要だと言える場、世論形成の場にほかならないからです。したがって真摯に提起されるべき問いとは、予期しえない世論の変化から歴史が創られていく過程があるのなら、それを理解するための糸口を未来の歴史家に提供する作業が、世論調査によって担われるべきか否かという点になるでしょう。さて、主題を劇的に表現することが歴史家の特権だとしても、これに対して世論調査者は英雄的な政治手腕の秘密を曝くことにどう寄与するというのでしょうか。

まず歴史家は、ある限られた時間と場所で起きた限られた出来事として歴史を扱います。彼が取り上げる政治家は唯一無二で、具体的な人物像を持っています。彼が確かめんとするのは、この人物が目の前の問題をどのように解決するかということです。政治手腕の本質をめぐる理論は、歴史家にとって副産物にすぎません。誰かが作った理論ばかりか彼自身が作った理論の場合でさえそうです。彼の関心の中心が唯一無二の事例にとどまっているためです。これと著しい対象をなすのが、歴史社会学者が抱く類の典型的な政治家像です。歴史社会学者にとっての仕事とは[3]、偉大な政治手腕がいかなる社会条件から創り出されるかを調査すること、そして後生の人びとによって高位の特別な階級の中に位置づけられた政治屋＝政治家の成功譚にはいかなる客観的基準があるかを調べることです。しかしながら、社会学者が行う一般化は、歴史家が提出した資料からのみ描き出されるのではありません。彼の領分には出産に成功した出来事と死産した出来事のどちらもが含まれます。それらには現代人の意識の中に生きているものもあれば、一度も歴史的尊厳を勝ち取ることがなかったものもあります。後者は事実という点で劣るところがないにもかかわらず、歴史の女神《クレイオー》のペン[1]によって忘却の淵から救い出されることのなかった出来事です。政治手腕の社会学は、戦争と平和、革命と進化の社会学と似ており、本質的に社会法則を扱います。つまるところ歴史社会学は、過去の現実性からも、したがって歴史に対する人間の関心からも決して乖離することがありません。にもかかわらずそれ自体としては、歴史的と言うより社会学的な学問分野なのです。

政治手腕の社会学的問題、私たちがここでそのように理解している問題をより厳密に定義する前に、政治家のイメージは、彼に共感する歴史家によって、輝しい年代記として書かれるのだという、そのことについて手短に想起しておきましょう。そうして描かれた政治家の華やかな一面こそが若者の想像力を刺激し、熟年者に努力を継続させ、ついには老人のぱっとしない人生に意味を付与してしまうのです。本報告で最終的に見出される社会学的問題の骨子は、このような生と意味の背景に向けられるものです。

歴史家が描く政治家像が卓越しているのは、その像がたいてい超人間的に描かれているからです。そこには、月並みな政治家の群れの中にそびえ立つ人間がいて、重大な局面において国の真の永続的利益に奉仕します。彼の報酬は国民《ネイション》からの感謝であり、おそらくは生前につかむことはほぼない悲劇的な褒美です。彼が偉大な目的を達成する手段は優れた勇気と優れた洞察力です。民族《ネイション》——大きいものも小さいものも——は、ソロン[2]、テミストクレス[3]、アリステイデス[4]を有しており、それぞれのチャーチル[5]、レーニン[6]、ヴァイツマン[7]が、さらにそれぞれのスマッツ[8]、ガンディー[9]、エイブラハム・リンカン[10]がいます。各人はかつては政治屋《ポリティシャン》だった人びと、および最終的には政治屋になりさがった人びとですが、とはいえ誰しもが道徳的な勇気と政治的分別のおかげで、その名前、勝利の栄光を全民衆の心に刻みこむ政治家《ステイツマン》となることに成功した人びとです。そして勝利のための決まり文句もよく似ています。長く、困難な、一見したところ希望のない世論との闘い、予想だにしなかった成功という奇跡が起こるまで続く闘い、というものです。

社会学的問題の骨子が、ここであらわとなります。偉大な政治家も一介の政治屋として出発した。彼は世論の支持を得ることで権力の座についた。この事実があるために彼の影響力は制限されるのであり、その制限は彼の出世を可能にした世論の雰囲気によって条件づけられているのです。しかしその先彼が政治的偉業を達成するには、全く異なる雰囲気が前提条件となり、世論はこの雰囲気の中で一八〇度変わってしまうようなのです。ところが、これは仮説となりますが、〔政治家が実現し〕政治屋に達成できないことの一つは、彼を成功させた世論の雰囲気それ自体を変化させることなのです。あらたな問いが浮かびあがってきます。何が政治的不可能性を歴史的可能性にするのか。また、こうした白魔術の呪物のごとき社会学的メカニズムとは何なのか。明らかにここで私たちは、世論調査という科学的問題に直面しています。

答えは世論の構造全体の中に求められます。狭義の世論《パブリック・オピニオン》とは、かなり低い可変性しか持たない基礎的現象、民意《クライメット・オブ・オピニオン》です。本来の世論、つまりその中で大衆が組織されるような信念や情動の表面的パターンという、私たちが通常用いる意味での世論とは、つねに両義的です。すなわち何らかの刺激に対する反応は、肯定的でも否定的でもありえます。肯定的というのは、政治家自身がなんとなく探し求める最終的な妥結点の方向性ということです。否定的というのは、反対の方向性です。扇情的な警告、情熱的な奨励、目前の危機、見通しを突然好転させたり悪化させる心理学的な刺激——すべては政治屋の活動の範囲内にあるも同然です——は、原則として、異なり相反する二つの効果を世論に及ぼすでしょう。目論まれたプロパガンダさえ意図とは逆の効果をもたらすことがあります。相反するどちらの反応が起こるかは、状況を構造化する客観的な成りゆき次第です。成りゆきがそのようなものである限り、世論は表面上、同じ方向で反応しつづけるでしょう。ある場合にはいかなる刺激であっても多かれ少なかれ肯定的な効果を持つのに対して、別の場合にはいずれも否定的な効果を持つでしょう。

世論の表面的パターンを、状況を構造化する客観的な成りゆきと関連させる要素とは、民意と呼ばれる、より深い層です。民意の社会学は、相反する表面的な世論と客観的に構造化された状況の間に仮定された関係を規定する必要があります。

単なる政治屋から政治家を区別するものは、客観的状況を、それゆえまた一般的な民意を、政治家がよりよく理解しているという点です。政治家と政治屋は、それぞれ闘いの中では表面的な世論の領域に縛られますが、その一方政治家は、状況を変える目的で表面的な世論に意識的に働きかけます。彼自身の権力を維持するためにだけでなく（あらゆる政治屋もそうせずにはいられません）、政局的な意図を超える狙いのためにそうするのです。要するに彼は、ある側面においては、条件が変化するまでのしばらくの間、公衆を組織するためにその権力を用いますが、別の側面においては（それが可能なら）、自らその条件の中に好ましい変化を起こそうと試みるわけです。変化はおそらく小さいでしょうが、民意を変え、政治的に逆方向の刺激を与えるにはまさしくそれで十分なのであり、そうなれば、やがては鬱積した肯定的反応が洪水のように放出されることになるのです。

古代ギリシアを例に取りましょう。ソロン、テミストクレス、アリステイデスは、アテネ民主主義の偉大な政治屋＝政治家の中に位置づけられています。社会活動の基本法則が時間の経過から受ける影響がどれだけ小さいか(4)について、すぐお分かりいただけるでしょう。絶頂期のフランクリン・ローズヴェルト[*11]には、彼にとって忘れがたい執政官《アルコンシップ》[*12]であるソロンとよく似た点があるのです。

ソロンは、貴族の系統ですが中流階級の道を歩み、アテネ都市国家の政治的経済的生活が先例のない全面的危機の絶頂を迎えていた時、独裁的な権力を付与された調停者として、最高行政官の地位に選出されました。自由民は債務に縛られた文字通りの隷属状態にありました。流血の争いが絶え間なく起こり、共同体は脅威に飲みこまれていました。つまり一方では、衆愚政治と全地主階級の土地収用の脅威があり、他方には、白色テロ[*13]政権下にある一般民衆の大虐殺という差し迫った脅威がありました。どちらの場合にも国家は破滅します。ソロンは、広報活動についての天賦の才を備えており、その政治プログラムを詩によって表現しました。そしてデモステネス[*14]によれば、以下のように披瀝されました[(5)]。

この避けがたい禍いが、いまやポリス全体を襲い、
町はたちまち隷従の憂き目を見る。
はたまた骨肉の争いと眠れる戦を呼び覚まし、
あたら若いいのちを数知れず散らせる。
いさかいゆえに美しい街も須臾の間に潰える、……。
かくして国民《くにたみ》の禍は一人一人の家に及び、
中庭の扉ももはやそれを押し返せず、……。

これらの出来事をめぐるアリストテレス[*15]の評価は、主な問題が心理的かつ道徳的であったことを明らかにしています。すなわち大多数の民衆は、恥ずべき債務の束縛下にあったがために、自分たちの政体上の権利を行使して立ちあがることを恐れていました。そこでソロンは第一に、穀類輸出の禁止を通じて飢饉につながる状況を終わらせました。第二に

彼は、ほとんど実施されなかったとはいえ、とにかく私的および公的債務の帳消しを宣言しました。これらの措置によって彼は、心理的かつ道徳的に民衆の力を復活させました。最終的には、こうした救済措置こそが、中道的な改革の遂行を可能にし、資産階級にも受容しうる程度に政体を変えること——彼らは財産を保持する一方で特権を失うことを甘受しました——ができたのです。偉大な政治的妥協の創出による党派的雰囲気の退潮の中で、はじめてソロンは、通貨関連政策の再建を進めたのです。国の長期的な収支を客観的に改善することとなった度量衡の変更を実施し、一世代ほどの過渡期を経て、アテネは新たな土台の上に立ったのです。

一〇〇年後のテミストクレスは、安全保障上の懸念でいっぱいでした。紀元前四九〇年のマラトンにおいてギリシアはペルシアに輝かしい勝利をおさめましたが、彼はペルシアの復讐を予見していました。プルタルコス[*16]は述べています[6]。

> マラトンでペルシア軍が敗北を喫したということは、戦争はもうこれで終わりということだと世間では見ていたが、テミストクレスは、これはさらに大きな争いの始めだと見、それに備えて、全ギリシアのために、自分の体に油を塗り、市民たちにもそのための訓練をさせた。やがて来たるべきことを、まだはるか彼方にあるうちに予測していたのである。

まず手初めに、ラウレイオン銀山からの収益を、アテナイ市民は自分たちの間で分配するのが習わしになっていたが、彼は大胆にも単身民会に出て行って、（隣島）アイギナとの戦争に備えるために、その金で、何隻でも三段櫂船《かいせん》を建造すべきであると提議した。当時ギリシアでは、この戦争が焦眉の急を告げていて、アイギナ人は船の数をたのんで海を制していたのである。しかしだからこそいっそう容易に、テミストクレスは民会を説得することができたのでもある。というのはダレイオスとかペルシア軍とかいうのでは遠すぎて、彼らが攻め寄せて来るぞと言ったところで、何の脅威も起こさせなかったが、アイギナ人に対する市民の怒りと敵愾心をちょうどいい時に利用して、要するに軍備をさせたのだからである。すなわち、アテナイ人は銀山からの収益によって一〇〇隻の三段櫂船を建造したのだが、彼らはこの軍艦でクセルクセスに対する海戦を行なうことになったのである。

ある異説によると、テミストクレスはもう一つ別の方法で彼の計画を売りこもうとしました。彼は、思いがけず得られた銀を「もっとも富裕な」市民、つまり年一ドルの働き手[7]に委託することを提案しました。もし彼らがその銀を用いて一年以内に公的目的を満足させられなかったら、彼らは人びとにそれを確実に返却するのです。そうしている間に国際的状況は徐々に深刻化し、民意は変化しました。こうして艦隊が建造され、これがわずか一年後にサラミスの戦いに勝利し、アテネを守ったのです。

最後の例です。サラミスの戦いからわずか一年後、テミストクレスの政治上の偉大なライバルであり、保守系の政治家であるアリステイデスは、たしかに賢明ではありますが、その性質上むしろ不人気な計画を発表します。すなわち、大部分の民衆は農村地区から退去し、都市に定住すべきだという計画です。彼の目的は、ペルシアの第二の復讐から、すなわち軍事力あるいは兵糧攻め《スターベーション》によって遅かれ早かれアテネを飲み込まんとする企てからの防衛にあり、またこの目的のための手段として、防御に長けた海洋帝国を準備・組織・統治することにありました。この帝国は、穀物の輸入を守り、ペルシアとその巨大なフェニキア艦隊を海から排除するために船と富を提供することになるのです。マラトンとサラミスにおいてアテネは間一髪のところでペルシアの牙から逃げおおせました。このような幸運がたびたび繰り返されることなどあるでしょうか。しかし、自発的合併——都市への移動——の観念は、当然のことながら農民にとってもっとも不人気なものでした。それゆえ彼の計画全体は政府の支出による公的扶養の計画として貧民たちに提示され、一方で富裕層は戦利品と支配権に魅了されたために賛成へと傾きました。しかし問題の本質とは、三〜四万家族からなるにすぎない小都市国家アテネ(8)には、全自由民が個人的に統治・防衛組織に参加しない限り、海上支配を引き受けることが不可能だという点です。アリステイデスの計画は全く向こう見ずなものでした。しかし、おそらくこの計画をめぐってもっと

トテレスは、以下のようにその計画の詳細を記述しています。(9)

も驚嘆すべきは、難攻不落の帝国を築けとの至上命令が現に実行されたことです。アリス

その後すでに国家が自信に満ち、多額の資金が集まったので、アリステイデスは〔アテナイ人に〕覇権を掌握しまた田園部から移って市域に居住するよう勧告した。遠征に出る軍勢にも守備兵にも、あるいは国務に当たる者たちにも、すべての人びとに生活の資が供給されよう、そうすれば覇権を確保できようと提議したのである。アテナイ人はこの勧告に従い〔…〕。さらにアテナイ人はアリステイデスの発議に従い、一般大衆に生活の資をふんだんにもたらした。つまり同盟貢租金と租税と同盟諸国からの収入によって、二万人以上が養われることになったのである。すなわちまず民衆裁判所の裁判員が六〇〇〇人、弓兵一六〇〇人、加えて騎兵が一二〇〇人、評議員五〇〇人、船渠の守備兵五〇〇人、さらにアクロポリスには守備兵五〇人が置かれていた。また役人は国内に約七〇〇人、海外駐在する者約七〇〇人に上った。これに加えてアテナイ人がのちに例の戦争〔ペロポネソス戦争〕を起こしたときには、重装歩兵二五〇〇人、港湾封鎖船二〇隻、その他に同盟貢租金〈と〉抽選で選ばれた二〇〇〇人を乗せる船があり、さらにプリュタネイオン、孤児、囚人の看守があった。要するにこれらすべての者が国庫によって給養されていたのである。

テミストクレスがアテネの民衆を軍備増強――そのことによってアテネが救われるとただちに判明したのですが――の「罠にはめて」いたなら、アリステイデスは、彼の指導の下で防衛を目的とした真のギリシア諸国連邦というひとつの帝国の基礎を据えたのです。この大同盟がアテネによる同盟国の統治へと転回し、最終的にペロポネソス戦争[*17]で凋落する原因となっていったことは、彼の後継者の下でのことであり、彼自身の過ちではありません。

二五〇〇年後の政治屋＝政治家をめぐる私の考えを提示するにあたり、多くの言葉を付け加える必要はないと思います。経済的混乱を原因とする全面的パニック、アメリカ合衆国においては、一九三〇年代初頭のパニックをいかに止め、どうすれば社会的破局は避けられるのか。どのように孤立主義的な公衆を如才ない操縦と賢明な判断を通じて国際的事業に備えさせるのか。これぞ一九三〇年代後半のアメリカ合衆国が直面していた問題です。実に安上がりな奇跡が起きました。一政党の政治屋がフランクリン・ローズヴェルトという一国の政治家に変貌したのです。

しかしメカニズムはいつの時代も同じです。世論のある程度深い層では、客観的状況、現在の危険、将来の迫りくる危険について、本質的には正しい評価がなされています。政治家は来るべき変化を感じます。いざ惨事が起こると、彼は危機を克服する可能性を識別します。その最高の偉業とは、危機に直面するまでに、弱い政治力を梃子《てこ》にして客観的状況を変えることです。

とどのつまり、毎日の仕事の中での彼は、世論操作を職業とする政治屋のままであり、世論の深みの中に歴史的力は眠ったままでいます。どうすれば単なる政治屋を超えて政治家になることができるかという問いの真意は、かように重いのです。

この種の問題に関して、歴史家は社会学的な志向を持つ世論調査者の仕事を利用しうるのだと私は考えます。

（1）「カール・ポランニー・アーカイブ」ファイル番号36-4 一九五一年六月二二日、ニュージャージー州プリンストンで開催されたアメリカ世論調査学会における冒頭講演のための原稿。

（2）ポランニーはここでアリストテレスの詩学から引かれたペリペティア peripeteia（複数形ペリペテイアイ peripeteiai）という専門用語を（皮肉をこめて）用いている。ペリペテイアとは、物語の筋の分岐点となる運命の逆転のことである。転じて、現実の生活における劇的あるいは冒険譚的な逆転を指すこともある。

（3）この原文は"it"と読める。何を指すのかを示す必要があるとの考えから〔task という語を〕補った。

（4）〔原文 how little について〕ポランニーは誤ってこの箇所を how like と記している。

（5）Demosthenes 19（"On the False Embassy"）, 254 ff.（デモステネス『弁論集2』木曽明子訳、京都大学学術出版会、二〇一〇年、三一六～七頁）

（6）Plutarch, *Life of Themistocles*, 4.3-4.3（プルタルコス『英雄伝1』柳沼重剛訳、京都大学学術出版会、二〇〇七年、三二五～六頁。ただし強調点と括弧の補足はポランニーによる）

（7）「年一ドル Dollar-a-year」の働き手とは、第二次大戦および朝鮮戦争中にアメリカ政府を助けるため無償でサービスを提供した経営者で、年一ドルの象徴的賃金を支払われた人びとのこと。

（8）〔原文 Athens について〕この原文は "Attica" とあり、おそらく打ち間違いである。ポランニーは、それが位置する地域全体の名前によって都市国家を指示している。

（9）Pseudo-Aristotle, *Constitution of the Athenians*, 24（アリストテレス『アリストテレス全集19アテナイ人の国制、著作断片集1』橋場弦・國方栄二訳、岩波書店、二〇一四年、七四頁。ただし強調点および括弧の補足はポランニーによる。なお、アリストテレスの『国制』はアリストテレス自身のものではなく、彼の学派が輩出したアリストテレス派哲学者が著したもの）。

＊1　クレイオー（Kleiō）はギリシア神話に登場する女神。巻物を持ち歴史を司る。

＊2　ソロン（Solōn 紀元前六四〇年頃～五六〇年頃）は古代アテナイの政治家・詩人でギリシア七賢人の一人。ポランニーは、『人間の経済』や『経済と文明』においても彼が行った諸政策、通称「ソロンの改革」に注目している。本書第15章も参照。

＊3　テミストクレス（Themistoklēs 紀元前五二八年頃～四六二年頃）は、古代アテナイの政治家。ペルシアの来襲を予見、ラウリオン（ラウレイオン）銀山の収益を海軍強化に投じ、サラミス海戦でペルシア軍を破った。

＊4　アリステイデス（Aristeidēs 紀元前五二〇年以前～四六八年頃）は古代アテナイの政治家・将軍。テミストクレスのライバルで、一度は陶片追放（危険人物を市民の秘密投票で追放する制度で、投票に陶片が用いられたことに由来する名）の憂き目にあう。ペルシア来襲の際に呼び戻され、数々の武勲をあげるとともに、政治家としても活躍した。

＊5　チャーチル（Winston Leonard Spencer Churchill 一八七四～一九六五年）は、高名なイギリスの政治家。第二次世界大戦時の首相。

＊6　レーニン（Vladimir Il'ich Lenin 一八七〇～一九二四年）は高名なロシアの革命家・政治家。ポランニーによるレーニンの評価については、本書第17章を参照。

＊7　ヴァイツマン（Chaim Weizmann 一八七四～一九五二年）は、ロシア出身のシオニズム運動の指導者。ドイツとイギリスで化学者として活躍するとともにシオニズム運動を展開。いったんは運動から身を引くも、イスラエル建国後、初代大統領に選出された。

＊8　スマッツ（Jan Christiaan Smuts 一八七〇～一九五〇年）は、南アフリカ連邦の軍人・政治家。ボーア戦争でトランスヴァール軍を指揮し、南アフリカ連邦の第二、第四代首相を務めた。

＊9　ガンディー（Mohandās Karamchand Gāndhī 一八六九～一九四八年）は、非暴力の原則によって労働運動・民族運動を展開したインドの高名な政治家・思想家。

＊10　リンカン（Abraham Lincoln 一八〇九～六五年）は、アメリカ合衆国第一六代大統領。

＊11　ローズヴェルト（Franklin Delano Roosevelt 一八八二～一九四五年）は、アメリカ合衆国第三二代大統領。彼が大恐慌後に推し進めた一連の革新的政策ニューディールは、「自己調整的と思われる市場には社会防衛がつきものであるというわれわれの命題についての決定的な証拠」（『大転換』三六七頁）として、ポランニーの著作の中で繰り返し取り上げられている。

＊12　アルコン（archōn）は、アテネをはじめとする古代ギリシア都市の最高職（原義は「支配者」）。当初は三名だったが後に九名が担うようになり、また当初は貴族出身者に限定されていたがペリクレスの時代に民衆にも解放された。

＊13　もともと白色テロ（white terror）は、フランス革命後の政治的混乱の中、王党派が革命派に行った報復的処刑を指す（「白色」は王権表象の白ユリに由来）。ポランニーは権力を掌握したアテネの貴族層が庶民に弾圧を加える可能性があったことを示唆するためにこの表現を用いている。

＊14　デモステネス（Dēmosthenēs 紀元前三八四～三二二年）は、古代アテネの政治家・

雄弁家。ポランニーは『人間の経済』などで古代の市場、交易、信用の問題を論じるにあたり、彼の『弁論集』を繰り返し参照している。

＊15 アリストテレス（Aristotelēs 紀元前三八四〜三二二年）は、高名な古代ギリシアの哲学者。彼の家政論は、ポランニーの経済人類学的思考を支える重要な典拠（『経済の文明史』第八章、『市場社会と人間の自由』第15章参照）。

＊16 プルタルコス（Ploutarchos 四五年頃〜一二〇年以後）は、ローマ帝政時代のギリシア出身の思想家・作家。本文中で引用されている『英雄伝』は彼の主著。他の著作として、『モラリア』（全一四巻、京都大学学術出版会から刊行中）がある。

＊17 ペロポネソス戦争（紀元前四三一〜四〇四年）は、アテネを中心としたデロス同盟とスパルタを中心としたペロポネソス同盟との間で生じ、古代ギリシア世界を二分した大戦争。後者の勝利に終わったものの、これを転機にギリシア全体が衰退した。

第14章　一般経済史(1)

私たちが学ぼうとしているのは、物理学、生物学、心理学、経済学といった先の世代で革命された科学分野に匹敵する重要さを持つ先端的主題、すなわち一般経済史です。真の科学はいまだ樹立されていません。

入門的意味合いの本講義では、(1)この先端領域の射程、(2)そこで包括的な変化が生じた理由、(3)そこから浮かびあがってきた進むべき方向性という問題を扱っていきます。

1　先端領域

経済史は、もはや過去の経済的資料を時代背景の変化とあわせて研究するにとどまらず、全体としての社会の中で経済がいかなる位置を占めるかという点を、言い換えれば社会の中で経済的制度と非経済的制度との関係がいかに変化してきたかという点を含む必要があります。非経済的制度の中でもまず言及すべきは、(a)政治あるいは統治という領域と、(b)

宗教や技術などを含めた人間の文化という領域です。

将来的には、この目的のために複数の科学分野が活用されることになるでしょう。

1 社会学。全体としての社会が経済と多様な制度とを関係づける場合、その社会はいかなる構造と機能を備えるかという点についての研究が提供されるでしょう。この研究は、おおまかにいえば、スペンサー、マルクス、デュルケーム、ヴェブレン、パレート、マックス・ヴェーバーがアプローチしてきた、人間の経済の社会学という問題系に連なるものです。

2 比較経済学。現代経済と主要な制度に焦点をあて、さまざまな状況の下に観察されるそれらの類似と相違を分析します（統計学者コリン・クラーク[*1]、国際調査連盟のJ・B・コンドリフ[*2]あるいはコロンビア大学のA・R・バーンズ[*3]教授にだけ触れておきます）。

3 人類学。さらに異なったアプローチを可能にします。未開社会の経済を問うことで、人間の経済《ライブリフッド・オブ・マン》が文化の中で組織された動機や価値といかにして結びついているかを発見しようと試みます（マリノフスキー、トゥルンヴァルト、ルース・ベネディクト[*4]）。

4 最後に、制度的かつ歴史的アプローチについてですが、これが本コースの専修分野です。過去の社会に現れた経済制度の分析を通じて、経済制度の機構と構造の一般性質、および全体としての社会におけるその位置の変化をめぐり、価値ある示唆が得られるはずです。これと近いアプローチを過去にとった経済史家として、英国のカニンガム、ベルギーのピレンヌ、ロシアのロストフツェフ、ドイツのグスタフ・シュモラー、カール・ビューヒャー、マックス・ヴェーバーをあげておく必要があるでしょう。これらの著述家の内、本講義の出発点のもっとも近くにいるのが『一般経済史』のマックス・ヴェーバーであり、本講義の作業は彼によってはじめられた研究の延長線上にあると考えられます。

マックス・ヴェーバーが経済史の刷新という記憶に刻むべき偉業を試みたことは確かなのですが、彼の時代と現代の間には相違があるので、その主な点を簡潔に指摘しておくことにしましょう。

1　ヴェーバーは、市場経済の生存能力と生命力に対する揺るぎない信念を抱いていました。ちょうどボリシェヴィズムとファシズムが姿を現しつつありましたが、彼はこれらを特に重視しませんでした。ロシア革命は、当時の大多数の観察者によってフランス革命の東進、つまり絶対王制の打倒、農民の半封建的地主制度からの解放、支配的なナショナリズムに抑圧された人種的少数派の解放の継続にすぎないとみなされていました。ファシズムはまだイタリアに制限されていました。このようにマックス・ヴエーバーが生涯に経験したことは、十九世紀型の文明に制限されていました。生前の彼は、一九二九年の大恐慌、一九三一年の金本位制の崩壊、これらに続く経済システムの世界規模での転換を見たわけではありませんでした。

2　そうした経緯からヴェーバーは、新古典派経済理論の教義を断固として支持したのです。たしかにこの教義は彼が生きている間、最大の成功をおさめていました。たとえば貨幣論をめぐり、彼はミーゼスとクナップ[*5]の用語と手法に追従していました。ミーゼスとクナップは対立関係にあったのですが、にもかかわらずともに金本位制の鈍重な支持者でした。

3　ヴェーバーは経済史研究にいかなる時局的関心を持ち込むことも拒絶しました。彼は一八九五年に、ローマ帝国の衰退を研究することで同時代の一面が照らしだされることなどないと断言していました。そしてこの見解は決してあらためられませんでした。

以上三点をめぐり、状況は一変しました。それだけに先に進むべき領域の射程が指し示されたとも言えます。これらの諸点を深く議論することで、私たちの科学分野が先端的である理由が得られるわけです。

2　主題と方法をめぐる変化の理由

世界経済の制度的構成の崩壊

ヴェーバーの死後三〇年の間に、十九世紀から受け継がれてきた世界の経済組織は、転換を経験しました。世界大戦という地殻変動のせいだけでそうなったわけではないことは確かです。産業革命を受けて確立した市場経済がそのユートピア的性格を自己主張し始めたという事実がなかったならば、両大戦はこの転換に影響を与えることすらなかったでしょう。

a　経済の市場組織は、あらゆる経済活動が市場を通じて組織化されることを必要とします。消費財は、市場で売却することから生じた所得にもとづいて市場で購入されます。誰もが何もかもを市場で購入しますが、それを助けるのは市場で何かを売却することから生じた所得なのです。

b　こうした市場システムが作動するには、生産要素、つまり労働力や土地もまた市場を持ち、それらが市場で入手可能でなければなりません。ゆえに万人が何かしら売るものを有しているのです。財産を持たない労働者はその労働力を「売り」ます。

c　市場の自己調整システムは、生産要素までもが市場を持つという事実から出現します（市場経済）。結果、より高い利益を得るために生産要素を売却したり、それらが——原理的に——再結合されるようになり、こうして資本は採算性に応じてある投資分野から別の分野へと移動することが可能となったのです。このことがシステムを自己調整的にします。

d　もちろん人間と自然を自己調整システムに包摂することなど、ユートピアにすぎません。このようなシステムは、実際には成り立ちえません。人も自然も破壊されてしまうでしょう。しかしながら、社会が自己防衛措置をとったことにともない、自己調整システムは作動したのです（二重運動）[*6]。(1)工場法と組合、(2)農産物関税と土地立法、(3)通貨管理。これら三点は社会の自己防衛措置のうちもっとも重要なものでした。しかし、はっきり言えばこれは自己調整機能を厳密には作動しえなくしました。それに[2]はナショナリズムが付随しましたが、これは国際貿易《トレード》システムによって引き起こされた社会的無秩序に対する政治団体の不可避的な反応にすぎませんでした（最強の国イギリスを除けばどこでもそうでした）。

e　市場経済では、交易《トレード》と貨幣が市場を形成しようとし、また市場を通じて組織されます。交易は市場を通じた財の動きであり、貨幣はこれを円滑にする交換手段です。しかし交易と貨幣は市場＝機能であり、これらは交換経済《カタラテイクス》を構成する三つ組なのです。

こうした現象が市場経済に随伴する以上、市場経済の破綻は、世界経済と結びついた制度編成が転換する原因となりました。交易《トレード》〔貿易〕、貨幣、市場は以前とはもはやほとんど似ても似つかない姿になりました。

その結果が、私たちの経済政策と理論をめぐるもっとも深刻な危機でした(3)。

私たちは前例のない移行期を生きているのであり、進むべき方向を見出そうとするなら、歴史を通じてあらゆる道筋を検討してみる必要があります。

1 制度的現実の中での変革。交換という昨今まで支配的だった統合形態は後退し、互酬と再分配が前面に出てきている。*7

2 私たちの経済政策は時代遅れとなっている。

3 国際貿易と国際通貨現象の理論を刷新する必要がある。その均衡の基礎は、金本位制の破綻によって損なわれている。

3 進むべき方向

ゆえに私たちは以下のことを必要とします。

1　暮らしの問題を私たちが活動する状況の現実的特徴に可能な限り適合する形に編成すべく、概念に明晰さと厳密さを与えること。

2　私たちがより広い範囲の原則や政策を利用することができるように、人間社会において経済の位置がいかに変動してきたかという点や、過去の諸文明がどのような手法によって歴史的転換を成し遂げてきたかという点に関する研究を進めること。

3　自由《フリーダム》〔を可能にする〕諸制度と経済組織の可変性を守ること。

結果的に、広範な制度的・歴史的な基礎にもとづく人間の経済《マンズ・ライブリフット》の研究を確立することが理論的課題となります。

用いられる手法は思考と経験の相互的補完によって与えられます。実際のデータを参照することなしに構築された用語と定義は空虚です。私たちの認識の枠組みを調整し直すこともなく単なる事実を集積することは不毛です。こうした悪循環を打破するため、概念的かつ経験的調査をともに進める必要があります。

明日は、概念の明確化から始めることとします。

4　導入

私たちが学ぼうとしているのは、物理学や生物学、心理学や経済学などの科学分野にかつて革命をもたらしてきたものと同じくらい重要な先端的主題、すなわち一般経済史です。真の科学はいまだ樹立されていません。

その導入となる本講義の中で扱っていくのは、(a)これらの学問の進歩の理由、および、(b)その進歩が指し示す方向性です。

この進歩は、経済史を経済的制度それ自体の歴史に限定する（ましてや企業の歴史に切りつめる）ことはできず、人間社会における経済システムの位置に関する研究、言い換えるなら人間社会における経済的制度と非経済的制度の関係をめぐる研究から経済史を構築する必要があるという事実を指し示しています。

(A)　変化の理論的起点

第一に、人類学という隣接分野でなされた発見、つまりはフランツ・ボアズ、[*8]ブラニスラウ・マリノフスキー、さらにリヒャルト・トゥルンヴァルトがつけ加わるでしょうが、彼らの名前と結びついた発見があります。彼らの洞察には、〔経済学的人間類型の〕古典的な祖型にあたる、いわゆる「経済的人間」についての批判が含まれており、そこから文化人類学の一部門として原始経済学の分野が確立されていきます。

第二に、十八、十九世紀の歴史はハーン(4)によって定式化された歴史の経済的解釈を裏づけるように見えますが、一方、さらに過去の時代にさかのぼっての調査は、これと同じ実証的結論を生み出していません。A・トインビー[*9]、H・カニンガム[*10]、アシュリー[*11]、ウェッブ夫妻、ハモンド夫妻[*12]、マントゥ[*13]、さらにはエリ・リプセン[*14]ら——ブルックス・アダムズ[*15]、チャールズ・ビアード[*16]のようなアメリカの著述家は言うに及ばないでしょう——による近代産業社会の勃興をめぐる記述は、経済的解釈の方法をうまく利用しています。ヴェルナー・ゾンバルト[*17]やアンリ・ピレンヌの初期の仕事では、同じように実り豊かなアプローチが用いられています。さらにあと二人だけ例を挙げましょう。E・D・マイアーやロストフツェフの古代史——後者はそもそも経済史家です——に関する仕事は新たな方向性を示していました。これらの人びとの仕事によって経済的解釈の限界は明らかになりました。

文化人類学のインパクトと古代史の知識の顕著な拡大というこれら二つの要素は、今世紀最初の四半世紀にマックス・ヴェーバーとR・H・トーニー[*18]が開始した議論にさまざまな意味を加えました。資本主義の勃興に宗教的な道徳性《モラリティ》が与えた影響をめぐる彼らの議論が経済と社会の関係をめぐるさらに大きな問題を提起したことは、今や明らかです。このより広い領域において、マックス・ヴェーバーの死後に刊行された『経済と社会』[*19]は、断片的なものにすぎないとはいえ、重要な断片であり続けました。そのタイトルが示唆するように、経済的制度を人間社会全体と関連づける必要性が指摘されたのです。

(B) 実践的起点

私たちの時代において、人間の有為転変をめぐり劇的な一章がつけ加わりました。一つの世代の集合的経験は将来的な見通しに深刻な影響を及ぼさずにはいないものですが、この時代に起きたことのように出来事が露骨な形をとる場合、とりわけ影響は深刻化します。第一次大戦後、十九世紀型の制度的システムの大部分が破綻しましたが、これは大規模な経済的実験が行われたのと同時期に起きました。ここでは、ドイツのファシズムとロシアの国家社会主義にのみ触れておけば十分でしょう。しかし、どちらのケースにおいてもこれらの企てを決定づける明白な力が経済的というよりはむしろ政治的かつイデオロギー的なものであったことは、ほとんど否定しがたいのです。

このように、やはり経済的制度内部の変化は、いわゆる経済的発展によっては説明できません。答えは別の領域で見出される必要があります。

このことは次のような重層的問題として帰結します。

1　十九世紀という一時代がそれ以前の歴史と比べてどれほど顕著に経済的な性格を有していたかを自覚すること。そればかりか現代と比べてみても、非経済的要素の占める比重は当時より大きいのです。

2　経済史を人間社会から引き剥がして、孤立させた上で研究するのが不可能であり、人間社会というより大きな枠組みの中でのみ考察しえるという点を示すこと。

これらの要素について個別に熟考し、一般経済史へのアプローチにどのような影響を及ぼすかを見ていくことにしましょう。

5　原始「経済学」

第一次大戦中、歴史のいたずらによって、人類学者として訓練された一人の人物が彼自身の「フィールド」に島流しにあいました。ブロニスラウ・マリノフスキーです。彼はオーストリア臣民であり、厳密に解釈するなら、それゆえ敵国人としてニューギニア南東部の片隅に暮らす野蛮人[*20]の間に放り出されてしまったのです。イギリス当局は二年間彼がそこを離れることを許さず、そしてマリノフスキーは、「トロブリアンド諸島民の原始経済」（一九二一年）、『西太平洋の遠洋航海者』（一九二二年）、『未開社会における犯罪と慣習』

（一九二六年）、『未開社会の性と抑圧』（一九二七年）、『珊瑚園とその呪術』（一九三五年）の元となる資料とともにトロブリアンド諸島から戻ってきました。彼は一九四二年にアメリカ合衆国で死去しました。しかしその業績はすでに人類学研究のみならず、経済史の観点と手法にも影響を及ぼしています。ベルリンのリヒャルト・トゥルンヴァルトは、ニューギニアをフィールドにする八〇歳も間近の人物で、『アメリカン・アンソロポロジスト』誌上に一九一六年、バナロ[*21]についての報告を発表しています。彼の影響は、アングロ＝サクソン世界では主にマリノフスキーに与えたインパクトを通じて知られています（トゥルンヴァルト自身は、人類学者として称賛されていますが、マックス・ヴェーバーの弟子です）。

　マリノフスキーの報告は、読み書き技術を獲得する以前の共同体の成員が、全体としては私たちにも理解可能な仕方で振る舞っていることを読者に確信させるものでした。彼らの振る舞いはたいていエキゾティックだったわけですが、こうした振る舞いを説明する上で鍵となるのは、通常私たちを突き動かしているものとは異なるものの、私たちにとっても全く馴染みがないわけではない一連の動機を刺激する制度でした。生存《サブシステンス》という観点からすると、そこにあるのは広範な互酬の慣行であり、つまりある集団の成員がその成員としての立場から[5]別の集団と対峙する場合、彼は、相手の集団（あるいは第三の集団）が自らの集団に対してそうしてくれるだろうと期待する仕方で振る舞うのです。たとえばある村の下位クランの男性は、その姉妹の夫と子供に畑の収穫物を与えます。ところが姉妹は、たいてい夫の村の中かその近くに暮らしています。彼女たちと兄弟の住まいは遠く隔たっているわけです。そのため彼女の勤勉な兄弟にしてみれば、骨を折って非経済的なハイキングをする羽目になるのです（もちろん、たまさかある兄弟が結婚したなら、彼の妻の兄弟によって同様のサービスが彼の家族に対して与えられます）。母系親族の世帯に対するこの物質的貢献に加えて、贈与と対抗贈与の互酬システムが発生するわけです。支配的な動機が非経済的であるため、経済的な利己心は間接的にしか表明されません。たとえば、兄弟あるいは栽園家としての市民的徳目が公に認められたという自尊心を満たしたいというようにです。互酬のメカニズムは食糧供給の比較的単純な事柄の中で効力を発揮します。それはまた、国際貿易の審美的変種である「クラ」[*22]という高度に複合的な制度を説明します。クラは、数十マイルを危険な海で隔たれた群島の住民の間で数年間をかけておこなわれる取引であり、そこでは、隔たった島に住む個人的なパートナーの間で数千の個人的な品物が贈り物として交換されます。制度全体は、競争と紛争を最小限にし、贈り物を授受する喜びを最大にするものとして編成されています。

マリノフスキーによって記録されたこれらの事実は、本質的にどれも新奇なものではありませんでした。同様のものは時と場所を超えて観察されていました。クワキウトル・インディアン[*23]のポトラッチとは色調や色あいこそ対照的なものの、アメリカの偉大な人類学者フランツ・ボアズによって発見され余すところなく記述された、この頑《かたく》なな破壊の過度に俗物的な誇示に比べれば、クラはそれほど特異な現象ではありませんでした（『クワキウトル・インディアンの秘密結社の社会組織』*The Social Organization and the Secret Societies of the Kwakiutl Indians*, 1895)。

しかし、民族誌家や人類学者の伝統的アプローチに知らず知らずに横たわっていた「経済的人間」概念に対するマリノフスキーの鮮やかな攻撃は、経済史家のもっとも大きな関心をひくことになる新たな一分野を社会人類学に創設しました。原始経済学です。

神話的な「個人主義的野蛮人」像は、その反転像である「共産主義的野蛮人」と同様に、今や死滅し埋葬されました。野蛮人の制度は私たち自身のものとは異なるという考えさえなくなったように見えました。社会学者の見方では、さらに広く流布していた共同体的所有権をめぐってさえ、そうだと仮定されていたものとは異なることが明らかになりました。たしかに土地は部族あるいはシブ[*24]に属するのですが、そこに見出されたのは、「共同体的所有物《コミュナル・プロパティ》」という用語ではその意味の大半がとらえ損ねられてしまう、個人的権利のネットワークの存在でした。マーガレット・ミードはこれを土地に「属する」人──人に属する土地というより──として記述しました。振る舞いは、個人に付与された使用権というより、土地の一画を耕作するために個人が果たす約束によって支配されています。ゆえに、当の所有概念が適用不可能な場合には、個人的であろうと共同体的であろうと、土地所有権を語ることにはほとんど意味が無いのです。トロブリアンド島民の例でいえば、分配は贈与と対抗贈与——マリノフスキーはそれらが起こる社会学的な状況に応じて八種類を区別しています——を通じて広範に生じていました。

一般的な結論としては、物質的財の生産と分配は非経済的種類の社会関係の中に埋め込まれていた、と言うことができます。制度的に孤立したいかなる経済システムも——また、いかなる経済的諸制度のネットワークも——存在しなかったと言えるわけです。労働、モノの処分、分配が経済的動機から、つまり利得や報酬のために、さもなくば個人として飢えることになるという恐れのために行われることはありませんでした。経済システムという言葉で飢えや利得という個人的な動機によって鼓舞される振る舞いの総体を指すべきだとすれば、とにかく経済システムは存在したことになるでしょう[6]。しかしながら、もしこの表現によって物質的財とサービスの生産・分配に関する振る舞いの特色を指すのだとすれば——そして経済史にとってはこのような見方こそ唯一妥当するのですが——経済システムはもちろんたしかに存在することになるとはいえ、制度的には他から区別されるものでも孤立するものでもなかったことが分かります。実際のところそれは、非経済的な他の諸制度の働きの、単なる副産物なのです。

個人的動機を方向づける基礎的な社会組織の役割に私たちの関心を集中させてみるなら、

今申し上げたような状態はおそらく容易に理解しうると思われるのです。ニューギニアのバナロの親族体系に関する研究の中で、トゥルンヴァルトは複雑な婚姻交換の体系に突き当たっています。四組以上の異なるカップルが同一の機会に結婚で結ばれる必要があり、各々のパートナーは互酬関係にある集団の誰かと特定の〔社会〕関係を持ちます。こうしたシステムが作動するためには、所与の集団化がすでに行われ、あるシブが人為的に下位のシブに分けられている必要があります。この目的のために精霊の館《ゴブリン・ホール》[*25]（あるいは人家）が習慣的に区画分けされていました。右側に定住する者（ボン）と左側に定住する者（タン）が婚姻交換体系を目的としてサブセクションを形成します。トゥルンヴァルトはこう書いています（一九一六年）[7]。

> 精霊の館《ゴースト・ホール》の配置にみられる対称性には、互酬の原則――「相手にされたように」施すという原則が表現されている、言い換えれば報復、あるいは返礼という原則である。これは、「適切な反応」として心理学的に知られるものであり、人間の奥深くに根づくものの結果と思われる。事実、この原則は未開民族の思考に全面的に広がっており、社会組織の中にその表現が見出されることもある。

この見解をマリノフスキーは『未開社会における犯罪と慣習』（一九二六年）の中で取り

上げています。彼は、トゥルンヴァルトが精霊の館に見出したような、社会の中の対称的な下位分割は、野蛮民族の間に見られる互酬の基礎としてどこにでもその存在を発見できるだろうと示唆しています。統合の形式としての互酬と対称的組織は相伴う。これはおそらく社会組織の二重性という有名な現象を説明するものです。実際私たちは、簿記など知らない読み書き以前の社会に関して次のように問うてもよいのです。社会組織が既成の対称的集団——それぞれの成員が互いに同じように振る舞う集団——を提供しあい、双方の歩みよりを通じて必要を満たしてこなかったのだとしたら、きわめて多様な位置にある数多くの民族がどうして今日までの長い時間にわたり互酬を実践しえたのか。このような問いが示唆するものは、社会組織の研究にとって重大な意味があります。こうした研究は特に野蛮社会にしばしば見出される入り組んだ親族関係の役割を説明します。その役割とは社会組織を支えることなのです。

孤立した経済組織など存在しないかわりに、社会システムの経済的側面が社会関係の中に「埋め込まれ」ているのですから、分業、土地利用、相続慣行の実施といった経済生活の諸局面の結合を担う精巧な社会組織が存在する必要があります。親族関係は複雑化しがちですが、それはこの関係が、孤立した経済組織を代替するようにデザインされた社会組織にその基礎を提供する必要があるからです（ちなみに、トゥルンヴァルトは孤立した政治・経済組織が発達すれば、ただちに親族関係は単純になる傾向を持つと述べました。彼の言葉によるとそれは「複雑な親族関係はそれ以上必要なくなる」ためです）。

私たちが未開社会で遭遇する経済システムが社会関係の中に埋め込まれている様からは、経済史家にとって大変興味深い論点がいくつか提起されます。

1　他から区別された経済的動機にもとづく経済システムが市場システムと同一であると証明されるなら、人類史のかなりの部分はいかなる経済システムも持たなかったことになります（もちろんこれは程度の問題です。というのも隔離された市場、市場システム、市場経済といった段階があるからです）。

2　経済的制度は全体としての社会という枠内で研究されるべきです。それは単に政治史や社会史の背景であるだけでなく、社会組織の一部なのです。

6　歴史の経済的解釈の限界

限界と申し上げる別の要因は、先述のように、歴史の経済的解釈というものが、歴史一般をめぐっても、さらには十八、十九世紀をめぐってもほとんど実りがないものとならざるをえないという認識です。

歴史記述の経済的解釈が及ぼす影響は、一般に認識されているより大きく深淵です。マルクス主義的分析に影響を受けた経済史家もいれば、独自に類似の結論に至った者もいます。ドイツのゾンバルトとマックス・ヴェーバー、フランスのマントゥ、ベルギーのピレンヌ、イングランドのA・トインビー、ウェッブ夫妻、ハモンド夫妻、アメリカのビアードについてだけ言及しておきましょう。非マルクス主義的著述家としては、ドイツのランベルト、あるいはイングランドのH・カニンガムも、歴史における経済的要因の重要性を認識していました。実際のところ経済的解釈に限界があるとの警告は、対立する学派の著述家というより、ヴェルナー・ゾンバルトやマックス・ヴェーバー、アンリ・ピレンヌといった、おおまかにいって歴史の経済的解釈に好意的な人びとから相次いでなされたのです。[*26]

つまり、『プロテスタンティズムの倫理と資本主義の精神』におけるマックス・ヴェーバーの分析によって、資本主義の現実の発展は、宗教的倫理と日常の振る舞いに対する影響が同時期に顕著に発展していた点をふまえずには説明できない事実が受け入れられるようになったのです。

以後のヴェーバーの立場に対する非難も、西洋資本主義の発展におけるプロテスタンティズムの重要性という命題を揺るがすようなものではありませんでした。後に彼はこの命題を発展させ、西洋文明の起源に関する仮説へと推し進めていくのですが、彼の見るところによるとそれは特に都市的な産物、つまり都市の中で発生したものなのだそうです。さて、彼の主張によると、西洋の都市は歴史の中に並ぶものがない存在でした。市民権が部族やカーストの枠組みを超え出たのは西洋の都市だけでした。その結果M・ヴェーバーはユダヤ＝キリスト教の影響に信頼をおいていました。ユダヤ教は呪術を超えて、それを良きものとはせずに悪しきものとしました。キリスト教は血と人種を超える教えだったがゆえに、西洋の街に普遍的な市民を創り出しました。私はこれらの見解を必ずしも支持しませんが、留意はしておきます。

W・カニンガムは、歴史の経済的解釈に好意的なもう一人の卓越した歴史家ですが、中世キリスト教の倫理は、単純労働の尊さを主張することによって、禁欲運動の中で強力かつ先駆的な経済的要因を生み出し、西ヨーロッパを文明化したとの結論に至りました。

アンリ・ピレンヌは、史的唯物論を評価する傑出した歴史家ですが、十字軍は、それが広く経済的な重要性を持っていたにもかかわらず、主として宗教運動であったとみなす必要があると結論しています。彼によると、イスラームもまた、その経済的重要性は疑いなく深大なものの、まちがいなく宗教運動なのです。

かなり異なったバックボーンを持つ前記の著述家らは、西洋史のうち十八、十九世紀についてはそれが経済に決定されていたことを満場一致で受け入れてきました。実際のところ経済決定論は、市場システムの別名にすぎないと思われますが、そこでは社会の中に経済が埋め込まれておらず、逆に社会が市場システムの中に埋め込まれているのです。この発展の単純な理由は、労働と土地のための競争市場が創設されたことにあります。労働は人間の[8]、土地は自然の別名にすぎないのだから、人間社会のまさしく実体《サブスタンス》が市場システムの中に巻き込まれています。「経済決定論」があったとしても不思議はありません。マルクス主義には十九世紀社会が本質的に経済的社会であるという認識が反映されています。過去の諸社会がまさに宗教あるいは政治的に決定されてきたのに対し、私たちのこの社会は、経済的制度、すなわち市場システムが決定的な位置を占めることによって特徴づけられます。マルクス主義が誤っているのは、経済決定論が人類史の一般法則であると理解している点です。真実は反対です。経済決定論は、過去を見る上では単なる時代錯誤です。未来を見るにあたっては、それはもはや臆断です。これは産業社会に計画を最終的に導入すれば自由が消失することは避けられないというハイエク、バーナム[*27]その他の人びとの予見を間接的に説明するものです。彼らは、私たちが生きる現在まさしく尊ばれている個人的「自由《フリーダム》」が、資本主義的市場組織を導いた発展の結果であるというかもしれません。これはおおむね真実であると私は思います。しかし続いて彼らは、この「自由は消えるに違いない」そして、だからこそ「規制されない《アンレギュレイテッド》市場」が必要なのだと議論を進めます。この議論は私には、市場経済の外部でも歴史の経済的解釈が妥当であるという思い込みであるように思われるのですが、それが妥当だという保証はないのです。市場経済、つまり経済決定論の存在を前提とした法則の強さでもって、市場経済が欠如する場合いかなる結果がもたらされるかを推測しようとすることはほとんど論理的ではありません。

事実、私たちは、創造し守りぬこうと願うに値する自由を将来まさしく得るでしょう。個人的自由を制度的に保証することは、原則としていかなる経済システムとも矛盾しません。市場社会においてのみ、……[9]経済メカニズムが私たちに頭ごなしに命令するのです。このような事態は、人類社会一般には見受けられないものであり、規制を欠いた市場経済のみに特徴的なものです。

これは経験から明らかです。アメリカ人民の本質的な自由が廃棄されたのは、労働者が運動を止めたからでも、兵役義務が廃止されたからでもありません。イギリスは、大戦中、全方位的な計画経済を導入しましたが、戦争の最中により公的な自由《リバティ》が守られたことは決してありませんでした。経済決定論から未来の発展を立論しようとしても、物事が市場メカニズムの範囲を超えるや否や、科学的根拠が失われてしまいます。繰り返しになりますが、経済決定論とは、市場メカニズムの別名にすぎないからです。

こうして、私たちの時代とは異なる時代の歴史を認識し、現在のものとは異なるシステムを理解してみると、おおむね次のような方向性が示されてくるでしょう。

1　経済制度を形づくる非経済的要因、たとえば軍事的要因や政治的要因を射程に含めること。

2　全体としての社会を広く視野に入れつつ経済的要因と非経済的要因の相互の関係を研究すること。

3　私たちの世代の経験。

私たちの世代、私たちの時代の経験——ロシアとドイツの動乱。概してニューディールの経験が、市場メカニズムという環境の内部で行われ、それゆえ、おおむね経済的に決定されていたのに対し、ソヴィエトとナチスの経験は、きわめて異なった性格と傾向を持っていたにもかかわらず、本質的に非経済的に決定されており、市場経済メカニズムを超えようとする過程でした。

ロシア革命は、考えうる限りもっとも完全な経済決定論に対する反証でした。スターリンはロシア共産党員にロシアでの経済決定論の適用をやめるよう命じたのです。彼は次のように打ち出しました。「社会主義国で客観的な経済条件によって政策が決定されることはない[10]」。彼が言及しようとしたのは、市場経済の外部に経済決定論などないということでした。経済に関する他の点では、共産主義ロシアの思考はひどく後ろ向きのものでした。

結論は次の通りです。

〔第一の結論〕

1　原始経済学の発見。

2　歴史の経済的解釈の限界を自覚すること。そして、

3　われわれ自身の時代をめぐる歴史的経験の衝撃。

これらは経済史研究に多大な影響を及ぼす要因であり、一般的方向性は同じです。

〔第二の結論〕

1　経済学と経済的要因の関係は、全体としての社会という枠組みの中で研究されるべきである。

2　経済システムが社会の中で占める位置に関する十九世紀的解釈は、完全に時代の制約を受けたものであることを受け入れるべきである。十九世紀に創られたような、制度的に孤立した経済システムは、あらゆるタイプの社会に当然のごとく認められるようなものではない。

3　概して経済システムは非経済的制度と融合しており、経済史の主要な仕事の一つは、すでにマックス・ヴェーバーが認めていることだが、多様な人類社会の中で経済生活が占める位置を決定することである。

今日の経済制度史の研究には、一般に、マックス・ヴェーバーの研究とある部分似ているものの、別の部分では本質的に異なる新たなアプローチが含まれます。

(A) マックス・ヴェーバーと似ているのは次の点です。

(i) 概念的分析による点。

(1) 用語の定義。

(2) 手法をめぐる明晰さ。

(ii) 社会における経済の位置の歴史を広範に調査すること。

(B) 次の点が異なります。

(i) 文化人類学的調査にまで範囲を広げること。そして、

(ii) 「経済的なもの」と合理性を同一視する経済的あるいはマーケティング的アプローチは避けること。

それゆえ、私たちの仕事とはおそらく次のようになります。

1 「経済的なもの」の意味を定義すること。

2　予断を含まない方法で経済システムを分類すること。
3　歴史的事例を通じて人類社会における経済の位置の変化を描き出すこと。

最終的に二つのことが課題として与えられます。(1)経済システムの把握、(2)経済史のより明晰な理解。

いまや、経済史に適用される「一般的」という語の意味は大きく変わったことになります。伝統的にこれは、西洋とそれに先行する古代文明の文明化された人びとすべてを意味していました。

将来的には、一般経済史は、経済システムの一般的性格という意味となり、そこでは人びとが文明化されているか否かを問わず、実例として具体的記述が用いられることになります。事実にもとづく歴史は全く重要性を失いません。実際のところ、それだけが人類社会における経済システムの位置について証拠を提供するのです。

まさにこうした方向性に向かって経済史はその強調点を移しつつあるのです。それは、私たちが通過してきた制度的変化の時代の中で、社会科学を牽引するものの一つとなるやもしれません。

本コースではこうした研究を進めていきます。

（1）「カール・ポランニー・アーカイブ」ファイル番号31-6　コロンビア大学「一般経済史」コースの入門的講義（一部『人間の経済』第4章と重なる箇所があり、その訳出にあたっては同邦訳書を参考にした）。

（2）すなわち自己調整のこと。

（3）この論述に関連して、ポランニーは二つの点を明らかにしようとしており、彼はそれを手書きで(A)と(B)とマークしている。しかしインクがほぼ完全に褪せてしまっている。(B)の点は"econom..."に見える。

（4）タイプ原稿のこの箇所はもはや判読不可能だが、おそらく著名な経済学者L・アルベルト・ハーンが参照されていたと思われる。彼の信用理論は一九二〇年代から活発な経済学的議論を引き起こしていた。

（5）このテキストは、より曖昧に「こうした集団の成員」と書かれている。

（6）この文の大半は（インクが褪せているため）不明瞭だが、この仮定法の条件文が意味しようとしているのは、「もしそれがまさに「経済システム」という語によって私たちが指すものであるとすれば、まさに経済システムはある。しかし以下ではっきりさせていくように、もちろんそれは事実ではない」ということである。

（7）リヒャルト・トゥルンヴァルト、「バナロ社会――ニューギニア内陸部族の社会組織と親族体系」『メモワールズ・オブ・ジ・アメリカン・アンソロポロジカル・アソシエーション』(Richard Thurnwald, "Bánaro Society: Social Organization and Kinship System of a Tribe in the Interior of New Guinea," *Memoirs of the American Anthropological Association*, 3.4 (1916), 251-391, at p. 258)

(8) ここ〔another name〕には、"another man for man"というポランニーのタイプミスがある。

(9) 判読不可能。

(10) 典拠不明。

＊1 クラーク(Colin Grant Clark 一九〇五～八九年)は、イギリス出身の経済学者。産業社会の発展につれて一次産業(農林業など)から二次産業(製造工業)、三次産業から三次産業(サービス業)へと就業人口の比率等が変化する傾向を説明した「ペティ＝クラークの法則」で有名。主要著書に『経済進歩の諸條件』(大川一司他訳、勁草書房、一九五三／一九五五年)、『人口増加と土地利用』(杉崎真一訳、農政調査委員会、一九六九年)などがある。

＊2 コンドリフ(John Bell Condliffe 一八九一～一九八一年)は、オーストラリアに生まれ、ニュージーランドで活躍した経済学者。『世界経済概観――一九三一～三二年』(国際連盟事務局東京支局編、森山書店、一九三三年)、『世界貿易の再建』(国際経済調査所訳、刀江書院、一九四三年)など著書多数。

＊3 バーンズ(Arthur Robert Burns 一九〇四～八七年)は、現ウクライナ(当時はオー

ストリア＝ハンガリー帝国）出身、アメリカで活躍した経済学者。景気循環の研究で実績があり、ラトガーズ大学とコロンビア大学で教授の任につく一方、アイゼンハワー政権下の大統領経済諮問委員長、全米経済研究所の所長などを歴任した。比較経済学的著作としては『初期の貨幣・通貨政策』（*Money and monetary policy in early times*, London: Routledge, 1996）、『比較経済組織』（*Comparative economic organization*, New York: Prentice-Hall, 1955）がある。

＊4 ベネディクト（Ruth Fulton Benedict 一八八七〜一九四八年）はアメリカの文化人類学者。ボアズの弟子で、北米先住民の研究を行った。第二次世界大戦中に米軍の依頼を受けて実施した研究にもとづく『菊と刀』（越智敏之・越智道雄訳、平凡社、二〇一三年ほか）で有名。

＊5 クナップ（Georg Friedrich Knapp 一八四二〜一九二六年）は、ドイツの経済学者。統計学の分野で活躍した後、農業史の分野に転じて業績を残し、晩年には貨幣が法制の創造物であるとする独自の貨幣論を打ち立てたことで知られる。主著は『貨幣国定学説』（宮田喜代蔵訳、有明書房、一九八八年）。

＊6 ポランニーによると西欧近代の世界史は、自己調整的市場の興隆とこれに対する社会の自己防衛との相克の過程として捉えることができる。二重運動（double movement）とは、こうした市場と社会の動態を指す用語。詳しくは『大転換』の第6章、11章、12章を参照。二重運動論のその後の展開としては、佐藤光『カール・ポランニーの社会哲学――『大転換』以後』（ミネルヴァ書房、二〇〇六年）第1章を参照。

＊7　互酬（reciprocity）・再分配（redistribution）・交換（exchange）は、ポランニーが定式化した経済を制度化する三つの形態。別の論文ではそれぞれを次のように定義している。「互酬とは対称的な集団間の相対する点の間の移動をさす。再分配は、中央に向かい、そしてまたそこから出る占有の移動を表す。交換は、ここでは、市場システムのもとでの「手」のあいだに発生する可逆的な移動のことをいう。そこで、互酬は対称的に配置された集団構成が背後にあることを前提とする。再分配は何らかの程度の中心性が集団の中に存在することに依存する。交換が統合を生み出すためには、価格決定市場というシステムを必要とする」（『経済の文明史』三七四頁）。なお『大転換』第3章では、互酬・再分配にならぶ経済原理として、交換ではなく自給自足的な「家政（householding）」の形態が重視されている。

＊8　ボアズ（Franz Boas 一八五八～一九四二年）はドイツ出身の人類学者で、アメリカ人類学創始者の一人。北米先住民諸社会に関する調査を長期的・体系的に行う。近年再評価が進んでおり、主著の『プリミティヴアート』（大村敬一訳、言叢社、二〇一一年）や『人種・言語・文化 *Race, Language, and Culture*』は、邦訳が刊行されている（後者は抄訳『北米インディアンの神話文化』前野佳彦監訳、中央公論新社、二〇一三年）。

＊9　トインビー（Arnold Toynbee 一八五二～八三年）は、イギリスの経済学者・社会運動家。「産業革命」の概念を学術的に確立したこと、また貧民救済のための社会事業セツルメントを主導したことで知られる。甥のアーノルド・ジョセフ・トインビーも

高名な歴史家。

＊10　ポランニーが『大転換』などで参照し、本論でも後述されるイギリスの経済史家ウィリアム・カニンガム（William Cunningham 一八四九～一九一九年）の誤記か。本書第5章の訳注14参照。

＊11　アシュリー（Sir William James Ashley 一八六〇～一九二七年）は、イギリスの経済史家。カニンガムとともにイギリス経済史学創始者の一人として知られる。ポランニーは、彼の主著『英国経済史及学説』（野村兼太郎訳、岩波書店、一九三二年）を一つの典拠に、近代以前の市場が経済システムの外部に位置していたと論じている（『大転換』第5章参照）。

＊12　ハモンド夫妻（夫 John Lawrence Le Breton Hammond 一八七二～一九四九年、妻 Lucy Barbara Hammond 一八七三～一九六一年）は、イギリスの経済史家・ジャーナリスト。トインビーとならぶ産業革命論者。ポランニーはスピーナムランド体制に関する論考の中で夫妻の議論を参照している（『大転換』第7章）。主著に『農村の労働者』、『都市の労働者』、『熟練労働者』の三部作がある（*The village labourer, The town labourer, The skilled labourer*, London: Longman, 1978-1979）。

＊13　マントゥ（Paul Joseph Mantoux 一八七七～一九五六年）は、フランスの歴史家。トインビーの古典理論をうけるかたちで、イギリスの産業革命を体系的に論じた。ポランニーは、『大転換』のなかで彼の主著『産業革命』（徳増栄太郎他訳、東洋経済新報社、一九六四年）をしばしば参照している。

*14 原文には Eli Lipsen とあるが、『イギリス経済史』（*The Economic History of England*, 3 Vols., London: A. C. Black, Ltd., 1915-1931）等の著作で知られるイギリスの経済史家エフライム・リプソン（Ephraim Lipson 一八八八～一九六〇）の誤りか。

*15 アダムズ（Brooks Adams 一八四八～一九二七年）は、アメリカの歴史家・批評家。マサチューセッツ州の名門アダムズ家の生まれで、第二代大統領ジョンの曾孫、第六代大統領ジョン・クインシーの孫にあたる。主要著書に『マサチューセッツの解放』（*The Emancipation of Massachusetts: The Dream and the Reality*, Boston: Houghton Mifflin Company, 1919）、『文明と衰退の法則』（*The Law of Civilization and Decay: An Essay on History*, New York: The Macmillan Company, 1895）などがある。

*16 ビアード（Charles Austin Beard 一八七四～一九四八年）は、アメリカの歴史家・政治学者。アメリカ史を保守と革新の対立という視点でとらえる革新主義史学の立場を打ち出し、一九二〇～三〇年代に強い影響力を持った。五〇冊以上の著作を持ち、歴史家メアリ・R・ビアード夫人との共著も多い。

*17 ゾンバルト（Werner Sombart 一八六三～一九四一年）は、ドイツの経済学者・社会学者。当初はマルクス主義に近い立場をとっていたが、やがて反対の立場に転じ、晩年にはナチズムに接近したともいわれる。『恋愛と贅沢と資本主義』や『戦争と資本主義』（ともに金森誠也訳、講談社、二〇〇〇年／二〇一〇年）などユニークな資本主義体制論で名高い。

*18 トーニー（Richard Henry Tawney 一八八〇～一九六二年）は、イギリスの歴史家。

オックスフォード大学卒業後に救貧事業施設トインビー・ホールに入所。やがて労働党に入党し、労働者教育に携わりつつ、『宗教と資本主義の興隆――歴史的研究』(出口勇蔵・越智武臣訳、岩波書店、一九五六/一九五九年)をはじめとする歴史研究を行った。ポランニーは、ウィーン時代から彼の著作の影響を受けており、また渡英時には彼が会長を務める労働者教育協会で成人教育を担当した。

*19 『経済と社会 *Wirtschaft und Gesellschaft*』はヴェーバーの遺稿集。ドイツ語圏での公刊は一九二二年だが、英語圏ではパーソンズによる翻訳(一九四七年)を通じて本格的受容がはじまった。若森によると、ポランニーはこうしたヴェーバー研究の進展を睨みながら、『人間の経済』へと連なる独自の経済思想を練り上げていった(若森みどり『カール・ポランニー――市場社会・民主主義・人間の自由』(第五章)。

*20 野蛮の原語 savage には差別的な含意がある。ポランニー自身に差別的意図があったわけではないが、かといって当時の彼がこの語彙の含意から完全に自由だったとも考えにくい。他の研究者と同様ポランニーもまた一定の歴史的制約に絡めとられていた事実に読者の留意を促すため、ここではあえて「野蛮」と訳出することにした。

*21 バナロ(Banaro)は、ニューギニア島北部セピック地区などに住む部族の名称であるとともに、この地域で話されているラム語系の言語の名称。部族としては、本文中でふれられているトゥルンヴァルトの研究でつとに有名。

*22 クラは、マリノフスキー(第5章訳注20)の報告で有名なパプアニューギニア東部沖のマッシム諸島で営まれている長距離交易。マッシムの島々はちょうど円環状に連な

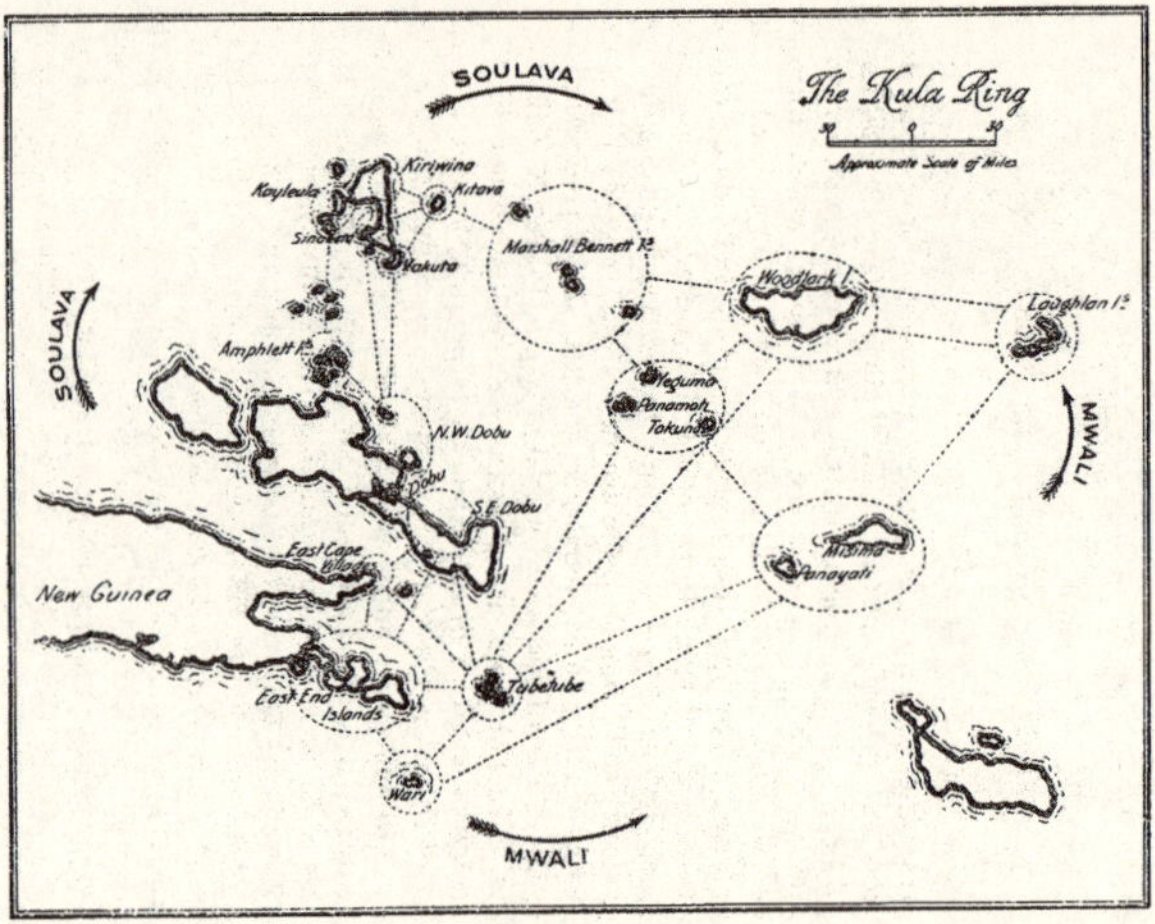

図１　クラ交易

っているが、クラは、左手の島のパートナーから首飾り（図中のSOULAVA）を、右手のパートナーからは腕輪（図中のMWALI）を受け取る形で営まれる。これらの財を受け取るため、人びとは危険をかえりみず航海に乗り出す。無事到着した人びとは島のクラ仲間によって歓待され、さまざまな贈り物を受け取るが、もっとも重要なのはあくまで首飾りと腕輪である。稀少性や有用性という点からすれば高い価値を持たないこれらの財は、それ自体が権威、名、人格、来歴を備えており、高名な財の持主に威信を与える。だからといって受け手は、より高い威信を得られる財を求めてはならない。どの首飾りや腕輪を贈るかは与え手にまかされている。しかもこれらの財は、次の受け手がやってきた際、惜しみなく彼らにゆだねられねばならない。つまり独占・蓄積はできない。ゆえに首飾りと腕輪は、前者は時計回り、後者は反時計回りに、島と島のあいだを循環し続ける（財が一周するのに二〜一〇年かかる）。

図1の出所：Malinowski, Bronislaw, *Argonauts of the western Pacific: an account of native enterprise and adventure in the archipelagoes of Melanesian New Guinea*, London: Routledge & Kegan Paul, 1922.

＊23 クワキウトル（Kwakiutl）は、カナダのブリティッシュコロンビア州バンクーバー島北端およびその対岸の大陸沿岸地域に住むアメリカ先住民の名称（正確には他称）。この人びとが客人を歓待するために営んでいた財の蕩尽の儀礼ポトラッチは、ボアズの研究を介してポランニーを含む多くの研究者の思索の対象となってきた。

＊24 シブ（sib）は、クランと呼ばれる単系出自集団（第15章の訳注20参照）を、父系と母系の区別なく総称するためにアメリカの人類学者ローウィが考案した人類学用語。

＊25 精霊の館（goblin-hall）とは、バナロ社会に見られる宗教的・儀礼的な施設（バナロ語で bŭek）。建物の内部は左右対称に作られており、一連の儀礼は左側の集団と右側の集団との区別にもとづいて進められる。バナロ社会の集落は、この建物を三〜六の家屋が囲む形で構成される。この意味において、精神的にも物質的にも社会生活の中心となる施設である。

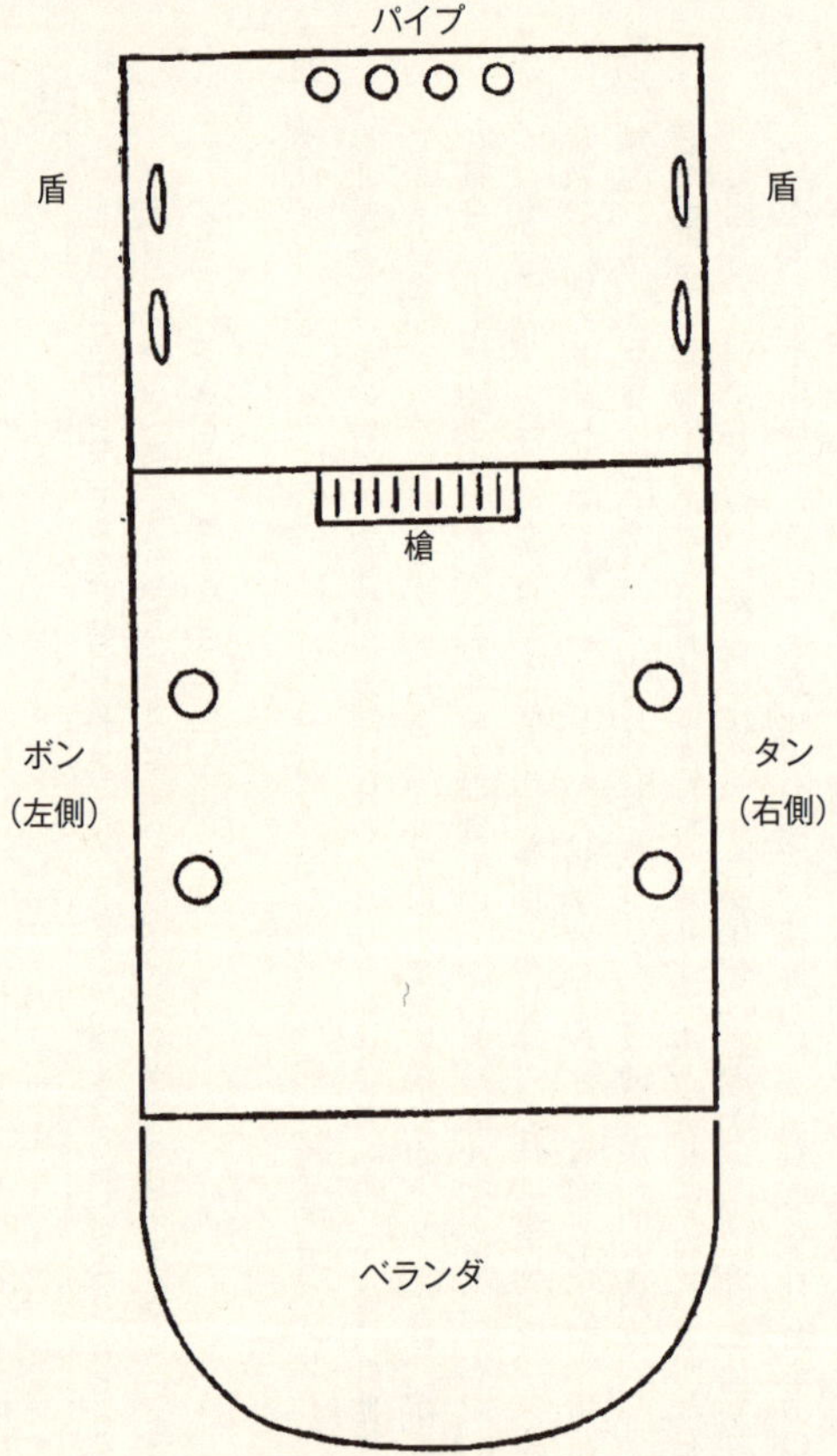

図２　精霊の館

図2の出所：Thurnwald, Richard, "Bánaro Society: Social Organization and Kinship System of a Tribe in the Interior of New Guinea," *Memoirs of the American Anthropological Association*, 3, 1916, pp. 251-412.

＊26 「ランベルト Lambert」とあるが、ランプレヒトの誤りか。ランプレヒト（Karl Lamprecht 一八五六～一九一五年）は中世経済史を専門とするドイツの歴史家で、膨大な農業関係史料の読解と、当時としては画期的だった統計的手法などを駆使して、歴史をめぐる経済的な要因・類型・法則を追求した人物。主著は『ドイツ史』（*Deutsche Geschichte*, Berlin: R. Gaertner, 1891-1909）。ポランニーは、論文「社会における経済の位置」（『人間の経済』所収）の中で、「マルクス主義の影響」を受けた「非マルクス主義の学者」として彼の名に言及している。

＊27 バーナム（James Burnham 一九〇五～八七年）は、アメリカの政治・経済評論家。現代世界では所有にもとづく資本家の支配ではなく組織の管理・運営にもとづく経営者の支配（国有企業の官僚的支配を含む）が優勢であるとの認識から「経営者革命」の必然性を主張した。主要著作に『経営者革命』（武山泰雄訳、東洋経済新報社、一九六五年）などがある。

第15章　古代における市場的要素と経済計画(1)

古代経済史研究の現状について、極力簡潔に概要をお伝えするよう努めたいと思います。(そろそろ)お気づきかもしれませんが、古代経済史は、ほんの少し前まで思われていたほど、時局的な関心から遠い主題ではありません。この事実が、古代についての私たちの知識が急速に拡大したことによるものなのか、むしろ、さらに急速に変化しつつある「価格曲線[*1]」についての理解によるものなのかは、新聞の見出しに任せておけばよいでしょう。その方が公正に期します。

本報告の振り出しには、次のことを選ばせてください。八五年前、プロイセンのユンカー[*2]出身の社会主義者でカール・マルクスも多くを学んだ人物であるロトベルトゥス[*3]が、ローマ帝国の税制に関する論稿を公刊しました。古代の経済問題を論の俎上に載せるにあたっては、これが今なおうってつけの導入となります。その論稿(2)が引き起こした意見の衝突は、古代の最重要部分を現代世界のレプリカのごとく思わせてきた先入観をただし、古代を真の性格において理解しようとする果てしない努力の端緒となったのです。一見したところ単純明快な批判的思考——現代の言葉でもって過去を解釈することではありません——が要求されたにすぎないようでしたが、実のところそこには、私たちの制度的概念をめぐって起きた革命とすら言える問題が含まれていたのです。

よって私は第一に、いわゆるオイコス論争[*4]を取り上げます。一方はカール・ビューヒャー、他方はエドゥアルト・マイアーが傑出した論者です。この長い意見対立の結果とは何であったのか。〔後述するように〕ロストフツェフは一九四一年当時にそれがまだ生々しい問題であるとみなしていたほどなのです。第二に、新しくて広がりのある問題をまとめてみることにします。そこでは解決に取り組む問題を変えて、ギリシアやローマの時代のはるか以前にまでさかのぼり、ナイル峡谷やメソポタミアの灌漑文明を扱います。第三に、過去を理解するために、可能なら現在の問題をよりしっかりと把握するために、最近の研究成果全般を評価したいと思います。[3]

1　オイコス論争

近代主義者のために公正を期して述べるなら、厳密に自給自足的な世帯であるオイコスの実情に照らして、ロトベルトゥスもビューヒャーも誤っていた、あるいは少なくとも甚だしく実情を誇張したという点で同罪だということは認めておく必要があります。ロトベルトゥスの記述によれば、古代人は、土地市場、労働市場、資本市場へと差異化された市場で生み出される多様な収益を知らず、それゆえ近代的な課税システムを持っていませんでした。家内奴隷制およびプランテーション奴隷制は、彼がオイコスと呼ぶ大規模かつ完全な自給自足的世帯の基礎を形成していました。土地と労働力（奴隷）は所有者の財産であり、原材料は世帯区域内で生産され生産的に消費されました。以上のようにオイコス定理は誕生しました。三〇年後ビューヒャーは、伝えられるところによれば自給自足的であるオイコスを取り上げ、そこから古代人の経済生活の未開的性格を一般化します。彼はそれを近代世界よりむしろ野蛮社会になぞらえたのでした。

さて、私が指摘したように、ローマのプランテーション奴隷制の世帯は自給自足的ではありません。彼らは概して何種類かの交易《トレード》を営みつづけていました。同様に誤っているのは、未だ読み書き技術の無い共同体というビューヒャーが描いた像です。彼にとっての原始的野蛮人は、「食を探し求めることだけ」に従事するのだそうですが、これは原始経済に関する近年の発見を無視した、空想の産物にすぎません。

しかしながらこの点はほとんど重要ではありません。ロトベルトゥスのオイコス定理は、その不正確さにもかかわらず、経済活動と市場活動の同一性を前提にしていないという点で重要な警告を含んでいました。またビューヒャーが古典的古代人を手がかりに社会人類学に求めたことは、きわめて実りが多かったと証明されています。ロトベルトゥスもビューヒャーもその立場が持つ含意を完全に理解していたわけではありませんが、彼らこそがマックス・ヴェーバーの仕事によって最終的に成し遂げられる古代資本主義という問題の根本的な再定式化を主導し、ついには私たちがバビロニア経済のいくつかの謎を解くことを可能にしたのだと思われます。

これが私たちにとっての論の主題となります。一八九三年頃でしょうか、初期のカール・ビューヒャーは、ニーブール[*5]、グロート[*6]、モムゼン[*7]といった偉大な歴史家の説に含意されていた近代的な見解を退けています。政治史的観点からすると、これらの学者は正しい方向に向かって長い道のりを辿っているのですが、古代人の経済的現実を公平に評価することには失敗しているのです。彼らは、伝説じみた歴史叙述の長い伝統を打破し、ついには日常生活で用いる言葉によって、神やそれに類するものではなく、私たちと同じ人類に関するギリシアやローマの歴史を提示しました。しかし不可避的なことではありますが、偉大な歴史家を取りまく日常は（私たちのそれと同様）古代ローマのそれとは全く異なっていたのです。これは私たちを取りまく環境を記述する際にも言えることで、工場都市、証券取引、植民地の膨張、雇用者と被用者の階級闘争、資本主義と社会主義のイデオロギー対立に私たちの日常は取りまかれています。銀行家パシオン[*8]の姿が偉大な歴史家たちをして紀元前四世紀アテネを我が家のように感じさせたとしても不思議はないですし、ブルトゥス[*9]の高利貸し（植民地政府に貸しつけた）なり、騎兵団の後援者の働きかけから生じた投機ブームなりがロウと「バブル」[4]を思い起こさせたとしても不思議はありません。彼らの著作は、いまだにもっと身近な出来事を私たちに想起させるのですから。同様に、アテネとローマにおける商人階級の力の増大、平民の暴動や他の社会主義的かつ共産主義的とされる運動などはすべて、彼らの目に（そして私たちの多くにとってさえ）身近なことと映じたのであり、こうして古代の生活には近代的な彩りがほどこされたのです。

こうした古代と世紀末の類似は、市場と交換を欠いた奴隷の収容施設というロトベルトゥス的なオイコスはもちろん、古代地中海の魅力的な近代性をはぎ取り、アフリカのクラール[*10]の水準にまで引き下げる傾向があったビューヒャーの未開主義——ユリウス・ベロッホを嘆かせたような——とも、絶望的に矛盾します。一八九五年、エドゥアルト・マイアーが古代の交易と商業をめぐる豊かな記述にふけっていたのに対し、バビロニアの銀行および製造業の研究に着手したビューヒャーは、国民経済——ドイツ語の Volkswirtschaft——という名に値する存在、言い換えるなら一定規模の複合的な領域経済は、西欧近代的国家が確立するまで不在だったと主張します。

実際のところこの点をめぐり、意見はまっこうから対立しました。第一に、近代主義者と未開主義者の衝突は、解釈の次元はもちろんのこと、事実そのものにかかわっていました。綿密に分析してみると、生じていたのは、彼らが意見を違えた事実それ自体というよりむしろ事実の解釈をめぐる論争だったことがわかります。しかし、これが認められるまでは長い時間がかかりましたし、障害が除かれ問題がある程度明確になるまでにはさらに長い時間を必要としました。問題の明確化というこの最後のステップについては、おそらくと言うべきでしょうが、一般的にはまだ踏み出されておりませんので、これをうまく遂行することが、今晩の私の目標の一つになるでしょう。さらに、古代ギリシアとローマに関する不当に近代化された見方を回避できるようにならずしては、バビロニア、シュメール、アッカド、アッシリアというさらに遠方の問題を真に理解できる望みもないことは明白です。

さて、オイコス論争の事実について見ましょう。もちろん、議論は第一に、主に古代ギリシアの経済生活の数値的規模を中心としていました。ギリシアの交易の実際の範囲と規模はどの程度だったのか。輸出向けに生産されていた製品の割合はどの程度だったのか。アテネの工場はどの程度の規模で操業していたのか。そこで働いていたもののうち、どの程度が奴隷で、どの程度が自由賃金《フリー・ウエイジ》の受益者だったのか。信用、貨物輸送、保険の便宜はどのような状態にあったか。アテネの銀行の活動内容と経営手法とは何であったか。商法の状態はどうであったか。宗主国と植民地の間で行われていた交易はどの程度盛んだったか。通貨政策と通貨改革にはいかなる考え方が横たわっていたか。アテネの貿易政策はどのようなものであり、軍事的な戦いはどの程度交易をめぐる戦いでもあったのか。貿易や商業の利益は国政および対外政策の策定にどの程度影響を及ぼしていたか。ソロン[*11]とクレイステネス[*12]の革命は、厳密にはいかなる社会経済的な内容を持っていたか、などです。

調査によってずいぶん詳細な知識が得られはしましたが、総合的な成果は著しく包括的でした。おおまかに言って、製造業の規模、交易組織の水準、銀行業務の洗練の度合い、民間企業の活動の余地といった諸点について、事実が知られれば知られるほど、近代主義的な誇張は劇的に減じました。最終的には事実だけでなく近代主義者の解釈までもが信用を失ったのです。〔紀元前〕七、八世紀ギリシアの大規模な植民活動は、マイアーやベロッホが教えたように、交易の利害によって動機づけられたものではないことが判明しました。ウレ教授[*13]が論じたところによれば、〔紀元前〕六、七世紀の専制君主は金権主義的な大雇用主ではなかったのです。グロッツ[*14]やトゥタン[*15]、ファーガスンやロストフツェフ[*16]によると、〔紀元前〕六世紀アテネにおける貸付の停止《ステイシス》は、都市の製造業を源泉として生じたものではありませんでした。ポールマン[*17]が信じたように、ソロンの改革、ついでに言えばクレイステネスの革命は、勃興中の都市中産階級が萌芽的プロレタリアートと同盟していく過程によって獲得されたものではありませんでした。一般的に多くの歴史家が考えたように、アッティカ[*18]の対外政策は、目立って貿易の利害に沿って策定されていたわけではありませんでした。実際、アッティカはその全歴史を通じて、二パーセントに固定された輸出入税を全製品に課しつづけていたのであり、ゆえにいかなる産業保護主義も欠如していたことを示す決定的証拠が提出されたのです。ちなみに、ローマも同じで、税率は五パーセントでした。

しかし他方で、未開主義者の勝利を認め、彼らにトロフィーを授与することを不可能にする厳然たる事実もいくつかありました。地中海におけるミノアの国際貿易は、第二千年紀の半ばまでさかのぼる事実があります。そして数百年の隔たりの後、フェニキアの国際貿易が生じたという事実もあり、これは〔紀元前〕八世紀頃になると次第にアゾフ海から大西洋へ、ドナウ川からナイル川へ至るギリシアの貿易に取って代わられます。また、アテネの銀行施設がヘレニズムの経済生活の形に深く持続的な影響を及ぼすように作られていたという、同様に否定しがたい事実もあります。国際貿易が存在したというだけでなく、金融機関を通じてそれを規定するギリシアのイニシアティブについても確かな証拠があったわけです。そして、〔紀元前〕七世紀と四世紀の世界的な貿易・銀行業のそれぞれが非先進的形態の貿易や信用に先行していたとはとうてい思われませんので、ゆえに未開主義者は根本的な打撃を受けることになるのではないでしょうか。

全体の結果を見ると、当惑してしまいます。古代社会——その植民地、その戦争、その階級——は「近代的」とはほど遠いようですが、交易《トレード》〔貿易〕と通貨の使用が近代初期に比較しうる規模で行われていたことは否定しがたいのです。

しかしその理由は簡単に説明できます。未開主義者とその対立者は、人類社会に関して「近代性」と「未開主義」を対比させることが、交易あるいは通貨ではなく市場メカニズムの存在あるいは欠如を対比させることを意味する点を理解し損ねているのです。

　私たちの考えでは、共同体の文化全体、とりわけ経済生活に対して市場制度——需要・供給・価格メカニズム——が広範に影響を及ぼすようになってはじめて、「近代」社会が作り出されるのです。市場制度は、一定の市場向け《マーケティング》商品という性格を備えた動機、状況、技術、文化から切り離しえません。投機、広告、過当競争、企業のロビー活動といった現代生活に見られる近代的な特徴の一部は、厳密には、市場システムの影響と結びついた特徴であり、その付帯物なのです。このように「近代」という用語は、経済生活に適用される場合、広く思われているほど曖昧でも皮相的でもないのです。つまり近代的なものは、それぞれがさまざまな特徴を持つとはいえ、社会の市場組織化という起源を有している点では共通しているのです。

　このことは、もちろん私たちが予期すべきことと全面的に合致します。近代的な生産組織とは、突きつめれば、市場組織です。近代的な社会階級は、固有の市場で決まる所得を通じて形成される階級です。近代的な社会闘争は経済階級——つまり市場条件において決まる地位と、その条件をめぐって衝突する集団——の間の闘争です。交換と市場の不在こそ、ロトベルトゥスが主張するオイコスの基準でしたから、もちろん今申し上げたことすべてが、ビューヒャーが言及する自給自足的なオイコスの含意だったわけです。しかし、ロトベルトゥスもビューヒャーもその結論を明示してはいませんでした。つまり、古代社会の未開的性格に賛成する中で、彼らは市場システムが欠如していること、単一市場システムが欠如していることを主張しませんでした。結果として彼らは、交換制度の表題の下に投機的取引や貨幣や諸市場を一緒にするという誤りを犯し、かくしてきわめて有益な制度的分析が排除されてしまったのです。彼らは、一方では特別な交易――つまり遠隔地からの財の獲得――と通貨の非交換的用法を、他方では市場からの財の獲得を制度的三位《さんみ》一《いっ》体《たい》の中に溶かし込んでしまいました。要するに分業あるところには、交易、通貨、市場があったというわけです。ちなみに、こうした意味論的な弱さは、きわめて重要な事実、とりわけ組織化された市場の在・不在という事実の究明を不可能にしてしまうものです。それといいますのも、通貨があれば交易があると決めつけ、交易があれば市場があると決めつけるといった思い違いが引き起こされてしまうからです。

現実にはこれらの決めつけは、近代に生じた状況に引きずられた誤解であり、交換経済学の伝統的概念がこの誤解を強化していたのです。その知的な大胆さや方法論的急進主義にもかかわらず、ロトベルトゥスとビューヒャーが、唯一説明を確実にするはずの決定的な定式化に失敗していることは注目に値します。彼らは近代性の源である市場を隔離することに失敗し、結果として、相対的に市場メカニズムから独立した交易や貨幣を、市場制度と対比させることに失敗しています。実際のところ交易・貨幣・市場の三位一体性は私たちが生きる近代市場システム――そこでは市場、言い換えれば需要・供給・価格メカニズムを通じてあらゆる交易《トレード》が作動する——の明確な特徴なのです。私たちのまわりでは、市場を通じて交易は行われます。また私たちのまわりでは、交易が行われる以上、貨幣はまさに交換手段として機能します。しかし、古代世界ではその逆が真実なのです。交易は主に市場を通じて行われず、貨幣は必ずしも交換手段として機能しなかったのです。

この点を明晰にしておくことは古代を理解する上で、さらにはここ数世紀の短い期間に関する経済史のすべてを理解する上で、決定的に重要であることを補足しておくべきでしょう。交易《トレード》は贈与交易、長距離交易、儀礼的交易、勅許交易のような非市場型の形態をとっており——かつては広くそのようなものでした——、それらは個人的というよりは集団的な事業でした。同様に、もっとも広範だった貨幣対象物《オブジェクト》の使用、言い換えれば量にして計れる物《オブジェクト》の使用とは、(1)支払手段、(2)価値尺度であり、これら二つの機能は必ずしも同じ種類の物品によって遂行されるものではありませんでした。(3)交換手段としての貨幣の使用は制度化された諸市場の外部では例外的であり、先述の通り、制度化された諸市場は特殊な発展の産物とみなすべきであり、また、交易あるいは貨幣の非交換的用法の存在だけをよりどころとして、制度化された諸市場の存在を当然のものとすべきではないのです。ゆえに市場の不在は原則として、相対的に活発な交易活動や貨幣の多様な非交換的用法——支払手段あるいは価値尺度としての使用——と両立可能なのです。要するに、交易と貨幣が一方にあり、市場が他方にあるのであって、両者は厳密に区別される必要があるのです。[*19]

こうしてみると、オイコス論争の実際の帰結とはもはや意見対立ではなかったということになります。古代地中海の国際貿易〔交易《トレード》〕なりそれに伴う銀行業なりが需要・供給・価格メカニズムを通じて行われていたという証拠はないのです。こうした条件下で、古代ギリシアの社会や経済生活が「近代的」だという印象を私たちが受けなくとも驚くに値しません。

こうした点からして、まさに国際貿易や銀行業という語が非常に誤解を招きやすいものであることが留意されるでしょう。それらが不適切だったというわけではなく——たとえば銀行があったのだから、世界の最果てにも交易があったのだ、というような——、私たちの近代主義的な見方に随伴する、進化論的誤謬こそが問題なのです。古代は国際貿易の絶頂だったわけではなく（私たちの時代についても同様）、むしろ対外貿易の始点だったのであり、それはおそらく新石器時代の交易に近いものでした。まさに同時期に植民地化がはじまったのですが、概して植民地は僻地にあり、近隣にはありませんでした（僻地と近隣の中間に位置する場所は後に占領されました）。エドゥアルト・マイアーは、ずいぶん昔に、ファラオ時代のエジプトからはじまる探検史をめぐってこうしたことを類推させる一覧表を作成してくれています。より近代的な〔探検家〕としては、アフリカ大陸の周航者や、ヴァスコ・ダ・ガマ、コロンブスがいます。コロンブスについて公正を期すなら、彼はその目的地であるインドに全く到達していないと非難されるべきで、道半ばで思いがけず頓挫しているからといって非難されるべきではありません。自らの誤りに気づく以前の彼は、明らかに、費やした時間に比して母港とあまりに近い場所にアメリカがあると考えていたようです。

銀行業もやはり、貨幣と信用の取り扱いの発展型と私たちはみなしがちです。実際には、紀元前四世紀の硬貨——当時は台形に作られていました——は、手のかかる（しかも単調な）鑑定と両替せずには決して用いることができませんでした。しかし解放奴隷の自由民《フリードマン》パシオンでさえ、預金を安全に確保すること、支払は目の前にいる確かな人物から直接注文を受けて行うこと、質屋業、非商業的な融資保証という枠を超えることはありませんでした。もちろん重要な点は——またしても——古代の経済生活は市場を通じて作動していたわけではなく、それゆえ近代的銀行業には不可欠な信用手段を生み出すことはなかったということなのです。ローマの銀行はギリシアのそれより高水準というよりは低水準にあり、プトレマイオスの銀行業は貨幣ではなく「現物」の取引という方向に発達していました。それゆえ古代の経済を評価する際に銀行業は、国際貿易と同じくらい「近代性」の基準となるという過ちを導きやすいのです。ここでもまた、未開主義者自身の考えの中に潜む、交易・貨幣・市場は三位一体であるという近代の常識に引きずられた誤解、頑迷な進化主義を引きつれた誤解——こそが、近代主義者に、古代世界には「近代的」性格があったと主張する証拠として古代の国際貿易や銀行業を提示することを可能にさせていたのです。

結論として言えるのは、ロトベルトゥスとビューヒャーが開始した議論は、隠されたままとなっている制度的洞察を加えてようやく、その本質的立場を——おおむね——正当とみなせるということです。同時に付け加えておくなら、彼らは、文明化された社会における市場システムのきわめて重要な発端が実際には古典古代期の後半、およそ四世紀前半にはじまったことをすっかり見落としていました。市場システムとはまさに、戦士型の社会という拡張力が決定的に制限された未開の枠組みの中から発展したのです。

このことを踏まえて私たちは第二の論点、「近代主義」に関する議論に取って代わると思われるより広範な問題に進むことができます。

2　新たな問題

これらの結果はもちろん、ギリシアとローマのポリスの社会学的性格をめぐるマックス・ヴェーバーの分析と完全に一致します。つまりポリスは部分的に脱部族化した住民の居住地ですが、指導層は戦士のギルドとして組織されることは決してやめておらず、ゆえにポリスの民主化とは、そのようなギルドへのあらゆる階層、特に農民層の包摂を意味します。本質的にそれは、⑸戦争と征服、襲撃と略奪、強引な植民地化、強力な海軍、貢納の取り立て、臣民、異邦人《バーバリアン》などを搾取するために組織された集団、略奪共同体です。市民の意見に対して共同体は貴族制的統率と平等主義を同時に主張しましたが、それは部族時代の名残の一つなのです。私たちはポリスの最高権威に関する文書を持っておりますが、そこからは、優位に立つべく共通の努力を通じて共通の主張を抱く集団がいかに組織されるかという点をめぐる現実的かつ詳細な方法を読み取ることができます。アリストテレスの『アテナイ人の国制』は、一八九一年に修復された手稿ですが、これがその手続きを説明してくれます。ペルシアに勝利した後の紀元前四七九年、貴族はサラミスでの働きを考慮されて高い評価を得たとアリストテレスは言っています。アリステイデスとテミストクレスが人民の指導者であり、政策決定者です。アリステイデスは、アテナイ人が主な受益者であるデロス同盟を結びます。これが紀元前四七八年です。アリストテレスは以下のように続けます。⑹

その後すでに国家が自信に満ち、多額の資金が集まったので、アリステイデスは〔アテナイ人に〕覇権を掌握しまた田園部から移って市域に居住するよう勧告した。遠征に出る軍勢にも守備兵にも、あるいは国務に当たる者たちにも、すべての人びとに生活の資が供給されよう、そうすれば覇権を確保できようと提議したのである。アテナイ人はこの勧告に従い〔同盟の〕支配権を得ると、同盟諸国に対し以前よりいっそう専制的にふるまうようになった。ただしキオス・レスボス・サモスは例外で、これらの同盟諸国はひきつづき同盟支配の擁護者とし、彼らには従来の国制と現今の支配領域とを認めた。さらにアテナイ人はアリステイデスの発議に従い、一般大衆に生活の資をふんだんにもたらした。つまり同盟貢租金と租税と同盟諸国からの収入によって、二万人以上が養われることになったのである（アッティカ市民の総数は五万人に満たない）。すなわちまず民衆裁判所の裁判員が六〇〇〇人、弓兵一六〇〇人、加えて騎兵が一二〇〇人、評議員五〇〇人、船渠の守備兵五〇〇人、さらにアクロポリスには守備兵五〇人が置かれていた。また役人は国内に約七〇〇人、海外駐在する者約七〇〇人に上った。これに加えてアテナイ人がのちに例の戦争〔ペロポネソス戦争〕を起こしたときには、重装歩兵二五〇〇人、港湾封鎖船二〇隻、その他に同盟貢租金〈と〉抽選で選ばれた二〇〇〇人を乗せる船があり、さらにプリュタネイオン、孤児、囚人の看守があった。要するにこれらすべての者が国庫によって給養されていたのである。民衆の給養は以上のようなやり方で行われた。

数十年後、市民権の価値は記録的に高まりました。ペリクレスの下、祖父母すべてがアテネ市民（また小さな都市国家で、王女との結婚を通じてヘラス全土の支配を勝ち取った貴族）

であると誇りえない者は、市民権を維持することができませんでした。以下で示すプルタルコスの『キモン伝』の一節には、こうした状況とともに、困窮している高貴な者の様子が記されています。キモンはミルティアディスの息子で、彼自身も著名な将軍であり、ペリクレス時代にもっとも人気があった保守派の指導者です。プルタルコスは次のように書きます。

キモンは遠征の成功によって裕福になると、りっぱに敵から得たと評される利益を、さらにりっぱなやり方で市民たちのために費やそうとした。そこで農園の塀を取り払い、異邦人であれ貧窮市民であれ、遠慮なくそこから果実を取れるようにしたほか、自邸に食事を用意し、簡素だが多人数の食欲を満たすに足るだけの量を毎日ふるまった。貧しい人は望めば誰でもそこへ来て、労せずして食事を取れるから、国家のことだけに時間を割けるのである（プルタルコス「キモン」一〇〈『英雄伝4』城江良和訳、京都大学学術出版会、二〇一五年、二二頁〉。強調点はポランニーによる）。

アッティカの経済生活を元来支配していた統合形態は、交換ではなく互酬と再分配でした。正確には、〔紀元前〕八〜九世紀にクランの紐帯[*20]（血讐、不動産をめぐる家族の権利、譲渡不可能な所有物）が失われたことにより互酬という要素は大きく弱体化していました。

高度に発達していた贈与交易、叙事詩の時代に共通していた贈与と対抗贈与のシステムなどはもはやなくなりつつありました。しかし部族生活の再分配形態は、互酬形態と同じように消失したわけではありませんでした。ポリスは部族の再分配形態という遺産の大半を引継ぎました。すなわち土地（クレーロイ）、戦利品、ラウリオン鉱山で大当たりした〔銀〕――シフノス島の金鉱についても同様――の再分配であり、また緊急時の扶養の要求、あるいはトウモロコシの再分配であり、公的行事への参加の要請あるいは市民の義務を履行するための支払要求などがそうであり、これらすべては古典的共同体における再分配的要素を強化することにきわめて現実的に寄与したのです。ポリスの経済的基礎は、共通の活動による収益、戦利品や貢納の共有、支配した土地や植民事業、つまるところ第三者の交易から得られた利得の共有を通じて組織されていたわけです。

　これらすべてのことは、アリストテレスの考察を通じて想起していただけるのではないかと期待しております。ほまれ高き研究者、たとえばウルリヒ・フォン・ヴィラモヴィッツ＝メレンドルフ[*21]は、アテネの組織に関するアリストテレスの評価を考慮することをほぼ拒絶しており、彼はそれがアリステイデスと衆愚政治の寸劇だとみなしていました。私は真の証拠が正当に考慮され、先入観の原因については、それがいかに由緒正しきものであろうと、純然たる事実と相容れない場合は度外視するべき時が来たと考えます。

　さらに、紀元前四世紀になると、私たちは未開主義者とは別の道を歩むことになります。

あい変わらずアテネの戦士ギルドと新たな国際貿易との関係は積極的参与というより寄生的なものでしたが、ギリシア人は市場慣行や私的交易を発展させた点において古代の経済生活に偉大な貢献をするのです。ポリス——これは古代社会学における支配的な事実ですが——は、自由な政体であるのみならず、都市市場でもありました。二つが相まってポリス的な生活の方法が創り出されました。新たな都市市場の発展は正確には時期を特定できませんが、ソロンのアッティカがすでに市場と親和的であったと推定することは妥当であり、とはいえそれが完全に発展をとげるのは僭主制崩壊後（紀元前五六〇年）[7]のことにすぎないと推定されます。

私が信じるところによれば、市場発展の主な要因の一つは僭主制の勃興、支配、凋落それ自体にありました。このことが支持される場合、僭主制の挿話は市場慣行それ自体を受け入れたこととほぼ同様にポリスの性格であったと言えるでしょう。

1　僭主制の勃興は、普通には公共サービス——私的個人（概して由緒ある家の者でしたが）によって提供されてきたサービス——の発達が差し迫って必要とされた結果でした。こうしたサービスには、警察、夜警、測地、徴税、神殿の建設・修繕・再建といった公共事業、灌漑およびその他の水利、港湾施設、傭兵の調達、造幣、取引税や関税といった歳入源の徴収などがありました。これらすべてが大勢の被用者を必要としました。つまりテテス[*22]やメティック[*23]からリクルートされた熟練工や単純労働者、異邦人、有償で働く囚人、奴隷などから補充されたのです。文化についての良き情報源であるポリュアイノス[*24]は、ほぼ同一条件下でデイニアス、ファラリス、テロン[*25]が権力の座についたことを報告しています。すなわち、神殿の建設、夜警、測地、徴税といった公共サービス（これらのうちいくつか、あるいはすべて）を彼らはどのように請負ったのか、またこれらの作業に従事した者の助けを利用することで、彼らがどのように権力を握ったのかという点です。

2

権力を握ったら支配しなければなりません。新たな王***[(8)]にともない、公共サービスは国有化されました。彼が雇った者は公務員、新しい官僚となります。ペイシストラトス[*26]がよい例です。この僭主の下で政府それ自体が神殿や水利の整備といった公共事業を引き受けることになります——それらはもはや請負ではなくなったわけです。僭主の私的な貨幣鋳造所は公的な鋳造所となり、彼の「フクロウ」〔銀貨〕は以後数世紀の間アッティカの交易の商標となります。それではこれらの僭主たちは、スキタイ人奴隷の警察、傭兵、公共事業に従事する熟練労働者と単純労働者、大勢の監査官や役人をどのように養ったのでしょうか。それは明らかに僭主の下でアテネに導入された十分の一税（ある種のそれ）からです。その前でも以後でも決してありません。

アリストテレスの一節はこうした方向性を示しています。

3

支配から（きわめてすみやかに）凋落した後のこと。そして何が起きたのかと言うと、国有化されたサービスの再私有化ではないでしょうか。国家歳入、公共事業は再び請負に出されます。正確には、鉱山、造幣所、スキタイ人警察の所有権はアテネが保持します。しかし他のあらゆる公共サービスは再び下請に出され、請負業者に割りあてられ、公的管理の下で民間人に委ねられます。いくつかのサービスは要するに度外視され、その中でもとりわけ重要性が高い徴兵と徴税については、緊急時に課されるようになります。以後アッティカは軍を召集し、あるいは将軍にそれを委託し（部分的には公的基金から経費を支出します）、必要な場合にはエイスフォラを徴収します。[9] これは緊急時の資産税といえるでしょう。しかし、国有化されたばかりの被用者はいまや脱国有化され、労働者と官僚制は再度民間の手に渡るのです。[10]

私たちが信じるところによれば、この点においてこそ市場慣行は多大な公的重要性を獲得するのです。財宝の助けなり部族長や荘園領主に対するその政治的影響力なりによって労働を組織する古い未開主義的手法は——僭主に吸収されたのはこれら古代的手法でした——もはや実践的ではありませんでした。いまや公益事業主——そして彼らは多数いました――は、彼らの支払いによってアゴラ[*27]から彼らの必需品を調達する必要がありました。ある分野にこうした制度的発展の証拠があります。つまり軍隊です。ペロポネソス戦争の後半、さらに特定するなら小アジアに遠征したアゲシラオス[*28]の下で、将軍により、軍の必需品の調達は、その予測進路にもとづいて市場で「供給」し、「蓄え」、「準備」されるようになりました。ギリシア軍人は彼自身の手で食糧を購入し、彼自身の手でその支払を続けることになります。

市場が利用不可能である場合にのみ、将軍に他の何らかの方法による供給が期待されるのです（部隊による奇襲あるいは徴発を通じて、あるいは従軍商人によってしばしば開催される野営市場での供給を通じて）。こうした軍隊の側による市場の利用は、いかに公共サービスの人員を養うかという以後の全体的問題に対応する手法として、つまり市場という方法に対応するものとして、重要かつ示唆的であると思われます。

しかし、アゴラがポリス的生活の一部となった一方で、海外における私的交易の急速な発展がポリスに吸収されたことは決してなく、少なくともアテネが懸念していたようにはなりませんでした（コリントスの初期の物語やロードスの後期の物語[*29]は異なる特徴を持っています。スパルタ程度の小さなポリスではなく、アテネがポリスの原型になったのであり、これは、東方の農村部コーラ[*30]との対照においてヘレニズムの中核的問題となりました）。戦士ギルドが決して受け入れなかったからです。初期の人類史では二タイプの交易者が知られていますが、アテネではそのうち一つのタイプの交易者の存在しか知られていません。共同体に属する者、地位としての商人、シュメールやバビロニアでのダムカル〔商人〕は、初期のアテネでは現れておらず、ペイシストラトス後のアテネにはもはやそのような存在が入りこむ余地がありませんでした。もう一つのタイプの商人とは「帰属」しない人間です。つまり、外国人や異邦人、フェニキアあるいはベドウィン[*31]のような交易民族の成員（稀な人びとです）、あるいはおそらく世界のいたるところにおり、いつも漂流している人びと――流民（DP）――、パレスティナのゲール[*32]やギリシアのメティックなどです。こうした交易者は、その職業を蔑まれますが、その職業によって栄誉と地位を獲得できます。地中海交易は、フェニキア人がこの交易をやめた時にギリシア人のものとなりましたが、この意味での「ギリシア人」[11]とはアテネ人あるいはスパルタ人を意味しませんでした。これが意味したのはつまり、それが市民的職業として認められたというのではなく、ポリスにとって受容可能な職業になったということです。

一方にある心底市民的で内部化されたアゴラの地位と、他方にある外部交易との完全に外的なポリスの関係からは、ポリスの本質的構造が演繹されます。アテネが商人の故郷、誇り高い市民《バージェス》としての商人の故郷になったことは決してなく、その類似物としてアテネに誕生した数百のアゴラは、コーラの中に全く姿を見せなかったのです。アゴラの社会＝政治学的枠組みは商人を排除していました。それはあくまで市民組織だったのです。ポリスは決してこの構成上の境界を乗り越えませんでした。最終的にヘレニズム的世界の市場システムは失敗し、突如膨張したローマ帝国は世界帝国の統合事業に関してこのシステムを採用できなかったのですが、結局のところ、商人の排除という限界がその原因だったのです（わずかに似ていることが以前すでに一度起きていました。ハイヒェルハイムの見解を取り上げてみますと、新石器時代の市場です。これは確かに存在していましたが、青銅器時代の灌漑帝国や都市国家で発展しつづけることはありませんでしたし、こうした文明化する力の驚くべき爆発の最中における経済活動の成長の割合などとは比べものになりませんでした）。[*33]

ここには古代史をめぐる決定的な問題が新たに横たわっています。バビロニアではなくギリシアが市場的手法の発祥地であるということを認めるなら、問題は、複数の方法による経済活動の市場型・非市場型統合形態へとシフトします。非市場型の手法は互酬と再分配にもとづいています。これらをあわせて簡単に計画型と呼びましょう。市場要素と経済計画の関係は、新しい観点から明らかとなります。バビロニアの経済を適切に記述する能力が試されることになるでしょう。前景にあるのはエジプトではなくむしろメソポタミアです。メソポタミアにおいてこそ経済活動が、つまり交易や貨幣の使用、広範な商取引《ビジネス・トランザクション》を含む活動が莫大に増加する一方で、市場が失墜したからです。ここにおいてこそ、新たな概念ツールが試されることになります。貨幣を例に取りましょう。市場が欠如した国内経済において交換手段としてほとんど用いられないというのに、価値尺度としての貨幣は、そしてまた支払手段としての貨幣はどのように存立可能となったか。こうした一連の問いへの答えが求められるのです……。

初期バビロニアの第一王朝の下では、価値の尺度としての機能は銀が担っていましたが、その一方で経済の重要部門である神殿の会計では、支払手段の単位として大麦が用いられていました。実際のところ大麦は、税、貸付、賃金などに関する唯一の支払手段でした。

何が等式を成立させたのか。その何かによって法は一シェケルの銀と等しい財の量を明示していたのです。長期にわたって平衡の水準が著しく安定していた目的は何だったのか。そして、これらの事例をめぐり安定した平衡を維持するために現実の測量基準が部分的に変更されることは稀ではなかったのですが、この変更に際しても見られる格式ばった頑なさの目的は何だったのか(ついでながら、度量衡学の体系を動揺させることなく測量基準の変更を達成するために用いられた操作方法とは何だったのか[12])。

こうした問題および同様の問題をめぐり、私たちが満足のいく答えを持つためには、さらに多くの知識が必要となるでしょう。しかし、私たちが無知になる事柄に踏み込まなくとも、多くのことが述べられたのではないでしょうか。市場経済の完全化に向って次第に動いていくという伝統的世界像は、過去の不適切な理解に由来するものです。市場要素は再三再四、私たちとともにありましたが、統合されるべき領域の唐突な膨張は市場組織を失敗させ、非市場要素の前景化を促します。さまざまな歴史の時期の中で市場と非市場的要素がジグソーパズルのように入り組んできたのであり、その様態を研究することはもっとも興味深く重要な作業の一つです。現在にとっても近い将来にとっても重要なのです。そこで私たちはあらためておおむね同様の問題に直面する、あるいはしているのですから。古代史の研究は、日常生活の問題の概念的把握のためにもっとも差し迫って必要な道具箱の一つであることが証明されるでしょう。

（1）「カール・ポランニー・アーカイブ」ファイル番号42–14　おそらく一九五〇年代に準備され、結局開講されなかったイェール大学での講義。

（2）これはおそらくJ. K. Rodbertus, "Zur Geschichte der römischen Tributsteuern seit Augustus," *Jahrbücher für Nationalökonomie und Statistik* 4 (1865), pp. 341–427である。ここで単数形が用いられていることは（*that essay*）、以前に複数形の"essay"が用いられていたことと対照的である（*a series of essays*）。しかし、"essays"は完全に削除された別の語、おそらく"lectures"に置き換えられている。したがってポランニーは、公刊された論文が連続講義の成果か講演の類であることを含意させようとしていたようである。

(3) これは意図が果たされないままとなっている。ここに記されたトピックは本論ではカバーされず、ポランニーはこの一文を削除している。

(4) これはスコットランドの冒険家ジョン・ロウによって一七一八年のフランスで仕組まれた破滅的な金融計画、「ミシシッピー・バブル」を指している。

(5) ポリス。

(6) 第13章二三三頁参照。ポランニーはここでアリストテレス学派の『国制』から同じ一節を引用している。ここでは24章全体を取り上げた上で、次章はじめの文も引用している。

(7) ポランニーは「僭主制 tyrannis」という語を用いている。これは古代ギリシア語 *turannis* (*τυραννίς*) を英語で音訳したもので、君主の身分 sovereignty 一般、もしくは古代・古典期ギリシア世界に固有の専制的制度を指す抽象名詞である。

(8) 判読不可能。

(9) エイスフォラは直接的な徴税システム。紀元前五世紀のペルシア侵入後に、戦時の緊急の税としてアテネで課された。

(10) 判読不可能な一文。

(11) つまり交易者になること。

(12) この一文をポランニーは線を引いて消している。

*1 原文には“price curbs”とあり、直訳すると「価格の抑制」となるが、文脈上、“price

curves"の誤りであると判断し「価格曲線」と訳出した。

＊2 ユンカー（Junker）は、プロイセンの大地主貴族層。エルベ川以東の東部ドイツで、十六世紀の穀物輸出好況を背景に、裁判権や賦役徴収権にもとづいて中世の農奴制を再建した領主（グーツヘル）直営の農場が、十九世紀初頭プロイセンの農民解放を契機にさらに経営地を拡大。領主的特権は維持したまま賃労働による資本主義的農場経営（ユンカー経営）へと変容し、他国には見られない独特の経営体となった。プロイセンの高級官僚や将校にはユンカー出身者も多く、第二次大戦後の土地改革によって解体されるまでドイツ史の保守勢力の中核として多大な影響力を持った（グーツヘルシャフト）。

＊3 ロトベルトゥス（Johann Karl Rodbertus 一八〇五〜七五年）は、ドイツの経済学者。学者の家に生まれ、大学卒業後に司法官の任に着いたが、後に農場を購入、晴耕雨読の生活を送った。土地と資本の私有は革命ではなく国家による改良を通じて廃止されるべきと主張する社会主義者であり、短期間ではあるが国民議会の議員や文部大臣としても活動した。経済学者としてはリカードの労働価値説にもとづいて絶対地代論（本書第16章参照）を主張し、マルクスに影響を及ぼした。

＊4 「オイコス oikos」とは「家」を意味するギリシア語。転じて家に結合する人間の諸関係、さらには自給自足的な家政的経済単位を指す。「オイコス論争」とは、古代ローマ経済の特質を家政的な自給自足性によって規定したロトベルトゥスの議論（「オイコス経済」論）に端を発し、同論の延長で家政経済から都市経済を経て国民経済に

至る発展段階を構想したビューヒャーらと、古代地中海世界には近代と同様の資本主義がすでに存在したと主張するマイアーらとの間で交わされた一連の論争（『経済の文明史』第七章参照）。別名「古代資本主義論争」、「ビューヒャー＝マイアー論争」。

＊5 ニーブール（Barthold Georg Niebuhr 一七七六〜一八三一年）はドイツの政治家・歴史家。政治家としてはプロイセン政府の財政改革の中で指導的役割を果たす一方、歴史家としては正確な史実にもとづく史料批判の方法を確立した功績で著名。主著は『ローマ史』（*Römische Geschichte*, Cambridge: Cambridge Unviersity Press, 2010）。

＊6 グロート（George Grote 一七九四〜一八七一年）は、イギリスの実業家・政治家・歴史家。銀行家として成功した後、代議士に転身。公務の傍らで古代ギリシア研究をはじめ、後に研究に専念、『ギリシア史』（*History of Greece*, Cambridge: Cambridge University Press, 2009）をはじめとする著作を残した。リカード、J・S・ミル、ベンサムなどと親交があった。

＊7 モムゼン（Theodor Mommsen 一八一七〜一九〇三年）は、ドイツの歴史家で、第一回ノーベル文学賞作家。法学の知識とラテン碑文の収集・研究にもとづいて近代的なローマ史学を確立。左派自由主義の政治家としても活躍した。主著に『モムゼン・ローマの歴史一‐四』（長谷川博隆訳、名古屋大学出版会、二〇〇五〜〇七年）など。

＊8 パシオン（Pasiōn ?〜紀元前三七〇年）は、古代アテネの銀行家・製造業者。奴隷出身であったが卓越した商才ゆえに解放され、後には自身が築いた富の一部をアテネ国家に貸付けた功により市民権を付与される。ポランニーは、古代地中海世界の銀行

業を考察するにあたり、彼についての史料に着目している（『人間の経済』第16章参照）。

＊9 ブルトゥス（Marcus Junius Brutus 紀元前八五～四二年）は、古代ローマの政治家。カエサル暗殺の首謀者として知られるが、若かりし頃、キプロス知事の叔父の補佐官として働いていた際には、公務の傍らで金融業を営み財をなすという一面を持っていた。

＊10 クラール（kraal）は、「囲い」を意味するポルトガル語 "curral" から派生したアフリカーンス語で、辞書的には「柵で囲まれたアフリカ先住民の村落」を意味する。ただしここで言うそれは、ヘブライの家父長的世帯、ギリシアの大土地所有制、ローマのファミリアなどと並ぶ再分配機構としてポランニーが注目した「クラールランド制度」のことと推察される（『人間の経済』三八〇頁参照）。ポランニーによるとこの制度の下で人びとは、「窮乏生活はありえず、援助が必要なら誰でも問題なくそれを受けられた」（前掲書五九頁）。ところが植民地支配下で「文化的真空」状態に陥った人びとは、「半ば家畜化した人間の変種、自尊心と規範を亡くした得体の知れない存在、文字通りの人間のくずへと変えられてしまった」（『大転換』二八五頁）。市場経済勃興期の西洋ではこれと同様の事態が生じていたとポランニーは論じている。

＊11 ソロンが行った改革については、本書第13章を参照。

＊12 クレイステネス（Kleisthenēs）は紀元前五一五～四九五年頃に活躍したアテネの政治家。ペイシストラトスの僭主政を打倒し、アテネ民主制の礎となる諸改革を断行し

たことで知られる。本文中にある「クレイステネスの革命」が持つ「社会経済的内容」とは、僭主制の盛衰と密接に関わるかたちで市場が発展したという後述の見解を指すと考えられるが、ポランニーによると、クレイステネスはまた、旧来の血縁にもとづく四部族制を解体することで、従来部族単位で機能していた再分配システムが「ポリスに組織された民衆《デモス》の力によって置き換え」(『人間の経済』三〇七頁)られる契機を作った。

＊13 ウレ(Percy Neville Ure 一八七九〜一九五〇年)は、イギリスの古代史家で、レディング大学初の古典学教授。彼が創設したウレ・ギリシア考古学博物館は、英国随一のギリシア陶器を所蔵することで知られる。主要著書に『ギリシア・ルネッサンス』(*The Greek Renaissance*, London: Methuen, 1921)、『僭主制の起源』(*The Origin of Tyranny*, Cambridge: Cambridge University Press, 1922)などがある。

＊14 グロッツ(Gustave Glotz 一八六二〜一九三五年)は、フランスの歴史家。ソルボンヌ大学で古代ギリシア史を担当。主要著書に『ギリシア刑法における家族の連帯性』(*La solidarité de la famille dans le droit criminel en Grèce*, Paris: Albert Fontemoing, 1904)、『ギリシア都市』(*La cité Grecque*, Paris: Renaissance du livre, 1928)などがある。

＊15 トゥタン(Jules Toutain 一八六五〜一九六一年)はフランスの考古学者。高等師範学校の教授を務め、ローマのアフリカ属州、特に現チュニジアに関する調査研究を行った。二〇冊を超える単著がある。

＊16　ファーガスン（William Scott Ferguson 一八七五〜一九五四年）は、イギリスに生まれアメリカで活躍した古代史家。ハーヴァード大学教授。主要著書に『ギリシア帝国主義』（*Greek imperialism*, Boston: H. Mifflin, 1913）などがある。

＊17　ペールマン（Robert von Pöhlmann 一八五二〜一九一四年）は、ドイツの歴史家。エアランゲン、ミュンヘン大学で古代史教授を歴任。主要著書に『社会問題の歴史と古代世界における社会主義』（*Geschichte der sozialen Frage und des Sozialismus in der antiken Welt*, München: C. H. Beck, 1925）などがある。

＊18　アッティカ（Attika）は、ギリシア南東部のエーゲ海に突き出た半島の名。都市アテネはこの半島の中心にあり、本文後述のラウリオン鉱山はその南部に位置する。アッティカは、脈絡によっては都市アテナに対する農村部を指す地名となるが、本論でポランニーはむしろこの地名をアテネと相互置換的に用いている。

＊19　交易活動や貨幣に多様な非交換的用法があるというポランニーの主張は、論文「ハムラビ時代の非市場交易」や「貨幣使用の意味論」（『経済の文明史』第七章、三章）でより詳しく展開されている。

＊20　クランとは、広義には祖先の共有にもとづいて形成される親族集団を、狭義には祖先との単系的な関係にもとづいて形成される外婚制の出自集団を指す。氏族とも言われる。

＊21　ヴィラモヴィッツ＝メレンドルフ（Ulrich von Wilamowitz-Moellendorff 一八四八〜一九三一年）はドイツの古典学者。古代ギリシア文学のほぼ全領域を網羅する卓越した

業績によって、古代ギリシア研究を飛躍的に発展させた。哲学者ニーチェの論敵としても有名。ポランニーは『人間の経済』でアテネの地域市場について論じるにあたり彼の主著『ホメロス研究』(*Homerische Untersuchungen*, Triesenberg: Weidmann, 1991) を参照している。

＊22 テテス (thētēs) は古代アテネの最下層民。ソロンの改革によって部分的に市民権を付与された。アテナ海軍の漕艇手の大部分を担った。

＊23 メティック (metics, mētoikos) は古代アテネの外来居留民。少なからぬ部分は戦争を逃れて流入した亡命者であり、部分的にしか市民権を与えられなかった。ポランニーは、『人間の経済』第13章において、生活を交易に頼るしか方法がなかったこれらの居留民こそが、古代の典型的な交易者だったと論じている。

＊24 ポリュアイノス (Polyaenus) は二世紀に活躍したマケドニア出身、ギリシアの著述家。戦略逸話集『戦術書』(戸部順一訳、国文社、一九九九年) をローマ皇帝に捧げた人物であるが、来歴については謎が多い。

＊25 デイニアス (Deinias 紀元前四世紀頃) は古代ギリシアの都市クラノンの僭主、ファラリス (Phalaris 紀元前五七〇～五五四年) とテロン (Thērōn 紀元前五三〇～四七二年) はシチリア島南西部のギリシア植民市アクラガスの僭主。

＊26 ペイシストラトス (Peisistratus 紀元前六〇五～五二七年) は、アテネの僭主。僭主制を確立し、ラウリオン銀山の開発、小農の保護、大規模土木事業などの諸政策をとり、アテネに繁栄をもたらしたとされる。ソロンは彼の親族であり友人でもあったが、

やがて対立し、アテネを離れた。ポランニーは古代ギリシアにおける富と権力の関係を論じるにあたり、ペイシストラトス家の財宝に注目している（『人間の経済』第9章参照）。なお、本文で後述の「フクロウ」とは、彼の時代に鋳造された高純度の銀貨の通称。

*27 一般にアゴラ（agora）は古代ギリシアの都市国家に設けられた公共広場を指すが、ポランニーの経済思想においては、そこが地域で生産された食物を民衆に供給する商業的場所であり、域外からもたらされる非食糧品（奢侈品や財宝など）が売買される場所ではなかった点が重要である（『人間の経済』第10章、『経済の文明史』第八章）。ポランニーは、それぞれ別の起源をもつアゴラ型の地域市場と長距離交易とが複合している点に近代的市場が持つ一つの特異性を見出している。

*28 アゲシラオス2世（Agēsilaos II 紀元前四四四年頃〜三六六年頃）は衰退期スパルタの王。紀元前三九六年からギリシア諸市をペルシアから解放するため小アジアに遠征したが、ポランニーは、このときアゲシラオスが食糧調達と戦利品売却のために市場を利用したことに着目し、「軍隊が、市場および市場要因のとてつもなく大きな推進力」（『人間の経済』二三五頁）だったという主張を展開している。

*29 コリントス（Kórinthos, 英語ではコリント Corinth）とロードス（Ródhos）は、古代ギリシアを代表する都市国家。ともに古代地中海商業の中心地として繁栄した時期がある。

*30 コーラ（chōra）は、空間・場所を意味するギリシア語。古代ギリシア史では、都市

（ポリス）の支配下にありながら都市の外部に広がる領土という意味を持つ。ポランニーは、農村部のコーラと都市部のポリスの対照性という問題を『未開経済、古代経済、近代経済』（*Primitive, Archaic and, Modem Economies: Essays of Karl Polanyi*, Boston: Beacon Press, 1968.）の第一三章でも論じている。

＊31 ベドウィン（Beduin）は、アラブ系の遊牧民を指す語。アラビア語バドゥ（badw）のフランス語による訛称であり、本来的には自称ではない。ポランニーはベドウィンを、集団全体が交易に従事する民族（trading people.『人間の経済』では「大衆的交易者」）の一例とみなしている。

＊32 ゲール（ger）とは、旧約聖書に記されたイスラエルに寄留する外来者の区分。ヤハウェを信仰する「ゲール・ツェデク ger tzedeq」と、その他の「ゲール・トーシャーブ ger toshav」とに区別される。

＊33 ハイヒェルハイム（Fritz Moritz Heichelheim 一九〇一～六八年）は、ドイツ生まれのカナダの歴史家で、古代ギリシア・ローマ史が専門。ポランニーによる古代オリエント市場の位置づけを批判、これに対しポランニーは論文「原初的社会における貿易港」（『人間の経済』所収）で反論を試みている。

第4部　危機と転換

第16章　今、何が求められているのか——ひとつの応答[(1)][*1]

「共同性の機構」(*Maschinerie der Gemeinsamkeit*) というタイトルのもと *N. E.*[(2)] 25／26号に発表された論文で、F・W・フェルスター教授[*2]は、ボリシェヴィズムと対比させつつキリスト教的・トルストイ的見解を展開した。これに対して、続く29／30号でアーデレ・イエリネク[*3]が即座に反応を示した(「社会主義の道徳的価値」*Der sittliche Wert des Sozialismus*)。さらに31／32号では私が、フェルスター流の実証的精神に則ってマルクス主義的世界観が抱える問題について筆を執り、批判的考察を加えさせていただいた。この論考は、「世界観の危機——F・W・フェルスター氏の「共同性の機構」に寄せて」(*Weltanschauungskrise. "Zur Maschinerie der Gemeinsamkeit" von F. W. Förster*) というタイトルで刊行された。議論の起点は以下の通りである。すなわち、「今日いまだにマルクス主義と社会主義の混淆が支配的であり、あらゆる現代思想をつまずかせている。今という時代の喫緊の社会問題に迫ろうとする知的営みはいずれも、この知的泥沼に足を取られて失敗を余儀なくされている」(四五八頁)。その結果、「功利主義的倫理学、唯物論的歴史解釈、実証主義的認識論、名辞論的哲学といった思想はすべて、あらたな状況を前にして活力を失ってしまっている。世界観としてのマルクス主義は、これらの思想をよりどころとして構築されている。すなわち、マルクス主義の時代は終わったのである」（四六一頁）。ついいましがた届いたばかりの *N. E.* 36号で、フェルスターと私に向けられたフリッツ・ミュラーの批判に出くわした。そのタイトルは、「キリスト教的アナーキストと危機の預言者について――フェルスター、ポランニーらの議論に寄せて」（*Von christlichen Anarchisten und Krisenpropheten: Zur Diskussion Förster, Polanyi, etc.*）となっているが、フェルスターに対しては形式的には最大の敬意を払いつつ内実は慇懃無礼であり、私に対しては慇懃無礼な態度でのぞみつつ実質的には完全に無視している。しかし、双方の場合ともに言わんとするところは変わらないようだ。フェルスターは高貴な人物であるとみなされており、したがって彼の主張は真実であるとされるが、高貴な魂が抱く見解のご多分に漏れず、その主張は取るに足らないものとならざるをえないらしい。対照的に私は、理由はよくわからないが、「かつてのハンガリー人共産主義者」、すなわちほとんど人非人とのレッテルを貼られ、まさにそれがゆえに、その見解はたとえ真実であろうとも取るに足らないものとならざるをえないとのことである。こうしてミュラーはいつものことながら、先に触れた私の論考に即したかたちで自身の立場を表明するのではなく、問題の論点とは全くといっていいほど関わりのない作文の宿題をこなしているにすぎない。そもそも私は、かつて一度たりとも共産主義者だったことはない。旧い流派も新しい流派も同様に縁がない。さらにハンガリーでは、すでに長いこと反マルクス主義的立場の代表者として扱われてきたのだ。そこで私は、再びF・W・フェルスターの論述に対して筆を執りたいと思う。事実に即した見解こそをよしとしつつ、われわれが共有する問題について意見を述べるために。[4]

資本主義の時代が幕を開けて以来、あらゆる社会哲学は二つの陣営に分かれてきた。すなわち、資本主義の護教論を掲げる陣営と社会主義を掲げる陣営である。後者はすべての搾取を撤廃し、自由かつ平等な人間たちによる社会の創設を目的としている。

十九世紀の社会主義思想は、さらに二つの方向性に分かれている。一方は、後に改良主義的な党派としては社会民主主義者を名乗り、あるいは革命を志向する党派としてはボリシェヴィキ（共産主義者）を名乗るようになったマルクス主義的社会主義者たちである。もう一方は、革命的党派として後にアナーキストの諸潮流へと分派していく（改良主義者や急進主義者、土地改革派などと呼ばれた）自由社会主義者たちである。

マルクス＝エンゲルスによって築き上げられ、一大遺産として後世に託されたマルクス主義的社会主義の体系とは対照的に、自由社会主義は独立独歩の十九世紀思想家たちによる開放的な知的共同体として位置づけられる。この系譜に連なるのは、テュルゴー[5]やアダム・スミス[6]にはじまりケアリ[7]、プルードン、デューリング[8]およびバスティアを経て、H・ジョージ[9]、H・スペンサー、クラポトキン[10]、ヘルツカ[11]、そしてオッペンハイマー[12]といった人びとである。彼らを分かち隔てるいかなる差異をも超越してしまうがために尚のこと、これら思想家たちの著作に通底する根本的な主題は明快かつ重要である。その主題は以下の通りである。

> 自由こそあらゆる真の調和の基礎である。そして、自由から生じる状態こそ自然な状態である。この調和は、調和自身に根ざし、堅固で揺るがしがたい。「自然法の要請」が、このようなあらゆる人間の生の理想的イメージへとわれわれをいざなうのではなく、それとはまさに反対に、なくてはならない自由と調和の理想こそがそもそも自然法という観念を導くのだ。これは、いかなる恣意からも程遠い明快かつ卓抜なイメージであり、あらゆる暴力の不在、つまりは真の自由がたどり着かざるをえない状態の、不可避的かつ一義的なイメージなのである。

1　経済的理念

このような自由を経済において実現することが、イングランドとフランスの偉大な革命の目的であった。しかし、この仕事は果たされぬままに放置された。土地の独占という封建遺制は革命を生き延び、それによって、自由な経済が持つ新たな力を正反対の方向に向けてしまったのである。労働と自然の諸力の結びつきを任意のものとするためには、移動の自由に加えて土地の所有を自由にしなければならないとされた。こうして資本主義が生まれた。暴力とも自由ともつかぬもの、前時代の粗野な暴力と、自由な未来の新たな力とが合体したものとして。資本主義とは、「不可避的な発展の一段階」なのではない。そうではなくて、むしろ発展の創造的な力がようやく全面的に展開されたであろう時点で、この発展が遅滞してしまったことの産物である。資本家の利潤は、純粋な地代がもたらす（リカードが言うような従属的役割を果たす差額地代[*13]ではない）。それはむしろ、最劣等地でさえもたらすような地代である。というのも、暴力的な土地独占（Bodensperre）[3]の結果、土地を持たない労働者が恒常的に存在せざるをえないからだ。彼らは非自律的存在として賃労働を請け負わされ、その労働の成果は自身の所有地であれば得られたはずのものよりも少なくなる。土地を持たない階級が土地所有階級にもたらす剰余価値は、投下された「資本」の量に応じて後者の階級に属する者たちに分配される。この土地独占が続く限り、土地に限らずあらゆる資本が「利潤をもたらす」ことになる。いかなる労働賃金も、農業の「底辺労働者」の賃金を上回るのは不可能となる。賃金ピラミッドの基底を決定するのは、常にこの「底辺労働者」たちの飢餓賃金だからだ。こうして、資本利潤は純粋な地代によって立つのであり、マルクス主義者たちが主張するように地代が資本利潤に依拠するのではない。なぜなら搾取は、支配的と言われている自由競争の経済法則に由来するのではなく、実際のところ支配的で、自由競争を無効化している土地の暴力的所有という政治法則から導き出されるからである。

労働の服従的形態は、古来より暴力の政治的帰結であった。奴隷制や農奴制といった政治的征服の所産は、経済的搾取の基盤となってきた。剰余価値を搾り出す装置としての資本主義は、土地独占という名で呼ばれる労働の服従的形態に依拠している。安価な労働力の大群が空腹を抱えて農村から都市へと流れ込み、いたるところで資本主義的工業の成立要因となっているのであるが、この資本主義的工業自体も、支配的となっている労働の服従的形態、すなわち土地独占の純然たる果実なのである。

今日、経済において支配的なのは自由ではなく独占である。この土地に対する独占は、マルクス主義者たちが描くような「自由経済の結果」などではなく、自由経済の到来を阻止しているものなのであり、かの「経済外的強制」（マルクス）として自由で平等な人間たちの経済活動を締め出し、目下、いわゆる自由競争を正反対の方向へ、すなわち有産階級による無産階級の搾取へと向かわせているのだ。そこでは剰余価値は自由経済の価値法則にではなく、むしろ価値法則との矛盾に由来する。その理由は、自由経済が暴力的な所有によって制約されるからである。

このような考察の筋道を、はじめて端的に表現したのはオイゲン・デューリングの次のような文章である。すなわち、奴隷制あるいは農奴制は、純政治的な性質を持つ社会経済制度の諸形態とみなされるべきものであり、その双生児として暴力的所有をともなう。そして、これまでの世界においては、これらの制度が作り出す枠組みの中でのみ、経済の自然法則がその作用を発揮しえたのだ。(4)

フリードリヒ・エンゲルスは、こうした発想をデューリングの著作全体に貫徹する「根本的主題」だとしていたずらに反証を試みている。

資本主義の禍根、すなわちこの経済体制の根幹をなす不公正と搾取とは、自由社会主義の立場から見ると、真の労働の自由に対する制約の帰結なのだ。

資本主義がもたらす諸々の二次的な災いも、同じ原因に由来する。

あらゆる剰余価値から解放された経済においては、供給と需要が生産と分配を調和させる調節弁として機能する。そこでは、適正な賃金とは言えないような「企業家の利潤」は存在しない。また、いかなる危機も存在しない。というのも、価格はもはや隠蔽された剰余価値を実現するのではなく、ただ、等価な労働価値を実現するだけだからだ。そして、生産と社会的需要を対立させてしまうような「利潤経済」の倒錯は、社会の利益を当該社会に内在的な仕方で保障する装置へと転化する。

このような体制の社会においては、自由な協働が共同労働の一般的形態となる。自律的な協同組合《ゲノッセンシャフト》の有機的構造の内部では、消費・生産組織が市場そのものを編成し、さらにあらゆる卸売商業、すべての投機、そしてその他のいかなる寄生的機構をも完全に閉め出すにいたる。この構造は機械的ではなく、あくまで有機的なものである。この社会の成員はだれしも、自身を取り巻く消費・生産協同組合、あるいは他の何らかの協同組合の密な交際範囲の中で、自身が占める位置を見通すことができる。さらに彼らには、生き生きとした体験から、利己的な経済的衝動と並んで利他的な協働意欲がわき、これらの誘因を常にあらためつつ、個々の人格を全面的に保ったままでそれらを維持し育むことが可能となる。危機の第二の原因、すなわち市場における組織の欠如はこうして有機的な仕方で克服され、それゆえ活動する個人、すなわち有機体全体を構成する不可視の細胞を破壊することもないのである。

現実に即したものとして自由社会主義がイメージする社会生活は、まさに有機的に形成された生活である。経済とは生きたプロセスであり、これはいかなる方法によっても、いかに繊細かつ精巧に造られた機械装置によっても代替不可能である。統計的な手法によって「社会」の要求や可能性、利害関心といったものを突き止め、それにもとづいてこの社会にふさわしい一つのシステムを打ち立てようという期待は——そのようなシステムは、稼動しても個々人の要求や能力、利害関心に訴えかけることがない——自由社会主義者にしてみれば全く無根拠で望み薄であるように思われるのだ。

「統計による確定」という手法は、ある根本的に誤った推論にとり憑かれている。先に触れた統計的な算出の対象は、そもそも数の多寡や規模の大小という尺度で測るべきものではない。人口、商品、労働時間、土地面積、収穫量、馬力などは「測る」ことができるが、人間の要求や能力、彼の労働の強度や質、土地の肥沃さやある発明の技術的可能性――これらのものこそが経済活動の生きたプロセスを構成する要因なのだ――を多寡や大小で計測することは不可能である。数量的に分析可能な市場の形で、経済という血管組織の一部を任意に照らし出し、これを実際の経済と同一視した挙句、コントロールすべきだなどというのは、その都度意識に浮かび照らし出される心の外縁[*14]を、意識下に秘められた心という有機体の内実(その機能が意識そのものなのだ)と同一視するのと同様、誤った見解である。市場とは、文字どおり固有の感覚器官なのであり、それなしに経済の血液循環は持続しえない。そして、この循環を遂行している市場の機能とは自由な価格形成なのである。

社会の労働生産物を分配する方法は二通り考えられる。すなわち、一つは価格網の中心として財を需要のあるところへ引き渡す市場を通したやり方であり、もう一つは、財と需要を直結させる市場によらない方法である。前者が現実となっており、後者の実現は国民経済や世界経済においては不可能である。この両経済圏では、何ものも価格形成の役割に取って代わることはできないだろう。というのも、既存の需要に対する既存の財の配分比率は、価格の中に自己を表現しないからである(少なくとも観念的には機械的な価格[*15]というものが考えられるが）——むしろ価格とは一義的な決定を許さない指標であり、すでに明らかな需要や現時点で明白な労働努力を示すのではなく、これらの背後に隠された需要や労働努力の変化の瞬間を指し示す。換言すれば、価格は決してそれらの実際の規模を示すものなどではなく、経済の有機的な活動プロセスのある一点での微分係数を表すのだ。価格という現象形態の持つ規則性と多少なりとも安定的な性質は、それが本来有する純粋に機能的な性格について誤解を招く。価格とは決して商品の属性などではなく、商品生産者間に取り結ばれた関係である。しかし、この関係の様態は、経済を構成する諸細胞が張り巡らせた無数の網の目によって見通しがたく遮蔽されており、この構成単位のある一点での変化の割合を積分した結果だけがわれわれの目にも明らかとなる。そして、この積分の結果こそすなわち価格なのである。それゆえ、統計にしたがって価格を調整することは、圧力計で工場規則を指し示そうとするのと何ら変わらないことになる。とはいえ、市場経済と非市場経済の中間形態は存在しない。それはあたかも血管を備え血液が流れる人形、あるいは人工の心臓機械を搭載した生身の人間を想定するようなものである。

それゆえ、協同組合的社会主義は市場経済と同義である。ただし、それは価格に隠蔽された剰余価値の搾取を実現する場としての、資本主義的な利潤追求経済の無秩序な市場ではない。そうではなくて、自由な労働の等価な生産物によって有機的に構成された秩序を持つ市場である。

自由社会主義が原理的に重農主義的なのは、このような有機体的な物の見方に由来している（テュルゴー、ケアリ、オッペンハイマー、A・ダニエルなどのように）。生産物がすべて、農業の収穫に依拠しているということが原理的な事態であると自由社会主義者は考えている。したがって、工業の組織形態はつねに二次的な問題とならざるをえず、これは決して一方的に土地制度を規定しうるものではない。都市のあらゆる動向の意味と内容は、農村部において決定される。初期資本主義時代における機械の技術的生産性は、たしかに働く者たち全般の平均的生活水準を押し上げた。海原のごとく広がる農村部の悲惨はこれによって恩恵を得たが、しかし同時に、都市労働者の賃金水準を中世の手工業者のそれよりもはるかに低く押し下げもした（F・オッペンハイマー）。同様に、あらゆる工業の社会化が生産性を上昇させ続ける限り、その成果は政治的革命がもたらす農業労働者たちの生活水準の上昇により、長期にわたって吸い取られざるをえないであろう。

自由で重農主義的な経済思想としての自由社会主義にとっては、それゆえ、農業協同組合の問題が主要な関心事となる。当然ながらこの協同組合は、あくまで自発的な組織でなければならない。というのも、仮に自発的でなければ、それは決して協同組合とは呼べないからである。強制された協働と自由な協働との間にも中間的形態は存在しない。机上では両者は混同を招くほどに似ているが、現実には生きた人間と見世物小屋のからくり人形のように全くもって異なるのだ。両者の構造や運動のしくみ、代謝能力とそれに伴う抵抗力および生体機能は根本的な差異を示している。農業問題に関する典型的なまでの無理解と並んで、協同組合の問題に対する取り返しのつかないほど軽率な取り扱いこそK・カウツキーの歴史的ともいえる怠慢である。こうして、例の重大な誤謬が姿を現す。すなわち、協同組合が主要形態としての共産主義的な国家経済の傍らで、いわばお飾りの補助的形態とみなされる。あたかもそれが、市場なき経済において存在しうるとでもいうかのように。ここ二、三十年の間、マルクス主義の理論と実践がおかしてきた最大の怠慢は協同組合の問題を等閑に付したことであり、この点でマルクス主義は、これ以上ないほど手痛いしっぺ返しを受けてきたのである。

国家が作り出した協同組合とは、まさに大規模な国営企業そのものである。その担い手たちが取り結ぶ関係は――これがどれほど公正かつ理性的なものと受け取められていようとも――まさに強制によってのみ可能なものである。この企業がよって立つのは、個々の担い手たちが抱く認識や意志、関心ではなく、彼らに共通の運命を作り出そうとするよそよそしい他者の意志である。個人に秘められた力の源泉は、もはや当人の思いのままにはならない。ごくわずかとはいえ、彼が切望してやまない労働収益全体の増加分に対する、同様に微々たるものであるとはいえ、最後の最後で彼が奮い起こす努力の量の割合が協同組合の労働の生産性を決定する指数なのだ。この無限小の契機がなければ、協同組合が賃労働よりも優れている点など一切なくなってしまう。全く逆になってしまうのだ。なぜなら、賃労働においては、空腹というムチを手にし、自己の利益のためだけに労働者から最後の努力を搾り取るような資本家の利潤への執着が——さほど大きな力を発揮しないとはいえ——この無限小の契機となるからである。

とりわけ、封建的大土地所有を法令によって、共産主義的な「協同組合的大企業」に作り替える見込みは全くない。これは二重の意味で不可能である。一つには、今まさに詳述したように協同組合に命令すること自体の不可能性、換言すれば、農業労働者や季節労働者および借地人などに自由かつ自発的な共同労働を強いることの不可能性がある。二つめは、工業製品と交換されるべき彼らの労働の成果を、同時に国家の所有物とみなすよう強要することの不可能性である。これらのことが総体として意味するのは、すなわち、農村部の半隷属民に対して、一息に自由な協働と市場なき国家経済を強いるということだ。こうした試みには全く見込みがない。自由社会主義にとってはただ自発的な協同組合があるのみで、それ以外のものには関知しないのである。

ソヴィエト期ハンガリーの赤く塗られた封建的大企業は、革命の欺瞞のまさに典型例である。内戦がこのような企てを強いるのであろうが、ハンガリー国民経済の脆弱性は、赤い封建的大企業の建設によって反駁されるどころか、これによってようやく証明されるであろう。

自由社会主義は、その根本的な思想からしてあらゆる強制に敵対的である。人間に対する支配機構としての国家だけでなく、事物を管理する存在としての国家すら、自由社会主義にとって実践的には必要悪であり、理論的には有害かつ無用の構築物である。諸個人の生と活動からのみ生み出されうるものを、国家権力によって代替しようといういかなる試みも破滅的な結果をもたらさざるをえないのだ。

「共産主義的国家経済」は、その思想が誕生した領域でのみ実行可能である。すなわち、都市の大企業という領域である。これらの企業の意義と数は大きく、その社会化は不可欠かつ喫緊の課題でもある。しかし、都市の大企業の再編成は市場経済を止揚してしまってはならない。さもないと経済活動自体が停止してしまうからだ。同様に、この再編成を農業にまで拡張してはならない。というのも、農業こそが協同組合的な大規模経営の真のふるさとなのだから。さらに社会化は、国家経済と同義であってはならない。そもそも社会化のことを云々するのは国家であるべきではないし、少なくとも企業の最終的な所有者を国家にすべきではない。そうではなくて、労働者評議会や、自律的な消費ならびに農業生産の機関等々が代表するような万人による経済的自治こそ、その地位に就くべきなのである。この点について詳しくは後述する——ここでは自由社会主義が、自由で協同組合的な市場経済の原理と矛盾しない範囲で、主要な機械製生産手段の社会化を喫緊の措置として捉え、これを要請していることを指摘しておけば十分である。

　こうして、自由社会主義にとって「共産主義」は二重に不可欠なものとなるのだが、ここでいう「共産主義」とは本来の共産主義、すなわち市場なき経済へと向かうものではない。自由社会主義が要請する「共産主義」の一方は恒常的であり、もう一方は過渡的である。前者は、都市における大規模工業の社会化のことである。後者は、非常事態によって余儀なくされる共産主義のことであり、あらゆる戦争、すべての革命によってもたらされ、戦闘を遂行する軍隊への食糧供給あるいは内戦における戦略の結果生じる。これはプロレタリアートの蜂起の純然たる随伴現象にすぎず、その歴史的意義などではない——このことについては後ほど、政治と歴史について扱う箇所でより詳細に説明するつもりである。

その主題に移る前に、自由社会主義的な社会を実際に打ち立てることで実践上十分に講じうる措置について手短に列挙しておきたい。

1 耕す能力と意志があるすべての者に農地を自由に分配することで、土地を完全に解放すること。

2 所有の完全な保障を、すべての農業労働者——生産協同組合および大規模経営を行うあらゆる性格の協同組合に対して確約すること。

3 (経済活動を組織化した上で、その諸機関に代表された)万人による経済的自治に対して、それぞれに相応しい工業の大規模経営を引き渡すこと。有機的な経済的自治(評議会やクリア制[*16])を万人による民主主義的代表制から完全に切り離すこと。後者は経済活動に干渉する権利を一切持たないこと。

4　精神労働と肉体労働の完全かつ有機的な同列化。精神労働と肉体労働が対等に代表されているような場合のみが、正当な代表行為とみなされる。労働の生産性に見合った自由な賃金契約[*17]。

5　あらゆる価格・賃金調整、物資・食糧の徴発とその公的な分配、すべての関税や生産割当制度、そして、その他もろもろの自由な市場に対する干渉を、可能な限り速やかにかつ完全に停止すること。

2　政治的・歴史的視点

ボリシェヴィズムの歴史は短いが、それがもたらす帰結は決定的である。一四ヵ月前、私はロシア革命の教訓を以下のように特徴づけた。すなわち、ロシアでのボリシェヴィキの政治的勝利は、共産主義的な経済プログラムの完全な敗北を意味する。ソヴィエト政府の成功はすべて、中央集権的な国家経済という要請を放棄することから得られたものだ。ロシアにもたらされたのは、市場なき交換でもなければ、社会による社会のための生産でもない。土地の国有化もそこには存在しない。現在のロシアに存在するのは、市場、土地の私有制、自発的かつ自由な協同組合による食糧市場の支配、そして貨幣賃金の歩合制労働である。これらすべてが、内戦によって退廃を余儀なくされたかたちで存在するのだ。つまり、闇商売や投機、国家が保証する企業家の利益、恣意的に押し下げられた後、再び人為的に釣り上げられる熟練労働の賃金、過少生産と乱開発である——当時全く理解されなかったかせいぜい誤解されるにとどまっていたことは、今日では明確に認識された歴史的事実となっている。すなわち、ソヴィエト権力の完全な政治的勝利が、中央集権的な国家経済の崩壊と同居しているのだ。現在のロシアを支配しているのは、レーニンの政治権力と、新しく自分の所有地を耕し、自発的で巨大な規模に統合された、自由なロシアの農業協同組合が持つ経済権力である。ハンガリーでの出来事は、同じことを逆の方向から証し立てている。ハンガリー・ソヴィエト政府は、中央集権的な経済プログラムをひとえに全身全霊を込めて実現しようとした結果、劣勢に立たされることになったからだ。共産主義経済という気前はいいが完全に誤った試みがなかったならば、ソヴィエト政府はいまだにこの国を支配していたであろう。ロシアとハンガリーの両者ともに、われわれに同じことを教えてくれる。すなわち、プロレタリア独裁の政治的成功と経済的成功は両立しないということを。ここで言う政治的成功とは、国家権力を労働者階級の手に集中させようという試みのことである。一方経済的成功とは、経済を共産主義的（市場なき集権化された国家経済）に再編成する試みのことである。とはいえ、共産主義を唯一の例外として、他のいかなる社会主義経済も、労働者階級の手に握られた政治権力と共存可能である。この事実こそ、ヨーロッパの未来を決定するだろう。

ボリシェヴィズムの運動が持つ歴史的な意味は共産主義ではない。プロレタリア独裁のもとで明かされるその真の意味は、以下のごとく二重のものなのである。(1)ボリシェヴィズムは、歴史的な諸国家の窮屈な国境を永遠に消し去ってしまうであろうということ。(2)ボリシェヴィズムは、大土地所有ならびに独占資本の権力の根源を経済の土台から引き抜くであろうということ。解放された土地の力が、協同組合的社会主義という唯一可能な形を取って適切な時期にヨーロッパの再建作業へと振り向けられないのであれば、こうしたことの、理論的にはそれ自体で破壊的な作用により、数十年に及ぶ完全な経済的無秩序と政治的独裁の舞台が残されることになるだろう。

市民階級の勃興は国民国家を作り出したが、労働者の擡頭は世界国家を生み出すだろう。市民革命を支えたのは、革命的階級としての市民階級の物質的利害であったが、その勝利が完全なものに近付くほどにこの階級の生活水準は高まっていった。いかなる政治的反動も、彼らの勝利を経済的に後退させることはできなかった。一方、産業プロレタリアートにとって共産主義への道のりはこれとはまさに正反対であった。それはすなわち、闘争における悲惨、闘争の結果としての悲惨、そして、政治的に敗北した際の悲惨を意味したのである。しかしながら、先だってすでに示唆しておいたように、農村部のプロレタリアートが今日いまだにさらされている悲惨の海に対して、あらゆる経済的恩恵が長期にわたって注がれなければならない――この恩恵はすべて、経済革命ではなく政治革命がもたらすのだ。かつての「やんごとなき御身分」の、最後の政治的・法的・独占的な諸特権はここにおいて根絶され、解放された土地によって立つ自由な労働の諸力が全能の地位へと引き上げられる。これはしかし、根本的に経済的な意味における革命ではない。なぜならば、これは転覆ではなく、イングランドとフランスの偉大な革命によって開始された運動の完遂を意味するからだ。まさにこれは、遠い将来において可能となるであろうはずの、もっとも意義深い経済的進歩となるだろう。もし人間社会が現在の激動を生き抜くことができたならば。

これを可能とするためには、あらゆる戦争と革命についてまわる非常事態の共産主義と、本来の意味における偉大な世界革命との混同をやめる必要がある。そもそも世界革命とは、共産主義などではなく、世界中の、解放された土地に依拠する自由な労働者たちにより、待ち望まれた自由な協同組合が創造されることなのだ。したがって、この世界は破滅するか、さもなくばF・W・フェルスターが言うように、「個々人のこれ以上ない程自由な諸力の、十分によく組織された協同組合的結合がもたらす最終結果[5]」として存続することになるであろう。

3　今、何が求められているのか

今、求められているのは、自由主義が前時代の政治などではないこと、そしてアナーキズムが未来の政治ではないこと、そうではなくて、両者に共通する理念の内実こそが今日の現実を作り出しているのをはっきりと認識するべきだということである。

今、求められているのは、自由とアナーキズムを掲げた社会主義者による一〇〇年におよぶ要求が――ユートピア的形態においてではなく、現実政治が求める実質に即した形で――ようやく満たされようとしているのをはっきりと理解すべきだということである。世界革命は、共産主義ではなく自由な社会主義を実現するのだ。

今、求められているのは、協同組合と共産主義とが相容れないという事実を最終的に認めることである。というのも協同組合は、自由な共同労働と自由な交換が、ともに行われるところでのみ存続可能だからだ。

今日の闘士たちはみな、心のもっとも奥深いところで感じとらなければならない。人類にその病理を根治するよう強いるのではなく、人類に再び自由を与えることこそが自らの使命であるのを。そして彼らはみな、今こそ自覚するべきである。この世界に再び救済をもたらすものは自由であり、それ以外の何ものでもないことを。

これこそ、今、求められていることである。

英語版訳者謝辞

ポランニーによって一九一九年に書かれた、「今、何が求められているのか——ひとつの応答」と題された八頁にわたるタイプ原稿(コンコーディア大学カール・ポランニー・アーカイブ所蔵)を、快く提供してくれたギャレス・デイルに感謝したい。同氏には、翻訳にあたり重要な箇所を少なからず指摘していただいた。このタイプ原稿には、かなりの数にのぼる誤植および誤字脱字が含まれており、そのほとんどが(おそらくはポランニー自身の手によって)鉛筆で修正されている。さらに、判読が困難な箇所も複数あり、そのうちの一つに至っては判読は全く不可能である。とはいえ、それらの箇所に関する解釈の問題は解決しえたと、かなりの自信を持って言えると思う。なお判読不能の箇所については、ジョルジオ・レスタに御尽力をいただき、訳文中ではそれらの箇所について言及することは控えた。

(1)「カール・ポランニー・アーカイブ」ファイル番号2-9 一九一九年のドイツ語原稿。

(2) これはおそらくオーストリアで発行されていた『新たな大地』(*Neue Erde*)という

雑誌のことと思われる。

（3）これはドイツの地主貴族ユンカーが享受していた土地の独占に対して、フランツ・オッペンハイマーが使用した術語である（この注に関して、ギャレス・デイルに感謝する）。

（4）出典は、E. Dühring, *Cursus der National-und Socialökonomie.* 初出は一八七六年。ここではフリードリヒ・エンゲルスの『反デューリング論』中の引用からひいた。『反デューリング論』は、http://www.marxists.org/archive/marx/works/1877/anti-duhring/ch13.htm（二〇一四年四月七日現在）を使用した。

（5）おそらくこれも既出の「共同性の機構」からの引用であると思われるが、詳細は不明である。

＊1　本章は、シアラン・クロニン（Ciaran Cronin）によってドイツ語のタイプ原稿から英語に翻訳された。日本語に訳出するにあたってはドイツ語タイプ原稿を用いたが、判読不可能な箇所については英語版テキストを参照した。

＊2　フェルスター（Friedrich Wilhelm Förster 一八六九～一九六六年）は、ドイツ出身の哲学者、教育学者、平和主義者。ミュンヒェン大学などで教育学と哲学を教える。主に倫理や政治、宗教や性の問題に取り組みキリスト教的倫理にもとづいた個性、意志、良心の涵養を目指す教育改革を提唱した。第一次世界大戦中から一貫して戦争やナショナリズムに対する批判的な文筆活動を行ったため、大戦後は国民社会主義者ら

から脅迫を受け、ナチ期にはアメリカに亡命した。

＊3　イェリネク（Adele Jellinek 一八九〇～一九四三年）は、オーストリアの女性作家。ウィーンの労働者の家庭に生まれ、一九一九年から三四年にかけて雑誌『新たな大地』（*Neue Erde*）をはじめ、主に社会民主党系の新聞や雑誌に文芸批評などを寄稿。同時に小説や詩も発表している。一九四三年、ナチによって移送されたテレジエンシュタットのゲットーにおいて世を去った。

＊4　ドイツ語原文は um die gemeinsame Sache sachlich zu vertreten となっている。英語版テキストでは注が付され、Sache（物、事、問題）を、concern（関心事、重大事）と訳出したと断りが入っている。日本語版では原文を尊重し「問題」と訳出した。

＊5　テュルゴー（Anne Robert Jacques Turgot 一七二七～八一年）は、フランスの政治家、経済学者。ルイ一六世治下の財政総監。穀物取引の自由化やギルド廃止策といった自由主義的改革に努力したが、反対派の抵抗により罷免された。

＊6　H・C・ケアリ（Henry Charles Carey 一七九三～一八七九年）のことか。アイルランド出身でアメリカに亡命した父のマシュー・ケアリ（Mathew Carey 一七六〇～一八三九年）と同じく経済学者。父の保護主義的経済思想を継承・発展させた。古典派経済学への批判は鋭く、代表作の『過去・現在・未来』（*The Past, the Present, and the Future*, Philadelphia: H. C. Baird, 1848）では、リカード地代論とマルサス人口論に対する批判が展開されている。

＊7　プルードン（Pierre Joseph Proudhon 一八〇九～六五年）は、フランスの社会主義者、

アナーキズムの思想家。民主的な経済制度や相互連帯にもとづく自由で平等な社会の実現を主張。経済的自由主義、共産主義、国家のいずれをも否定した。

＊8　デューリング（Karl Eugen Dühring 一八三三～一九二一年）は、ドイツの哲学者、政治経済学者。宗教や神秘主義を批判して社会主義に近づいた一方で、共感にもとづく道徳を説き、資本家と労働者の利害は自由競争によって調停されうると主張した。これに対してエンゲルスは『反デューリング論』で激しい批判を加えた。

＊9　ジョージ（Henry George 一八三九～九七年）は、アメリカの経済学者、土地制度改革論者。リカード地代論に依拠して、土地が地主に独占された社会においては、社会的な富は地主に独占され、貧困が存続する原因をなすと考えた。それゆえ地代はすべて租税として国家が徴収し、その他の租税は撤廃すべきという土地単一課税を主張した。

＊10　クラポトキン（Pyotr Alekseevich Kropotkin 一八四二～一九二一年）は、ロシアの革命家、アナーキズム思想家。クロポトキンとも。国家を廃し、相互扶助と生産者の自発的な連合による社会の形成を主張した。一〇月革命以後のソヴィエト政府に対しては、そのプロレタリア独裁の考えに反対し、ボリシェヴィズムを新たなジャコバン主義として批判した。

＊11　ヘルツカ（Theodor Hertzka 一八四五～一九二四年）は、オーストリアの国民経済学者、ジャーナリスト、著述家。デューリングの影響を受け、資本利子と地代こそ市場経済システムの主要な欠陥であるという認識に立ち、ルポルタージュの体裁を取った

主著『自由の地——ある社会の未来像』(*Freiland: ein soziales Zukunftsbild*, Berlin: Duncker & Humblot, 1890) において、ヨーロッパからの移住者が東アフリカで経済的平等と労働の自由な連帯を実現するユートピアを描いた。この著作はF・オッペンハイマーらによって支持された。

*12 オッペンハイマー (Franz Oppenheimer 一八六四～一九四三年) は、ドイツの社会学者、経済学者、医師。開業医のかたわら社会問題に関心を持ち、一九〇七年に『国家論』(広島定吉訳、改造図書出版、一九七七年) を公刊、一躍有名となる。社会問題は、究極的には下層階級の土地所有からの締め出しに起因すると説き、政治的手段による独占なき市場の創出を通して自由な社会が到来するとした。オッペンハイマーは自身を「自由社会主義者」と呼んだ。

*13 リカードは、地代の発生要因を土地の豊饒性と位置 (市場からの距離) の差異、優等地の有限性と土地収穫逓減の法則に求めた。等量の資本を同一面積の土地に投下した際、土地によって獲得される生産物間に差額が生じる。同時に、穀物価格は最劣等地の生産価格で規定されると考えるため、豊饒性の程度に応じて、優等地にのみ地代(超過利潤) が生じるとした。これを差額地代という。一方、最劣等地に成立する地代を絶対地代という。

*14 「外縁」とした語は、原文ではUmkkeisと綴られているが、おそらくUmkreis (周囲、交際範囲) の誤りであると思われる。英語版テキストでは「一部」(portion) と訳されているが、原文では同一文中の「内実」(Inhalt) と対比されているものと判

断し、ここでは「外縁」と訳出した。

*15 英語版テキストでは mechanisch（機械的な）を menschlich（人間の）の誤植と解釈し、human price（人間の価格）としている。したがって、英語版ではこの一文は「少なくとも観念的には、人間の価格というものが考えられるが」とされている。日本語版ではこの解釈を取らず、「機械的な価格」とした。というのは、これを前段の「自由な価格」と対照的な意味を持ち、「人為的な」あるいは「融通の利かない」といったニュアンスの語として捉えても無理がないように思われるからである。ちなみに本章三二四頁第二段落の協同組合についての考察の部分で、「人間」と「からくり人形」を対比した比喩が出てくるが、ポランニーは「人形」（Puppe）に、mechanisch という形容詞をわざわざ補っている。それにより「生きた・有機的な」ものと「人工的な・無機的な」ものという本章に一貫する対照をより一層強調したかったのではあるまいか。

*16 クリア（Kurie, curia）は、元来古代ローマにおける三段階の氏族制的社会組織の一単位のこと。ポランニーの言う「クリア制」は、諸個人がさまざまな社会的機能（生産・消費・居住など）に応じて自発的な団体を形成し、団体相互間の対話によって市場社会における利害関係の矛盾を解決していくような制度（「機能的社会主義」）を示唆していると思われる。ポランニーの「機能的社会主義」について、詳しくは若森みどり『カール・ポランニー』、特に第二章第三節などを参照のこと。

*17 「労働の生産性」としたのは、原文では Arbeitskräfte der Wirtschaftsleitung である。

英語版テキストは、Wirtschaftsleitung（経済（活動）を牽引すること）を、Wirtschaftsleistung（経済的成果）の誤植と捉え、productive workforce（生産性の高い労働力）としている。ここでは文脈から考えて英語版の解釈に従った。原文のままであれば「経済（活動）を牽引する諸労働力との自由な賃金契約」とも訳せる。

第17章　近代社会における哲学の衝突[1]

第1講

この主題は、一般的にはファシズムと共産主義による民主主義への挑戦として理解されています。

この連続講義の目的は、この挑戦の真の性格を明らかにすることです。それによって、事態のこのような解釈が的確かどうかもはっきりするでしょう。

I　民主主義のイギリス的理念と大陸的理念

私たちはよくよく、政治哲学を民主主義的と表現することに慣れています。しかし、それぞれ民主主義の名のもとに体現された、イギリスと大陸で全く異なる二つの理念に対して、同じ術語を適用することは、果たして妥当なのでしょうか?

よく言われるのは、イギリスと大陸の民主主義が、同じ種から派生した変異体だということです。ウェストミンスタの議会はしばしば議会の母と呼ばれ、大陸の諸議会はイギリスのモデルに倣ったものと思われています。

イギリスと大陸それぞれの相違は、この模倣が不十分だったから、といった程度にしか考えられていません。つまり、大陸の民主主義的体制の危機は、これが民主主義の哲学に固執したからではなく、むしろ、民主主義の哲学に十分には則っていなかったからだとされています。このような認識は正しいのでしょうか?

1 理念

(a) イギリスの民主主義

イギリスの民主主義は、自由(*liberty*)の理念に軸足を置いています。この制度は、最大限公共の合意を取りつけつつ、力による強制を最小限に抑えて、共同体の関心事を処理するための方法です。イギリスの民主主義に象徴的な存在が議長《チエアマン》です。これに相当するものが大陸にはありません。大陸における大統領の役割は、イギリスの議長《チエアマン》のそれとは実際にはほとんど正反対のものです。議長《チエアマン》の務めは、意見をたたかわせ、審議を重ねる際、あらゆる見解が余すところなく明らかにされるよう取り計らうことです(さまざまな立場を支持する、意見の広がりがあることを明確にしておくのが望ましいのです)。「一般的合意」を確認するのであれば、無用な、早まった判断が混入せざるをえませんが、決定された合意の執行においては、必要最小限度の強制しか伴いません。とりわけ、会合における圧倒的多数派が、一般的原則にもとづいて妥当と考える以上の度合いで、少数派に対する強制が行われることはありません。討議中の問題に関して、自身が期せずして多数派、少数派のどちらに属することになるかは問題にならないと言えます。共同体の内部で最大限の自由が達成されるのは、まさに、こうした措置によってなのです。

会合が、終身の選挙民によって定期的に選出される代表者団体であれば、意見を異にする少数派に対して、多数派が権力を濫用し力によって強制しようとしても、二党制というさらなる安全装置がシステムの内部に確保されます。最大限の公共の合意を代表するという役割を濫用し、必要最小限度を超えて、少数派に強制力を行使するのであれば、そういった多数派は、ほとんど自動的に、次の選挙で自身が少数派へと追いやられるのを知ることになるでしょう。

二党制はこのように、イギリスの民主主義の主要な特徴を体現しています。つまりこの制度では、強制力の行使を最小限にとどめつつ、問題が処理されるわけです。というのも、安定的多数派を形成することなく、議会が有能な政府を支えることは不可能である一方、権力の座につく[2]政党の交替がなければ、多数決のシステムとは、少数派に対する独裁に等しいからです。

ここで、自由を保障する統治形態としての民主主義には、固有の限界があることを指摘しておいたほうがいいかもしれません。何らかの抽象的な原理を、それが何であろうと、まるごと実行に移すのが不可能なのは言うまでもありません。とはいえ、私たちが今ここで問題にしようとしているのは、原理自体に内在する限界のことです。問題を処理しようという要請が、そもそも自由の本質的な一部なのです。したがって、この要請が共同体内部における自由の実現という重要な問題とは無関係で、たかだか、共同体における生の実践的な一局面にすぎないなどと考えてはなりません。それどころか、これこそが物事を処理する際の、まさに原理に関する問題なのです。たとえば適切な統治機構を持たぬがために目的を成就しえない共同体を想像してみれば、ただちに、安定的な多数派の存在こそ、自由を実現する統治形態としての民主主義の一要件であることがわかるでしょう。とはいえ、安定的な多数派が形成されるということは、その多数派において支配的な信念や利害に、諸個人および諸集団が服従することを意味します。もちろん、同じことが恒常的な少数派についても言えます。したがって、民主主義的方法の適用に際しては、服従を余儀なくされた諸個人、および恒常的な少数派の存在が、その内在的な限界を示すことになります。彼らの存在は、よく言われるように、常識《コモンセンス》のひと言で片付けられてしまうに違いありません（これでは、私たちが検討している民主主義原理の崩壊を言い換えたにすぎません）。

民主主義が、できるだけ自由の精神に則って自己の限界を克服しようと試みるのは、方法としての民主主義の本質的な一特徴です。人種、言語、民族《ナショナリティー》、地理的理由、宗教的信念、そして特殊経済的、または特殊職業的利害における恒常的少数派は、民主主義国家の権力に自制を促す法令によって、何らかのかたちで保護されるでしょう。民主主義国家の諸権力は、まさにその性質上、こうした法令によって制限されていなければなりません。地域的・職業的自治、および文化的・宗教的自律や寛容の原理、そして産業と経済の問題への不干渉の原理の中に表現されているものこそ、こうした制限なのです。

自由を実現するための方法が私たちに要請しているのは、自由の精神が、二党制の限界さえも乗り越えて貫徹されることなのです。

(b) 大陸の民主主義

大陸の民主主義は、平等の原理に軸足を置いています（貴族政治あるいは寡頭政治の反対です）。したがって、ここでは民主主義が目的となります。すなわち民主主義とは、現実の社会状況において、万人の平等があまねくはっきりと表現されていることを指します。実践においてこれが何を意味するのかというと、個人的資質の差異に大きな可能性が与えられる一方で、生まれと富による特恵があまり強調されない、ということです。国家は平等のための安全装置となります。こうした国家は、ある個人が別の個人を、あるいはある集団が別の集団を支配するのを妨げるべく設計されています。その結果、広範な司法権と強大な行政権を伴って国家の力が強くなりますが、異論を唱える少数派への配慮は乏しくなります。

すると、圧倒的に社会民主主義的な体制が実現されるでしょう。ローマ教会の高僧、帝国軍の高級将校およびオーストリアの上級官僚の圧倒的多数は、下層中産階級や小農の子弟からリクルートされています。

2 制度

(a) イギリス

封建的特権を残しつつ、人民主権の原理によって立つ政体です。参政権は二、三十万の有権者に制限されています。普通教育はその新たな特徴の一つです。事実、一八九一年以来初等教育が、一九〇三年以来中等教育が義務化されました。[3] オーストリアでは、一八六七年以来公立の小学校が義務化されただけでなく、さらに、公立以外の小学校は事実上認可されなくなりました。上流階級の［家庭］[*1]も、その子弟を公立小学校に通わせています。蛇足ながらこのことが、オーストリアの公立小学校がかように高いレベルにある理由の一つです。さて、上級学校は二種に分かれます。一四歳までのより低いレベルのものと、高等学校に続いて大学を目指す高いレベルのものとに分かれるのですが、高いレベルの上級学校については一種類しか存在しません。こうして普通教育は、階級間の差異の表現というより、むしろ国民統合のための梃子《てこ》になっています。

このように、イギリスと大陸の民主主義は明確な対比をなしており、それだけに、両者は区別する必要があります。イギリスのそれは、方法としての民主主義的に依拠した自由至上主義的（*libertarian*）統治形態です。国家の力は制限され、序列のはっきりした社会階層分化を伴います。これとは反対に、大陸の平等主義的（*egalitarian*）統治形態は、社会的平等を保障するために強力な中央政府を持つよう設計されており、普通選挙権と、平等な教育機会を主要な制度的特徴としています。

ところで、自由と平等とは、社会編成の原理として相互に排他的なものであると言えるのでしょうか？

Ⅱ　自由《リバティ》と平等

相互に排他的であるどころか、自由《フリーダム》と平等とは実際には相関的です。この二つは、キリスト教の人格概念から必然的に導き出されるものなのです。

自由は、人間の精神性《スピリチュアル》の本質です。それはまさに精神の別名なのです。キリスト教による人格の発見とは、あらゆる人間が救うに値する魂を持つという真理の発見でした。そして、この疑いの余地なき点において、すべての人間は平等なのです。

しかし、このような主張から何か導き出されるべきものがあるのでしょうか？　あらゆる人間の平等など、特定の宗派に属して信仰を共にする人びとの団体のように、理想的社会でのみ実現可能なのだ、とはよく耳にする言い草です。とはいえ、こうした言い方をする人びと自身が、社会の完成を目指して今も努力し続けているのはなぜなのかと問われれば、おそらく、答えに詰まるのではないでしょうか。しかし、その答えがどのようなものになろうと、通常私たちは自由と平等の両者ともに、社会における実際の制度的生活に適用されるべき原理であると考えるのです。

まさにこの地点で私たちの問題が立ち現れます。というのは、ある原理を制度的に実現するということは、必然的に当の原理の部分的実現であるがために——あるいはその限りで——当の原理の歪曲とならざるをえないからです。こうしてできあがった制度が、ある別の原理の、同様に部分的な実現と衝突せざるをえないとしても何ら不思議ではありません。実際のところ、平等の法的実現が自由《リバティ》の犠牲を伴わずに獲得されたことは一度たりとてなく、翻って、ある不平等な社会においては、平等を犠牲に供したがゆえに自由が保障されてきたのです。

私たちが、このように分岐した発展の要因を探求すべきなのは、それぞれに獲得された制度の領域です。そのために私たちは、イギリスと大陸の民主主義に共通の起源を求めて、必要な限り遠い過去へと、すなわち千年以上も前へとさかのぼらなければなりません。

Ⅲ　自由《リバティ》の二つの起源

ゲルマン人の村落共同体とその部族社会がローマ文明と接触した際、それまでの血縁的紐帯に取って代わって、新たに土地が、経済および政治の土台になりました。自由人の共同体は解体を余儀なくされました。血縁的紐帯を土台として国家主権を組織するのは不可能です。そこで、経済および政治生活の新たな地域的結合形態として、荘園制が成立しました。

しかしながら、国民国家的《ナショナル》な領域主権を荘園制という土台の上に確立するには、方法は二つしかありません。

(a)　荘園領主たちの連合国家、すなわち封建領主の共和国によって。そこでは王は、「同輩中の第一人者（primus inter pares）」にすぎません。これは、たとえばフランスで見られたような、純粋な封建制での事例です。

(b)　王権神授説にもとづく絶対王政によって――封建領主、自由人、農奴あるいは奴隷のいかんを問わず――すべての臣民に対する直接的かつ効果的な主権作用の確立を通してです。

西欧の——大陸とイギリスの——大雑把に言って、西暦八〇〇年から一八〇〇年頃までの歴史は、これら二つの方法の交替の歴史です。

国家主権を確立するためのこの二つの手段が、自由の起源となったのです。

(a)　王の力を制限した封建領主たち。

(b)　封建領主たちの力を制限した王。

前者の自由は、一般に立憲的な自由と呼ばれており、しばしば同時に、封建領主が領民隷属化を行う自由を取り戻したことと同義です。後者のタイプは、社会的な自由に帰着します。

イギリスでは、奴隷、小作人、農奴および職人は彼らの自由《リバティ》を王に負っていました。奴隷貿易をやめさせようとしたウィリアム征服王からヘンリ二世の時代に至るまで、そして「州長官にかんする審問」[(4)*2] (Inquest of Sheriffs) から囲い込み《エンクロージャ》を制限したマートンの法令[(5)*3] (Statute of Merton) までずっと、この事実は変わりませんでした。政治的には王は、大陸と同様に非封建的諸階級と手を組み、封建領主層に対抗したのです（ペスト大流行期のような全般的な経済危機の時を除いてですが)。

他方で封建領主たちにますます求められるようになったのは、王の専制的権力に対する防波堤となることでした。

こうして自由は、立憲的な自由と社会的な自由という二つの側面から、育まれていたのです。

大陸での過程も本質的にはこれと類似のものでした。王は同じく封建領主層の力を抑制しようとし、一方で領主たちは彼らの立憲的権利を主張したのです。そして大陸でも、王と領主たちはそれぞれの目的を果たそうと、他の社会階級と手を結んだのです。両者の相違は手を結ぶ相手の階級でした。そしてこの相違はやはり、経済の発展段階に左右されたのであり、王と領主の対立の行方もそれによって決まったのです。

さて、イギリスの発展は大陸のそれに先んじていました。たとえば、ドイツでは十九世紀の最初の四半期まで続いた荘園制が、イギリスでは十四世紀末までには終わりを迎えようとしていました。これは毛織物貿易の結果でした。荘園では、十四世紀の終わりまでに封建的奉仕の大部分は軽減され、農奴制はもはや姿を消していました。借地人の中から新たな農村中産階級が姿を現し、そして——これがきわめて重要なのですが——新しい毛織物産業は農村の産業であり続けました。機械は使用せずにです。イギリスは産業革命のすでに数世紀も前に、工業国となっていたのです。この発展は産業プロレタリアートの生成を伴いませんでした。立憲制をめぐる対立が決定的な局面を迎えた時、すでにその大部分が田園の郷紳《カントリー・ジェントリ》と化していた新たな中産階級は、単独で戦ったのです。味方にすべく歩み寄るべき労働者階級は、まだ存在しませんでした。

大陸では、この決定的な戦いは、ようやく産業革命が端緒についてから、場合によってはさらに後になってから訪れました。フランス革命においては、王も中産階級も、労働者階級の支持を得る必要に迫られました。フランス革命においては、労働者階級が、中産階級にとって封建制廃止の闘争のための強力な同盟相手となったのです。一八三〇年、さらに一八四八年にも、中欧のいたるところで類似の出来事がより小さな規模で発生し、最終的には一九一七年および一九一八年に、同様の過程が東欧、すなわちバルカン半島とロシアにまで広がりました。ところでこの過程からは、イギリスであろうとアメリカ合衆国であろうと、アングロ＝サクソンの労働者階級の運動と比較した際に、大陸に特徴的な階級意識を読み取ることができます。過去にアングロ＝サクソンの労働者に割り当てられた歴史的役割は、大陸労働者階級の意識を構成する要素の一つとなりました。こうして社会的平等と、多かれ少なかれ社会主義的な理念が、大陸における民主主義の属性の一部となったのです。(6)

第2講　自由放任主義と大衆政治

現代の民主主義に突き付けられた、ファシズムと共産主義による挑戦の本質を考察する途上で、私たちは民主主義のイギリス的類型と大陸的類型を区別することになりました。前者が自由に軸足を置く一方で、後者は平等に焦点を当てていることが明らかとなりました。前者は自由至上主義（*libertarian*）、後者は平等主義（*egalitarian*）と呼んで差支えないでしょう。また、両者の発展が分岐した起点を明らかにすべく、遠い過去にまでさかのぼらざるをえませんでした。すると、イギリスの民主主義的統治形態は、まだ産業労働者階級が誕生するより前にすでに確立していたこと——産業革命よりも、少なくとも一〇〇年はさかのぼれることがわかりました。イギリスの中産階級は、民主主義的統治形態を自らの手で作り上げたのです。その際に彼らがよりどころとしたのは、自由の理念でした。一方大陸では、中産階級と手を握った労働者階級が歴史的役割を演じた闘争の結果、民主主義的統治形態が誕生しました。これはフランス、プロイセンに始まり、後のオーストリアや帝政ロシアにも当てはまります。これらの国々とは別に——十三世紀のスイス、十六世紀のネーデルラントあるいは十八世紀のアメリカ合衆国のように——いずれもフランスやプロイセンより早い時期でしたが、国外からの封建的支配に対する国民革命が、民主主義的統治形態の起点となっているような国々でのみ、民主主義は平等主義的特質を持つようになりました。

1

さて、私たちは問題をもう少し精密に定式化することができるでしょう。すなわち、民主主義に対する挑戦とは、そもそも民主主義の大陸的類型に対する挑戦なのです。とはいえ、そもそもと留保を付けたのは、議会制の危機がさらに広範な危機に埋め込まれているからです。私たちが暮らすようなタイプの文明下にある人びとの大半は、過去五年あるいは（せいぜい）一〇年の間に、政治あるいは経済システムの変革を経験していることでしょう。この過程に立ち会った人の数は、およそ五〜六億人と見積もることができるでしょう。ロシアとアメリカ合衆国、それにイタリアとドイツを合わせただけでも四億を下らないはずです。さらに、オーストリア、ポーランド、ポルトガル、ギリシア、ユーゴスラヴィアとその他半ダースほどの小国――おそらく同様の急激なシステムの変化が進行中の日本――まで数えるなら、その合計は五億では足らず、六億に近い数字になることでしょう。これらすべての国々において、（ドイツやイタリアでのように）立憲主義政体という政治システム、あるいは（ロシアでのように）経済システムが完全に解体されるか、もしくは両者の関係が徹底的に作り変えられたのです。

これこそが、近代社会における諸哲学の衝突の歴史的背景であり、私たちが今ここで考察の対象としているものなのです。

2

この危機の起源を明らかにするために、私たちは近代社会の歴史の初期にまでさかのぼらなければなりません。すなわち、経済的自由主義と政治的民主主義の関係[*4]を調べなければならないのです。

私たちの文明の特徴とは、社会内部に、他から明確に乖離した経済領域が存在することです。荘園制の下でも、後の重商主義の下でも、政治システムと経済システムは、それぞれ同じ社会組織の異なる側面でした。法的、道徳的および経済的組織が分けることのできない一つのものであるというのは、人間社会の一般的特質です。——これらの区別への偏執は、まさに人為的なのです。したがって現在の状況は、政治領域からは分離した経済領域が独自の発展をとげてきたという意味で、きわめて特徴的と言えます。あらかじめ誤解を招く余地がないように、私たちが経済的自由主義と呼ぶものに対しては自由放任主義という用語を、私たちが政治的民主主義と呼ぶものに対しては大衆政治（*popular government*）という用語を割り当てておきましょう。そうすることで私たちが思い描いている経済的自由主義と政治的民主主義の類型とをよりはっきりさせることができるでしょう。

3

私たちの現在の経済システムが依拠している原理は、社会における財の生産と分配が、意図的な干渉や計画なしに行われるというものです。経済領域は自律的、つまりそれ自身の法則に従い、生産と分配の過程を調整します。また、その過程は自動的、つまりその過程を作動させ維持するために、外部からのいかなる介入も必要ありません。この過程は自己調整的なのです。こうした経済領域は、その自律性に対する侵害、換言すればその自動性への干渉に対して反発を示します。一定の期間に生産される物質的財の総計は、干渉の結果減少する傾向をみせます。

現在の経済システムはどのような仕方で調整されるのでしょうか？　このシステムは、価格の統制下にあります。利用価値がある物品には商品価格が付きます。資本の運用は利子、土地の利用は地代、労働力の価格は賃金と呼ばれます。これらの価格は、それぞれの市場ごとに形成されます。つまり、資本、土地、労働および商品市場ごとにです。

このようなシステムがどれほど人為的な性格を持つものか、あらためて強調する必要はないでしょう。土地と労働が、商品としての性格を持つことを想起すれば十分です。これも言うまでもないことですが、土地と労働が、市場の法則にしたがって単に商品として売買され、生産・再生産されるような社会は存在しえなかったのです。まず、土地について言えば、それは文字どおりの意味で生産されるなどということはありません。また、社会における暮らしの質は、その社会が土地をいかに利用するかということに、さまざまな点で影響されます。商品としての労働となると、人間は労働の付属物たることを迫られます。こうして、実際に労働を商品とみなすという事態は、すこぶるたちの悪い冗談となるわけです。当然ではありますが、経済理論を除いて、労働が商品とみなされたことは一度たりとてありません。経済的自由主義に対する反発は、経済的自由主義そのものと同じくらい古くからあるのです。

もっと一般的な言い方をすると、経済的自由主義は、もしそれがある社会の物質的生活の全体を支配することになれば、あっという間にその社会を破壊することになるでしょう。社会の中で、物質的生産と物質的財が占める部分はあくまでごく一部です。生は、財の生産過程において破壊されてしまう他の諸々の価値に依拠しています。経済的自由主義によってこれらの価値が破壊されれば、社会は解体してしまうでしょう。

産業革命が始まったころ、この脅威は現実のものとなっていました。自由放任主義が産業生活の全体をその支配下に置くよりはるか以前に、きわめて重要な諸価値の破壊は、見過ごすことができないほどに明白なものとなっていました。産業革命という条件下で、人間の自然に対する関係、その生業、家庭、伝統は、完膚なきまでに破壊されたのです。

この過程への反発は二つの方面でみられました。すなわち一方は、ウィルバーフォース[*5]のようなタイプの、キリスト教的改革主義者に率いられ伝統的諸価値に愛着を抱く賢明な保守派の人びと。もう一方は、ベンサムのようなタイプの急進的で人間理性の強靭さに依拠して社会批判を展開した人びとです。これら二つのタイプが、後のキングズリー[6]やモーリス[7]のようなタイプのキリスト教社会主義者[8]と、同様にモリス[9]が行ったようなタイプの社会主義的批判の先達となったのです。他の国々でも同じような分類が可能です。一例を挙げれば、ビスマルクとラサールの「同盟」がそうでしょう。いたるところで、伝統的な封建的諸階級と生まれたばかりの産業諸階級が、自由放縦《レッセ・ザレ》の拡大に対して鋭敏に反発したのです。

十九世紀の歴史は、社会の真っ只中で新たに誕生しつつあるものに対する、社会全体の反発で占められていました。統治機構の茫々たる拡張がその主要な帰結です。イギリスのような国家の力が制限された国々では、国家以外の諸要素が擡頭し——労働組合や協同組合、さまざまなキリスト教会派などの自発的結社——多くの点で野放しの競争という原理を制限しました。

その結果出来した状況は、産業と統治機構が相互に影響を及ぼし、束縛しあう事態、つまり自由放任主義と大衆政治の共存だったのです。

4

言うまでもなく、民主主義の平等主義的類型は、それに特有の困難と対峙する必要に迫られるはずです。大衆政治が展開するにつれ、議会はますます労働者階級の経済的自衛手段となる傾向を帯びるでしょう。特に、危機的状況においてはそうです。

まさにこの地点で、社会の階級構造が状況に反発したのです。封建的階級システムは、偉大な諸革命の最中に部分的には破壊されました。しかし、生産手段の所有者たちと、その支配下で労働する者たちとの区別が、荘園制における封建的階級関係に大部分取って代わることになりました。産業システムのもとで、雇用の創出等に影響を与えるべき立場にいたのは（実際のところ与えられたのは）、唯一生産手段の所有者だけだったというのが非常に重要です。とはいえ、産業システムがその機能を停止したり、十分な効果を発揮しないのであれば、労働者たちが、このシステムの不適切な働きに対して自らを守ろうと、政治的影響力を行使するのは当然のことです。ちなみに、人間的諸価値の獲得は、産業領域においてますます増えゆく諸々の困難という代償を払ってあがなわれたのです。経済システムの無慈悲な自動性は、おそらく、景気循環を短縮するために、何十万もの人びとの生を犠牲にしました。これらの人びとは、飢えるがままにされたわけです。しかし、物質的財を生産するために、人間を犠牲に供することが欠かせないなどという原理を、私たちの文明は甘受しうるのでしょうか？ その文明が、キリスト教社会として存続を願ったのであれば、答えは否です。

こうした分析から、産業システムが機能不全を起こした場合、自由放任主義と大衆政治は両立不可能になっていくことが明らかになるでしょう。両者のうちのどちらか一方が、諦められねばならないでしょう。

しかしながら、この危機の本質的な部分は、産業システム自体に内在していたものです。というのも、前述したような自由放任主義と政治的介入との間の微妙なバランスは、価格システムを徐々に硬直化させ、その分だけシステムの融通性を乏しくさせるからです。税制、社会保障、自治体の活動、関税、賃金調整等は、費用項目として固定化するようになり、その結果システム全体の柔軟性を削いでいったのです。

柔軟性が必要だったのは、特に国際領域でした。金本位制、自由貿易、資本輸出は、国内の価格システムが国際的状況に適応することで、はじめて機能することが可能となりました。換言すると、これら国際経済システムの周知の諸特徴は、国内システムがどれだけ柔軟に適応できるか、という点によって条件づけられていたということです。しかし、まさにこの国内的な適応力こそが乏しくなっていったのです。現代の諸国家間の緊密な結びつきは、第一次世界大戦よりも前の時代に、すでにできあがっていました。

第一次大戦後、世界のいたるところで思い切った適応が必要となりました。しかし、この適応のための広範な努力は失敗に終わりました。戦前の無計画な介入政策は、産業および経済システムを、本格的に国家内で統合しようという政策に場所を譲らねばなりませんでした。これが、現在の危機の背景なのです。

5

したがって、諸哲学の衝突の原因は産業および政治組織のそれぞれにあるのですが、それぞれの哲学に関して非常に重要な修正が施されました。ファシズムが生まれた危機的状況の性質に、この転換のカギがあります。

今や、政治システムも経済システムも満足に機能しない地点にまで到達しました。いたるところに不安の感覚が満ち、社会全体を覆っています。ファシストは、民主主義という対価を払って、生産を保護するという近道を取ろうとします。民主主義は、所有システムの変更を待って、はじめて存続可能となります。したがって、民主主義体制の破壊こそが、産業システム維持のための予防措置となるのです。

民主主義哲学は社会主義的なものへと傾斜していき、自由放任主義哲学は反民主主義的な傾向を帯びていきます。

第3講　自給自足と国際貿易

はじめに

最初の講義で、私たちはイギリスと大陸それぞれの民主主義理念を区別しました。そして、自由至上主義的類型と平等主義的類型を比較対照し、主に後者が「民主主義の危機」に陥っていることを明らかにしました。

二回目の講義では、自由放任主義と大衆政治それぞれの哲学を、両者の相互作用の面から検討しました。その結果、自由主義的経済体制と大衆政治は、経済システムの柔軟性を犠牲にしつつ、十九世紀にはデリケートな均衡状態に到達していたことがわかりました。国家と産業の相互作用が始まり、それはやがて、諸国家がより一層緊密に統合されてゆく事態へと至りました。第一次大戦後の状況下で、あらゆる国々において突如大規模な調整措置をとることが避けられなくなった時、かなり硬直化していたこのシステムは、試練にさらされることになりました。自国を新たな状況に適応させようというさまざまな努力が行き着いた先に、今という時代の二つの大きな特徴が姿を見せたのです。すなわち、

1　国内では独裁制の登場。
2　国際領域では自給自足（アウタルキー）に向かう動き。

今回は、後者の展開に関心を振り向けることにします。自給自足を目指す動きは、独裁制の登場同様に驚くべきことです。

自給自足の起源

自給自足体制を進展させた決定的な要因は、ますます硬直化する経済システムのもとで、ふって湧いたような大規模な調整の持つ切迫性でした。まずは、システムの柔軟性が次第に低下していったこととの帰結を考えてみましょう。

国際金本位制は、まさに戦前の国際経済システムの機軸であったといえます。長期融資は金本位制に依拠しており、収支を保つために必要とされた貿易流通の自由も同様でした（関税は必ずしもこの流通を妨害しません）。

しかし国際金本位制は、一国内部で価格水準が乱高下するがままにまかせることを意味します。これは、現在の私たちのシステムにおいては、景気動向と失業とが連関することを意味するといっていいかもしれません。価格が下落しても、生産は損失を出しつつも継続されます。すると生産は、全く停止されないまでもその意欲が削がれます。いずれにせよ、やむを得ず金本位制を維持するとしても、そこには必要とあらばどのような帰結ですら引き受けようという意思が含意されることになります。その帰結が破壊的ではない限りで、この方針は合理的と言えるのです。

戦争と諸々の条約が、さまざまな国の間に存在した、伝統的な経済のバランスを混乱させることになりました。このバランスを崩さず維持するためには調整が必要であると考えられたようですが、その調整の結果、産業活動は完全に停止してしまい、多くの場合、現実に大衆が飢える事態が招かれてしまったのです。

それだけに一層印象的だったのは、さまざまな国が伝統的手法によって、懸命に金本位制の再建を目指したことでした。来たるべき展開の種がまかれたのは、戦間期の前半だったのです。

さて、ここで該当する国々を三つのグループに分類してみましょう。

(a) ロシアを含めた中東欧の「敗戦国」
(b) 西欧の列強「戦勝国」
(c) アメリカ合衆国

通貨が再建されたのは、まず(a)のグループでした（一九二二年から二五年の間のロシア、ドイツ、オーストリア、ハンガリーおよび半ダースほどの小国群がそれにあたります）。次に、フランス、ベルギーおよびイギリスなどの戦勝国がこれに続きました（一九二五年から二六年の間にです）。

最後に、一九二七年以降アメリカ合衆国は、イギリスが金本位制を維持するよう支援を続け、これを継続するため金利を低くおさえ、ゆえに秘密裏に——というよりむしろ潜在的に——国内でインフレを誘発し、一九二九年に史上最悪の経済危機を招くことになりました。

全体として何が起きたのかをご説明しましょう。(b)グループの国々は、金本位制に復帰するよう（いまでは周知のごとく時期尚早だったのですが）(a)グループの政府を説得し、この過程の必然的な対価として、長期融資のとめどない供給を引き受けました。そうすることで、(a)グループの国々が抱えた国際収支の欠損埋め合わせを手助けすることにしました。一九二七年以降アメリカ合衆国は、(b)グループの国々に対してこれと同じように振る舞いました。最終的に合衆国は、(a)、(b)両グループの累積赤字を背負うことになりました。合衆国が有するあらゆる富をもってしても、インフレによってこの重荷を補填することは困難でした。

こうした行動は純粋に人道主義的であったかのように見えますが、なぜそうした行動が取られたかといえば、それは、世界全体（アメリカ合衆国も含まれます）が第一次大戦のせいで豊かになるどころか貧しくなってしまったという事実を、合衆国の人びとが受け入れたがらなかったからです。アメリカ人は、ヨーロッパ人たちが直面していた貧困化が自国にまで及ばぬよう、この疲弊しきった地域からの人と財の流入に対して通商禁止措置を取りました。もしそうしていなかったら、貧しい移民の大群か、あるいは彼らが祖国で生産した廉価な商品が、アメリカ人が享受していた行きすぎた賃金と所得の水準を圧迫していたでしょうし、その結果、合衆国とヨーロッパそれぞれの水準を均《なら》していたことでしょう。このような過程の後にはじめて、大戦後、人と財の自由な移動を回復することが可能となりえたのです。しかし合衆国は、たとえヨーロッパ各国への長期融資の恒常的流入(7)を引き受けることになるとしても、ヨーロッパからの移民と商品を、自国から遠ざけ続ける道を選んだのです。

伝統的手法によるさまざまな調整の試みがなされたこの期間、実質的には停戦から一九二九年一二月[*10]の下旬、ウォール街に激震が走るまでの全期間を通して、重い桎梏が国民経済に課されていました。ヨーロッパでは、社会保障や諸手当の徹底的な削減なり、賃金の抑制による輸出の増大なりによって、思い切って国家予算の帳尻を合わせることが不可避となりました。この期間に中東欧の諸国民がこうむった苦痛は、ひどいものでした。

イギリスでは貿易不況が続き、失業がはびこっていました。収支のバランスは、ますます赤字に傾いていったのです。

自給自足

最初の大規模な不況で、この危ういバランスは再び崩れました。アメリカ合衆国は、イングランド銀行[*11]と非公式な通貨協定を結び、一九三三年にはついに金本位制から離脱しました。このとき、それまで通貨の安定化に必死だったイギリスの窮状は一顧だにされませんでした。

イギリスも、世界中の驚愕をよそに金本位制を離脱し、外債に対する禁止措置を推し進め、中東欧に対しては知らぬふりを決め込みました。

中東欧の国々は混乱の渦中へと引き戻されたのです。

しかし、これらの国々も離脱を強いられたとはいえ、金本位制そのものをあきらめたわけではありませんでした。金本位制に復帰するため、ありとあらゆる努力が払われたのです。とはいえ今回の不況下[*12]では、自国通貨を保護するために輸入割当、通商禁止令、関税特恵、清算同盟、通貨規制など、相当な規模の規制をかけねばなりませんでした。しかしながらこうした規制は、私たちが目の当たりにしているように、自給自足を達成するためではなく、反対に、自国通貨の安定化に奮闘する国々が強いられた、孤立化を克服するために行われたのです。悲劇的なのは、この孤立化が決して克服されることがなかったということです。

さまざまな取り組みが行われはしたものの、いずれの国も最終的には失敗しました。柔軟性を欠いたシステムは、さらなる圧迫と変化を拒んだのです。自国通貨の安定化のために少なからぬ国々が、その大部分は知らず知らずのうちに、半ば統制的で半ば自給自足的な経済へと突き進みました。そうした国々は、この措置があくまで暫定的なものになると考えていました。実際のところそれは、金本位制の終焉を――したがって、国際資本市場および国際商品市場の終焉を意味したのです。ちなみに、いまや孤立化した経済を、伝統的な国際経済システムが消失した状態へと適応させようという取り組みから、独裁制は誕生したのです。こうして、自給自足志向がなぜ世界中に広まったかが説明できます。世界中のあらゆる国々が、通貨を管理し、海外への貸付けを統制し、さまざまな手段で海外製品の流入を規制するようになったからです。

さて私たちは、持つ者と持たざる者の問題を解決すべく先に進めるでしょう。いくつかの国々が自給自足を強いられたのは原料と植民地を欠いていたからだ、という伝説がこの問題にはつきまといます。これは明らかに、馬車の後ろに馬をつなぐ、といった類のあべこべな議論です。交換可能な通貨を持つ国際経済システム、資本の移動および諸商品の無制限な流通が続く限り、原料と植民地の欠如は国民経済にとっての障害とはなりません。ベルギーやスイス、わけてもドイツの産業の華々しい成功を思い出してみてください。国家主権が、特に経済面で重きをなすようになるのは、暫定的な自給自足経済のもとでなのです。原料購入のための国内通貨使用は、管理された通貨のもとで強味となる可能性があるからです。

持つ者と持たざる者の問題に関して、真に重要なのは以下の点です。すなわち、自給自足という条件下では、私たちの経済システムは、全般的な窮乏化を伴わずに存続することができないこと。他方で、植民地占有方針への転換は決して不幸を癒してはくれないこと。持つ者も、必要なものをすべて手にしているわけではありません。持たざる者が、必要なものをすべて手に入れることなど決してないでしょう。国家内部で国際分業が再建されるべきなのです。

こうした諸事実を考慮したうえで、以下のことをきちんと理解しておくのが重要です。

a　国際取引についての十九世紀的思想が影響力を有したのは、すでに過去のことだということ。すなわち、国際主義を金本位制、自由貿易および自由な資本移動と同一視するのは時代錯誤だということ。戦前期の国際経済システムが戻ってくることはないでしょうし、そもそもそれは不可能です。

b　自給自足が持つ意義は、国際的経済協調の新たなシステムの必要性を考慮した上で、判断されなければならないということ。

管理通貨、為替安定化基金および外国への貸付けと国際取引の管理は、すでに定着しています。これらは、準管理型あるいは全面的管理型社会における経済的諸関係に適した制度《オルガン》の萌芽なのです。経済戦争と経済協調のいずれの手段としても、これらは以前のものより格段に効果的です。そして、これらを利用するための二種類の方法が現実的な選択肢として提示されています。

持つ者と持たざる者の問題が有する真の意味が、ここでようやく理解可能となります。いわゆる持たざる者とは、新たな国際秩序に関して妥当な解決策とは帝国建設だ、という考えを抱いていると思われる列強国のことです。この考えを実現するために、こうした列強国は、自給自足の新たな制度《オルガン》に備わった好戦性を、考えられる限り徹底的な仕方で利用する覚悟でいます。一方いわゆる持つ者たちとは、世界情勢における法の支配を新たな国際経済秩序とすることを意図している国々のグループです。後者の発想をもっとも適切に表現する政治学用語は、集団安全保障でしょう。ある国が集団安全保障という路線に適応することを望むかどうかは、その国の自給自足の必要性に対する解釈の仕方によってもっとも容易に判断できます。自給自足は経済戦争の手段としてのみならず、隣国との、もっとも徹底的な形での近代的全面戦争開始の要件たりうる、と考えている国もあります。他方で、国際的共同体再建の切迫した要請という一種の警告を自給自足の中に見出し、さらにはこれが、国際的共同体再建という目的に到達するための手段であると考える国もあるのです。自給自足についての各国の哲学の相違は、おそらく、目下のところこれらの国家を真に分け隔てている境界線でありましょう。

第4講　社会主義のロシア

今という時代に、民主主義に突き付けられた挑戦の本質を探究する中で、ようやく私たちは、今日のヨーロッパ——特にソヴィエト・ロシア、ファシズムのイタリアおよび国民社会主義のドイツ——での、実際の制度的発展について議論できる地点にたどり着きました。

最初の講義では、イギリスと大陸の民主主義の理念を区別しました。両者の相違の歴史的起源を求めて、民主主義が制度的に確立した時点にまでさかのぼりました。イギリスの場合、これは産業革命よりもずいぶん前だった一方で、大陸では、この出来事は産業革命開始以降のことでした。したがって両者の間では、労働者階級が果たした役割も異なっていました。イギリスの民主主義は、主として農村および都市の中産階級によって確立されました。大陸では、労働者階級は中産階級の同盟者として行動しました。大陸の民主主義が平等主義的特質を有するのは、労働者階級の影響だったのです。

さて、これから社会主義のロシアに取り組むにあたって、以下のことを念頭に置いておかねばなりません。

(1) ロシア革命は、フランス革命後、ヨーロッパを東に横切る形でその理念を広めていった諸革命のうち、もっとも新しい事例です。これらの革命の結果、貴族制社会を土台とする準封建的絶対主義と、土地保有の封建的形態とが廃止されました。さらに、フランス革命とともに始まった国民意識の発生が広がり続けました。まずはドイツとイタリア、つづいてバルカン半島、後にドナウ川流域および東欧の中部、そして最後にロシア西部の数多の民族《ネイション》およびロシアの中部、東部、そしてシベリアの住民たちの間で、民族言語と文化を持つ自由が勝ち取られたのです。ロシア帝国内部でのツァーリズム[*13]の崩壊、準封建的土地保有制の撤廃、および一〇〇以上の小規模な民族《ネイション》の解放は、一七八九年のフランス革命に端を発する過程の最終段階とみなされるべきです。

(2) 工業発展の過程で、封建制の崩壊が遅くなるほど労働者階級の影響力は増し、民主主義はますます平等主義的傾向を帯びるようになります。封建制がもっとも長く存続したロシアでは、平等主義の観念が社会主義的形態を取って現れたのです。他のいかなる発展もありえませんでした。

したがって、ロシアでの絶対主義と準封建的土地保有制の廃止において、労働者階級は当然、指導的役割を担うことになりました。それゆえ、ツァーリズムと準封建制に取って代わった制度的システムは、社会主義的な民主主義となる傾向を免れなかったのです。

しかし、どのような意味でロシアは社会主義なのでしょうか？　またロシアの発展は、どの程度まで民主主義の理念に規定されているのでしょうか？　今日ソヴィエト・ロシアをめぐって戦われている重大な哲学的対立は、この二つの問いに集約されると言っても過言ではないでしょう。

1　ロシア革命の指導者たちは、その政治活動において（マルクス主義）哲学からインスピレーションを受けていました。

以下の三つの点が、ここでの主題に特に関連します。

1　封建社会から社会主義社会へ至る道には資本主義という通過点がある。資本主義において、そして資本主義によって発展した生産手段は、社会主義社会では没収され、共同体によって管理されることになる。

2　歴史は、いわゆる偉人たちの気まぐれによってではなく、普通の人びとによって作られる（「偉人」とは、同時代の要求を認識し、持てる力をそのために注ぎ込む者のことです）。産業発展に不可欠な諸段階をスキップすることはできない。

3　この過程において人間の本質が表現され、自己を十全に実現する。近代的諸条件のもとでは、搾取および強制と弾圧から自由な社会こそが、最終的かつ究極的な理想なのである。

以上の三つの原理――レーニン主義の原理ですが――に立ち、レーニン主義者たちは次のように主張しました。

1　帝国主義者たちの対立によって第一次大戦がひき起こされ、それが必ずや世界革命をもたらすことになる。

2　ロシアは社会主義建設において指導的立場に立てないであろう。そうした立場に立つのは、西洋の資本主義諸国の労働者階級であろう。

3　社会主義は国際的にのみ建設しうる。すなわち、世界革命を成功させる道程においてである。

これに応じて、レーニン主義者たちの政策の大まかな輪郭は、以下のように要約できます。

1 いかなる犠牲を払おうとも戦争を終結させ、世界大戦を世界革命へと転化させること。

2 当然予期される反革命の企てに直面しても、ツァーリ独裁を覆したロシアの中産階級による革命の勝利を確かなものとすること。大陸における諸々の革命において見られたように、中産階級とその同盟者たる労働者階級とがともに手にした勝利の果実を、前者によって一方的に簒奪されないようにすること。そして、これらの目的を達成するため、可能な限り革命の過程を推し進めること。

3 ロシアの後進性によって規定される革命の限界を決して見失わないこと。つまり、(a)農業国というロシアの特徴と、(b)読み書き能力および産業規律の欠如のことである。

ここでは「社会主義」という言葉が、「共産主義」と同義に用いられています。これら二つの用語の違いは、もちろん、以下の二点に求められるべきです。

a 社会が共産主義に到達するため、通過することが避けられない諸段階を検討すると、社会主義はその第一段階にあたり、共産主義は二番目にして最終的な段階を意味する。

それぞれの違いは、財あるいは所得（両者はここでは互換可能な用語です）の分配が行われる原理にある。社会主義のもとでは、サービスや業績、功績に応じて報酬が支払われる。共産主義のもとでは、財が豊富にあるという事態が想定されており、各人はそれぞれの能力に応じて働き、それぞれの必要に応じて受け取るという原理が、一方では、労働と苦役の分配を、他方では、財とサービスの分配を支配するとされる。

b　社会主義、また最終的には共産主義へと、異なる手段を通じてどのように到達するのかという議論では、労働者階級の運動の中に二つの大きな政治的党派が存在する。すなわち、社会党と共産党である。両者の主な違いは、目的を遂げようとする際の手段に関わっている。つまり、一方は資本主義から社会主義への平和的・漸進的転換であり、他方はプロレタリア独裁である。前者は、もちろん社会主義政党が採用する方法であり、後者は共産主義政党のものである。

2　今整理してきたような、レーニンとその信奉者たちのマルクス主義的原理から眺めると、ロシア革命の主だった経緯をもっとも的確に理解できます。

一九一七年二月のケレンスキー革命[*14]を支持した、ロシアの工業および商業に携わる中産階級の数は決して多くなく、連帯と規律に欠けていました。この中産階級が協力を求めた産業労働者階級は数に勝り、非常に強力な連帯と規律を有していました。ロシアの諸工業はたいてい集約されており、近代的機構のもとにかなりの数の労働者を雇用していました。

一七八九年のフランスには、手工業職人と産業労働者が形成する多少なりとも原初的な階級が存在し、一八四八年の中欧には、それよりある程度進歩した産業プロレタリアートがいたとすると、一九一七年のロシアでは、産業プロレタリアートに占める近代的工場労働者の割合は、おそらく世界中の他のどの国よりもはるかに大きかったのです。中産階級の脆弱さと、それとは対照的な工場労働者たちの強靭さが、ロシア革命の成り行きを決定づけました。

1 革命発生後直ちに明らかとなったのは、もし労働者階級の全面的支援を得ることができなければ、ケレンスキー[*15]の中産階級政府は、ツァーリ支持派の反革命的将軍たちの断固たる攻撃に対抗して存続を望むことなどとてもできないということでした。他方で、そのような状況下での労働者階級の支援は、もちろん、新たに誕生した民主主義に社会主義的性格を付与することになったのです。

2 とはいえ、新たな民主主義の「社会主義的性格」と社会主義そのものは、レーニンや彼の信奉者たちにとっては全く異なるものでした。一九一七年一一月の権力奪取からだいぶ経っても、ボリシェヴィキはロシアに社会主義を建設することを拒みました。実際のところこの拒絶は、彼らの政策の根本理念の一つでした。雇用者たちと産業資本家たちのサボタージュに直面し、工場所有権の没収を余儀なくされたソヴィエト政府は、ようやく、工場内部での労働者管理導入よりもさらに先へと踏み込んだのです。

3　いわゆる戦時共産主義は、部分的には、外国の干渉と内戦によって生じた軍事的必要性の合理化というのが本音でした。実際のところボリシェヴィキの一部は、共産主義社会をただちに建設するよう断固として迫っていました。一般徴兵制をとることで労働者を軍事化し、最貧層を除く農民大衆全体に対する情け容赦ない戦いの遂行に賛同した指導者集団の中で、もっとも重要な人物はトロツキーでした。レーニン自身は、戦時共産主義を好ましく思っていなかったことが知られており、事実、彼はこれを社会主義理論にもとづいて正当化するのを拒絶しました。というのも、戦時共産主義がレーニンの掲げた政治的教義の中でも主要なもののひとつ、すなわち、農業国での革命の渦中においては労働者は小農の同盟者であり、彼らを全面的に信頼すべきである、という見解に反していたからです。この同盟は、とりわけ農村下層民によって立つべきとされ、小農の大部分を中立化させるか、あるいはできるだけ同盟への取り込みを試みる一方で、裕福な農民だけを排除すべきものとされていました。

4　一九二一年の大規模な飢饉による戦時共産主義の完全な崩壊は、ネップ（新経済政策

New Economic Policy, NEP)[16]への戦略的撤退を余儀なくさせました。農業における資本主義的手段への部分的回帰は、革命にひと息つく余裕を与え、革命の主たる目的、すなわち世界革命の促進をさらに追求するに足る強靭さを備えさせることになるとレーニンは提案しました。こうした措置を施さなければ、ロシアの社会主義体制は、資本主義諸国家の必然的な連携を前にして存続を望めませんでした。

5

レーニンの死後かなりの期間を経てからも、党はネップの路線を踏襲し続けました。

しかし、世界革命は実現されず、その代り資本主義の安定化が一般的情勢となったのです。すでにレーニンが予見していたように、ネップによってますます小規模自作農の政治的影響力が強まりました。そして、これもレーニンが予想した通り、この影響力は、ロシアにおける資本主義の回帰へと向かう傾向を帯びていたのです。他方で、都市住民への食糧供給と、工業発展に向けたボリシェヴィキ政府の行政措置は、必然的に、小農に対する過酷な措置かつ継続的な干渉とならざるをえませんでした。西欧に妥当した真実は、ロシアでもまた証明されたのです。自由主義経済と大衆政治は、特に後者が労働者階級の利害にもとづいて行われる際、相互に相容れないものとなりました。ネップが機能不全に陥ったのは、小農たちが徐々に政府の干渉に反発するようになり、利潤にもとづかずに彼らの農場を[運営][17]し続けることを拒んだからです。その結果は、農業部門における原料生産の大幅な減少でした。一九二六年以降、重工業プラントの急速な業績悪化が明らかとなりました。

6 工業発展および農地集産化の五カ年計画[*18]は、社会主義に至るための決め手となる一歩でした。ロシアにはもはや待つ余裕などなかったのです。戦略的撤退としてレーニンがひねり出したネップが、暫定的な位置付けから恒常的な路線へと変わることは許されませんでした。反動勢力の攻撃から革命を防衛すべきであるなら、工業を小農の影響力から政治的に独立させねばなりませんでした。ネップとは、本質的には資本主義と社会主義の間での宙吊り状態なのであり、これ以上は存続しえなかったのです。二、三の中欧諸国では、似たような宙吊り状態がファシスト独裁下での資本主義への回帰に終わりましたが、唯一ロシアでのみ、労働者政党の独裁下における社会主義建設という結果をもたらしたのです。それだけに、スターリンに発したものの理論的含意は非常に重要です。彼のプログラム――これは事実です――は、社会主義の建設が一国内で可能であると示唆していました（ロシアの場合は一国というよりほぼ一大陸を意味することになりますが）。ロシアでは、生産手段はほぼ完全に共同体の管理下にあります。そうではない生産手段は、所有者によって個人的に使用されるか、協同組合によって所有、利用されます。生産設備の所有者だからなどという名目で、労働者が搾取されるような事態は首尾よく撤廃されました。あらゆる点でロシアは社会主義国家なのです。

7
しかし、民主主義はどうなったのでしょうか？　私たちが見てきたように、今までのところ、ロシア革命のごとく大立者の社会哲学に従う形で社会変動が進展したケースはごく稀です。それゆえ、自身を発動した者の哲学によって適切に評価されるような社会的転換の過程があるとしたなら、それはまさにロシア革命でしょう。したがって、マルクス主義的社会主義の哲学こそ、私たちの問いへの的確な回答のために何よりも重要となります。とはいえ、あらゆる見地からしてこの哲学は、複雑な産業社会という条件下で、個人主義をいかに一貫して存続させるかということ以外の何ものでもありません。この政治哲学における基本原理の一つは、自由《フリーダム》です。自由を守りたいのであれば、文字どおり、革命が宣言されなければなりません。そして、この自由と変革は、究極的には新たな形態の民主主義の確立を志向するものなのです。

第5講　イタリアとオーストリアの協同体国家《コーポレイティヴ・ステイト》*19

二回目の講義において、私は自由放任主義経済と平等主義的な大衆政治の両立不可能性がもたらす帰結として、いかに「ファシズム的状況」が登場するかを示そうとしました。イタリアのいわゆる協同体国家は、この問題に関するファシズム的解決法の最良の事例です。その本質は、代表制民主主義の諸制度を抑圧する点にあります。代表制民主主義において労働者階級は、政治あるいは経済領域で自己を表現することができました。しかし、議会と労働組合は廃止され、後に残されるのは社会の資本主義的構造だけです。産業部門別に編成されたこのような社会こそ、協同体国家の実態です。

理論面では、協同体国家はもっと多くのことを意味します。すなわち、経済生活の全体が国家の統制下に置かれるのです。この地点ですでに、看過できない問題が現れてきます。大衆政治が産業に干渉した際に経験した困難については説明してきました。価格体系や市場への介入は、自由競争システムを麻痺させることになります。ファシズム国家は、この問題を首尾よく解決したというのでしょうか？　損失を出すことなく、いかにして民間事業に介入するというのでしょうか？（いかなる資本主義的企業も、恒久的に損失を被りつづけることはできません。これは公理です。もし国家が損失を引き受けるなら、資金を融通するための恒常的な独立財源か何かが欠かせません。しかし、これは経済的見地からして不可能です。）イタリアの協同体国家は解決法を見出したのでしょうか？

1　協同体国家の実態

イタリア・ファシスト革命の組合主義の局面は、一九二二年から一九二六年まででした。（職能）組合（syndicate）は、雇用者と被用者の双方からなる労働組合であると同時に、産業部門別かつ地域別の編成とされ、並立的な組織の創設が目指されました。労資混成および部門と地域の統合を兼備えた、産業の組合的組織化です。労働に関する諸問題、すなわち賃金、労働時間および一般的労働条件は組合の管轄下に入ることになりました。合意が得られない場合は、労働裁判所が裁決を下します（この組織化は、雇用者と被用者を全国的な組合の連合体[*20]に強制的に組み込むに等しいものです）。

ファシスト系組合は公式には独占など行っていないことになっていますが、実質的には合法的な独占そのものです。というのも唯一、ファシスト系労働組合だけが、(a)当該の産業部門を代表でき、(b)法的拘束力を持つ協定に署名でき、また、(c)その産業部門に所属する者たちから組合費を集めることを許されているからです。

労働憲章[*21]は、法的拘束力を持つ文書ではなく、原則の宣言にすぎません。

協同体主義の時代は一九二六年に始まりました。

協同体（corporation）とは、国家、党および専門家の代表という鉄壁の存在に取り囲まれて、ひとくくりにされた組合（syndicate）のことです。

このような形で組合は、産業管理の現場における国家機関となることを期待されました。つまりこの機関は、産業に対する国家統制を可能にしようという目論見のもとに設立されたのです。この組織はその後、どこまで展開していったのでしょうか？

一九二八年　協同体省[*22]
一九三〇年　八百名の候補者の中から指名された代表者による協同体議会[*23]
一九三二年　協同体全国評議会[*24]
一九三四年　（この年の終わりまでに）協同体[*25]設立
一九三六年　非常事態原則採用（戦時産業原則[*26]）

第6講　ナチス・ドイツにおける党・国家・産業

この連続講義もそろそろ終わりに近づいてきたので、これまでに得られた知見を要約しておきましょう。今日はドイツについて話しますが、ドイツの発展についてこの講義で述べてきた事柄がどの程度まで妥当するのか、という問いかけに限定しておきましょう。今日のヨーロッパを主題とするこの連続講義において、私たちは主に諸哲学の衝突という視角から、この主題にアプローチしてきました。この衝突は、一般に、ファシズムと共産主義の民主主義に対する挑戦という命題に要約されます。現代の民主主義に対する挑戦の根本的性格を明らかにしようとする中で、私たちの見方が妥当かどうか考察を試みました。私たちの主な知見とは、次のようなものです。

西欧諸国における伝統的統治形態を指し示す用語としての「民主主義」は、多義性を持たないとは言えません。民主主義の自由至上主義的類型と平等主義的類型とを考慮すると、この多義性は、制度の違いを意味することになります。歴史的には、この相違はそれぞれの制度が確立した際の産業の発展段階に由来するものであり、したがって、どの社会階級が君主の専制廃止にもっとも直截に関わったのか、ということにも関連しています。イギリスでは、中産階級自らが国王の大権（絶対王政）に対して戦いました。そして、その過程で地主階級と融合し、一つの上層階級を成したのです。結果的に、社会的平等のいかなる要素もイギリスの民主主義概念に包含されることはありませんでした。イギリスに民主主義が確立した時には、近代的な労働者階級はまだ誕生しておらず、それゆえ、その中に彼らが占めるべき場所は存在しなかったのです。一方大陸では、労働者階級が専制に対する闘争に参加し、誕生したての民主主義に自分たちの名を刻みつけました。この民主主義は平等主義的になりました。労働者階級の近代化の度合いが強まるにつれて、民主主義はますます社会主義的傾向を帯びることになりました。言い換えるなら、人びとが自覚的かつ責任を持って工業化社会に参画しうるように、所有システムの変革要求が強くなったのです。こうして、フランス革命に始まる一連の錯綜した大変動の最後尾に、ロシア革命が登場することになります。この革命は民主主義哲学の所産とみなされるべきですが、(a)民主主義が社会主義的形態を取らなければ、反革命の攻撃に対して存続することが不可能であり、(b)この社会主義の形態は、それが建設される際の固有の事情（低い識字率、産業および民主主義的伝統の欠如）により、独特の発展経路をたどることになりました。

こうして私たちは、民主主義との二者択一としてはともに誤っており、しばしば問題の核心を覆い隠してしまうものを除外できずにいます。すなわち、(a)独裁制の役割、そして、(b)自給自足（アウタルキー）です。両者とも、ファシズムに固有のものではありません。独裁制とは非常事態における一般的特徴であり、広義の強大な行政権力として私たちの時代に広く共通して見られます。その限りで、ロシアとドイツ、日本とイタリア、およびニューディール政策下のアメリカ合衆国と、さらに、実質的には九〇パーセントに及ぶ議会内多数派を形成した、一九三一年のイギリスにおける挙国一致内閣の間に本質的な違いは存在しません。大きく異なるのは、これら諸政府を突き動かすのが民主主義的意志なのか、あるいはそれ以外の何かなのかという点です。

自給自足体制への傾向は、同じく私たちの時代の特徴の一つです。これは、自由資本主義経済のもとで維持されていた、経済生活の国際組織が破綻したことの不可避的な帰結なのです。ただし、それぞれの国家が自給自足のための新たな制度《オルガン》を協調的な方へ導こうとするのか、それとも対立的なものに仕向けるのかといった違いは認められます。こうした制度《オルガン》、すなわち管理通貨（為替平衡基金のあるなしにかかわらず）、資本輸出の管理、国際貿易の双務的規制などは、これらの国家すべてに共通しています。民主主義的国家と非民主主義的国家の差異は、わずかに、こうした諸制度を通じて、新たな基盤の上に国際経済組織を再建しようとする際の手法に見られるだけです。ファシズム諸国が帝国建設、すなわち一元的支配（彼ら自身）のもとでこの再建を成し遂げようとしているのに対して、民主主義諸国は、諸国家間の協調を通して、平和裏に達成することを望んでいます。こうした再建の目論見が、自国の経済をいわゆる社会主義的転換に振り向けるという、より断固たる行動なしに可能となるのかどうかは、いまのところ定かではありません。

しかしながら、私たちの視点から見る時、この非常事態の本質とは何なのでしょうか？強力な政府もしくは独裁制と自給自足の両傾向が付随するような非常事態とは、いったい何なのでしょうか？

非常事態の本質

私たちの産業組織と政治組織のそれぞれを動かす原理は、両立不可能となるに至った——これこそ問題の核心なのです。自由放任主義経済と大衆政治が、手を取り合って存続することはできません。戦前には見られた両者の間の絶妙な均衡状態は、継続しえないものでした。なぜならば、そもそも国際領域には、この均衡状態を作り出す調整機能が備わっていなかったからです。現行の経済生活のための国際組織は、世界情勢の変化に対する国内産業および貿易取引の自動的再調整機能に頼っていました。ところが、この調整はますます困難になるばかりでした。というのも、国家と産業の相互浸透が強まり、同時に大胆な変革が必要とされた結果、国民経済がますます硬直化したからです。世界大戦および戦後の諸条約の影響が、突如大規模な再調整を不可避とした際に、ほとんどあらゆる国々が非常事態に直面しました。この非常事態を回避するため、伝統的な自由主義路線に則って自動的な適応を目指す努力が一九二〇年代を通して世界中で行われましたが、大恐慌が発生した一九三〇年に、その努力は完全な失敗に終わりました。恐慌は、部分的にはこうした努力の結果でした。経済活動のための国際組織は再建されたかに見えたものの結局は崩壊し、各国は生死をかけた闘争に巻き込まれることになりました。そして、少なくとも自国通貨の国内における安定化だけは、何とか成功させようと試みたのです。このような時期に、自給自足体制と強権的な政府がほとんどあらゆる地域で見られるようになりました。ファシズムの趨勢が突如として脚光を浴びるようになったのは、まさにこの段階においてでした。平等主義的類型の民主主義が優勢であった国々で、ファシズムが勝利を収めたのです。

この（ファシズムの）趨勢の原因は何だったのでしょうか？

民主主義に対するファシズムの挑戦

非常事態が進展する中、大衆政治は産業システムへの大規模な干渉を余儀なくされました。すぐに明らかとなったのは、私たちの経済システムが外部からの干渉を受けると立ちゆかなくなるということでした。この経済システムは、すでに多くの点で不十分ではありますが、干渉を受けると、長期的にはさらに不十分にしか機能しなくなるのです。というのも、生産手段の私有制のもとでは、国家による産業への干渉は意図した結果と正反対の帰結をもたらすのがおちだからです。失業率を改善しようという目論見によって、失業者数の増加を招く可能性があるのです。他方で、自由主義経済の存続は、非常事態のせいで明らかに不可能です(この理由はすでに申し上げました)。こうした状況の中、産業界の指導層は大衆政治に対して敵対的となり、民主主義的政党政治の権威を掘り崩そうと試みるのです。大企業は大衆政治の代替案として、自らのための政府を提案します。産業界の指導層、つまり資本の所有者たちと彼らに指名された経営者たちが、社会的問題を直接管理すべきだと言うのです。民主制議会はこれに対抗し、有事立法を施行しようと社会主義的手段に向かいます。政治機構と産業機構のいずれもが、このような状況下では機能しなくなります。社会全体が袋小路に入り込む恐れが出てきます。政治および産業システムが、そろって突如崩壊するのではないかという恐怖が人びとの心を捉えて離しません。（アメリカで起きたように）金融と大企業の指導者たちが信用を失えば、政治権力の絶対化に向けた動きが強まることになります（これはニューディール政策と呼ばれています）。大衆政治に影がさせば、資本制企業と工業資本の所有者たちは自ら権力を独占しようとします。ファシズムの登場です。

民主主義はファシズムの挑戦を受けるのです。この挑戦の含意は、民主主義が経済システムにそれほど効果的には干渉できないと判明しているにもかかわらず、経済システムに干渉せざるをえなくなるということです。ファシズムが、避けがたいものとなるのです。

ファシストの解決策

ファシズムの特徴とは、それゆえ、それが実際に向かわんとしている変革にあります。ファシズムの運動ではなく、ファシズムがもたらす諸制度こそがファシズム研究の鍵となるのです。ファシズムが示す近代社会の青写真では、民主主義的諸制度は廃止されるか機能を停止させられており、労働者階級が政治や産業の領域での影響力を行使できなくなるという意味で、労働者政党も労働組合もなくなります。産業領域では本質的には何も変わりません。既存の所有秩序は存続します。生産手段の私有制も維持されます。ファシズムの主張の核心にあるのは、このような状況下であればおよそ資本主義の存在するところたいていは生じる三つの大きな問題——すなわち、貿易不況と無計画性、被用者の身分保障の欠如、持つ者と持たざる者の間の不当な所得格差——に対処することが可能だ、というものです。

ファシズムとは、いわばこうした主張にもとづき、自由・平等・平和の恒久的廃止という代償を払って資本主義の改革を約束するものなのです。ひとたび労働者階級の影響力が排除されてしまえば、まさにその労働者階級の眼前で、資本主義産業と国家が共存不可能だとは思えなくなるでしょう。すると、自由資本主義はいわゆる協同体型資本主義に、そして、大衆民主主義はファシズム国家に取って代わられることになります。これが協同体国家の実態なのです。

イタリアでは、すでに私たちが見てきたように、協同体システムはまださ試金石にさらされていません。ファシズム国家が、独立した権力として産業に干渉しうるのかどうかは疑わしいところです。戦時産業は現実の状況——つまり新たな非常事態であり、システムでもなければ最終的解決策でもありません。

では、ドイツはどうなのでしょう？

一九三三年、身分制国家を志向する運動は止みました。政策は……戦時産業の時代……。(8)

組織原理は漠然と競争的なものですが、この原理にははっきりした問題意識はありません。

こうして、ファシズムの挑戦の本質には三つの側面が認められるのです。

(a) 手法あるいは組織の側面――ファシズムは、先に述べたような三種類の手段で資本主義を改革することができるのか？

(b) 政治的な側面――平和に関する問題は、帝国建設という方法で解決されうるのか？

(c) 道徳的側面――私たちは、ファシズムが要求する代償を払うことができるのか？

（1）「カール・ポランニー・アーカイブ」ファイル番号 15-2「近代社会における諸哲学の衝突」と題され、一九三七〜三八年、ロンドン大学付属エルサム文学研究所で行われた連続講演。タイプ草稿は六回分の講義からなっている。草稿の頁右上に、第一回、第二回、第三回、第四回、第五回、第六回と番号が振ってある。第一回を除き、二回目からはそれぞれにタイトルが付けられている。六回の講義は、明らかに一貫性を持っており三回目の講義の冒頭で、ポランニーは前回および前々回の内容を要約しつつ言及している（別の箇所でも二度、同様の言及を行っている）。

（2）「権力の座につく」という語句を、ポランニーは削除している。

（3）本来この一文の後に、「(b) 大陸」という小見出しが挿入されたはずである。

（4）一一七〇年ヘンリⅡ世によって発布された。

（5）一二三五年にイングランドでは初の制定法。

（6）ポランニーの講義ノートでは、一回目の終わりの部分、もしくは一〇～一一頁（本書三五二～三頁）の間に、「10a」という頁が挿入されていた。この頁には、イギリスと大陸それぞれの状況が時間軸に沿ってまとめられていたが、残念ながら不明瞭な箇所が多いため年表を再録することはかなわなかった。

（7）ポランニーは当初、「恒常的に増大していく流入」としていたが、削除して「恒常的流入」と訂正している。

（8）判読不可能。「イタリアでは……」からの部分は手書きである。いずれ他所で展開しようと考えたアイデアを書き付けたことがうかがえる。

＊1　英語版編者により挿入された語である。

＊2　一一七〇年ヘンリ二世（在位一一五四～八九年）が、王権の統制強化を目的にイングランド全域で在地の有力者に対して導入した調査制度のこと。調査対象は州長官《シェリフ》を務めた諸侯だけでなく、王の地方官、領主の役人、教会行政の担当者にまで及んだ。彼らが罰金として徴収した財貨や、没収した犯罪者の動産の処理に関して不正がなかったか調査が行われた。

＊3　マートン法あるいはマートン制定法とも。一二三五年、ロンドン南西部のマートンで、ヘンリ三世とイングランドの封建領主たちによって制定された最初の囲い込み促進法。これにより封建領主たちは、入会地（荒蕪地）囲い込みの法的根拠を得た一方で、独

立自営農民の権利を侵害してはならないという留保も付けられた。

＊4　近代において市場経済システムが政治や社会から独立していると説くポランニーは、経済領域における民主主義（協同組合による生産手段の民主的管理など）とは区別された、政治領域に限定された民主主義を指すものとして「政治的民主主義」（political democracy）という語を用いている。

＊5　ウィルバーフォース（William Wilberforce 一七五九～一八三三年）は、イギリスの政治家。「聖者たち《ザ・セインツ》」と呼ばれた敬虔な福音主義者グループ「クラパム派」の指導者で、しばしば道徳的退廃が指摘された時代にあって国教会の改革や民衆教育の普及を目指した。奴隷貿易の廃止に尽力した人物としても知られる。

＊6　キングズリー（Charles Kingsley 一八一九～七五年）は、イギリスの牧師、小説家。カーライルやキリスト教社会主義を提唱したF・D・モーリスの影響を受け、ロト牧師（Parson Lot）の筆名で田園労働者の窮状、狩猟法の弊害といった問題を取り上げ社会改革を訴えた。日本では『水の子どもたち――陸の子どものための妖精の物語』上・下巻（芹生一訳、偕成社、一九九六年）などが知られている。

＊7　モーリス（John Frederick Denison Maurice 一八〇五～七二年）は、イギリス国教会の聖職者、神学者。ラドロ、キングズリーらとともにキリスト教社会主義を提唱し、社会改革を目指して一八五四年ロンドンに労働者大学を開校した。国教会内で自由主義的傾向の強い広教会派を代表し高教会派を批判。一方で永遠の刑罰を否定したため、保守派の低教会派から非難され職を追われた。主要著書に『キリストの王国』（*The*

Kingdom of Christ, or, Hints to a Quaker, respecting the principles, constitution, and ordinances of the Catholic Church, v. 1-2, London: J. G. F. & J. Rivington, 1842）がある。

＊8　キリスト教社会主義とは、キリスト教の信仰と思想のなかに社会主義思想をみいだし、それにもとづいて資本主義の抱える社会労働問題の解決を図ろうとする思想と運動の総称。ここでは、一八四〇年代の終わりごろイギリスで雑誌『キリスト教社会主義者』*Christian Socialist*（一八四九年創刊）を中心に、社会主義は本来キリスト教の事業であるとして労働者の自主的闘争を否定し、労働者の啓蒙活動や協同組合活動を展開したモーリス、キングズリー、ラドロらの活動を指す。これはまもなく消滅したが、その後スイス、オランダ、ドイツにも類似の運動が広がっていった。ポランニーは、イギリス亡命時代（一九三三～四七年）にキリスト教徒の社会主義者たちが組織した「補佐的キリスト教左派」という研究グループと親しく交わり、初期マルクスの疎外論研究を通して「社会」と「共同体」の区別、マルクス主義理論への批判を深化したとされる。詳しくは、若森みどり『カール・ポランニー』、特に第一章を参照のこと。

＊9　モリス（William Morris 一八三四～九六年）は、イギリスの詩人、美術工芸家、社会主義者。作家活動のかたわら、大衆の日常生活を視野に入れた内装家具の刷新運動や古い建築の保存運動を行う。一八八三年には社会民主連盟に参加し、講演や論文で自身の社会主義的立場を展開した。主要著作に『ジョン・ボールの夢』（横山千晶訳、晶文社、二〇〇〇年）などがある。

＊10　一九二九年一〇月の誤りか。

＊11　イングランド銀行（the Bank of England）は、イギリスの中央銀行。一八四四年に制定された「イングランド銀行条令」（Bank Charter Act of 1844、通称「ピール銀行条令」Peel's Bank Act）によって発券の独占権が与えられた。

＊12　一九二九年に始まった世界恐慌のこと。

＊13　ツァーリズムとは、帝政ロシアのツァーリ（皇帝）による専制的な支配体制のこと。絶対的な権力を持つツァーリを、貴族出身の官僚および国家機関となったロシア正教会が支えた。十六世紀のイヴァン四世に始まり、十八世紀後半エカチェリーナ二世の時代に完成、一九一七年の革命で崩壊した。

＊14　ケレンスキー革命（Kerensky Revolution）は、ロシア暦の一九一七年二月（西暦では同三月）に帝政を崩壊させた革命のこと。ケレンスキーについては本章訳注15を参照。

＊15　ケレンスキー（Aleksandr Fyodorovich Kerenskiy 一八八一～一九七〇年）は、ロシアの政治家、二月革命時の臨時政府首相。戦争続行政策をとるが一〇月革命で失脚、米国に亡命した。

＊16　ネップ（NEP、New Economic Policy）は、ソ連が一九二一年に採用した経済復興政策のこと。戦時共産主義の結果低下した生産力を回復するため、小規模な私企業や農商業の経営を認めるなど資本主義的要素を一部復活させた。その結果農場所有者が富を蓄えることとなり、レーニンはこれを「国家資本主義」と呼んだ。

＊17　英語版編者によりworking onが挿入されている。

＊18　五カ年計画とは、ネップに代わるソ連の経済政策。一九二〇年代末ごろの穀物調達危機を背景に、一九二九年第一次五カ年計画が採択され、重工業優先の工業発展が目指された。結果、ソ連の重工業は三二年末までに躍進を遂げたが、金属・燃料部門ではいちじるしい達成不足があった。

＊19　協同体（corporation, corporazione）とは、一九二六年四月イタリアで制定された「集団的労働関係規制法」（通称ロッコ法）の施行規則や、一九二七年四月の「労働憲章」（本章訳注21参照）によれば、通常の組合のような法人ではなく、労使両団体の対等な結合機関として、生産調整や生産組織化、労働関係の規範制定や労働紛争の調停をはかる国家行政機関とされた。しかし、経営者と労働者の統合は経営者側の強い反対で実現されず、結局、生産合理化のための国家と経営者による経済管理システムとなった。

＊20　一九二二年二月に従来のイタリア経済組合連合から改組・改称されたファシスト系組合の全国組織、「組合協同体全国連合」（Confederazione Nazionale delle Corporazione）を指すか。

＊21　労働憲章（Charter of Labor, Carta del Lavoro）は、一九二七年四月に公布された、協同体を基礎単位とした国家と社会の構成原理に関する三〇項目に及ぶ政綱的宣言のこと。

＊22　協同体省（corporative ministry, Ministero delle Corporazioni）は、労使両団体の連

絡・利害調整をはかるために設立された中央行政機関。実際の設立は一九二六年七月。

*23 ポランニーはcorporative chamber（協同体議会）という語を用いているが、この時期に選挙法が変更されたイタリア下院議会を指すか。だとすれば一九二八年のことであり、候補者の数は四〇〇名である。

*24 協同体全国評議会（National Council of Corporations, Consiglio Nazionale delle Corporazioni）は、七つの産業部門の労使代表者で構成された協同体省のための諮問機関。実際に法制化されたのは一九三〇年三月。

*25 一九三四年二月の協同体設置法により、産業別に二二の協同体が設置されたことを指すか。

*26 一九三五年一〇月に始まったエチオピア侵攻に関してイタリアに科せられた国際連盟主導の経済制裁をきっかけとして、ナチス・ドイツの経済政策の「成功」を横目に見ながら企図された戦時アウタルキー計画を指すか。

第18章　混乱の暗い影と社会主義の見通し(1)*1

市場経済のメカニズムは、十九世紀における労働者階級の政治闘争と重大な連関を有していた。その闘争のあり方と可能性に市場経済のメカニズムが与えた深い影響は、往々にして見過ごされてきた。今日、市場経済メカニズムは決定的な変化の途上にある。それに応じて、社会主義運動も、新たなそして重要な段階を迎えているように思われる。

自由資本主義とほぼ同義といっていい市場経済は、自己調整的であることを原理とする。本質的にそれは、労働、土地および貨幣それぞれの市場から成るシステムである。そのメカニズムに関してはっきり認めざるをえないのは、以下の三点である。まずこのメカニズムが稼働すれば、人間社会の屋台骨、とりわけ人間と人間を取り巻く環境に深刻な脅威をもたらすということ。それゆえ、この脅威に対する防衛反応を呼び起こすのは避けがたい。次に、稼働中の市場メカニズムに対して、こうした防衛反応が行きあたりばったりの介入を行う場合、厳密に経済的な観点から言えばそれは有害なものとなりうること。最後に、計画的な介入についてのいかなる提案も、これが経済的にいかなる利点を有していようとも、金融市場の混乱を招くこと。このような潜在的脅威があるかぎり、あらゆる社会主義的解決はきわめてリスクの高い手段とみなされざるをえず、当然ながら極端なまでの政治的抵抗を呼び覚ますことになる。

I

市場経済から生じる危険は、この経済を成り立たせるのに不可欠の条件が直接にもたらす帰結である。そうした条件の一つが、あらゆる伝統的な社会保障装置の解体である。前資本主義的社会システムのもとでは、慣習と法が工業と農業の双方において、それぞれ職と保有地を保障してくれていた。

自由資本主義のもとでは、自由競争にもとづく市場という装置が労働と土地の伝統的編成に取って代わる。この特殊な機構にいくら慣れ親しんでみたところで、この機構の展開にともなう社会的存在の諸要素——人間と人間を取り巻く自然環境——への明らかな抑圧に対して、われわれの眼が曇ることはないだろう。競争原理にもとづく労働市場、あるいは同様の不動産市場を歯止めなく稼動するにまかせるならば、必ずや人類とその生存環境を破壊するだろう。市場においては、ある特殊な擬制によって人間と自然環境はあたかも商品であるかのように、言い換えれば、販売のために生産された客体《オブジェクト》であるかのように見えてしまうのだ。

労働市場の稼働を放置した場合、そのメカニズムが人間および環境を徹底的に破壊する脅威となることは、二言の余地なく明らかである。人間労働を商品として組織することは、それがあたかも販売目的で生産された何かであるように取り扱うことを意味する。しかし現実には、労働は人間の活動であり、商品そのものとは似ても似つかないものだ。労働は生理的、心理的および道徳的存在としての人間の諸機能の一部である。それゆえ本来、労働力の「供給」は「販売目的の生産」などではない。当の労働する人間自身が、「販売のために生産」されるのではないのと──言うまでもなく──同様に、全く別の諸動機にもとづいて行われるのだ。「労働力の販売」について語ることを可能にするためには、いくつもの擬制を設定せざるをえない。まず想定しなければならない状況は、あらゆる有用な人間活動が遂行される際に、諸個人を一対のグループに分けるような編成の存在である。すなわち、そのうちの一方が指示を出し、金を払う。もう一方は働く、というように。すると、商品としての「労働力」が働き手から買い手へと受け渡されて──というようにその状況は解釈されざるをえなくなる。

もちろんここで重要な点は、こういった想定の擬制的な性格ではない。つまりは、労働者を特殊な契約の主体として定義する法的な擬制や、「労働力」が商品として売られる稀少かつ効用のある物であり、現実世界に影響を及ぼすと定義する経済学上の擬制が問題なのではない。われわれにとって重要なのは、労働市場として描かれた組織において自明とされる人間の置かれた状況である。そのような状況とは、五歳の子どもをして商人のごとく振る舞わせ、自身の自由意志にもとづいて「労働力」を対象とした契約を取り結ばせ、その労働力をいくばくかの量として——たとえば一二時間、一四時間あるいは一六時間というふうに——切り売りし、利潤を得ることができると考えさせるものなのだ。商人の立場に立てば、この子どもにとっていつ、どこで、そしてどのような条件下で商品が引き渡されることになるかは副次的な問題にすぎない。この商人は、むしろ、自身の財のお飾りにすぎず、財の運命に従うことを余儀なくされる。たとえその途上で死ぬことになろうとも。ここまで極端な形ではなくとも、こうした事態は男であろうと女であろうとあらゆる人びとにあてはまることになる。このようなシステムに締め上げられた都市住民たちが、たちまちに人間的な面影をすべて失っていくとしても何ら不思議ではない。

土地についても事態は同様である。ひとたび土地が諸個人に分割され、その処分が自由な裁量に委ねられたならば、土地は利潤のための——一切の規制を受けない賃貸借および売却の権利とならんで、無分別な利用や放置あるいは酷使の権利のための——道具となる。これらすべてのことが示唆するのは、所有者と占有者および労働者の破滅であり、さらに彼らの周囲を取り巻く生活環境と資源の破壊であり、そこには祖国の風土および国民の健康や安全とともに、土地そのものが持つ「不滅の」力の喪失も含まれる。人間と同様に土地も、売却のために生産されたわけではない。土地は自然の一部である。不動産市場の支配下でこそ土地の運命を定めうる、という見解がよって立つ法的および経済学的擬制は、概して、われわれが先に労働の場合に出くわした擬制と相似形なのだ。実際、土地とは人間の住処であり、あらゆる活動の場であり、生活のよりどころであり、安らぎを与え、季節の移ろいを告げる場所であるとともに人が土に返る場でもある。一片の土でさえも、商業的な扱いに耐えることは不可能だ。浸食されて丸裸になり、粉々に粉砕されて、あらゆる地域が太古の森、沼沢そして砂漠へと立ち返る可能性がある。人類の財産の損耗がその未来を静かに蝕んでいる。資源の疎外は国家の安全を脅かしている。定住を許さず、健全な家庭環境あるいは健康な生活の維持が望めないような土地保有形態は、人間の種としての力を弱め、そうなれば人類は衰退していくことになる。自由な土地保有農民が、零細土地保有農や怠惰なプロレタリアートの状態へと退行すれば、それは人間という種族の終焉を意味する。人間は、そもそも自然にとても近いところで生を営むのだから、農地で働く人びとが普通の生活を創造できるように、大地の産物の経済的運命を律しないのであれば、農業はいずれ破滅することになる。

ここに経済介入政策の根源がある。稼動中の市場に対する外部からの干渉は社会全体が示す反発の一つであり、傍若無人な市場の振る舞いに対抗して社会の屋台骨を防衛しようとする際に不可避のものだ。こうした干渉には、政府機関や立法機関に由来するものもあれば、労働組合や協同組合のような自発的結社に端を発するものもある。さらにそれ以外にも、教会、科学組織や新聞、雑誌などといった道徳的生活に関わる諸機関や世論から生じる場合もある。労働に関していえば、経済介入は、工場法や社会保険、最低限の教育機会や文化的生活の保障、自治体事業、およびさまざまな形態の労働組合運動などを生み出した。土地に関しては、保護主義的介入は農業保護政策の形をとったものを含め、土地所有や土地利用および借地や公有地払下げに関するさまざまな法の形で行われてきた。これらの介入に含まれていた規則、統制、制限、および市場を経由しない活動の社会的有用性は、労働と土地、人間と自然を取り返しのつかない損傷から守るという点にあったのだ。

Ⅱ

保護主義的介入のメリットは何よりも社会的なものであり、そのデメリットは主に経済的な面にある。前者は、人間と人間を取り巻く自然環境の破壊を防ぐことで、社会の屋台骨そのものに対して生じるものであり、後者は、社会的配当がいささか減ずるという点にあるだろう。というのも、一般に、市場メカニズムの内部で単発的かつ計画性のない介入が行われれば、それが行われない場合と比較して市場システムはうまく稼動しなくなるからである。もちろんその逆も真であり、したがって、社会の保護と経済的利益を結びつけるのは包括的かつ計画的な介入である。とはいえ、こういった「社会主義的」性格を持つ措置をほのめかすだけでも信用恐慌を引き起こしかねず、システム全体を停止させてしまう可能性がある。

このような状況が、労働者階級による政治活動のあり方と可能性に与える影響は、甚大なものとならざるをえなかった。市場システムは、支配階級を大衆民主主義の拡大から守る防衛システムの務めを果たし、さらに、民主主義が大衆の力によって社会主義的解決策を求めようものなら一層強力に対抗したのである。

おおむねこのような状況の帰結として、大衆民主主義は自由資本主義のもとであいまいな立ち位置に置かれることになった。市場の活動は広範な反発を呼び起こし、大衆の政治的影響力を確保しようという一般的かつ強力な要求が湧き起こるのを助長したが、にもかかわらず、そうして獲得された力をいざ振るう段になると、市場メカニズムの本質のせいでその力は大幅に制限された。社会の側からの要請がいかに切迫していようとも、単発的な介入は多くの場合経済的に有害であるとみなされ、他方で、経済的に有効な計画型の介入は見向きもされなかった。政治的な点では、漸進的改革は市場の活動を疎外する干渉であるとして評判を落としがちであった一方で、徹底的な社会主義的解決は、その方が経済的には都合がよかったはずであるにもかかわらず完全に蔑ろにされてしまった。こうした状況下で、大衆民主主義の持つ強大な力は必然的に制限されてしまったのである。

(1)「カール・ポランニー・アーカイブ」ファイル番号19–17 日付不明のタイプ原稿より。

＊1 ポランニーの自由論では、人間の自由は社会（society）における責任を通して実現されるという倫理的構えが一貫しており、ポランニー自身この問題を「見通し問題」と呼んでいる。これについては、若森みどり『カール・ポランニー』特に第二章を参照。

第19章　転換期の現代に関する五回の講義——十九世紀文明の終焉[1]

はじめに——制度的アプローチ

この連続講義のテーマは、非常に広範な影響を及ぼした、歴史上繰り返されることはないであろう出来事です。すなわち、二十世紀の両大戦間期という短い期間に発生した、十九世紀文明の終焉についてです。

この期間のはじめに十九世紀的理想はその絶頂期を迎え、事実、それはかつてないほどの影響力を有していました。その文明は、私たちの社会類型をして、世界を牽引する地位にまで昇りつめることを可能にしたのですが、戦間期も終わりに近づくころには、この文明がもたらしたシステムの痕跡はもうほとんど何も残っておりませんでした。国境の内側では、代表制民主主義が自由の体制を保障していました。そして、あらゆる文明化された国家において、自由資本主義の支配下で、国民の福利は過去に類例を見ないほど増大していました。金本位制が、ほとんど地球規模での広範な経済協力体制の堅固な基盤となった一方で、バランス・オブ・パワー・システムは、長く破壊的な戦争に対して相対的な自由を保障していたのです。世界は完璧というには程遠いものでしたが、完成に向かって、確たる歩みを進めているかのようでした。しかし、十九世紀文明のこの独特の大伽藍《だいがらん》は、突如、音を立てて崩れ去ったのです。私たちの社会のまさに存在要件となっていたものが、永遠に消え去ることになりました。現在私たちが直面している問題は、この衝撃的な出来事との関係を無視して理解することはできないと申し上げてよいでしょう。私たちが直面している問題とは、国内的かつ国際的、政治的かつ経済的なものであり、すなわち、ありとあらゆる制度に関係しているのです。歴史家は、どこから手をつけていいものやら途方に暮れています。

保守の二〇年代・革命の三〇年代

一九一四～一八年の大戦は、総じて十九世紀的なタイプの戦争だったと言えます。一組の列強同盟が相対し、交戦国と中立国、兵士と市民、戦争とビジネス――すべてはっきりと分かれていたのです。敗戦後に結ばれた条約は、戦争が始まる前と変わらぬ生活を保障しようとしました。第一次大戦は、何か特定の問題をめぐる戦争では全くなく、それゆえ、本質的には何も解決されなかったのです。しかしこの大戦は、それ以前のいかなる戦争にも増して恐ろしいものとなりました。

一九二〇年代の趨勢はあきらかに保守的でありました。一九一七〜二三年の劇的な革命と反革命[*1]には皆、息を飲みましたが、それらが単に敗戦の衝撃による混乱以上のものであった場合でさえ、東方の社会に何ら新しい要素を付け加えることはありませんでした。ヒンデンブルク[*2]とウィルソン[*3]だけでなく、レーニンやトロツキーでさえ、まだ十九世紀的伝統の中にいたのです。十七〜十八世紀のイギリス、アメリカ合衆国、フランスで起きた革命の理念と結び付くシステムを、否が応でも確立すべきだと、あるいはいずれ再建すべきだというのがこの時期の趨勢でした。伝統的な目的のために急進的な政策が利用されたのです。第一次世界大戦とは要するに、今世紀が始まって以来、十九世紀的システムを動作不良に陥れていた困難を不毛な暴力によって克服しようという試みでした。平和な二〇年代を通じて、この努力はますます強められましたが、大戦の影響により困難はいや増すばかりでした。

三〇年代の開始とともに、突如、恐れを呼び起こすほどの激しさでもって変革が始まりました。その端緒となったのは、まずはイギリス、次いで他のすべての国々による金本位制の廃止でした。そして、ロシアの五カ年計画、とりわけ農業の集団化（コルホーズ）、ニューディール政策の開始、国民社会主義者たちの革命、バランス・オブ・パワー・システムの崩壊によって、自給自足志向の帝国に有利な状況が生まれたことなどがこれに続きました。一九四〇年までには、十九世紀的な産業システムのあらゆる痕跡は消え去り、わずかな民族集団を除いて、諸国民は全く新しい制度的枠組みの中で生活することになったのです。

外的要因論

一九一四年から三九年までの四半世紀を俯瞰すると、変革が唐突かつ世界規模で起き、考えうる限り多様な社会および多様な政治体制を持つ国々に及んだことは明らかです。これらすべての国々に対してここまでの影響を与えられるのは、外的な要因だけでしょう。同時代を生きた人びとが、この変革の要因を一九一四〜一八年の大戦がもたらした血と苦痛の嵐の中に見出さざるをえなかったのは、至極もっともなことです。しかし、それからまださほど時を経ていない現在から振り返ってみても、すでに述べたように、第一次大戦は戦後の諸革命同様十九世紀の延長に過ぎず、その文明のさらなる深化拡大過程における一局面を形成したに過ぎないと思われます。そうすると、私たちは次のように結論せざるをえません。何らかの国際的な潮流が音もなく歴史の経路を形作ったがゆえに、「二〇年代」が終わるころまでには、大規模な転換の中で、変革がうなりをあげて押し寄せてくることになったのだと。この目に見えない包括的変化とは、私たちの文明が無意識にその生と成熟を負っていた国際システムの解体なのではないでしょうか。

このような帰結へと事態を導いた漸進的変化は、すでに一九一四〜一八年の大戦よりもはるか以前に始まっていたのですが、当時は誰も気が付かずにいたのです。世紀転換期以降、ますます強まった緊張のもとでさえ、この国際システムは実際に機能していたからです。政治的には、相対立する陣営の形成がバランス・オブ・パワー・システムの終わりを告げることになりました。この国際政治システムは、そもそも、少なからぬ数の自立的な国家《ナショナル》政策の存在を前提にしており、したがって、列強が固定的な陣営を形成するシステムにはなじまなかったからです。バランス・オブ・パワーの解体は、経済領域において貿易競争を惹起し、これが国内システムの過度な緊張状態を露見させることになりました。しかし、一九一四〜一八年の大戦は世界に残忍な仕打ちをし、疲弊させただけで、こうした問題が解決されることもありませんでした。結局のところ、西側が提示した諸条約は、これらの問題を雪だるま式にふくらますことになったのです。なぜなら、さして難しい話ではありませんが、敗戦国の恒久的な武装解除は、バランス・オブ・パワー・システムの基盤そのものを解体してしまい、それに伴い政治的な問題が解決不可能となったからです。繰り返しになりますが、これにより世界経済は再浮上の機会を見出すことが困難になりました。そして、他の欠点はさておくとしても、何らかの形で平和を担ってくれるような国際政治システムがなければ、金本位制を維持することは見込めなかったのです。今や破壊的な戦争に対するこうした安全装置が消滅してしまった以上、金本位制を復活させようというあらゆる試みは、なおさら失敗せざるをえなくなりました。十九世紀的政治・経済メカニズムをとりまく緊張を和らげようという努力はあったものの、第一次大戦がそのような試みを致命的なまでに萎縮させてしまったのです。一九二〇年代に見られた再建への奮闘も失敗を運命付けられていたのであり、そうした奮闘の絶頂こそまさに破局の始まりだったことが、後に、明らかとなりました。国際システムの最終的な崩壊に際して、その影響を免れた国は存在しませんでした。

事実

国際システム解体の原因に関する以上のような説明は、解体に伴って発生した危機が対外的な事象、とりわけ通貨と為替の問題に集中したという事実によってはっきりと裏付けられます。ヨーロッパにおける内政上の危機において、通貨の問題に由来しないものなどまずありませんでした。為替は二〇年代を通じて総括的な要因でした。中欧諸国の通貨が対外的な価値を失ってから、十数年後のロンドン世界経済会議[*4]に至るまでの期間、ほぼ世界的な規模で、戦前の通貨システムに回帰しようという努力が見られました。国際信用システムの融通無碍な紐帯が、諸通貨制度の中途半端な再建に起因する緊張を媒介することで、通貨危機の連鎖は、貧しいバルカン半島と裕福なアメリカ合衆国とを結びつけることになりました。まずは東欧から西欧へ、そして西欧から合衆国へと、世界中のほとんどの国が抱える累積赤字の重みによって、ついには合衆国自身が押し潰されるまで、この連鎖が止まることはありませんでした。一九二九年にウォール街に押し寄せた不況は、荒れ狂うまでの勢いとなりましたが、これは一九一九年以来、ドナウ・ライン間の地域に潜伏し続けていた緊張[*5]に端を発するものでした。一九三〇年代初頭、二つのアングロ＝サクソン国家が金本位制から離脱しましたが、これが二つの異なる歴史的局面の分水嶺となったのです。一九二〇年代が、依然として金本位制の究極的な崩壊回避へと力を振り向けたのに対して、三〇年代になると、この趨勢は正反対に向きを変え、いまや動かしがたいものとなった金本位制崩壊の事実に適応すべく力を注ぐようになりました。国際情勢が、経済的問題というよりはむしろ政治的問題の様相を呈する場合もありましたが、この段階で、国際システムについての経済的観点と政治的観点をあまり厳密に区別しようと試みる必要もないでしょう。十九世紀的システムの危機について、いかなる分析であれ、外的要因による説明を許容しないのなら不適当であると言えばそれで十分でしょう。

国際システム

現実には、国際システムは政治的でもあり、また経済的でもありました。金本位制は、資本市場、為替市場および商品市場を、国際的な規模で包含する世界経済の基盤となっていました。このような状態は法定的というより所与の事実であり、このシステムから利益を得た人びとも、システムそのものの存在にまず気付きませんでした。とはいえ政治領域では、この非公式な組織に相当するものさえ存在しませんでした。バランス・オブ・パワー・システムは大規模な戦争から国家を保護する安全装置であり、金本位制という世界規模の通貨システムの存立要件となっていましたが、金本位制と比べてみても、その法定制度としての性格は非常に希薄でした。しかし社会組織は、その稼動に際して、いちいち正式な裁可を仰ぐような真似はしません。概して社会は、それが有する諸制度の寿命が尽きるまでは制度と共に歩むだけで、当の諸制度の本質について意識することがないのです。

しかしながら、国際システム内部で経済的要因が優勢となっていった事実を見過ごすことはできません。世界に対して影響力を有していたのは経済のシステムであり、政治のシステムではありませんでした。帝国主義的な対立をひき起こし、第一次大戦への道程を地ならししたのは経済的な緊張でした。一九二〇年代の政治家たちが心血を注いだのは戦前の経済システムへの復帰でした。賠償金、為替の安定化、国際的な債務問題、海外融資、通商禁止、そして生計費指数が、大衆同様、政治屋たちにとっても喫緊の課題だったのです。そして三〇年代に入ると、自給自足経済がいたるところで時代の趨勢になりました。[*6]

しかし、国際経済システムの崩壊はそれ自体で説明を要する問題です。この試みは私たちをはるか彼方へと導いていくことでしょう。というのも、それは現在の危機の本質と由来を明らかにすること以外の何ものでもないからです。言い換えるなら、国際経済システムの崩壊を説明しようとすることは、私たちを取り巻く不可欠な諸制度、すなわち資本主義と民主主義を、人間のための言葉で定義することに関わるからです。

次回の講義は、何よりもまず、この課題にささげられることになるでしょう。

（1）「カール・ポランニー・アーカイブ」ファイル番号 31-10「カンファレンス1」コロンビア大学における全五回の連続講義の一部。

＊1 ロシア革命だけでなく、ハンガリーにおける共産党政権の誕生と崩壊、ブルガリアにおける農民同盟と共産党の躍進と弾圧など、この時期の東欧の動乱を広く示唆していると思われる。

＊2　ヒンデンブルク（Paul Ludwig Hans Anton von Beneckendorff und von Hindenburg 一八四七〜一九三四年）は、ドイツの軍人、政治家。第一次大戦中の活躍により国民的英雄となる。戦後ワイマール共和国の第二代大統領に就任し、一九三三年一月ヒトラーを首相に任命、第三帝国への道を開いた。

＊3　ウィルソン（Thomas Woodrow Wilson 一八五六〜一九二四年）は、アメリカ合衆国第二八代大統領。合衆国が第一次大戦に参戦した後、民族自決をうたった平和一四カ条を発表し国際連盟設立に尽力した。

＊4　一九三三年、六四カ国が参加してロンドンで開催された国際経済会議。国際的な財政問題の解決策が協議されたが、戦債問題におけるイギリスとアメリカ合衆国の対立、通貨問題における合衆国とヨーロッパ各国の対立などにより、目立った成果なくして終わり、各国の経済的対立は一層強まることになった。

＊5　第一次大戦後の中東欧諸国での金本位制への復帰政策と、それに伴う財政赤字の拡大および通貨危機問題を指す。なお、こうした金本位制への復帰努力の背景には、オーストリア学派による強力な理論的援護があった。ポランニーの世界恐慌論については、『経済の文明史』、特に第二部第四章が詳しい。

＊6　「政治家」（statesman）と「政治屋」（politician）については、本書第13章を参照のこと。

第20章　転換期の現代に関する五回の講義――統合された社会への動向(1)

1　政治と経済の分離

十九世紀社会は自由資本主義《リベラル・キャピタリズム》と代表制民主主義という二つの柱にもとづいていました。経済領域と政治領域は分離していたのです。このことが十九世紀社会の急速な凋落の謎を解く手がかりとなります。というのも、こうした事態がいつまでも続くにちがいないという期待は、幻想だったからです。その活動範囲に、他から分離した自己調整的かつ自律的な経済領域を包含する社会があるとしたら、それはユートピアにすぎません。

これは表面的には、逆説的なことを言っているように聞こえるでしょう。政治と経済の制度的システムが全く異なることは、それによって満たされるニーズが異なる点からしても、この上なく明白であるように思われます。というのも人間は、食糧などに対して経済的欲求を持つように、安全や保護などに対する政治的欲求を持たないではないか。そう思われることでしょう。ある人がどれほど銃よりバターを好もうとも、あるいは政治と経済の分離という問題に即して考えるなら、どれほどバターより銃を好もうとも、彼が正気であるかぎり、銃とバターを取り違えたりはしないでしょう。社会において経済的なものと政治的なものが制度的に分離していることは、全くもって物事の本質であるかのようにみえます。

しかしさらに精査してみると、これは数世代にわたる因習や習慣と同様に無根拠な仮説を実体化したものだということがわかります。人類は食と安全を得なければなりませんが、これらの欲求を満たすために、相互が分離した《セパレイト・セット》制度を、つまり、別個の動機がまずあり、かつ、そうした動機にもとづいて振る舞う別個の集団が支えるような制度を持つ必要はないのです。それどころか、十九世紀社会の限られた経験を別にしますと、過去のあらゆる人間社会の基礎は社会の制度的な統合にあったようであり、言い換えますと、社会の経済的なニーズも政治的なニーズもともに満たすような一揃い《ワン・セット》の制度が設計されてきたようなのです。

2　価格あるいは市場経済

自由資本主義とは、本質的に価格（あるいは市場）経済です。これが意味するのは、財の生産と分配が、市場が機能した結果として生じる価格によって支配されるということです。

あらゆるタイプの財に市場があります。つまり、あらゆる種類の商品のための商品市場があり、資本を使用するための金融市場があり、土地を使用するための不動産市場があり、労働力を使用するための労働市場があります。このように、あらゆる生産要素が市場を持ちます。

ゆえに、あらゆるタイプの財に価格があります。つまり、商品の対価は商品価格と呼ばれ、資本を活用する対価は利潤と呼ばれ、土地利用の対価は地代と呼ばれ、労働者が働く対価は賃金と呼ばれます。このように、すべての生産要素は価格を持ちます。

市場が作動することの結果は二重です。

財の生産は、その量と質の変化に応じて決定され、かつ一国の資源は、土地や労働であろうと資本や財であろうと、自動的に処分されます。

こうして生産された財の分配も同じメカニズムによって決定されます。というのも、これらの価格のある部分は、特定の財を売却する者の収益になるからです。つまり資本を用いる売り手〔投資家〕には利息が入り、土地を利用する売り手〔地主〕には地代が入り、労働力の売り手〔労働者〕には賃金が入ります。そして最後に、あらゆる類の商品の売り手には利潤が、すなわち費用を上まわる販売価格の余剰であるところの利潤が入ります

（費用とはもちろん、ある財の生産に必要な財の価格にすぎません）。これらの所得の総体によって、一定期間内に生産された財のすべてが購入されます。こうして価格システムは、その下で生産された財を自動的に分配するのです。

図式的に示すなら、このくらいのところが市場経済メカニズムのありのままの姿ということになります。技術的、財政的、消費的過程をきめ細かく調整するこのメカニズムによって、かつこのメカニズムを通じて、数百万の人びとが数十万の精巧な財を生産し、次いでその分配が人びとの間で実現されているのだと一瞬でも想像されたなら、その時あなたは、なるほど人間精神というものは、エジプトのピラミッドの建造さえも些細なことだと思えるほどの高みに達したのだなとお認めになるでしょう。このメカニズムがはじめて意識にのぼった時、はだかの太陽を正視したかのように、人が幻惑され、当惑してしまったとしても無理からぬところです。産業革命と機械の時代は、私たちのヨーロッパ社会に宿ったものですが、かくしてそれらは、やがてこのシステムが現実に途方もない物質的利益を生み出し始めるまで、全人類を初期産業主義の地獄のなかで引き回すほど十分に強力なイメージの源となったのです。

しかしながら、なぜ自由経済主義者《リベラル・エコノミスト》が教条主義的なのかについては、もうひとつ別の理由がありました。価格経済あるいは市場経済が発展するほど、自由経済主義《リベラル・エコノミクス》の適用に関して、ますます原理主義的にならざるをえないのです。アダム・スミスのような初期自由貿易論者《フリー・トレーダーズ》は教条主義的であるように見えますが、その教条主義は後のマンチェスター学派[*1]と比べれば取るに足りないものでしたし、マンチェスター学派の自由主義者《リベラリスト》も、今日の自由資本主義の主導者に比べれば煮え切らず、折衷的でした。コブデン[*2]やブライト[*3]は、ライオネル・ロビンズ[*4]あるいはルートヴィヒ・フォン・ミーゼスという頑《かたく》なな狂信者と比べた場合、単なる日和見主義者のように映じます。

　このことの理由は簡単に説明できます。市場経済は、そもそもそれが作動する場合、誰かが価格——商品価格であろうと、地代であろうと、賃金であろうと、利息であろうと——に干渉しないかぎりで作動するのです。というのも、価格の自己調整システムが作動するには、費用を超える余剰が販売価格になくてはならないからです。つまり、こうした余剰が存在しないかぎり、何も生産しえないのです。ゆえに販売価格が下落するなら、費用もまた下落せざるをえません。これは人間の意思、感情、理想からは独立したものです。恒常的に損失がある生産は、このゲームのルールによって自動的に排除されます。

　だからこそこのシステムの下では、商品だけでなく土地、労働、資本というあらゆる生産要素のために自由市場《フリー・マーケット》が不可欠なのです。価格システムが柔軟性を欠き、多様な市場の相互連関に応じて価格が自由に変動しえないのであれば、システムは原理としてさえ自己調整しなくなり、巨大なメカニズムはかならずや崩れ落ち、人類はただちに大量の失業、生産停止、所得の減少、その結果として社会的無秩序と混沌の危機に投げ出されることになるのです。

3　社会と市場

しかし、あらゆる生産要素が自由市場を持つはずだという一見したところ単純な命題の裏には、市場システムのニーズに社会全体が従属するはずだという暗黙の前提が含まれています。生産要素の中には土地と労働がありますが、それらは多かれ少なかれ擬制的な根拠にもとづくことではじめて商品として扱うことが可能になるものです。労働とは社会を構成する人間存在を意味し、土地は人間が生存している母なる地球の言い換えにすぎません。ゆえに社会の内部で市場経済を他から切り離して成り立たせようとすると、社会の総体が市場経済のニーズに従属することになるのです。ほとんど意識されぬうちに、前代未聞の事態が生み出されます。すなわち経済的社会、言い換えると社会は物質的な財にのみ依存して存在するという仮説にもとづいた人間共同体です。

こうした想定の誤りは明白です。生命と身体の安全は少なくとも日々の糧と同じくらい重要です。逆に、生か死を選べという二者択一的状況なら、パンとバターが確実に優先されるいわれはありません。しかし、社会が恒常的に存在すべきなら、ほかにも多くのことを整えなくてはなりません。たとえば、私たちの環境、つまり自然、隣人、同業者との間に、ほどよく安定した関係を築かねばなりません。また、健康や身体的側面も含め、社会の成員が一定の自衛能力を確保し、確固たる未来を描けるといったことが、人間らしく生き、次世代を育むことを可能にするのです。これらは、物質的な財の豊かさだけでは満たしようのない事柄です。ところが市場が「悪魔の挽き臼」となるや、社会は使い潰されることとなり、土地は〔商品として〕個別化されるか、活用されぬまま放置され、労働力は酷使されるか役立たずとされ、信用システムは、盲目的なメカニズムのまさにその盲目的な気まぐれのために、個々の人間社会に体現されてきた生の共同体のニーズから引き剝がされて、インフレーションを突発させるか取引を圧殺する、といった事態を早晩迎えることとなるでしょう。

危機の本質はユートピアとしての市場から切り離せないことがはっきりしてきました。社会のことを考えるなら、市場メカニズムは制限される必要があります。しかしこれは経済生活を、したがって全体としての社会を重大な危機にさらすことなくしては、なしえない措置です。私たちは進退きわまっています。破滅をまぬがれないユートピアの道を進むのか、それともこの小道で立ち止まり、煌《きら》びやかではあるが過度に人工的なシステムの調子を狂わすリスクを冒すのか。

4　社会本来の統一性と統合に向けた現在の動向

政治領域と経済領域との分離は、私たちのタイプの社会にしかない特殊性です。部族社会であれ、都市国家型社会であれ、封建社会であれ、過去の社会にこのような特徴はありませんでした。これらの社会すべてには、安全と保護、正義と秩序、物質的財、性生活と再生産などといった、人間の多様なニーズを満たすための一揃いの制度が備わっていました。部族社会や封建社会における宗教的、儀式的、家族的、その他諸々の制度は、こうした私たちの社会に見られる政治と経済の分離とは無縁でした。今私たちのいる社会の直近には重商主義がありましたが、この時代さえも、社会が制度的に統一されているという政治的・経済的原理の上に打ち立てられていました。

市場経済のユートピア性を見ることで、なぜそれが現実には一度たりとて実践されえなかったかが分かります。それは現実に起きた事実である以上に、つねにひとつのイデオロギーだったのです。工場立法や保護貿易主義、労働組合や教会組織は、土地や労働の市場に何の規制もかけないという横暴に対して猛烈に反発した中心的存在でした。言い換えるなら、経済と政治の分離は実際には決して貫徹されませんでした。このような社会の統合に向けた動きは、市場経済のための運動が絶頂に達する以前からすでにはじまっていたのです。

しかしながら、こうした展開は単に社会システムの緊張を増大させただけでした。産業と国家、経済的なものと政治的なものの相互干渉が、なんらかのより高次の原則によって統制されることがなかったからです。労働者階級は、競争的体系の最悪な影響から自身を守るために民主主義的国家の諸制度を利用しました。他方、企業の経営者は民主制という政治的な制度を弱めるために工業所有権や財政学という経済的な制度を利用しました。結局のところ政治と経済の統合には失敗するのですが、こうした事例は十九世紀末の社会に多く見られました。市場経済の支持者が正しくも指摘したように、経済不振や貿易規制の直接の責任は、しばしば関税政策や独占主義的な労働運動にありました。彼らが見落としているのは、国家あるいは自発的団体による保護措置は、市場メカニズムの盲目的作用が引き起こす破壊から社会を守るための唯一の手段であったことです。

第一次大戦後ヨーロッパにおける経済と政治の分離は、内部の破局的な状況を増長させました。大企業家は民主的制度の権威をないがしろにし、その一方で民主的議会は市場経済の働きにたえまなく干渉しました。社会の経済的制度と政治的制度の双方が突然麻痺するという事態に陥りましたが、それはまさに起こるべくして起きた事態でした。社会を再統合する必要が明白となったのです。

これぞファシスト革命の勃発の由縁たる致命的事態でした。民主制にもとづく政治権力を通じて社会を統合するのか、あるいは、民主制があまりに頼りないのだとしたら、民主制を犠牲にするという代償を払いつつ、独裁主義を基礎に全体主義的社会へ統合するのか、いずれかの選択肢しかありませんでした。

私は、アメリカの社会システムがこの悲劇的ジレンマに直面していないと確信しています。しかし自由《フリーダム》の喪失を避けるべきなのだとしたら、二つの措置を同時にとる必要が出てくるでしょう。すなわち、統合の必要を受け入れ、かつ民主的手段を通じてそれを達成するという措置です。

（1）「カール・ポランニー・アーカイブ」ファイル番号31-10「カンファレンス2」コロンビア大学における全五回の連続講義の一部に用いられた日付不明の講義録。

＊1　十九世紀前半にイギリスの商工業都市マンチェスターを中心に活躍した古典派経済学の集団。自由貿易を主張し、穀物法・工場法などに反対した。

＊2　コブデン（Richard Cobden 一八〇四〜六五年）は、十九世紀半ばに活躍したイギリスの政治家。ブライトとならぶマンチェスター学派の自由貿易論者で、穀物法を保護貿易主義的として批判、一九四六年には同法を廃止に追いこんだ。

＊3　ブライト（John Bright 一八一一～八九年）は、十九世紀半ばに活躍したイギリスの政治家。コブデンとならぶマンチェスター学派の自由貿易論者で、穀物法の廃止に尽力した。

＊4　ロビンズ（Lionel Robbins 一八九八～一九八四年）は、イギリスの経済学者。没価値的な客観科学としての経済学を構想し、手段の稀少性と目的に対する合理的配分の研究こそが経済学の本分であると主張した。ポランニーは、こうした主張が市場と経済を故意に混同することから生じる誤謬であるとして厳しく批判した（『経済の文明史』第一〇章など）。主要著書に『経済学の本質と意義』（辻六兵衛訳、中山伊知郎監修、東洋経済新報社、一九五七年）などがある。

編者解説1

ジョルジオ・レスタ

カール・ポランニーは、単に年代的な理由からではなく、時代遅れの思想家であるかのようにみなされてきた(1)。彼は一八八六年にウィーンで生まれた。父はハンガリー人であり、ブダペストを包む知的な雰囲気の中で育った(2)。ポランニーは、今では姿を消し去ってしまった「過ぎ去った世界」を誰よりも鋭く探究した人物である。ポランニーは、オーストリア＝ハンガリー軍の将校として第一次世界大戦に参加し、ハンガリー革命を目撃した後、社会主義ウィーンの驚くべき文化的、政治的実験に身を投じ、そして国民社会主義が興隆するとロンドンに移住した。最終的には北アメリカに永住したのだが、そこで張りつめた冷戦の様相を観察した(3)。ポランニーが時代遅れの人だとみなされるのは、その人となりではなく彼のアイディアが、今日支配的なアイディアとは余りにもかけ離れているからだ。ミケル・カンジャーニによれば、ポランニーのアイディアとは、「別の時代」と「別の場所」のアイディアであり、現代とはかけ離れた歴史的脈絡と他に類を見ない生の経験をもとに生まれたアイディアだからである。[4] ポランニーは、彼自身の役割を客観的で冷静な歴史の証人にあるとはみなしておらず、燃えあがるような市民の情熱と、「われわれの社会の運命を形作る」ことが可能である、という反決定論的信念に駆り立てられていた。[5] そしてその可能性は、人間の存在意義という問題への応答であったのだ。「新しい西洋」の建設は、自由、多元的共存、社会的正義(これらは「文化的西洋」の遺産であるにもかかわらず「政治的西洋」の誤謬により損傷されてしまった)に重点を置くものでなければならず、[6] 異文化との対話へと道を開くものであって、孤立し、経済的なひとり芝居を演じるものであってはならないのだ。このような新しい西洋の建設は、特に晩年において、ポランニーの知的・政治的営為の中心的対象だったのである。[7] 青年期を迎えたポランニーは、民主主義は実現できる、という可能性に対してすでに固い信念を抱き、したがって社会主義によって実際、人間を解放することが可能であると信じていた。[8] こうした信念は彼の全生涯を通じての指針であり、彼の研究を導き、論点を拡散させることのない知的インスピレーションとなったのである。情熱を傾けて目的を追い求めたポランニーの研究はしばしば先駆的精神を示している。

あなたの心の中の平和と決別しよう

世の間の価値感を捨てよう

時よりもよりよく生きることはできないのだ
最善を尽くす以外に

これはヘーゲルが「決意」(Entschluß 原義は「開くこと」)の中で詠んだ詩の一節であるが、ポランニーはこの箇所をひじょうに好み、度々論文の中で引用している。[9] これは彼の抱いていた理想が何であるかということを示しているだけではなく、彼の仕事の中心的テーマの一つであった人間の自由が持っている価値と社会の現実との間における緊張関係を表現している。[10] ポランニーは、主流派の思想に抗った研究者であった。それゆえ今日の時代精神とは調和せず、軋《きし》みを立てるように見えるのかもしれない。それにもかかわらず彼の非正統的なアイディアは、三〇年以上にわたって社会科学の分野において多くの人びとの関心と注目を集めたのである。『大転換』は古典的名作となり、五五カ国の言語に翻訳された。[11] 晩年の著作の中でも特に有名な『初期帝国における交易と市場』(*Trade and Market in the Early Empires*)もまた、経済人類学や歴史社会学、経済史などのあらゆる分野で、多くの影響を与えた。[12]

ポランニーの知的遺産が再評価されるようになったのは、別に驚くべきことではない。近代社会の分析において、ハンガリーに生まれたこの著述家のオリジナリティーや学識の深さと比較しうるものは、ほとんどない。ポランニーは、特殊な研究領域に留まることなく、あらゆる分野を見渡して変化に満ち溢れた複雑な事象の中から――いっさいを歪めることなく――現実を「読み取る」ための卓越した才能を示している。ポランニーはさまざまな研究方法を用いながら、法律学者（ポランニーは、ブダペスト大学およびコロジュバル大学で法律学を学んでいる）[13]、経済学者（ポランニーはウィーンで政治・経済問題を取り上げていた週刊誌『オーストリアン・エコノミスト』[14]の共同編集責任者として経済学に興味を抱いた）、歴史家（ロンドン時代に歴史問題に関して鍛錬した）[15]、人類学者（彼の人類学に対する興味は『大転換』の中で示されているが、北アメリカに移住してから極めて大きな位置を占めた）としての感性を損なうことなく、驚くほどまでに上手く結び付けてバランスをとりながら研究を行っている。[16]

彼のこうした豊かな方法論は、一方で不可避的に彼の著作に対する批判をひき起こしたが、他方で彼は社会現象に対してより広大な視点を獲得し、なおかつ現代思想にとっても疑いの余地なく重要な、ある種の分析ツールを発展させたのである。[17] 彼は、経済学における形式的な意味と実体的な意味とを区分して、「埋め込み」という概念や、「二重運動」というカテゴリーを展開したのである。しかし、これらの分析ツールにもまして、研究の枠組みが大きく変化したにもかかわらず今日いまだに中心的な重要性を持つのは、ポランニーが研究した対象と、彼が提起した問題である（今日の金融経済の重要性を考えただけですぐ分るだろう）[18]。

いくつか挙げるとすれば[19]、経済と民主主義の関係についての問題、普遍的商品化の趨勢[20]、技術の制御についての問題[21]、さらに多国間貿易の規制に関する問題[22]を挙げれば十分であろう。J・スティグリッツが『大転換』の最新の英語版に寄せた序文の中で、「ポランニーはあたかも今、現在生起している問題について話しているようだ[23]」と述べていることや、あるいは、今現在の資本主義の危機の只中で、自己調整的市場の破壊的な性向について再びポランニーの警鐘が鳴り響いていることは、驚くべきことではない。同様に、反響の程度についても、この警鐘から霊感を受けた人びとによって、街角や大学の教室で、「ポランニーの復讐[24]」が取りざたされていることさえ、何ら驚くに値しない。

ポランニーが今から七〇年前に提起した問題は今なお、その重要性を失っておらず、むしろ現在の「スーパー資本主義」の脈絡の中で以前にもまして切実なものとなっている。実際、市場規制の一般的な緩和により、環境が危機に晒されるだけではなく、民主主義の実現可能性の根幹が揺さぶられるほどの深刻な危機を招くことを、この「スーパー資本主義」は証明し続けている[25]。

ポランニーが批判した諸問題の恒久性は、「市場社会」に対する彼の批判の正当性を証しだてる一方で、反対に、ひとつの罠ともなりうる。つまり、ポランニーの主張をその本来的な脈絡から逸脱させてしまうことで、問題の内容を希薄化してしまい、ポランニーの主張にある前提と含意を見失ってしまう危険があるということだ。正しく理解されているように、またポランニー自身、歴史主義についての講義で教示しているように、歴史と過去から引き出すことのできるアイディアは、「歴史と現在の双方の相違が覆い無視されない場合に限って、現在を理解する上において役立つ」のである。[26] こうした理由から、今日ポランニーの数々の論稿に触れる場合、彼の主要な著作だけに触れるのではなく、彼の論稿の全体像に触れることが重要だということをここで主張したい。つまり、彼が残した数多くの小論、講演のための原稿、そして未公開の草稿には、興味をそそる内容が少なからず含まれており、彼の知性の進化の過程をよりよく理解することができるのである。この点に関して、イタリア版のポランニーのコレクション *Per un nuovo occidente*〔本書原題〕には、近年になって公開された論文や評論が収録されているので、イタリアの読者は極めて恵まれている。こうした運びとなったのは、アルフレード・サルサーノとミケル・カンジャーニの努力のお蔭である。[27]

この本に収録されているポランニーの論文は、既に刊行されているポランニーの著作群に新たな視点を与えるものである。これまで未公開であった原稿はモントリオールの「ポランニー政治経済研究所」が所蔵している資料の中から渉猟し、収録した。[28] 本書に収録した論文は、ウィーン時代の一九一九年にドイツ語で書かれた「今、何が問題なのか」に始まり、ポランニーの晩年（一九五八年）に書かれた、「新しい西洋のために」に至るまで、

彼の全生涯の足跡をカバーしている。「新しい西洋のために」は完結した論文ではなく、未完の作品である。(29)

本書は、異質な諸論稿のコレクションである。もともと本や定期刊行物での発表を意図していた原稿を除いて大部分が講義ノートや学会での講演、英国の大学での講義録であり、『大転換』を完成させるより前、度重なる移住経験を持つポランニーの最後の住処となったアメリカ合衆国で書かれたものである。

読者諸氏は本書を読み進められているうちに、すぐ気づかれることと思うが、本書に収録されている作品は、単純な知的好奇心をそそるにはとどまらない内容に満ち溢れている。本書を読み進めていくうちに、ポランニーは彼の主要な論文の中で展開したアイディア――自己調整的市場と議会制民主主義との安易な関連づけや、あるいは経済学という語彙の形式上の概念と本質的な概念の区分の短絡を避けた上で――を普遍化し、総合化しているだけではなく、人生の道すがら投げかけられた問題とも格闘すべく立ち止まるのである。そのような問題の中には、階級構造とイギリスの文化との関係、(30) 世論と統治技術の関係、(31) アメリカ社会の性質と教育システムの重要性、(32) 制度としての平和主義と戦争に関する問題、(33) 知識社会学のアイディア(34)が含まれている。これらのテーマに関する論稿群は、ポランニーが抱いていた興味の幅の広さと同時に、社会をさまざまな側面から脱構築する卓越した能力、ポランニーの知的遍歴の生涯を貫く内的一貫性について、示してくれる。それによってわれわれは、ポランニーの思想をよりよく理解する機会を得るだろう[35]。

　年代記的序列からすれば、「今、何が求められているのか――ひとつの応答」が最初の論稿で、一九一九年に完成しているが、これはウィーンで執筆されたようだ。というのもポランニーは、すでに結末を迎えたハンガリー・ソヴィエト共和国のエピソードに言及しているからだ。また彼がオーストリアに移った時期は、反動的なホルティ・ミクローシュ政権が擡頭した時期と重なっているからである[36]。この論文は、当時の政治状況と密接に関係しているが、一九二〇年代を通じてポランニーが徹底的に練り上げた考えや思想を先取りしており、今なお再読の価値がある。同時に、彼の政治哲学の確固とした核を、伺い知ることができる[37]。

　ここで彼は自由社会主義の足跡を探し求めている。自由社会主義とは、ポランニーがハンガリー時代[38]から注目し続けていた運動であり、彼は、自由社会主義とマルクス主義の相違点を浮き彫りにし、「自由こそあらゆる真の調和の基礎である」という前提のもとに、自由社会主義の統一的な原理を確定しようとしている[39]。この前提はポランニーの社会哲学の核心をなすものであり、この論稿の中ですでに彼は、「資本家が利潤を追い求める無秩序な市場経済」と共産主義者による中央集権的な計画経済[40]の双方に距離を置いた論理を展開している。彼が何ものにも規制されない資本主義を拒絶したのは、こうした資本主義は労働の搾取にもとづいたものだからであるが、このような考えはオイゲン・デューリングのテーゼ[41]をもとにして打ち立てられたものである。ポランニーは、「実際のところ支配的で、自由競争を無効化している土地の暴力的所有という政治法則」の起源にさかのぼり、それによって耕地の自由な利用が許されない事実の由来を突き止めている[42]。ここで彼はエンクロージャーによる土地の収奪について述べているが、これは『大転換』の第3章で詳述されており、彼が市場経済の勃興を分析する際の最も重要な核をなしている[43]。さらにポランニーは、自己調整的な資本主義を受け入れがたいものとしている。というのも、その本来の性質からして「生産と社会的需要を対立させ」るようになり、その結果、集団的な利益が保護されなくなるからである[44]。自己調整的市場は、社会的機能――この概念は、当該論稿はまだ未熟な段階であるが――を担う経済的環境を創出するためには構造的に不適合である、という考えは、一九二〇年代以降、ポランニーが社会主義経済計算について論じる際に、全面的に展開される。後の論稿でポランニーは、「私的経済（private economy）」はそれが発生した時から共同体の生産活動と敵対するものではなかった、とする議論を発展させている[45]。彼は、一九三〇年代になるとこうしたテーゼをさらに推し進め、経済的プレイヤーが重大な結果を招来するような選択を行う際に何らかの形態の監視（*Übersicht*）がなければ、市場経済は個々の経済的プレイヤーの責任を免除し、社会の結束を破壊し、さらには個々人の道徳的行動に対するインセンティヴを後退させると述べている[46]。しかし彼は、同じ力でもって、第二の可能性についての見解を述べている。すなわち、生産手段の国有化と中央集権的な計画経済についてである。この可能性は、何よりも、選択の自由という理想——ポランニーは個々人のみならず、中規模の集団も含めている——と相克関係を創り出してしまう。ポランニーによれば、

自由社会主義は、その根本的な思想からしてあらゆる強制に敵対的である。人間に対する支配機構としての国家だけでなく、事物を管理する存在としての国家すら、自由社会主義にとって実践的には必要悪であり、理論的には有害かつ無用の構築物である。諸個人の生と活動からのみ生み出されうるものを、国家権力によって代替しようといういかなる試みも破滅的な結果をもたらさざるをえないのだ[47]。

さらにこうした解決方法は、ただ一つの根本的理由により技術的に実行不可能なのだ。すなわち、自由な取引《フリー・トレード》のシステムを廃止すれば経済的プロセスが機能しなくなるからである。需要と供給の自由な流れに類似した効果を、統計的実証方法でもって創り出すことは、不可能である。ある箇所では、市場に対する「オーストリア学派」的視点とポランニーとの親近性が見て取れる[48]。ポランニーは以下のように述べている。「経済とは生きたプロセスであり、これはいかなる方法によっても、いかに繊細かつ精巧に造られた機械的装置に

よっても代替不可能である」。そしてこの特殊な市場は「文字どおり固有の感覚器官なのであり、それなしに経済の血液循環は存続しえない」[49]と特徴づけられている。
自由社会主義が、そしてポランニー自身が想定する経済[50]とは、自由な取引が認められない中央集権化された経済ではなく、労働、消費と生産の三者の代表により運営され、そこで問題が発生すればこの三者が力を合わせて解決できるような協同組合的な経済なのである。

それゆえ、協同組合的社会主義は市場経済と同義である。ただし、それは価格に隠蔽された剰余価値の搾取を実現する場としての、資本主義的な利潤追求経済の無秩序な市場ではない。そうではなくて、自由な労働の等価な生産物によって有機的に構成された秩序を持つ市場である。[51]

この文章にはポランニーの作品の中核的位置を占める二つのアイディアが含まれている。すなわち自己調整的市場に対するポランニーの批判的な考えと、あらゆる政治的・経済的システムを評価する際の判断基準としての自由の価値に関するポランニーの考えである。

この論稿からわずかに数年後、社会主義は実現不可能だとするミーゼスのテーゼに反駁し、協同組合的社会主義の追求を全面的に展開する中で[52]彼は協同組合的社会主義に関する数多くの論稿を発表しているが、自由についてのテーマは、ポランニーの思想の中心を占め続けた。[53]あらゆるタイプの社会的集団主義とは対照的に、自由主義的な個人の価値づけに対するラディカルな批判とうまく結びつけられた個人の特異性に価値を見出す姿勢は、この自由の概念にもとづいていた。自由主義的な個人の価値づけについてジャコモ・マッラマオは以下のように述べている。

個人を前提にするということは、言い換えれば、個人がすでに形成されており、個人が何らかの外部的なプロセスの産物ではないと想定することであり、それによって個人が無意味であると言い渡すことに等しい。彼あるいは彼女を、切り‐離されたもの（*a-tomon*）――分け‐隔てられたもの（*in-dividuum*）――へと希釈し、一個人の形成を唯一可能にする批判的構成プロセスとの連絡を絶ち切ってしまうのだ。[54]

個人の自由と社会の周縁における「現実」との避けがたい緊張関係は、ポランニーが直面した中心的な問題の一つであり、このことに関しては彼の作品の中で度々言及されている。また彼は「平和の意味」についても度々言及している。

社会の避けがたい性質を認めることは、人格を抽象的にとらえ、ゆえに自由を空想的に考えることに対して、歯止めをかけることにつながる。権力、経済的価値、強制は複雑な社会では避けられない。個々人がこれらとの関わり合いから逃れる術はない。なんびとも社会から逃れることはできない。しかし、こう考えるからといってわれわれが自由を失うように見えるとしたら、それは誤解である。というのも、このように社会をとらえることを通じてわれわれが獲得する自由こそ確かなものだからだ。人は己の失ったものを自覚し、社会の中で、社会を通じて得る自由の確かさによって成熟に到達する。(55)

とはいえ、「複雑な社会〔複合社会〕における自由」の問題――『大転換』最終章のタイトルである――が、絶対的中心を占めるのは、第二次世界大戦後のポランニーの論考を待たなければならない。(56) この問題について、いくつかの論考が本書に収められている（「新しい西洋のために」、「経済学とわれわれの社会的運命を形成する自由」、「経済史と自由の問題」、「経済思想の新たな地平」）。

これらの作品群で、ポランニーは数多くの問題を提起しているが、とりわけ以下の二点について掘り下げていると思われる。

最初の問題点は、人間社会を次第に人工的な構築物に作り変えて、人類の生存を脅かすような技術、経済組織そして科学の発達を、いかにしてコントロールするかということである（東西冷戦の最中に置かれており、核開発競争を制御できない時代に生きているのだという点）。ポランニーの主要な関心事は、「機械文明の中で人の生に対して意味と統合を回復させる」ということであり、[57]われわれは西洋が、産業革命以降に達成し、今や全世界に広まっている産業、科学、経済という人類の歩みに対する歴史的責任に目覚めることなのだ。

このことについて彼は「新しい西洋のために」の中で、

三つの力――工業技術・経済組織・科学――がこの順番で、同じ系譜の中から別々に誕生し、互いに絡み合いながら（ただし当初は目立たずに）まだ百年も経たぬ以前、社会の激動を準備した。そしてこの激動は、押しとどめがたい奔流となって、今も次から次へと、数百万人の人びとを新たに巻き込みつつある。[58]

と書いているが、まさに人類の歴史の中で分水嶺に位置することなのだ。

ポランニー自身、ここで理路整然とその概要を述べている（彼は『大転換』で取り扱った中心的な分析を要約している）。すなわち、まず最初に新しい機械が発明されると、それに引き続いて市場機構が整備されるが、それは自由主義の教義によるものではないし、ましてや〝自然に〟整備されるのではなく、その社会の制度が選択した結果なのである。[59]そして最終的には一世紀も経過すると科学が加わる。「これら三つの力すべてが、いよいよ勢いを増していった。工業技術と科学の深まる友好関係に経済組織は好機を見出し、生産における効率性の原理が（市場と計画との双方の力によって）眩暈《めまい》をもよおさせる程に推し進められていった」[60]。これら三つの力（科学、工業技術、そして経済組織）を「人間の別名である進歩と、自由の謂いである人格の完成というわれわれの意志」に従属させることが、「不可欠の生存条件となった」。西洋は工業化された社会の生みの親であり、自らの「子どもたちをそのように教育する」という責任を負っている[61]。それゆえ現在、歴史的責務という観点からだけではなく、西洋こそが、西洋とは異なる文化を持つ世界と、人類に関わる全ての問題について誠実に関心を寄せて、対話をし直すことができるのである。

これまで西洋が歩んできた路ではなく、これに代わる路を発見するためには過去に西洋が犯した誤りを発見することが重要であり、とくに植民地主義は西洋の進歩に資するものであり、資本主義は民主主義なのだとする誤った考えを正すことが重要なのだ。

ポランニーの「政治的西洋」（これは資本主義諸国が共同して選択したものなのだが）に対する激しい批判は、知識人に対しても容赦ないものである。というのも自ら進んで政府が望むようなプロパガンダに隷従し、これを喜んで受容することによって、彼ら知識人は西洋文明の遺産を台無しにし、特に個人的普遍主義《パーソナル・ユニヴァーサリズム》[62]を裏切ったからである。

まさにポランニーはこの点に関し、特に経済的自由と平等を実現する資本主義の改革にとってイデオロギー上の障害である経済決定論という独断的な信念について、第二の疑義を呈しているのである。ポランニーは資本主義を改革するためには、人類の目的として意識的に追求されるべき社会的正義を万全に満たすような改革でなければならない、ということを誰よりも深く認知していたのである。[63] ポランニーは「経済学とわれわれの社会的運命を形成する自由」の中で、経済的自由に対して制限が加えられれば、その制限がいかなるものであれ自動的に市民の自由に対して否定的な結果を招来する、というテーゼに反駁している。この議論はハイエクの『隷従への道』[64]の中で中心的位置を占めているが、ここでハイエクは、いかなる計画経済の導入であれ、それは規制されない市場のみならず、自由そのものを不可避的に消滅させる、と述べている。これに対してポランニーは（マルクス主義者の論法を用いて）真正面から反論するのではなく、経済組織を変革することにより「ブルジョワの欺瞞」[65]以外の何ものでもない制度を消し去ることができる、と述べている。この二つの立場、すなわち自由主義的《リベラル》な立場とマルクス主義の立場は、いずれも同じ疑わしい仮説のもとで打ち立てられたものなのだ。すなわち教条的な経済決定論に対する信念、さらに経済関係は社会の文化的側面を決定するというよりはむしろ制限するだけではなく、「自由《フリーダム》〔を可能にする〕諸制度」[66]を制限するという信念はともに疑わしい仮説なのだ。

　ポランニーはこうした仮説の偽りを明確にするために歴史を振り返り、決定論者が描くモデルは、人間（労働）と人間を取り囲む環境（土地）が商品に矮小化され、自己調整的市場の力に縛りつけられるようになった十九世紀の市場社会には妥当するかもしれないが、大半の場合には妥当するものではないと述べている。経済的・技術的要因が社会の文化的な形態を決定する上で大きな役割を演じるようになったとしても、社会の文化的形態は生産手段によって決定されることはないのだ。

しかし文化のパターン、つまりある社会において文化的にとりわけ強調されるものは、技術的要因や地理的要因のいずれによっても決定されることはありません。ある集団の人びとが、日々の生活において協働的な振る舞いと競争的な振る舞いのどちらを育むのか、またその人びとが、生産技術を共同で利用するのと利己的に利用するのと、どちらをより好むのかということは、多くの場合、生産手段に関する功利主義的な論理とは一切無関係です。さらに、その共同体が持つ現実の基本的な経済的諸制度とさえも関係ありません。(67)

つまり、特殊な制度によって市民の自由を保障する共同体についてもこれと同じことが言える。自由や人格を尊重すること、精神の独立や寛容さ、良心の自由に重きを置くことは、一方では、協働的・調和的に振る舞うことと、他方では、敵対的・競争的に振る舞うことと、全く同じカテゴリーに属するのです。これは、広範に観察しうる精神のパターンであり、無数の異なる方法で表現され、慣習と法によって守られ、さまざまな形式で制度化されています。しかし、技術水準や、それどころか経済システムとさえ本質的には無関係なのです。(68)

とポランニーは述べている。ここで彼は、市民的自由《シビック・リバティ》が消え去るのは市場の自由に対して制限が加えられるからであるとするテーゼが持っている本質的な弱点を指摘しているのである。そしてさまざまな事例を示しながら、ポランニーは巧みに、「私企業制のもとで、世論は寛容と自由の価値を見失うかもしれません」と述べている。(69)しかし他方で、経済がかなり規制されていても市民的自由を満足すべきレベルで維持することが可能であると述べている。彼は「一般経済史」において決定論の問題に立ちかえり、明確に結論を下している。

事実、私たちは、創造し守りぬこうと願うに値する自由を将来まさしく得るでしょう。個人的自由を制度的に保証することは、原則としていかなる経済システムとも矛盾しません。市場社会においてのみ、……経済メカニズムが私たちに頭ごなしに命令するのです。このような事態は、人類社会一般には見受けられないものであり、規制を欠いた《アンレギュレイト》市場経済のみに特徴的なものです[70]。

ポランニーが展開した議論の核は、十九世紀の市場経済の特殊性を認識することであった[71]。特殊な形態のもと、経済的要因が社会制度を形成する上で決定的な役割を演じたのである。ひとたび土地および労働を競争市場に包み込むことを防ぐ規範的・文化的な障害が取り除かれると、完全に自律的な経済の基盤が形成されたのであり、また自治的経済とそれ以外の社会空間との関係を根本的に転覆しようとする動きが現れたのである。これは一つの制度が変わったから生まれたのだ。

すなわち飢えに対する恐れと生産活動に参加することにより富を獲得したいという欲望が個々人を突き動かしたのだ。これが「市場社会」の決定的な姿であり、社会に埋め込まれていた経済が社会から姿を現し、そこでは経済活動はもはや社会、文化、宗教施設の一部分としてではなく、社会そのものが経済活動に吸収されてしまったとするテーゼなのだ。これは『大転換』および本書第4部の二つの章（「混乱の暗い影と社会主義の見通し」、「転換期の現代に関する五回の講義――統合された社会への動向」）の中で述べられている[72]。ポランニーによれば、十九世紀の歴史的または文化的特性を無視して決定論的な方法論を一般法則へとまつり上げることは、二つの基本的な過ちを犯すことなのである。決定論を未来に適用すれば、そこで提案されたモデルは、単なる憶断しか生み出さない。しかし、過去に適用すれば、支持することなど不可能な時代錯誤に陥るのだ。[73]

経済史に関する研究の最後の核心部分は、ポランニーが米国に移住した直後にまとめたものであり、米国で刊行した一連の著書『初期帝国における交易と市場』、『ダホメと奴隷貿易』（邦題『経済と文明』）、『人間の経済』および論文で発表しているが、これらの著作は人類学や社会学に多大の影響を及ぼした。ポランニーの方法論の特徴は、本書の第2部と第3部、特に第5章「制度分析は、いかに社会科学に貢献するか」、第15章「古代における市場要素と経済計画」、第14章「一般経済史」の中できわめて明確に言い表されている。第14章は、ポランニーが同じテーマで一九五〇年にコロンビア大学で行った講義の導入部を再現したものだが、非常に興味深い論文であり、体系的な方法論が明確に示されている。[74]ポランニーはそこで、「一般経済史」の根本的目的は、社会全体の中で経済が占める位置を研究することであり、社会の非経済的諸制度と経済の関係の変化を研究することだと述べている。こうした目的を追求するために、これはポランニーがマックス・ヴェーバーの作品の中で確認していることなのだが、新古典派経済学が発展させた分析ツールはほとんど役に立たないこと、また観察した現象を治癒しがたいまでに歪める恐れがあることを述べている。その代り、ポランニーは、「未開」あるいは「古代的」な産業化以前の経済について、単に「経済学」の形式的な意味ではなく、本質的《エッセンシャル》なものを明らかにしようとし、制度の観点から方法的検討を行うことで論理的分析をするという問題に取り組もうとしている(75)。

ポランニーは、一九五〇年に発表した論文で以下のように述べている。「制度分析は、いかに社会科学に貢献するか」（本書第2部第5章）、この意味するところは、経済学は人間の物質的需要《ニーズ》を充足するための人間と人間を取り囲む環境の間の相互作用について考えなければならないのであり、新古典派のパラダイムのように「目的と稀少性との関係性を結び付け、相互の要因を使い分けながら二者択一的に選択するもの」であってはならない、ということである(76)。こうしたポランニーの深い洞察力は、後に著した論文(77)の中でさらに深化され、ポランニーの思想の変わることのない核を構成しているものであり、「経済学の誤謬」、すなわち「市場という形態を人間の経済と同一視する」論理的な誤謬を最も適切に批判したものである(78)。

このようにして、ポランニーはこれまでに存在し、また現存するあらゆるタイプの経済を研究するための、実行可能でドグマから解放された諸条件を確立したのである（こうしてポランニーは、マルセル・モースと同じように最も適合的に解釈する比較研究法を社会科学の分野で証明したのだ(79)）。経験的推断を行う経験にもとづく経済は、「経済過程がさまざまな時と場所において制度化される、その方式」を基礎にして、またそれゆえに、あらゆる社会に存在している経済と非経済的な制度との関係を基礎にして描き出すことができるのである。[80] ポランニーが用いたのと同じ方法論を歴史および経済人類学に応用し、第3部14章「一般経済史」、同15章「古代における市場要素と経済計画」[81] において論議されているように、三つの形態の交易、すなわち交易の統合、互酬的および再分配的交易を明確に区分して研究すれば素晴らしい研究成果が生み出されるであろう。また本書の第2部に収録した初期の論文には、ポランニーの制度的展望に対する鋭敏な感性が示されている。

公的ないし国家的権力が、自己調整的市場システムの出現に対して、またそれゆえに、自由主義的モデルによる市場の経済を「自然の」プロセスの点で脱神話化することに対して役割を持つべきだとするポランニーの主張は、ドイツ歴史学派（特にシュモラーおよびビューヒャー）の立場に通じるものがある。[82] 一方、ポランニーは「未来の民主的なイギリスにおける文化」においてソースティン・ヴェブレンの論文と研究について繰り返し言及している。特に階級社会としてのイギリス社会と「文化的」エリートの形成過程について言及している。[83] ポランニーの政治・社会史に関する広大な見識（特にファシズムの興隆に関して）は、一連の講義が収録してある「近代社会における哲学の衝突」からも見て取ることができる。ここでポランニーは、民主主義のモデルと経済組織の形態の相互関係について言及している。[84] ポランニーは、「ウィーンとアメリカでの経験――アメリカ編」と題する論文の中で、アメリカ社会を洞察に富む眼差しで分析しているが、合衆国の教育システムと経済プロセスに関して特別の注意を払っている。(85)

またポランニーは、「文化的現実」としての経済という基本的テーマをさまざまな方法で再び提案している。文化に関するこの概念は、同時にポランニーの思想の核を構成しているものであり、ダグラス・ノース（Douglass North）とオリヴァー・ウィリアムソンを創始者とし、ポランニーは表面的に所属していたアメリカ経済新制度学派の中心的テーマとはイデオロギー的に距離を置いた、彼独自のリトマス試験紙なのである。(86)(87)新制度学派の分析は、競合しあう個々人が、稀少な資源を経済的に計算して獲得するというロジックにもとづく理論であり、モースの見解に代表されるように、人間は「経済的動物」(88)であるとする一次元的見解に基礎を置く理論である。彼らは制度の永続性また非永続性について、また経済発展に対するインパクト（影響）を解明しようとしたのである。(89)これとは対照的に、ポランニーは、「経済的機能主義」という視点から制度を捉えようとはしない。(90)したがってポランニーは、制度の唯一の目的はコストを切り下げ、また富を蓄積するためのものであり、（個々人や諸組織の）予期しない出来事や生態の結びつきに関する要素を重要視するのではなく、制度は、共同体やその構成員の価値および願望を形作る上で重要な役割を果たすものであり、欠かすことのできないものとして捉えているのである。(91)他方、このような思考方法は、経済と制度は相互依存的な関係に置かれているということ、(ドイツ歴史学派がすでに主張したように)双方とも経済的であり同時に非経済的であるが、このことを強調しているのである。制度は、貨幣経済と同じように、構造と経済を機能させる上で、苦しい労働を軽減するために道具や機械が必要なのと同じように、宗教にとっても、また政府にとっても重要なのだ。[92] 他方、文化・制度的現実としての経済という発想により、ポランニーは――新制度学派とは対照的に――市場とそのイデオロギー上の帰結は特殊なもので、人間性の内在的真実と将来の秩序を示すどころか、全くもって「歴史のなりゆきから生まれた形式」であり、それゆえに普遍化しえないと強調するようになった。[94]

もし仮に、われわれの社会に対するヴィジョンが、経済学的偏見と同じように誤っているということが真実であるならば、ポランニーの論文はイデオロギーに対する精緻な批判であり、各々の伝統的な経済学の諸原理、中でも功利主義者が唱える理性的行動という概念、すなわち稀少性というパラダイムと経済的/非経済的という区分に対する批判なのである。実際、このような結論は、ポランニーがトゥルンヴァルト、マリノフスキー、ボアズの論文を参照し、人類学研究の経験的資料を積み重ねて導き出した分析方法なのであり、ホモ・エコノミクスというモデルとそこから導き出された文化の構成概念、すなわち十九世紀に出現した、土地と労働の自由で相互依存的な市場[96]によって規定される特殊な制度的装置という文化の構成概念なのだ。したがって、制度は、個々人が行動する際にその基礎となる動機を創るものであり、それに伴う合理的なモデルなのであり、逆は真ではないのである。それゆえ、市場社会では経済的な計算をすることが可能になるのである。[97] 一方、制度的な変化や自己調整的な市場システムの出現を、ただ単に効用を最大化する論理によって説明することはできないのである。

ポランニーの指摘は、社会学者と経済人類学者に対してだけではない。彼は、経済帝国主義とは何であるか、[98] あるいは人間の行為に関する一般理論としての経済分析をしなければならなくなった法律学者に対してもまた問題を提起したのである。ここでいう人間の行為とはフーコーの言葉に従えば、あらゆる社会的相互作用と個々人の、非経済的要因を含む行為を取り囲む「理解可能性の格子」[99] のことである。

個人的人格、家族の相互作用そして犯罪行為のような他の原理（discipline）の範囲内における伝統的な経済領域内で見られる権利の不法な拡張は、経済と法の間における接触を増大させ、また交差させるのである、反トラスト法のように幾重にも重なる伝統的領域を超え出していくのである。

近代の「法と経済学」は、当初は記述的方法によって分析能力を発揮したが、次第に標準化し、法律や法的制度の正義ではなく効率性を測るようになり、遂には法的システムを効率であるか否かという視点[100]から量的に測定する当世では通りのよい疑似科学的な技術を正当化するに至ったのである。[101]

この最後の例――特に世界銀行が世に知れた「ドゥーイング・ビジネス」誌[102]で推進するような、法的起源説で謳われているもの――では、法は、経済成長を方向付けるものにすぎないものだと矮小化され、純粋に機能主義的観点（その前提、妥当性ともに疑わしい）から検討されている。[103]社会現象を調査する方法が多様であることは、評価し、歓迎すべきものであるが、他の研究分野における諸問題を解決するために開発された分析モデルを無批判に適応することには注意が必要であり、不注意に使用すれば正しい結果を得られるどころか、還元主義的で、実りのない結果が導かれるだろう。

ポランニーの論文、特に「社会科学をいかに用いるのか」（一九三〇年代に書かれたと思われる）[104]は、こうした問題に対して深い眼識を与えてくれる。この論文は、ポランニーが自然科学および社会科学の方法論における名目主義と本質主義の間の関係に関する論議を発展させる中で知的深化を遂げて行く過程が示されており、われわれが彼の知的発展過程を把握する上で大いに役立つ論文である。カール・ポパー（ウィーンのフォルガルテンシュトラーセに住んでおり、ポランニーの家族はカリー Karli と呼び、しばしば訪問した）[105]は、『開かれた社会とその敵』の中でまさにポランニーのアイディアに言及しているが、ポパーとポランニーの間で交わされた二人の私的な会話について言及しているだけであり、ポランニーがこの論文で書いた重要な点については触れていない[106]。この論文でポランニーは、さまざまな科学を寄せ集めると、それぞれの科学が持っている方法の個別性を制限してしまうということを強調している。つまり諸科学が用いる方法とその諸科学の「生来的な関心」は異なっているからである[107]。彼はまた、社会科学と自然科学は基本的に異なったものであり、それぞれの分野において人間の価値に関する評価や枠組みに対して異なった影響を与えるから、それぞれ異なった方法を用いなければならないと主張したのである。「物質的環境に対する人間の態度は明確な目的によって方向づけられており、この態度は自然科学の繁栄によってほとんど影響を受けてこなかった[108]」。しかしながら、社会科学は「人間の願望や目的に対して多大な影響を与え」るものであり、「根本的かつ直接的に」人間の存在に影響を与えるのである[109]。社会科学の機能は二重であり、重要かまたは重要でないかは、この二つの側面を考慮して決められるのだ。つまり「社会科学が目的達成のためにどの程度助けとなるかを問うだけでは不十分なのである。社会科学の有用性を明らかにする際には、それがどの程度助けとなるかだけでなく、どの程度妨げとなるかも問う必要がある[110]」。ここにおいて社会科学の「規範的」側面が明確にされているのであり、ポランニーはこのような社会科学に関して論議を展開している価値自由と距離を置いているのである。ポランニーの主張は、方法論的潔癖さを追求し、社会科学の探究の場から「形而上学的な残存物」を一掃したことは、「人間が目的を達成する能力を強化したかもしれないが、他方で社会科学がそもそも何だったかを知る人間の能力を明らかに減退させてしまった」というものである。[111]それゆえ社会科学を進歩させようとする力と、形而上学の「尊厳」——「芸術、宗教、道徳、私的《パーソナル》＝人格的生活、科学といったもろもろの知の母胎である人間の共通意識は包括的性格を持つ」ことに由来する尊厳——を保つこと、そしてそのような科学との間には本質的に緊張関係があるのである。[112]「進歩の余地を残しながら、進歩を追求する過程で道から外れてしまう危険を回避する、そうした創造的な妥協は可能だろうか」[113]。ポランニーはこのような質問に対して答えるための条件を用意している。科学的に人間の問題を取り扱う場合の落とし穴を避けることができるのは、「方向づけられた存在」である必要性を理解することによってである。[114]こうすることにより、行動指針に関して確固としたコンセンサスを打ち立てることができるのであり、「ちょうどレントゲン技師の手をX線の影響から守るように、私たちの志向する価値を腐食効果から慎重に守る」ことができるのである。[115]社会科学を使用することは科学を使用する際の技術的な問題ではないのだ。社会科学をどう用いるかは、「科学の使用に関する技術的な問題ではない。問題は、人間が科学を含めたあらゆる生の道具に対して主権を保っていくように、人間社会の意味に定義を与えることなのである」[116]。

これらの文章の中で提起された論点は現在も問われつづけており、歳月を経てなお妥当性を失っていない。一方、生命科学の発達により、自然科学の動揺が一層顕著となり、たとえば尊厳や予防措置についての法的な規制や原則が、生命の操作に対して人間の主権を保持すべく、強固な基盤を確固たるものとし、一連の基準を運用する意図のもと、新たに生まれることとなった[117]。他方、経済的な根拠づけの普遍化は世俗的な新宗教の一種のような様相を呈しており、社会科学（この場合には経済科学）から引き出された人間が持っている価値や願望のシステムに関する規範的な仮説に重大な衝撃を与えている。いわゆる社会科学における価値自由のあらゆる短所が今一度表面化したのであり、ポランニーが提出した重要な批判的、歴史的視点の重要さがあらためて確かめられたのである。これらの論文を今日再読してみれば、単純素朴に過ぎる「科学的」な態度に対してだけではなく、あらゆる種類の科学還元主義に対する卓越した解毒剤を提供してくれていることがわかる。今一度、ポランニーの言葉を引用すれば、還元主義こそが「広い世界と接触するに至り、文化的西洋の不毛性」を生み出したものに他ならないのだから[118]。

※原文はイタリア語。英訳はカール・イプセン、ミチャエル・イプセン

（1） Michele Cangiani, "L'inattualità di Polanyi," *Contemporanea*, 5. 4 (2002), 751-7. ポラン

ニーが時代遅れの人物なのか、現代にも通用する人物なのかをめぐる問題に関しては、以下も参照。Alain Caillé and Jean-Louis Laville, "Actualité de Karl Polanyi," in Michele Cangiani and Jérôme Maucourant, eds., *Essais de Karl Polanyi* (Paris: Seuil, 2008), 565-85.

（2）Gareth Dale, "Karl Polanyi in Budapest: On His Political and Intellectual Formation," *Archives européennes de sociologie*, 50. 1 (2009), 97-130. 本書は、ポランニーとルカーチ（György Lukács）、ヤーシ（Oszkár Jászi）、マンハイム（Karl Mannheim）について特に触れている。また、ポランニーの自伝的覚え書き、"L'eredità del Circolo Galilei," in Karl Polanyi, *La libertà in una società complessa*, edited by Alfredo Salsano (Turin: Bollati Boringhieri, 1987), 199-214. も参照。

（3）For detailed biographical notes, see Kari Polanyi-Levitt and Marguerite Mendell, "Karl Polanyi: His Life and Times," *Studies in Political Economy*, 22 (1987), 7-39（カリ・ポランニー＝レヴィット、マルゲリッテ・メンデレ「カール・ポランニーの思想と人生Ⅰ・Ⅱ」『経済評論』駒井洋・奥山真知訳、一九八六年七月号二～二〇頁、八月号二～二二頁は、これとほぼ同じ内容と思われる）。

（4）Cangiani, "L'inattualità di Polanyi," p. 751.

（5）本書第2章「経済学とわれわれの社会的運命を形成する自由」参照。

（6）本書第1章「新しい西洋のために」参照。

（7）ポランニーの最後のプロジェクトは、『共存』（*Co-Existence*）と題する雑誌を発行することであったのは注目に値する。同誌は、普遍的市場の論理に反対し、国際政治・経済を、多元的視点から捉えようとするものであった。創刊号は、ポランニーの死後数日の後に発刊された。Kari Polanyi-Levitt, “Karl Polanyi and *Co-Existence*,” in Kari Polanyi-Levitt, ed., *The Life and Work of Karl Polanyi: A Celebration* (Montreal, Canada: Black Rose Books, 1990), 253-63, 特に pp. 259-62（この論文は、もともと *Co-Existence*, 2 (1964), 113-21 で発表されたものである）。

(8) 以下を参照。Kari Polanyi-Levitt, “Karl Polanyi as Socialist,” in Kenneth McRobbie, ed., *Humanity, Society, and Commitment: On Karl Polanyi* (Montreal, Canada: Black Rose Books, 1994), 115-34.

(9) Polanyi-Levitt, “Karl Polanyi and *Co-Existence*,” p. 253.

(10) ポランニー哲学のこの点に関しては以下を参照。Gareth Dale, *Karl Polanyi: The Limits of the Market* (Cambridge: Polity, 2010), 特に pp. 31-44; Abraham Rotstein, “The Reality of Society: Karl Polanyi's Philosophical Perspective,” in Polanyi-Levitt, *Life and Work*, 98-110.

(11) 以下を参照。Kari Polanyi-Levitt, “The Origins and Significance of *The Great Transformation*,” in Polanyi-Levitt, *Life and Work*, 111-26.

(12) Carl Levy, “La riscoperta di Karl Polanyi,” *Contemporanea*, 5. 4 (2002), 767-70; Caillé and Laville, “Actualité de Karl Polanyi.”

(13) 以下に記されている。Sally C. Humphreys, “History, Economics, and Anthropology:

The Work of Karl Polanyi," *History and Theory*, 8 (1969), 165–212, のうち、pp. 165, 168. 特に、政治経済学と制度史が、法学の研究を占めていた。

(14) カリ・ポランニー＝レヴィットによれば、ポランニーがウィーン学派や英米の多くの経済学者の思想を学んだのは、この時期である (Polanyi-Levitt, "Karl Polanyi as Socialist," p. 125)。

(15) このテーマに関しては以下を参照。Margaret R. Somers, "Karl Polanyi's Intellectual Legacy," in Polanyi-Levitt, *Life and Work*, 152–60.

(16) この点に関しては以下を参照。Mihály Sárkány, "Karl Polanyi's Contribution to Economic Anthropology," in Polanyi-Levitt, *Life and Work*, 183–7.

(17) ポランニーの経済史に対する主な批判をめぐっては以下を参照。Caillé and Laville, "Actualité de Karl Polanyi," at pp. 569–71; Dale, *Karl Polanyi*, pp. 137–87. ポランニーに対するフェルナン・ブローデル (Fernand Braudel) の批判に関しては以下を参照。Alfredo Salsano, "Polanyi, Braudel e il re del Dahomey," *Rivista di storia contemporanea*, 15 (1986), 608–26.

(18) 基本的な概観として、Cahiers lillois d'économie et de sociologie シリーズのうち、Richard Sobel が編集し、二〇〇七年に刊行された *Penser la marchandisation du monde avec Karl Polanyi* を参照。特に Franck Van de Velde, Geneviève Azam, and Richard Sobel の論文を見よ。

(19) 以下を参照。Michele Cangiani, *Economia e democrazia: Saggio su Karl Polanyi*

(Padua: Il Poligrafo, 1998).

(20) Ayşe Buğra and Kaan Ağartan, eds., *Reading Karl Polanyi for the Twenty-First Century: Market Economy as a Political Project* (New York: Palgrave Macmillan, 2007) に収録された諸論考を見よ。

(21) この点に関して、アルフレード・サルサーノ（Alfredo Salsano）編の Polanyi, *La libertà in una società complessa* のうち "Presentazione" を見よ。

(22) 以下を参照。Christian Joerges and Josef Falke, eds., *Karl Polanyi: Globalisation and the Potential of Law in Transnational Markets* (Oxford: Hart, 2011).

(23) Joseph E. Stiglitz, "Foreword," in Karl Polanyi, *The Great Transformation: The Political and Economic Origins of Our Time* (Boston, MA: Beacon Press, 2001), vii-xvii のうち p. vii（ジョセフ・スティグリッツ「序文」『大転換』〈野口建彦・栖原学訳、東洋経済新報社、二〇〇九年〉）。

(24) Lisa Martin, "Polanyi's Revenge," *Perspectives on Politics*, 11. 1 (2013), 165-74.

(25) 以下を参照。Robert B. Reich, *Supercapitalism: The Transformation of Business, Democracy, and Everyday Life* (New York: Alfred A. Knopf, 2007)（ロバート・B・ライシュ『暴走する資本主義』雨宮寛・今井章子訳、東洋経済新報社、二〇〇八年）およびイタリア語版 *Supercapitalismo. Come cambia l'economia globale e i rischi per la democrazia*, Rome: Fazi, 2008 の、Guido Rossi による序文も見よ。

(26) Cangiani, "L'inattualità di Polanyi," p. 751.

(27) 以下の文献が最も重要である。Polanyi, *La libertà in una società complessa*; Karl Polanyi, *Cronache della grande trasformazione*, edited by Michele Cangiani (Turin: Einaudi, 1993〈「複合社会における自由」『大転換』、「複雑な社会における自由」『市場社会と人間の自由』〉); Karl Polanyi, *Europa 1937: Guerre esterne e guerre civili*, edited by Michele Cangiani (Rome: Donzelli, 1995).

(28) ポランニー研究所の創設と活動については以下を参照。Ana Gomez, "The Karl Polanyi Institute of Political Economy: A Narrative of Contributions to Social Change," *Interventions économiques*, 38 (2008), 1-18 のうち p. 2.

(29) 一九六二年三月二五日のPM [Paul Meadow] の記録（「カール・ポランニー・アーカイブ」ファイル番号24-2によると、その書は以下の諸問題を扱うことになっていたと判断しうる。(1) "The West as a Civilization and the Political West"; (2) "The Idols of the Old West: Science, Technology, and Economic Organization"; (3) "The Dual Character of the Consequences: (a) The Internal and External Achievements of the Old West; (b) The Idols Revealed as a Threat to Physical Survival"; (4) "The Core Values of the New Non-Western Nations and the Industrial Process"; (5) "The Failure of Western Leadership after the Second World War"; (6) "The Limited Basis for a New West"; (7) "Some Specific Issue for the New West: Modus Vivendi; Grotius Extended; Foreign Trade Monopolies; the Use of Priorities in Settling International Disputes; Protection of the Intellectuals from Contractual Pressure"; (8) "On the

Rejuvenation of the West and Personal Freedom."

(30) 本書第９章「未来の民主的なイギリスにおける文化」参照。

(31) 本書第13章「世論と政治手腕」参照。

(32) 本書第10章「ウィーンとアメリカ合衆国での経験——アメリカ編」参照。

(33) 本書第８章「平和主義のルーツ」参照。

(34) 本書第11章「社会科学をいかに用いるのか」参照。

(35) 一九三〇年以降の未刊行論文に関しては以下を参照。Giandomenica Becchio, "Gli inediti di Karl Polanyi negli anni Trenta," *Rivista di filosofia*, 88. 3 (1997), 475-82, またギャレス・デイル（Gareth Dale）の論文はきわめて資料的裏づけが豊かである。

(36) Polanyi-Levitt and Mendell, "Karl Polanyi," pp. 13, 21.

(37) この時期のポランニーの生涯と知的形成過程に関しては以下を参照。Lee Congdon, "The Sovereignty of Society: Polanyi in Vienna," in Polanyi-Levitt, *Life and Work*, 78-86; Dale, *Karl Polanyi*, 特に "The Economics and Ethics of Socialism"（pp. 19-45）の章。

(38) Dale, "Karl Polanyi in Budapest," pp. 113, 115-16.

(39) 本書第16章「今、何が求められているのか——ひとつの応答」三一七頁参照。

(40) この点に関しては以下を参照。Polanyi-Levitt, "Karl Polanyi as Socialist," p. 126.

(41) さらに詳細な分析は以下を参照。Alberto Chilosi, "Dühring's 'Socialitarian' Model of Economic Communes and Its Influence on the Development of Socialist Thought and

Practice," *Journal of Economic Studies*, 29. 4/5 (2002), 293-305.

(42) 本書第16章「今、何が求められているのか——ひとつの応答」三一八〜九頁参照。

(43) Karl Polanyi, *The Great Transformation* (Boston, MA: Beacon Press, 1957), pp. 33-42 (『大転換』).

(44) 本書第16章「今、何が求められているのか——ひとつの応答」三二〇頁参照。

(45) ポランニーは、市場経済について以下のようにも述べている。「市場経済は、生産者およびこの世界で生産に携わっている人びとが、健康を維持したり、休息をとったりする必要性、また精神的・道徳的に満たされる必要性を理解する仕組みを欠いている。公益は、過去からの長期間にわたる影響によって、生産・生産手段が組織される際のさまざまな方法によって促進されるか阻害される。かの市場経済モデルでは、公益——共同体の精神的・文化的・道徳的目標——の実現が物質的要因に依存するかぎり、それらを望ましい形で推し進める余地はいっそう限られている。またこのモデルは、人間性に関する一般的な目標——たとえば、国際援助や諸民族間での平和維持の必要性——を達成するための経済的課題に対応するには、まったくもって無力である(Karl Polanyi, *La libertà in una società complessa* の "La contabilità socialista", p. 19)。

(46) Dale, *Karl Polanyi*, p. 10 は、一九三七年にポランニーが書いた未発表論文「共同体と社会」("Community and Society: The Christian Criticism of our Social Order"「カール・ポランニー・アーカイブ」ファイル番号 21-22)の中の一節に言及している。その箇所は、あらためて引用するに値する。「市場は、すべての個人を生産者および消費者として彼らの日常的活動において孤立化させる、見えざる境界のように機能する。すべての個人は市場のために生産し、市場から供給を受ける。自分たちの仲間に役立ちたいとどんなに望んでも、彼らは市場を越えて手を差し伸べることができない。自ら進んで援助を提供しようとするいかなる試みも、市場メカニズムによって即座に阻止される。あなたの財を市場価格より安く売れば、一定の間は誰かがそれで得するだろう。しかし、それはまたあなたの隣人の事業を破産させることになり、結局は、あなたの工場または会社で働く人びとの雇用を喪失させることになるだろう。あなたが労働者として当然なすべき以上に労働することは、仲間の労働条件をより悪化させることになる。贅沢品への支出を拒むことによって、あなたは一部の人びとを仕事から投げ出すことになる。また、節約するのをやめることによっても、あなたは他者に同じ結果をもたらすことになるだろう。いかなる商品を取り扱うことになろうと、市場の法則に従って、もっとも安く買ってできるだけ高く販売するかぎり、あなたは比較的安全である。それゆえ、あなたが自分自身の利害に仕えることで仲間に損害を与えることは避けられないのである。したがって、仲間に役立つという考えを捨てれば捨てるほど、他者になされた損害に対する自分の責任をより首尾よく減少させることに成功するのである。このようなシステムのもとでは、たとえ道徳的にすぐれていることを望んだとしても、人間はそうであることを許されないのである（「共同体と社会――われわれの社会秩序のキリスト教的批判」『市場社会と人間の自由』一二四～一二五頁)。

(47) 本書第16章「今、何が求められているのか——ひとつの応答」三二六~七頁参照。

(48) 以下を参照。Giandomenica Becchio, "The Early Debate on Economic Calculation in Vienna (1919-1925). The Heterodox Point of View: Neurath, Mises and Polanyi," *Storia del pensiero economico*, 2007, at pp. 133-4.

(49) 本書第16章「今、何が求められているのか——ひとつの応答」三二一~二頁参照。

(50) 以下の論文を参照。"Il 'guild socialism' (uomini e idee)," in Polanyi, *Libertà in una società complessa*, 3-6. ポランニーのギルド社会主義に関する考えについては以下を参照。Cangiani, *Economia e democrazia*, pp. 127-8; Polanyi-Levitt, "Karl Polanyi as Socialist," pp. 115-16.

(51) 本書第16章「今、何が求められているのか——ひとつの応答」三二三頁参照。

(52) ルートヴィヒ・フォン・ミーゼス(Ludwig von Mises)が置かれていた立場に関しては以下を参照。Lawrence H. White, *The Clash of Economic Ideas: The Great Policy Debates and Experiments of the Last Hundred Years* (Cambridge: Cambridge University Press, 2012), pp. 35-7.

(53) ポランニーの自由に関する哲学の進化の過程とその思想の基本的な始発点をつなぎ合わせるためには以下を参照。Polanyi, "Über die Freiheit"(若森みどりほか訳「自由について」『市場社会と人間の自由』大月書店、二〇一二年)。この論文は、一九二〇年代の終わり頃書かれたものであり、以下を参照。Karl Polanyi, *Chronik der großen*

Transformation: Artikel und Aufsätze (1920–1940), edited by Michele Cangiani and Claus Thomasberger, vol.1 (Marburg: Metropolis, 2002), 137–64. グレゴリー・バウム（Gregory Baum）はこの点を広範囲に論じている。*Karl Polanyi on Ethics and Economics* (Montreal and Kingston, Canada: McGill-Queen's University Press, 1996), at pp. 24–7 and 35–7.

（54）Giacomo Marramao, "Dono, scambio, obbligazione: Il contributo di Karl Polanyi alla filosofia sociale," *Inchiesta*, 27. 117/118 (1997), 35–44.

（55）本書第7章「平和の意味」一四三〜四頁参照。

（56）*La libertà in una società complessa* 特に第三節 "Jean-Jacques Rousseau, o è possibile una società libera?" "Libertà e tecnologia," "La macchina e la scoperta della società," "La libertà in una società complessa"（「ジャン・ジャック・ルソー、または自由な社会は可能か」、「自由と技術」、「複雑な社会における自由」『市場社会と人間の自由』）を参照。

（57）本書第2章「経済学とわれわれの社会的運命を形成する自由」三八頁参照。

（58）本書第1章「新しい西洋のために」三三頁参照。

（59）ポランニーは、自由放任経済について『大転換』の中で以下のように述べている。「自由放任経済は、国家による意図的な行動の産物であったが、その後の自由放任に対する制限は、自然発生的なかたちで始まった。つまり自由放任はあらかじめ計画されたものであったが、計画化はそうではなかったのである」（『大転換』二二五頁）。

土地および労働市場の制度に関する政治的・法律的側面の分析は、『大転換』の第6章および第7章を参照。

(60) 本書第1章「新しい西洋のために」三二頁参照。

(61) 同前。

(62) ポランニーの「新たな西洋」(a new West) というアイディアはこの時期から始まった。詳しくは以下を参照。Paul Meadow's notes entitled "Karl Polanyi's Theses Concerning the 'New West'" in the Karl Polanyi Archive, file 24-2 (on which see also n. 29).

(63) 本書第2章「経済学とわれわれの社会的運命を形成する自由」三八頁参照。

(64) Friedrich A. von Hayek, *The Road to Serfdom* (Chicago: University of Chicago Press, 1994 [1944]) (フリードリヒ・A・ハイエク著、一谷藤一郎・一谷映理子訳『隷従への道——全体主義と自由』東京創元社、一九九二年)。本書の知的・自伝的起源に関する興味深い文献として以下を参照。Kari Polanyi-Levitt and Marguerite Mendell, "The Origins of Market Fetishism (Critique of Friedrich Hayek's Economic Theory)," *Monthly Review*, 41 (1989), 11-32。Philip Mirowski と Dieter Plehwe 編集の *The Road from Mont Pèlerin: The Making of the Neoliberal Thought Collective* (Cambridge, MA: Harvard University Press, 2009) も重要である。また、未刊行原稿を基にした Robert van Horn と Philip Mirowski の論考も "The Rise of the Chicago School of Economics and the Birth of Neoliberalism," 139-80 も特に重要である。

(65) 本書第3章「経済史と自由の問題」五二頁参照。
(66) 本書第14章「一般経済史」二四七頁参照。
(67) 本書第3章「経済史と自由の問題」五五頁参照。
(68) 同前五六頁参照。
(69) 同前。
(70) 本書第14章「一般経済史」二六二頁参照。
(71) Somers, “Karl Polanyi's Intellectual Legacy,” pp. 152-3.
(72) 本書第18章「混乱の暗い影と社会主義の見通し」、本書20章「転換期の現代に関する五回の講義」参照。
(73) 本書第3章「経済史と自由の問題」参照。
(74) 以下が有用である。Daniel J. Fusfeld, “Karl Polanyi's Lectures on General Economic History: A Student Remembers,” in McRobbie, ed., *Humanity, Society, and Commitment*. 経済人類学の戦後の動向に対するポランニーの評価については、以下を参照。Sárkány, “Karl Polanyi's Contribution to Economic Anthropology.”
(75) 以下を参照。Michele Cangiani, “From Menger to Polanyi: The Institutional Way,” in Harald Hagemann, Tamotsu Nishizawa, and Yukihiro Ikeda, eds., *Austrian Economics in Transition: From Carl Menger to Friedrich Hayek* (New York: Palgrave Macmillan, 2010), 138-53; Riccardo Motta and Franco Lombari, “Traffici e mercati: L'istituzionalismo di Karl Polanyi,” *Materiali per una storia della cultura giuridica*, 1

（1980）, 231-52, 特に pp. 248-52; J. Ron Stanfield, "Karl Polanyi and Contemporary Economic Thought," in Polanyi-Levitt, ed., *Life and Work*, 195-6; Walter C. Neale, "Institutions," *Journal of Economic Issues*, 21. 3（1987）, 1177-205.

（76）ライオネル・ロビンズは *An Essay on the Nature and Significance of Economic Science*（London: Macmillan, 1945, p. 16〈辻六兵衛訳『経済学の本質と意義』東洋経済新報社、一九五七年〉の中で、経済学を「人間の行為を人間の目標と稀少な手段との間における関係を研究する科学である」と定義している。

（77）特に以下を参照。Karl Polanyi, "The Economy as Instituted Process," in Karl Polanyi, Conrad M. Arensberg, and Harry W. Pearson, eds., *Trade and Market in the Early Empires*（Glencoe, IL: Free Press, 1957）, 243-69（「制度化された過程としての経済」『経済の文明史』玉野井芳郎ほか訳、ちくま学芸文庫、二〇〇三年）および Karl Polanyi, "Carl Menger's Two Meanings of 'Economic,'" in George Dalton, ed., *Studies in Economic Anthropology*（Washington, DC: American Anthropological Association, 1971）, 16-24（『人間の経済』玉野井芳郎ほか訳、二〇〇五年、2章を参照）。

（78）Karl Polanyi, *The Livelihood of Man*（New York: Academic Press, 1977）, p. 6（『人間の経済』）。

（79）この視点は以下を参照。Gérald Berthoud, "Toward a Comparative Approach: The Contribution of Karl Polanyi," in Polanyi-Levitt, *Life and Work*, 171-82.

（80）以下を参照。Polanyi, "The Economy as Instituted Process."（「制度化された過程と

してての経済」『経済の文明史』）

(81) 本書第14章「一般経済史」、本書15章「古代における市場的要素と経済計画」参照。

(82) Somers, "Karl Polanyi's Intellectual Legacy," p. 155. ポランニーの知的遺産に関しては以下を参照。Sabine Frerichs, "Re-Embedding Neo-Liberal Constitutionalism: A Polanyian Case for the Economic Sociology of Law," in Joerges and Falke, eds., *Karl Polanyi*, 65-84, at p. 81. フレリッシュ（Sabine Frerich）は、法、社会、市場の関係の復元に関するハイエクとポランニーの考えを対比し、以下のように述べている。「ハイエクの経済自由主義は、市場社会の自由な性格を認め、これを是認し、市場は経済的に自由な個々人の相互作用により生み出される自然発生的な秩序であると考えており、どのような社会的介入であれ、秩序を抑圧するものとみなす。だがポランニーの自由社会主義は、これと逆である。自己調整的市場は、商品化された諸個人に対して押し付けられた人為的制度とみなされており、社会政策は自己防衛的な社会運動から生まれるものとして捉えられる」。

(83) 本書第9章「未来の民主的なイギリスにおける文化」参照。

(84) 本書第17章「近代社会における哲学の衝突」参照。

(85) 本書第10章「ウィーンとアメリカ合衆国での経験——アメリカ編」参照。

(86) 以下を参照。Douglass C. North, "Markets and Other Allocation Systems in History: The Challenge of Karl Polanyi," *Journal of European Economic History*, 6 (1977), 703-16. ノースは、この論文を発表してから新古典主義的経済学と著しく距離をおく

ようになった。この点に関しては以下を参照。Claude Menard and Mary M. Shirley, "The Contribution of Douglass North to New Institutional Economics," in Sebastian Galiani and Itai Sened, eds., *Institutions, Property Rights, and Economic Growth: The Legacy of Douglass North* (Cambridge: Cambridge University Press), at http://hal.inria.fr/docs/00/62/42/97/PDF/2011-Menard_Shirley_North_and_NIE-CUP.pdf (二〇一四年四月二日現在).

(87) ポランニーの制度主義と新経済学派("new" economic institutionalism)の制度主義の違いに関しては以下を参照。Michele Cangiani, "Karl Polanyi's Institutional Theory: Market Society and Its "Disembedded" Economy," *Journal of Economic Issues*, 45 (2011), 177-98; Michele Cangiani, "The Forgotten Institutions," in Mark Harvey, Ronnie Ramlogan and Sally Randles, eds., *Karl Polanyi: New Perspectives on the Place of the Economy in Society* (Manchester: Manchester University Press, 2008), 25-42; Cangiani, "From Menger to Polanyi"; Jérôme Maucourant and Sébastien Plociniczak, "Penser l'institution et le marché avec Karl Polanyi," *Revue de la régulation*, 10 (2011), at http://regulation.revues.org/9439(二〇一三年二月二一日現在)。ポランニーと旧経済制度学派("old" economic institutionalism)の関係については以下を参照。Walter C. Neale, "Karl Polanyi and American Institutionalism: A Strange Case of Convergence," in Polanyi-Levitt, *Life and Work*, 145-51.

(88) 以下を参照。Marcel Mauss, *Essai sur le don: Forme et raison de l'échange dans les*

sociétés archaïques (Paris: Presses Universitaires de France, 2007), p. 238（マルセル・モース、『贈与論』吉田禎吾、江川純一訳、ちくま学芸文庫、二〇〇九年）。

(89) 制度と経済的プロセスに関するより確かな要約に関しては以下を参照。Douglas C. North, "Institutions and the Performance of Economies over Time," in Claude Ménard and Mary M. Shirley, eds., *Handbook of New Institutional Economics* (Berlin-Heidelberg: Springer, 2005), 21-30. ここで著者は、「経済的稀少性をめぐって諸制度と自己防衛を目指す諸組織の間における絶え間のない相互交渉が行われるということ、すなわち競争が制度変革にとって鍵である」という一般的な前提を明らかにしている。この点については以下を参照。Douglass C. North, *Institutions, Institutional Change and Economic Performance* (Cambridge: Cambridge University Press, 1990)（ダグラス・C・ノース『制度・制度変化・経済成果』竹下公視訳、晃洋書房、一九九四年）. Oliver E. Williamson, "Transaction Cost Economics," in Richard Schmalensee and Robert Willig, eds., *Handbook of Industrial Organization*, vol. 1 (New York: North Holland, 1989), 136-84.

(90) Michele Cangiani and Jérôme Maucourant, "Introduction," in Cangiani and Maucourant, eds., *Essais de Karl Polanyi*, 9-46, at pp. 9-10, 28-9.

(91) ポランニーの論考における旧・新制度主義（"old" and "new" institutionalism）のそれぞれの基本的な相違とその関係に注目するべきであり、この点に関しては以下を参照。Helge Peukert, "Bridging Old and New Institutional Economics: Gustav Schmoller and

Douglass C. North, Seen with Old Institutionalists' Eyes," *European Journal of Law and Economics*, 11 (2001), 91-130。以下も参照のこと。Malcolm Rutherford, "Institutionalism between the Wars," *Journal of Economic Issues*, 34. 2 (2000), 291-304; James R. Stansfield, "The Scope, Method, and Significance of Original Institutional Economics," *Journal of Economic Issues*, 33 (1999), 230-55.

(92) Polanyi, "The Economy as Instituted Process."

(93) 何度も何度も自由主義の預言者たちが繰り返していることを心に留めておくべきだろう。Donato Carusi, *L'ordine naturale delle cose* (Turin: Giappichelli, 2011), pp. 122-4.

(94) この点に関しては以下を参照。Caillé and Laville, "Actualité de Karl Polanyi," p. 567.

(95) 以下を参照。Polanyi, *The Great Transformation*, p. 159（『大転換』）。

(96) 以下を参照。Polanyi, *The Livelihood of Man*, pp. 5-7（『人間の経済』）。

(97) 一定の制約があることは明らかである。認知経済学や行動経済学の実地研究の成果によって、古典的理論が想定していた功利主義的合理性のモデルは作り直されているようである。この点に関しては以下を参照。Matteo Motterlini and Massimo Piattelli Palmarini, eds., *Critica della ragione economica: Tre saggi: Kahneman, McFadden, Smith* (Milan: Il Saggiatore, 2005)。また以下も参照。Dan Ariely, *Predictably Irrational: The Hidden Forces that Shape our Decisions* (New York: Harper, 2010)、特にp. 75以降を参照。

(98) Steven G. Medema, "The Trial of Homo Economicus: What Law and Economics Tells

Us about the Development of Economic Imperialism," in John B. Davis, ed., *New Economics and Its History* (Durham, NC: Duke University Press, 1997), 122-42.

(99) 以下を参照。Michel Foucault, *The Birth of Biopolitics: Lectures at the Collège de France, 1978-1979* (Basingstoke: Palgrave Macmillan, 2008), at pp. 243-4（ミシェル・フーコー『ミシェル・フーコー講義集成〈8〉生政治の誕生（コレージュ・ド・フランス講義1978-79）』慎改康之訳、筑摩書房、二〇〇八年）。

(100) 法に関する経済的側面からの分析の発展を歴史的に再構築した論文として以下を参照。Ejan Mackaay, "History of Law and Economics," in *Encyclopedia of Law and Economics*, accessible online at http://encyclo.findlaw.com/tablebib.html。シカゴ学派の再建に関しては以下を参照。Robert van Horn, "Reinventing Monopoly and the Role of Corporation: The Roots of Chicago Law and Economics," in Mirowski, and Plehwe, *The Road from Mont Pèlerin*, 204-37.

(101) この議論に関しては以下を参照。Antonio Gambaro, "Misurare il diritto?" *Annuario di diritto comparato e di studi legislativi* (2012), 17-47。また以下も参照。Ralf Michaels, "Comparative Law by Numbers? Legal Origins Thesis, Doing Business Reports, and the Silence of Traditional Comparative Law," *American Journal of Comparative Law*, 57 (2009), 765-95.

(102) 法の起源に関する理論の提唱者（全てエコノミストである）の仮定に対するシンテーゼについては以下を参照。Rafael La Porta, Florencio Lopez-de-Silanes, and Andrei

Shleifer, "The Economic Consequences of Legal Origins," in *Journal of Economic Literature*, 46. 2 (2008), 285-332. ドゥーイング・ビジネス・プロジェクトの内容や思想については世界銀行のホームページ http://www.doingbusiness.org/ で見ることができる

(103) これに対する批判（実際のところ、国家《ナショナル》威信の問題から影響を受けている限りにおいて、全面的に賛同すべきではない）は以下に詳しい。Edited by the Association Henri Capitant des amis de la culture juridique française: *Les Droits de tradition civiliste en question: À propos des rapports Doing Business de la Banque Mondiale* (Paris: Société de Législation Comparée, 2006)。以下も参照。Catherine Valcke, "The French Response to the World Bank's Doing Business Reports," in *University of Toronto Law Journal*, 60. 2 (2010), 197-217; Louisa Antoniolli, "La letteratura in materia di misurazione del diritto: Breve *Introduction* 25 itinerario ragionato," *Annuario di diritto comparato e di studi legislativi*, 2012, 453-485.

(104) 本書第11章「社会科学をどう使うのか」参照。

(105) これはカール・ポパーとポランニーの初期の関係について、カリ・ポランニー・レヴィットが語ったインタビューからの引用である。Malachi Haim Hacohen, *Karl Popper: The Formative Years, 1902-1945: Politics and Philosophy in Interwar Vienna* (Cambridge: Cambridge University Press, 2002), pp. 117-20.

(106) Karl R. Popper, *The Open Society and Its Enemies*, vol. 1: *The Spell of Plato* (London:

Routledge, 1945), p. 190, n. 30 カール・ライムント・ポパー『開かれた社会とその敵——第一部 プラトンの呪文』内田詔夫・小河原誠訳、未來社、一九八〇年)。この点については以下の論考の注を参照。Humphreys, "History, Economics, and Anthropology," p. 170.

(107) 本書第11章「社会科学をいかに用いるのか」一九三〜五頁参照。「科学の発展過程において決定的な役割を演じる「問題」の所在」に関しては本書12章「政治理論について」参照。以下も参照。Karl R. Popper, *The Poverty of Historicism* (Boston: Beacon Press, 1957)(カール・ポパー『歴史主義の貧困』岩坂彰訳、日経BP社、二〇一三年)。

(108) 本書第11章「社会科学をいかに用いるのか」一九九頁参照。

(109) 同前二〇五頁参照。

(110) 同前二〇〇頁参照。

(111) 同前二〇一頁参照。

(112) 同前二〇三頁参照。

(113) 同前二〇四頁参照。

(114) 同前二〇六頁参照。

(115) 同前二〇三頁参照。

(116) 同前二〇七頁参照。

(117) In general, see the considerations of Jürgen Habermas, *The Future of Human Nature*

(Cambridge: Polity, 2003)（一部邦訳あり。ユルゲン・ハーバーマス『人間の将来とバイオエシックス』三島憲一訳、法政大学出版局、二〇一二年）尊厳のパラダイムが生起している点については、特に以下を参照。Stefano Rodotà, *Il diritto di avere diritti* (Rome: Laterza, 2012), 特にp. 179以降参照。

(118) 本書第1章「新しい西洋のために」二八頁参照。

編者解説2

マリアヴィットリア・カタンザリティ

本書に収められている論文や講演原稿は、ポランニーが半世紀以上にわたる世界の歴史の推移を綿密に考察したものである。ここで扱われているテーマは幅広く、一九二〇年から一九五〇年代末に至る時代をカバーしており、カール・ポランニーの科学的な知の産物の特徴がもれなく表現されている。

ポランニーの人生が、いくつもの巨大な政治的・歴史的事件と交錯するという非常に珍しい軌道を描いたために、彼はベルエポックから第一次世界大戦――ポランニー自身がオーストリア＝ハンガリーの側で従軍している――そして一九一八／一九年のハンガリー革命と両大戦間期の劇的な転換を経てはじまった初期の冷戦のすべてを目撃することになった。[1]

ポランニー自身の人生も織り込まれている西洋の歴史は、彼の仕事を形作った巨大な溶鉱炉である。彼は法律の専門家として養成され、ジャーナリストとして活動した後に、ブルジョワの社会秩序から「追放された者」として放浪し、亡命することになったのだ。彼はどんな時でも注意深く厳格な思想家だった。[2]

ポランニーの複雑な仕事を単純化することは容易な作業ではないが、われわれは彼の作品の中にきわめて非凡な、そして永続的な論点、すなわち民主主義は人類の生存と両立する、という見解を発見した。これこそがポランニーにとっての社会的な行動主義であったのである。[3]彼の知的発展の過程はある意味で「不服従＝非同調《ノンコンフォーミティ》」であり、この考えを実現するために生涯を捧げたのである。

既に述べたように、ポランニーは法律を習得したのだが、彼は法律こそが最も重要な研究課題であるとはみなさなかった。実際、ポランニーの仕事の中で法理論は、経済学に関する思索と比べてそんなに重要な位置を占めてはいない。

にもかかわらず、いくつかの文章から法に対するポランニーの態度を跡づけてみると、表面的には関心を欠いているようでありながら、実のところ彼には法を制度主義的にとらえる見地があったことを証す興味深い素材が得られる。

本書に収録されているさまざまな論文の中で最も重要な彼の思想の核はここにある。彼は決然と極端な形式主義と決別したのであり、法的な現象が「埋め込み」[4]と「経済学的な誤謬」を理解する上での道具として機能しうるような規範的なモデルを支持するようになったのである。

こうした「暗黙の効果」は、数多くの伝統的なカテゴリーを脱構築しようとするある種の人類学に対して再考を促しており、特に規範的なシステムの自治を認めようとしない人類学に反省を促しているのである。ポランニーの論文の中で、法律に対するポランニーの立場を明確に確定できるような事例は極めて少ないので、法に関する重要性が小さいという解釈をとることは正当化される。まさにこれと同じように、法律学者が法律専門家とは異なる眼で法を解釈しようと試みる限り、この標準的なパラダイムは正当なのである。

ポランニーは常に法を事実にもとづいて分析している。すなわち彼は規範[5]を決定する社会的要因に対して注意を払っており、実際の生活の中から得ることの出来る事実だけを社会学的な分析の素材として取扱っている。こうした前提はおそらく未開社会の研究から援用されたものであるが、その中でも重要なのは、全体的社会的事実という存在、すなわち宗教的、法的、道徳的、経済的といったあらゆる制度が交錯するという事実の存在に注目した、マリノフスキー[6]やモース[7]の視点であった。こうした視点に立つと、法は経済を社会の中に取り込む上で手助けになるような非経済的な制度として捉えることができる。

この点に関してポランニーは、「混乱の暗い影と社会主義の見通し」の中で以下のように述べている。

労働者を特殊な契約の主体として定義する法的な擬制や、「労働力」が商品として売られる稀少かつ効用のある物であり、現実世界に影響を及ぼすと定義する経済学上の擬制が問題なのではない。われわれにとって重要なのは、労働市場として描かれた組織において自明とされる人間の置かれた状況である。(8)

したがって、「社会的説得力」の問題とは、規範的規定を吸収するように思われる。(9) さらにポランニーは書き進め、以下のように述べている。「しかし社会組織は、その稼働に際して、いちいち正式な裁可を仰ぐような真似(10)」はせず、個々人と、個々人が置かれた環境と社会的脈絡によって打ち立てられた目に見える関係性に依拠していると。(11)

ポランニーにとって法の物語はそれ自体、社会の物語と同列に置かれているのである。『大転換』の中でポランニーは一七九五年のスピーナムランド法の社会学的分析を行っているが、彼が用いた方法論は法的なものでもないし、歴史的なものでもない、ということをよりよく示している。(12) ポランニーは、所与の環境のもとで人間の生存状態を理解する方法として、法が社会に及ぼした影響について論議を集中させているのである。(13) 例えば、イギリスで一六〇一年に貧民を救済するための救貧法が制定されてから、一八三四年にスピーナムランド法が廃止されるまで、政府からの補助金を受けとった人びとの生存条件は改善されることはなかったが、それはこのような法律が、その時代の文化に根ざしたものではなかったからである。(14) その代り、労働に対する規制が緩和されたのである。(15) ポランニーが分析したこの側面――公式なルールが社会に及ぼす影響に絶えず注意を払うこと――が無視されてしまったならば、経済が社会制度から分離され、またそこに再編入される過程で作用した法的な影響に対する態度が明らかに矛盾したものになり、未解決のまま残されることになる。ポランニーにとって、法は勃興する市場経済に対する理論を再構築するにあたり、二つの役割を担っていた。すなわち法律は経済を社会から引き離す要因と、社会の自己防衛のメカニズムの双方の役割を担っていたのであり、それゆえ経済を再度社会に埋め込む役割を担っていたのである。[16]ポランニーの分析方法を理解する上で最も重要な一つの鍵は、エンクロージャーである。エンクロージャーとはかつて共同体の成員に自由に開かれていた土地が貴族や富裕な地主によって閉ざされたことを意味する。土地を囲い込む最初の段階では、土地は耕作地から牧羊地[17]へと転換され、やがて農民の生活の質の悪化[18]だけをもたらすだけの農業革命の時代へと移行した。この第二の移行期は、社会的崩壊を引き起こしたのであり、これは『大転換』ばかりではなく、「未来の民主的なイギリスにおける文化[19]」の中でより綿密に描かれている。これと並行して、社会的諸階級間における関係が根本から覆され、工業化が成功を収めるにつれて封建君主によって打ち立てられていた貧しい人々を支援するためのシステムが取り除かれてしまったのだ。このような現象の典型的事例は、綿工業の発展であり、この過程において、法律は大きな役割を果たしたのである。

代表的な自由貿易産業である綿工業が、保護主義的な関税、輸出奨励金、および間接的賃金扶助のおかげで創出されたように、自由貿易それ自体も国家によって実施されたのである。[20]

自己調整的市場の創出は、一八三四年にエリザベス時代につくられた救貧法が廃止され、また一八四六年に穀物法が廃止され、さらに一八四四年に金本位制にもとづく銀行法が成立したことによって一層促進されたのである。[21] このように理解すると、法は自己調整的市場を制度化するための役割を果たしたのである。また法は、市場経済システムが自由に機能することを確実なものにし、「市場の形成を妨げるようないかなる措置もとられてはならない[22]」ようにする働きをしたのである。しかしながら同時に、法は市場が機能していく上で数多くの制約と制限を加えた。ポランニーは中世のギルドと重商主義政策を事例として提示し、その下では土地と労働は軍事的・法的・行政的・政治的システムの基盤を構成していると述べている。そして土地と労働の使用は、価格のメカニズムが抑止され、法と慣習により規制され、保護されていると述べている。[23] ポランニーは、このような法の逆説的性質を、「自由放任はあらかじめ計画されたものであったが、計画化はそうではなかったのである[24]」と述べている。

それゆえさまざまな社会システムによって自由放任《レッセ・フェール》主義が実行に移されていた間、法は特別に適切な役割を担っていたのであり、自由放任に対する反動は自然発生的なものであった。自己調整的市場と人間の自己保存本能との間における葛藤は、集団的・社会的反動として表面化し、土地および労働を商品の地位にまで貶めようとするメカニズムが持っている不安定化要因を中和させようとしたのである。しかしながら、この自然発生的な反動は、法が不在であったということを意味しない。法は存在したのだ。こうした考えは、「混乱の暗い影と社会主義の見通し」の中で明瞭に述べられている。

こうした干渉には、政府機関や立法機関に由来するものもあれば、労働組合や協同組合のような自発的結社に端を発するものもある。さらにそれ以外にも、教会、科学組織や新聞、雑誌などといった道徳的生活に関わる諸機関や世論から生じる場合もある。労働に関していえば、経済介入は、工場法や社会保険、最低限の教育機会や文化的生活の保障、自治体事業、およびさまざまな形態の労働組合運動などを生み出した。土地に関しては、保護主義的介入は農業保護政策の形をとったものを含め、[25]土地所有や土地利用および借地や公有地払下げに関するさまざまな法の形で行われてきた。

ポランニーによると、こうした対抗運動の自然発生性の中には、社会による自己防衛の試みや国家の強制力への対峙を可能にする法的領域が見出される。「市場は、政府による意識的でしばしば暴力をともなう介入の結果であった。政府は、非経済的な目的のために社会に対して市場組織を押しつけたのである[26]」。そしてこれと同じ箇所で経済と政治の分離に関する興味深い観察を行っている。「経済史によれば、全国的市場の出現は、けっして経済領域が政府の統制からゆっくりとひとりでに解放されていった結果ではなかったことが明らかとなっている[27]」。もしわれわれが自由主義的経済の興隆と凋落について考えてみれば、脱埋め込みと再埋め込みという対照的なプロセス——ポランニーは「二重運動」と規定しているが——は、同じ現象が相互に関係しあって起こったものであると理解しなければならない。このようなプロセスの中で法が果たした役割は中立的なこととして現れ、ある紛争に対して力を行使すべきか、あるいは要求を聞き入れるかいずれかの方策を選んで適切な解決へと導くのである。このことと関連してポランニーは「転換期の現代に関する五回の講義——統合された社会への動向」の中で以下のように述べている。「労働者階級は、競争的体系の最悪な影響から自身を守るために民主主義的国家の諸制度を利用しました。他方、企業の経営者は民主制という政治的な制度を弱めるために工業所有権や財政学という経済的な制度を利用しました[28]」。しかしながらポランニーが、工場や組合に関する法、農産物輸入に関する関税、通貨管理に関する法に見られる自己保護措置の効果を分析する中で、対抗運動を必ずしも「肯定的」なものとして捉えていないのは注目に値する。「しかし、はっきり言えばこれは自己調整機能を厳密には作動しえなくしました。それにはナショナリズムが付随しましたが、これは国際貿易《トレード》システムによって引き起こされた社会的無秩序に対する政治団体の不可避的な反応にすぎませんでした（最強の国イギリスをのぞけばどこでもそうでした）」[29]。

こうして見ると、法の役割は、ポランニーが制度的過程としての経済を論じる脈絡においてはかならずしも明確でないものの、やはり重要であると結論することができる[30]。にもかかわらずポランニーの思想の中で法の機能に関する考えを明確に理解しようとするには、彼が一九二〇年代に法と経済の関係について書いた社会主義計算論が助けになる。その中でポランニーは、極めて抽象的なモデルを使って法と経済の関係について触れており、著しく異なった視点から法を考察している[31]。

まさにこの考察の文脈において現れるのが「社会的な法」という発想であり、それによって〔社会的な法は〕「共同体にとって有益な生産を指し示す諸原理を意味する」と述べられているのである[32]。換言すれば、理想的な社会主義に移行中の経済（このようにポランニーは書いている）の枠内で、社会的な法が資本主義経済によって生み出された誤りを発見し、生産を社会的目的にかなうようにし、財の平等な分配を確かなものとするのである。ポランニーにとって社会的な法の主要目的は、生産性を最大限に高め、社会的生産物の分配を均衡のとれたものにし、生産過程を公共の利益に資するものに導くことにある[33]。

特にポランニーの小論「今、何が求められているのか――ひとつの応答」[34]においてポランニーが社会主義の説明責任について書いている箇所を再読する必要がある。ポランニーによれば、市場社会主義の目標として摘出される結社の法的形態は、自由意思にもとづく農業共同組合であり、そこでは組合の構成員がそれぞれ「自身が占める位置を見通すことができる」[35]。これはより人格化された経済のヴィジョンであり、市場経済によって生み出された疎外状況に対抗した生産形態である。ポランニーは、経営と組織が生産者協同組合と消費者協同組合相互間での話し合いにもとづいて行われるような一種の経済を想像していたのである。産業組織の経営は、農業と同じような方法で運営される必要があり、そうすれば素晴らしい事例を生み出すであろうというのだ[36]。ポランニーによれば、法的な枠組み、すなわち所有権と経営権のシステムは、農業協同組合によって規定されるような農業の利益に従属して作られるべきだという。逆に言えば、こうしたニーズを考慮に入れなくとも所有権と経営権が機能するなどとアプリオリに想定する立法システムは、ポランニーの見解とは異なっている[37]。

このようにポランニーの論考を再読してみると、われわれは広大な現実の複雑さを視野に入れた一種の社会的、経済的、政治的分析を行うよう、さらには科学的方法に関する考察を行うよう促される。この点に関して、本書に収録した「社会科学をいかに用いるのか」と「政治理論について」の中で、ポランニーは社会科学の方法論と性格について述べており、ここで引用することは意義があると思われる。彼は「社会科学をいかに用いるのか」の中において、一連の多様なテクニックを用いるのではなく「科学の個別分野は、それぞれが置かれた環境において、当の分野が持つ方法論にあわせやすい要素に主題を限定せざるをえない[38]」と述べている。つまり科学には、現実に適応可能な抽象的モデルを創り出すために選別という操作がともなうのであり、ゆえに、自然的あるいは生来的な関心が科学をめぐる問題を引き起こしたにもかかわらず、科学にはその関心が部分的にしか反映されないのである。したがって科学は、現実に適応可能な抽象的モデルを創り出すために研究する対象全てを考察するのではなく、その一部分を借用して選別するのであり、科学自身が抱えている問題に対する自然な、あるいは生来の興味を起こさせるのである。ポランニーによれば、知識には連続性はなく、多様な技術の配列したものにしか過ぎないのである[39]。自分を取り囲む環境に直面した時、人間が持っている「生来の関心[40]」は、社会科学の方法論によって消し去られることはないのであり、これは法ならびに政治科学においても同じことなのだ。このことは「政治理論について」の中で明確に述べられており[41]、そこでポランニーは、政治科学の方法論は政治主体に関する知識によって決定されるのではなく、政治主体の中に宿っている可能性のある潜在的なルールを発見することによって決まる、と述べている[42]。さらに社会科学が引き起こす衝撃は、評価基準の変更を促すであろうし、徐々に生来の関心から遠ざかる絶えざる識別力を高めていくものとなる[43]。それゆえポランニーは、意識の問題を自己意識とは別の問題として分析を試みたのであり、このことについて以下のように述べている。

関心を構成する因子がさまざまに入り組み、もっとも多様な形で混ざりあう。相互に隔てられた科学分野はそうした関心を部分的に満たすが、一分野ですべてを満たしきることも、多分野が一つになって関心を満たすこともおそらくない。[44]

政治理論に関して言えば、西欧近代に特徴的な法的・政治的カテゴリーのいくつか――政治的なもの、民主主義、戦争と平和、文字通りの理想としてのヨーロッパなど――がポランニーによっていかに用いられているかという点を、もっと深く考えてみなければならない。

ポランニーは、経済はなくてはならないものであり、経済は政治制度の枠内において発展しなければならず、自由主義の黄金期に出現した自己調整的市場は、その時代において機能したのだと固く信じていたのである。あらゆる社会的システムの中の基本的な要素は経済ではなく政治的なものであると信じていたのである。ポランニーが、「政治的な」という言葉を使用する場合、それは厳密な意味で、ある領土に対する政策を選択する能力を意味する。

ポランニーは近代法理論を完全に受け入れており、そこにはヨーロッパ人としての彼のバックグラウンドがよく示されているのだが、彼はグローバルな現象を引き合いに出すときでさえ、〔西欧近代的な〕国民国家《ネイシヨン》をめぐる用語体系を用いることがあった。一九一九年に著した「今、何が求められているのか——ひとつの応答」の中で、彼は依然として社会主義革命によって国民国家の国境線は変更することが可能であると述べており、後になるとこれとは異なったアプローチをしており、そこで国家間の闘争から国家内部の闘争への移行は質的な違いでしかないと述べている。ポランニーは、国家内部の闘争について「国内の市民戦争」という言葉を使っている。カンジャーニが指摘するとおり、ポランニーは、一九二七年の著作『政治的なものの概念』(45)に記されたシュミットの友‐敵理論を参照していた節がある。文章はまったく異なるし、政治的なものをめぐる構成的概念というより戦争に関わる出来事の記述的要素といった程度の扱いにすぎないが、それでもやはりこの可能性が持つ意味は重大である。ポランニーにとって戦争は非人格的な特質を持ったものであり、決して敵対的な特別の否定的価値を具体化したものではなく、それゆえ彼は望まざる戦争について触れているのである(46)。本書の第2部に収録した「国際理解の本質」および「平和の意味」、「平和主義のルーツ」の中で述べているように、戦争は紛争を解決するための一つの制度なのだ。戦争を回避するためには、われわれは戦争と同じ機能を果たしてくれる新たな制度を発見しなければならない(47)。ポランニーの立場は、バンジャマン・コンスタンとは異なっており、コンスタンは、『古代の自由と現代の自由の比較』（*The Liberty of Ancients Compared with that of Moderns*）の中で「戦争は衝動であり、商業であり、計算である。したがってある時代には商業が戦争にとって代わらなければならない。われわれは商業の時代に到達した」[48]と述べている。コンスタンは技術的な意味ではなく、包括的に「商業」という言葉を使用しているのだが、より一般的に契約にもとづく活動形態としての商業という意味でこの言葉を使用しているようだ。彼とは正反対に、ポランニーにとって戦争は政治的な制度によって置き換えることが出来るのである。そのような制度の一つが国際的な条約であり、これによって国際的なレベルで市民戦争と国家間の戦争を防ぐことが出来るのである。国家間の紛争を解決するために、国際条約を締結するか、それとも武力に訴えるかということなのである。

「政治的なもの」をめぐる精巧な議論の中で特に強調されているのは、人民の政府と法にもとづく政府、また統治する者と統治される者との間における絶えざる紛争についてである。ポランニーの論稿「世論と政治手腕」では、優れた統治者の責任について触れている。ポランニーによれば、優れた統治者は世論をよりよく理解しており、「世論のある程度深い層では、客観的状況、現在の危険、将来の迫りくる危険について、本質的には正しい評価がなされてい[49]」るのである。支配者は常に守らなければならない文化の価値を認めている人びとと共にその価値を認め合わなければならず、社会的責任を果たすべく行動しなければならない。ポランニーが文化という言葉を使用するとき、それは生活条件に適した文明の生産物[50]をいかに使用するか、という意味で用いているのであり、「その担い手となる人びとの社会的現実[51]」と同じ意味で用いているのである。ポランニーは、先ほど取りあげた論稿の中で、一九二九年の危機以降、ローズヴェルトはニューディール政策による政治的改革によってアメリカ合衆国の富を蘇生させた偉大な政治家であると述べている。実際、ポランニーは政治家の資質と偉大な政治家が世論といかなる関係を持っているかということを分析するためローズヴェルトを実例として用いたのであるが、世論と政治家との関係は、政治家の知識と理解力に裏付けられるものであり、双方とも強力な執行権力を決定する要素なのである[52]。政治権力の特権に関してポランニーは、ニューディール期間中の権力の集中とロシアおよびドイツにおける独裁政権下で進行した経済危機は類似したものであると暗示的に述べている[53]。一九三五年以降の論文でポランニーは、よく知られているシェクターに対する判決に対して懐疑を呈しながら政治的執行権によって緊急措置をとることの出来る可能性があったと抗弁している。シェクターに対する判決[54]では、憲法に違反した議会によりローズヴェルト大統領に法外な権力が与えられたものとみなされ、商取引および国家間の運輸を除く連邦政府の経済政策に関する決定を違憲とみなし、法的また行政的な行為は憲法の原理を破るものであり、同様に憲法違反であるとして判決が下されたのである[55]。一九三〇〜三一年にかけて憲法の「守護神」に関してハンス・ケルゼン[56]とカール・

シュミットの間で行われた論議に関しては、ポランニーは自由な憲法主義のコンセプトが仮説に過ぎないものであるにせよ、ドイツ国大統領よりもむしろ憲法裁判所に役割をあてがうことを選んだであろうと想像するのは困難ではない。それではポランニーにとって「政治的なものの」役割とは何なのか。

議論の余地があるが、国民のコンセンサスを集約し、多数者の選択を自国民自身の決定として実行に移すことが出来る政治家《ステイツマン》という概念については、〔社会主義の〕構成形態をめぐるより広い議論の中に位置づける必要がある。この論議は、ポランニーとミーゼスが一九二〇年代のはじめに、機能主義者の原理(57)にもとづいた社会主義経済の実際的可能性をめぐり闘わせた議論を想起させる。ミーゼスはサンディカリズムと集産主義の間の和解は不可能であり、憲法の構成形態は双方の紛争の産物であり、力の強い方の勝利により決められるのだと主張した。これに対してポランニーは、サンディカリズムと集産主義の間の二者択一ということは存在しない、憲法の構成形態における力関係は社会的承認とは決して独立したものではないのであり、双方とも均衡点を見つけなければならないと述べている。ポランニーによれば、個々人の経済活動は二つの基本的に異なる動機、すなわち生産者としての動機と消費者としての動機によって決定される。

政治的正当性とその様々な形態に関する疑問が生じてくるのは、こうした背景をめぐってである。ポランニーが援用する概念はルソーであってホッブズ(58)ではない。そしてポランニーの研究分野は制度という側面にあり[59]、彼が制度という言葉を使う場合、それは合法的、合理的権力とは別物である。しかしながら制度の様式は社会的平和を保障する目的に役立つ法廷に見られるように、権力構造の正当化と一致している。

法廷があるがゆえに個々人にとって有利な（あるいは不利な）点が生ずることは、共同体にとって有利な（あるいは不利な）点、さらには、共同体の一員としての個人にとってのそれとは意味が全く異なる。この立場からすれば、個々人は共同体内で保たれた平和から利益を得るが、訴訟当事者としての立場であれば、個々人として法に訴えることでもたらされるさまざまな利益（結果的には不利益かもしれない）を、自身に確保しようとする（あるいは被らざるを得ない）ことになるだろう[60]。

したがってポランニーが認めるところによれば、政治的な義務は、個々人が平和的な共存を追求することの中にあり、厳密に言うとこの共存は、制度という、人を自由にすると同時に「つねに束縛する」ものの助けによって実現されるのである。

またポランニーが法と政治について考察する場合も、彼は領土の問題について考察している。本書収録の戦争に関する三つの小論[61]に加えて、彼は、一九三七年に「今日のヨーロッパ」という論稿を書いている[62]。

この論稿は、ポランニーが一九一九年の国際連盟の失敗に対する失望感を著したものであり、国際連盟憲章の二つの条項、すなわち一六条で規定してある、戦争に訴えた連盟国は、他の総ての連盟国に対し戦争行為をしたものとみなし攻撃の対象とするという条項、および一九条の、もはや実際的でなくなった条約の改正に関する条項の欠陥について述べている。ここで彼は、短期的見通しにもとづいた国際条約は、民主的なヨーロッパ大陸の中から全体主義を生み出す要因の一つになるということを中心に批判している。彼と同じようにヴェルサイユ条約を批判した同時代の人として、それぞれ異なった立場からではあったがハンス・ケルゼンとカール・シュミットを挙げることが出来る。特にケルゼンは、国際連盟憲章によって課せられる制裁制度は欠点だらけであるといって批判し、国際裁判所[63]の創設を提案した。他方、シュミットは、賠償システムが〔敗戦国が犯したという〕違反に釣りあっていないと批判した[64]。ポランニーは近代政治の伝統からアイディアを引き出して、国家は厳格に規定された国境の内部のみにおいて存在し、これら国境に関する意見の不一致は二つの決定プロセス、すなわち国際条約かやむをえない場合には戦争のいずれかによって解決することが出来ると述べた[65]。ポランニーの立場は、決して排外的なものではなく、彼は連盟加盟国内の民主的国家と社会主義国により集団的安全保障が策定されるよう提案したのである。

ポランニーによれば、国境をめぐる問題を解決するためには、国境内の空間と国際的空間を区別することが必要とされるが、この二者は実際には異質なものではないのである。国境線が未確定なところでは、いかなる形態の政治も存在することが出来ないのである。[66]「境界に曖昧さを残すがゆえに当該共同体成員の忠誠心も曖昧となり[67]」戦争は不可避なのである。ここには合理的、合法的な権力に対して人々を結びつけるヴェーバー的な服従の絆という考えを読みとることが出来る。ポランニーはこれを「忠誠心[68]」であると規定しており、「共同体は国家に組み込まれています。したがって、国家に対する何らかの忠誠を欠いては、共同体は十全に機能することができません[69]」と述べている。

問題は西欧に関する複雑な疑問に関連づけられており、なかでもブレトン・ウッズ協定によって生まれた国際的な機運に関連している。一九三〇年代末のポランニーの政治思想がカール・シュミットにとっての『政治的なるものの概念[70]』の位置に比せられるとすれば、一九五〇年代後半のポランニーの西欧普遍主義批判をシュミットの『大地のノモス[71]』に比すことも容易である。ポランニーは、西欧の普遍主義の勝利を政治的権力に帰している。『ヨーロッパ公法』の目的がポランニーの知的背景に属するものではなかったとしても[72]、これを接点として、いくつかのアイディアを考察することは興味深いことである。ポランニーは国境線のない空間を「空」と定義しており、英国の成功は二つの要因に導かれたとしている――カール・シュミットの「戦後の展望[73]」によれば、海洋の論理の勝利ということになる――すなわち国家の内部における結合と外部における同盟である。にもかかわらず、彼はヨーロッパの国民国家とアメリカ合衆国に見られるような限定された権力しか保有しない政治的国家を政治的に区分している。[74] 本書に収録されているアメリカ合衆国に関する小論の中でポランニーは、合衆国の制度的メカニズムを克明に分析しており、ヨーロッパの諸国家と比較して合衆国はそれほど侵略的な国家ではないと強調している。ポランニーによれば、「アメリカ合衆国では、政治的国家は憲法によって社会のはるか周辺へと追いやられています。それは、ヨーロッパ型国家のように権力や権能を意のままにすることを決して求めないかぎりにおいて、しぶしぶその存在が認められているにすぎません」[75]。したがってアメリカ合衆国における社会は、政治的国家という支えなしに存在しているのである。実際、アメリカ合衆国のシステムは、大陸のモデル[76]と同じように、平等主義的民主主義の一つに数えられるのであり、「国外からの封建的支配に対する国民革命」として理解することができる。[77] イギリスと比較してアメリカの社会的格差は、所得の違いによるものであり、階級間格差にもとづくものではない。さらに、アメリカでは全ての人が潜在的に富の強烈な配分の変化に襲われる可能性があり、まさにそうであるがゆえに、自由を失う危険を冒すことなしに、民主主義的手段[78]によって社会的統合を実現することができる。したがってポランニーは、ヨーロッパに対していかなる幻想も持っておらず、彼はヨーロッパこそが危機の源泉であるとみなしているのである。彼の国家に関する思想は、自由のアイディアに満ち溢れたものであり、この点に関して以下のように述べている。

自由という言葉で私が言わんとしたのは、具体的な制度、すなわち市民的自由《リバティ》――複数形の自由(*freedoms*)――良心の光に照らして個人的信念を追求する余地についてです。つまり、差異を持つ自由、自己の見地を守る自由、少数派に属する意見を持つ自由、そして共同体内の異質な存在であるがゆえに、その名誉ある構成員であり続ける自由のことです。[79]

問題とされているのは国家の境界線の内部で生まれ、定義されているのであり、「共同体は、境界が画定され、それが乱される恐れがない限りにおいてしか、法と秩序、安全と安心、教育と道徳、文明と文化を創り出すことができません[80]」。もしこのことが真実であるならば、国家は、これまで否定的に解釈されてきた自由《フリーダム》を憲法によって保障するのであり、社会的自由を平等に保障するのである。このような自由は、社会が「大衆に労働と生活の意味、単調な仕事をしなければならない意味を伝える[81]」ように運営されるときにはじめて完全に実現されるのである。

ポランニーは、ヨーロッパの国家を、社会的自由を形作るもの、そして平等な社会における繁栄を保障するものとして支持したのであり、その中で政治的国家の役割は、個人的な自由の成長を助けることに制約されると考えていた。ポランニーにとって重要な問題は、構成形態のダイナミズムという点から見た場合の産業化の衝撃と階級意識の発達であり、権力と社会的意識の運動の関係であった。自由という理念は、自己調整的市場または価格というシステムの出現により、そして国家による規制メカニズムの不在により消え去ってしまったのである。ポランニーは、十九世紀の規制されない資本主義は自由という概念を腐食させてしまったと考えていたのである。(82) こうしたポランニーの考えには、八〇〇年から一八〇〇年にかけてのヨーロッパで交互に現れてきた、自由主義と平等主義という二つの民主制のモデルが〔相互排他的ではかならずしもなく〕互いに折り重なる領域を持つとの仮説が織り込まれている。(83) この二つの民主主義に関する考え方が実際に憲法として明文化されるようになると、いかに憲法を執行するかという点において大きな違いが生まれてくる。この点に関してポランニーは以下のように述べている。「実際のところ、平等の法的実現が自由《リバティ》の犠牲を伴わずに獲得されたことは一度たりとてなく、翻って、ある不平等な社会においては、平等を犠牲に供したがゆえに自由が保障されてきたのです(84)」。

自由の限界に関するポランニーの省察は、経済決定論に対する彼の批判と交差している。(85) ポランニーは、自由の発達は、技術〔水準〕なり経済組織のタイプとは別の独立したものであると述べているのであり、「個人的自由を制度的に保証することは、原則としていかなる経済システムとも矛盾しません」と述べているのである。(86) ゆえに自己調整的市場とは偶発的な現象なのであり、政治的民主制の社会全体への拡張は〔市場を通じてではなく〕

産業の民主化を通じて可能になるのである。(87)

ポランニーは現実に立ち返れと主張しているのだが、社会国家型モデルの可能性についてはきわめて強烈にしかもラディカルな主張を展開している。

人間が物質的な存在であることが形式の上で如実に現れるのは、世界規模での相互依存においてです。人間存在の政治的形式もまた世界規模でなくてはなりません。もしわれわれの文明が生き延びようとするのであれば、世界帝国の境界内、もしくは国際的な連合の境界内において——征服と従属化、あるいは国際協調のいずれかを通じて——地球上の諸国家は、相互のさまざまな結びつきが、単一の包括的組織《ボディ》の内に収まるようにされなくてはなりません。(88)

この主張はポランニーの思想の中核をなしているように思われる。戦争と協調は実際、相互作用を無視して社会的階級間において、また勝利した者と敗北した者との間で、また持てる者と持たざる者との間の相互作用において、分け隔てなく使用されるツールなのである。戦争と協調は、個々人と社会が共存できるか出来ないかを決定する形態なのである。資本主義と民主主義の結びつきは、経済と政治が矛盾なく両立するか否かという点にかかっている。民主主義的諸形態の放棄は必ず人間が取り結ぶ諸関係に衝撃を与えるであろうし、さらに一般的には、社会的存在の意思の表明に衝撃を与える。いかなる場合においても、民主主義の領域は包括的なものでなければならないのであり、民主主義は特定の個々人に利益をもたらし、他の人々に不利益をもたらすものであってはならない。政治は、したがって、物質的存在の現実に従わなければならないのであり[89]、ファシズムのレジームが勃興した時のようにその逆であってはならないのである[90]。政治の役割は、抑制不可能な帰結を生み出すような危険性を許すことだけであるはずがない。だが事実、このようなことが起こったのであり、その時、近代の合理性は、危機管理という本来の役割を果たすどころか、市場の計算不可能性によって否応なく無効化されてしまったようなのである[91]。

このようなプロセスの中で、紛争に関する考え方は[92]、国内法、国際法の双方において憲法の中心的位置を占めている[93]。イェルゲスによると、わたしたちは、現代のポストナショナルな時代状況のなかで「法の衝突」——多様なレベルのシステムにおいて複数の制度的決定がなされるために生じる衝突——と呼ばれる問題に直面しているのだが、彼はポランニーの議論を参照することで以下三つの見地からこの問題へアプローチできると論じている。第一に、規制システムが根本的に異なる事案をめぐって運用可能なメタ規範を探し出すこと、第二に、国際的合意を履行すること、第三に、非政府系のアクターを含めることである[94]。

ポランニーは、権利が商品化されることを目撃するまで生きながらえることが出来なかった[95]。これは彼が、経済が統合される際に強力な道具になるのではないかと予想したことの一つである。またポランニーは、一九七〇年代に社会民主主義が凋落してしまい、国家がインフォーマルな力に危機管理を委ねはじめる時代を目撃することはなかった[96]。とはいえ、ポランニーは、一九四四年のブレトン・ウッズ協定によって国際協調体制が築かれるのを目撃した。ブレトン・ウッズ協定の目標は、世界大戦によってもたらされたような破壊を回避することであったが、資本主義の見えざる手による策動の余地を数多く残したままであった[97]――このプログラムは、一九四七年に発効した貿易と関税に関する一般協定（GATT）である。これと同じ時期に、ポランニーは、ヨーロッパにおいてマーシャル・プランの後を継いだ類似のシステムである欧州石炭・鉄鋼共同体（ECSC）が、一九五二年に創設されたのを目撃した。ポランニーが本書の〔原書〕タイトルとなった小論「新しい西洋のために」の中で書いているように、西洋に突き付けられている挑戦は、西洋が真の文化革命の主導権を取ることであった。それは、科学や技術、さらには経済組織によってコントロールすることが出来ないと思われている意固地なシステムへの挑戦なのである[98]。ここに至るルーツは、自由資本主義が代議制民主主義と袂を分かった十九世紀に遡る。歯止めがきかない進歩を抑制することとは、人間性のために効率性を犠牲にすること、すなわち民主的な社会統合を意味したのかもしれない[99]。ポランニーは、社会的再統合の可能性に対する信念を決して失わなかった。と同時に彼は、単なる立法府による介入に本質的な限界があることにも気がついていた。そうした気づきは、市場経済の出現とその危機に関する批判的な分析の中に明確に現れている。彼の思想を最近の事件と照らし合わせてみるならば、法は重要ではあるけれどもそれ自体では「確固たる未来を描き」、「人間らしく生き、次世代を育む」[100]（20章）ことを保障出来ないことが解る。こうした保障は、法よりももっと強力な何ものかに由来するものでなければならず、ポランニーはわれわれが共有する文化の中の首尾一貫した価値観――集団的でかつ包括的な生活のプロジェクトとして、共同体を建設しようとするわれわれの行為そのものではなく、行為の中にある価値観――であることを明らかにしている。[101] 文化なき法は弱体であるばかりか、たいていの場合、社会への統合機能を果たさないままリスクを増大させるものであることが証明されるであろう。

ポランニーの思想は、法学者を魅了することも逆にその不信を買うこともあるだろうが、いずれにせよ、通常では考えられない思考回路へとわれわれを導いてくれる。「組織」よりもむしろわれわれの生活を襲撃している文化的危機、金融危機の只中において、本書に収録した作品は、われわれに「忘れられた人[102]」を見失わないよう、また彼が世界について展開した思想に注意を払うよう呼びかけている。

※原文はイタリア語。英訳はカール・イプセン、ミチャエル・イプセン

（1）Michele Cangiani and Jérôme Maucourant, "Introduction," in Michele Cangiani and Jérôme Maucourant, eds., *Essais de Karl Polanyi* (Paris: Éditions du Seuil, 2008), 9–46, at pp. 9–11.

（2）ポランニーの生涯に関しては以下を参照した。Kari Polanyi-Levitt and Marguerite Mendell, "Introduzione," in Karl Polanyi, *La libertà in una società complessa*, edited by Alfredo Salsano (Turin: Bollati Boringhieri, 1987), xix–xlix（カリ・ポランニー－レヴィット、マルゲリッテ・メンデレ「カール・ポランニーの思想と人生」序文「経済評論」一九八六年七月号、駒井洋・奥山真知訳と同じものと思われる）。

（3）Kari Polanyi, "Karl Polanyi as Socialist," in Kenneth McRobbie, ed., *Humanity, Society and Commitment: On Karl Polanyi* (Montreal, Canada: Black Rose Books, 1994), 115–34.

（4）「社会に埋め込まれたもの（embeddedness）」の概念については以下を参照。Michele Cangiani, *Economia e democrazia: Saggio su Karl Polanyi* (Padua: Il Poligrafo, 1998), p. 58.

（5）社会的事実としての「外部からの強制（external corection）」に関するポランニーの概念はデュルケームとは異なっている。この点に関しては以下を参照。Émile

Durkheim, *The Rules of Sociological Method* (New York: Free Press, 1966), p. 11（E・デュルケム『社会学的方法の基準』宮島喬訳、岩波書店、一九七八年）。ポランニーにとって社会的事実とは、一般的に言われているように、周辺効果によって確かめられる。Karl Polanyi, "Nuove considerazioni sulla nostra teoria e pratica," in Polanyi, *La libertà in una società complessa*, 52-61, at p. 59（ポランニー「われわれの理論と実践についての新たな検討」『市場社会と人間の自由』〈若森みどりほか訳、大月書店、二〇一二年〉所収）。

（6）Bronisław Malinowski, *Argonauts of the Western Pacific: An Account of Native Enterprise and Adventure in the Archipelagoes of Melanesian New Guinea* (London: Routledge, 1922), pp. 350, 392-4（B・マリノフスキ『西太平洋の遠洋航海者——メラネシアのニュー・ギニア諸島における、住民たちの事業と冒険の報告』増田義郎抄訳、講談社、二〇一〇年）。

（7）Marcel Mauss, *The Gift: The Form and Reason for Exchange in Archaic Societies* (London: Routledge, 2002)（マルセル・モース『贈与論』吉田禎吾・江川純一訳、ちくま学芸文庫、二〇〇九年）。（ただしポランニーは稀にしかモースを引用しない）。

（8）本書第18章「混乱の暗い影と社会主義の見通し」四〇一～二頁参照。

（9）この点に関しては以下を参照。Amanda Perry-Kessaris, "Reading the Story of Law and Embeddedness through a Community Lens: A Polanyi-Meets-Cotterrell Economic Sociology of Law?" *Northern Ireland Legal Quarterly*, 62. 4 (2011), 401-13, at p. 410.

(10) 本書第19章「転換期の現代に関する五回の講義——十九世紀文明の終焉」四一四頁、および「編者解説1」参照。

(11) Karl Polanyi, "Über die Freiheit," in his *Chronik der großen Transformation: Artikel und Aufsätze* (*1920–1945*), edited by Michele Cangiani, Kari Polanyi-Levitt, and Claus Thomasberger, vol. 3 (Marburg: Metropolis, 2005), 137–64, at p. 145（「自由について」『市場社会と人間の自由』）。

(12) Karl Polanyi, *The Great Transformation* (Boston, MA: Beacon Press, 1957), pp. 77–85（カール・ポランニー『大転換』野口建彦、栖原学訳、東洋経済新報社、二〇〇九年）。

(13) 以下を参照。Gareth Dale, *Karl Polanyi: The Limits of the Market* (Cambridge: Polity Press, 2010), p. 85.

(14) よく知られているように、この法律は、貧しい人びとの賃金を補うことが目的であり、補助金は小麦の価格に比例して設定されていた。この点に関しては以下を参照。Polanyi, *The Great Transformation*. p. 78（『大転換』）.

(15) この点に関しては以下を参照。Alexander Ebner, "Transnational Markets and the Polanyi Problem," in Christian Joerges and Josef Falke, eds., *Karl Polanyi: Globalisation and the Potential of Law in Transnational Markets* (Oxford: Hart, 2011), 19–41, at p. 24.

(16) これをさらに推し進めた考えとして以下の論文を参照。Sabine Frerichs, "Re-Embedding Neo-Liberal Constitutionalism: A Polanyian Case for the Economic

"Sociology of Law," in Joerges and Falke, eds., *Karl Polanyi*, 65-87, at p. 81. ポランニーの批判的展望は以下の点にある。第一に、経済的合理性の中に法的に埋め込まれているハイエク主義者の方法を突き崩すこと。第二に、合理的でありまた他の社会的価値を体現する法を社会制度として再現することである。

（17）Polanyi, *The Great Transformation*, pp. 33-42（『大転換』）. この主題については以下の入念な分析も参照。Alexander Ebner, *Polanyi's Theory of Public Policies Embeddedness, Commodification and the Institutional Dynamism of the Welfare State* (Habilitation thesis, Staatswissenschaftliche Fakultät, University of Erfurt, 2008), p. 44.

（18）「共有地の囲い込みとコンパクト・ホールディングへの農地の整理統合は、農業方法の新たな著しい進歩をともないながらも、強力な不安定化作用をもたらした。小屋（cottage）の占有をめぐる争い、農家の庭やまわりの土地の併合、共有地における諸権利の没収は、家内工業から家族の稼得と農業基盤という二つの拠り所を奪った」（Polanyi, *The Great Transformation*, p. 92〈『大転換』一六一頁〉）。

（19）本書第9章「未来の民主的なイングランドにおける文化」参照。

（20）Polanyi, *The Great Transformation*, p. 139（『大転換』）.

（21）この点に関しては以下を参照。Ebner, Transnational Markets and the Polanyi Problem, p. 23.

（22）Polanyi, *The Great Transformation*, p. 69（『大転換』）.

(23) 前掲書参照。pp. 69-71.
(24) 前掲書参照。p. 141.
(25) 本書第18章四〇三〜四頁参照。
(26) Polanyi, *The Great Transformation*, p. 250(『大転換』).
(27) 前掲書参照。
(28) 本書第20章「転換期の現代に関する五回の講義——統合された社会への動向」四二五頁参照。
(29) 本書第14章「一般経済史」二四五頁参照。
(30) Karl Polanyi, "The Economy as Instituted Process," in Karl Polanyi, Conrad M. Arensberg, and Harry W. Pearson, eds., *Trade and Markets in the Early Empires* (Glencoe, IL: Free Press, 1957), pp. 243-69(ポランニー「制度化された過程としての経済」『経済の文明史』玉野井芳郎ほか訳、ちくま学芸文庫、二〇〇三年)。
(31) ポランニーは、自由資本主義に代わるものとしての移行期の社会主義の持続性に関する問題に直面していた。ポランニーは、「介入効果」又は「構成効果」(framing effect)と命名しているが、生産にかかる費用に関する法から出発して、社会的生産は介入効果を無効にするような社会主義経済の機能的モデルを示そうとしていた。社会主義経済とは裏腹に資本主義経済では、介入効果は初期費用(the cost principle)を無効にしてしまう。というのは、生産費用は、社会自身によって生産されたものだからであり、生産過程の中で立ち現われるからである。このように社会主義経済は、気品的費用を帳消しにし、生産するための費用と社会的費用の区分を確かなものにするのである。このようなタイプの経済は、社会主義を機能的に組織し、生産費用と社会的費用は生産を引受けた共同体とアソシエーションの同意を得ることが出来るのであり、ユニオン又は生産協同組合のいずれかの形態のもとで行われるのである。この点に関しては以下を参照。Karl Polanyi, "La contabilità socialista," pp. 26, 28, and "La teoria funzionale della società e la contabilità socialista," p. 44（K・ポランニー「社会主義経済計算」橋本剛訳、松岡至編『原典社会主義経済計算論争』ロゴス社、一九九六年）, *La libertà in una società complessa*, 10–41 and 42–51（「複合社会における自由」『大転換』）、"Über die Freiheit," p. 141（「自由について」『市場社会と人間の自由』）。最後の文献でポランニーは、カール・マルクスが以下の著書で表明した立場について議論している。'Karl Marx' *Grundrisse*, vol. 1（『経済学批判要綱（草案）』（全五巻）、高木幸二郎監訳、大月書店、一九五八～六八年）、'*Capital*' vol. 2, Book i（『資本論』、岩波書店、向坂逸郎訳、一九六九～七〇年）。ポランニーとマルクスの関係をめぐるより徹底的な研究としては以下を参照。Cangiani, *Economia e democrazia*, pp. 71–8.

（32）Polanyi, "La contabilità socialista," p. 22（ポランニー前掲論文「社会主義経済計算」）。

（33）Giandomenica Becchio, "Polanyi e la visione austriaca del mercato," Working Paper 03/2002, Economics Department, University of Turin, p. 6, at http://www.cesmep.unito.it/WP/3_WP_Cesmep.pdf（二〇一四年四月一日現在）.

（34）労働生産物の再分配に関する理想的な社会主義モデルは、市場を媒介として、また必要を基礎として実現されるという、一九一九年のテーゼは、最低限の必要性に結び付けて「社会的な法」（social law）というタームに修正されている。この主題については以下を参照。Polanyi, "La contabilità socialista"（ポランニー前掲論文「社会主義経済計算」）, "La teoria funzionale della società e la contabilità socialista"（ポランニー「機能的社会理論と社会主義の計算問題」『経済の文明史』）, "Nuove considerazioni sulla nostra teoria e pratica"（ポランニー「われわれの理論と実践についての新たな検討」『市場社会と人間の自由』）, *La libertà in una società complessa.* 彼の一九一九年論文との関連からして、理想的な社会主義モデルにおいては、労働生産物の分配が市場を通じて必要にもとづいて行われるという点については、より踏みこんだ研究を行う価値がある。さらに、一九二二年の社会主義的責任をめぐる小論には共産主義への代案が含まれており、それによると、労働生産性にもとづき、「社会法則」によって補正される、最小限の必要と結びついた財の分配が予測を通じて行われる。

（35）本書第16章「今、何が求められているのか――ひとつの応答」三二一頁参照。いわゆる経済の「内部的視点」に関しては以下を参照。Polanyi, "Nuove considerazioni sulla nostra teoria e pratica," p. 56（「われわれの理論と実践についての新たな検討」『市場社会と人間の自由』）。

（36）ポランニーは、資本主義と農業の関係に関する複合的な諸問題に関して注目していた。この問題に関しては以下を参照。Paul Mantoux, *The Industrial Revolution in the Eighteenth Century: An Outline of the Beginnings of the Modern Factory System in*

England (London: J. Cape, 1955), pp. 156, 168（P・マントゥ『産業革命』徳増栄太郎ほか訳、東洋経済新報社、一九六四年), Henri Pirenne, *Histoire économique de l'occident médiéval* (Bruges: Desclée de Brouwer, 1951), p. 217（H・ピレンヌ『中世ヨーロッパ経済史』増田四郎ほか訳、一條書店、一九六四年）。

(37) 本書第16章参照。

(38) 本書第11章「社会科学をいかに用いるのか」一九二〜三頁参照。

(39) ポランニーは、このように言い表わす際、以下を参照している。Robert S. Lynd, *Knowledge for What? The Place of Social Science in American Culture* (Princeton, NJ: Princeton University Press, 1939), p. 21（R・S・リンド『何のための知識か——危機に立つ社会科学』小野修三訳、三一書房、一九七九年）。

(40) 「生来の関心（innate interest)」については本書第11章参照。

(41) Émile Durkheim, "The Realm of Sociology as a Science," *Social Forces*, 59. 4 (1981), 1054-70, at p. 1062.「諸要素が結びつく時、その結びつきからはまったく新たな質を備えた新しい現実が出現するのであり、そうした構成要素の中には正反対のものが観察される場合さえある」。

(42) 本書第12章「政治理論について」参照。

(43) ここには、一八九〇年に社会的識別（social differentiation）について論文を発表したゲオルグ・ジンメルの文化的影響が表れている。Georg Simmel, *Über soziale Differenzierung: Soziologische und psychologische Untersuchungen* (Leipzig: Duncker

& Humblot, 1890〈ジンメル『社会的分化論——社会学的・心理学的研究』石川晃弘・鈴木春男訳、中公クラシックス、二〇一一年〉). 事実、かつてゲオルグ・ジンメルの弟子であり、ハンガリー・ガリレイ・サークル(Hungarian Galileo Circle)のメンバーであったG・ルカーチに出会ったことにより、ポランニーは社会的識別に関する概念を練り上げる機会を得たのである。この点に関しては以下を参照。Gareth Dale, "Karl Polanyi in Budapest: On his Political and Intellectual Formation," *Archives of European Sociology*, 50. 1 (2009), 97-130, at p. 97. ポランニーの思想の中で識別(differentiation)に関する概念は、今日言われている以上に重要な位置を占めていた。以下を参照。Moritz Renner, "Transnational Economic Constitutionalism," in Joerges and Falke, eds., *Karl Polanyi*, 419-33, at p. 421.

(44) 本書第12章二一七頁参照。科学と知識の関係について、ポランニーが論文の中で頻繁に引用しているヴェヴレンの論文を丹念に研究することは興味深い。「共同体が存続する中で生まれた制度的構造に規定された日常生活の中で出会った強烈な印象によって培われた知識の体系によって考える習慣」Thorstein Veblen, *The Place of Science in Modern Civilisation and Other Essays* (New York: B. W. Hübsch, 1919), p. 10.

(45) Carl Schmitt, *The Concept of the Political* (Chicago: University of Chicago Press, 2007) pp. 27-9, or p. 33 (カール・シュミット『政治的なものの概念』田中浩・原田武雄訳、未來社、一九七〇年)。ここでシュミットは以下のように述べている。「(戦争は)敵意の最も極端な発露である」。以下を参照。Michele Cangiani, "Cittadinanza e

politica estera: Prefazione," in Karl Polanyi, *Europa '37*, edited by Michele Cangiani (Rome: Donzelli, 1995), ix–xxii, at pp. xvii–xix.

(46) 本書第6章「国際理解の本質」参照。

(47) 前掲論文参照。

(48) Benjamin Constant, *The Liberty of Ancients Compared with that of Moderns* [1819], at http://fi rstsearch.oclc.org.ezproxy.lib.indiana.edu/WebZ/FSPage?pagetype=return_frameset:sessionid=fsapp7-48372-hp6zr25u-nzafqe:entitypagenum=5:0:entityframedurl=http%3A%2F%2Foll.libertyfund.org%2Ftitle%2F2251:entityframedtitle=WorldCat:entityframedtimeout=20:entityopenTitle=:entityopenAuthor=:entityopenNumber=:（二〇一三年一二月一四日現在）.

(49) 本書第13章「世論と政治手腕」二三四頁参照。

(50) ポランニーの文明に関する概念は、エミール・デュルケームから影響を受けている。以下を参照。Émile Durkheim, *The Division of Labor in Society* (New York/London: Free Press/Collier Macmillan, 1933)（デュルケム『社会分業論』井伊玄太郎訳、講談社学術文庫、一九八九年ほか）。

(51) 本書第9章一六五頁参照。

(52) ポランニーの内省的な世論に関する考えについて以下を参照。Karl Polanyi, "Sein und Denken," in Idem, *Chronik der großen Transformation: Artikel und Aufsätze (1920–1945)*, edited by Michele Cangiani and Claus Thomasberger, vol.1 (Marburg:

Metropolis, 2002), p. 203.

(53) 本書第14章および、第17章「近代社会における哲学の衝突」参照。

(54) ポランニーは、一九三五年六月のエッセイの中で、アメリカの憲法は権力の分離だけではなく、大統領と議会を実質的に分離し、相互に監視し合うように配置していることを率直に認めている。また大統領は常に絶対的権力を手にしようとしているのではないかと疑われ、議会は集団の利益を犠牲にして特定の選挙民の利益（あるいは議員自身の利益）守ろうとしているのではないかと疑われている。憲法は、大統領と議会が相互に監視し合うなかで存続することを保障している。憲法のあらゆる文は国家に対して、またあらゆる種類の構成権力に対して深い嫌悪をあらわしており、そうした姿勢は根っからのアナーキストだった建国の父たちを特徴づけていたものである。国家元首と立法機関の迎合が禁じられているのは、個人の自由の保護を企図してのことである。そうした目的こそが立法から行政を分離するといったドラスティックな措置を説明するのである（Karl Polanyi, "Roosevelt im Verfassungskampf," *Chronik der großen Transformation*, vol. 1, 264–70）.

(55) 以下を参照。Karl Polanyi, "America im Schmelztiegel," in his *Chronik der großen Transformation*, vol. 1, 271–8, at p. 271.

(56) 以下を参照。Hans Kelsen, "Wer soll der Hüter der Verfassung sein?" *Die Justiz*, 6 (1931), 576–628.

(57) 「ある社会体制は、その最終的決定権が、この体制にもとづいて承認された団体のうちのただ一つに存する時にのみ、存続可能である」（Polanyi, "La teoria funzionale della società," p. 45）（「機能的社会理論と社会主義の計算問題」『経済の文明史』）。ポランニーとミーゼスの間で交わされた議論を、社会体制の問題を参照しつつ、より詳細に見るなら以下の文献を参照。Becchio, "Polanyi e la visione austriaca del mercato," p. 8.

（58） Karl Polanyi, "Jean-Jacques Rousseau, o è possibile una società libera?" in his *La libertà in una società complessa*, p. 68; Polanyi, "Über die Freiheit," p. 146（「ジャン・ジャック・ルソー、または自由な社会は可能か」、「自由について」『市場社会と人間の自由』）。

（59） 世界的な展望に関しては以下を参照。Malcolm Rutherford, "Institutionalism between the Wars," *Journal of Economic Issues*, 34. 2（2000）, 291-303, at pp. 298-301; Glenn Morgan and Sigrid Quack, "Law as a Governing Institution," in Glenn Morgan, John L. Campbell, Colin Crouch, Ove Kaj Pedersen, and Richard Whitley, eds., *The Oxford Handbook of Comparative Institutional Analysis*（Oxford: Oxford University Press, 2010）, 275-308, at p. 279; Alan G. Gruchy, "The Current State of Institutional Economics: The Movement's Limited Impact on the Conventional Science Is Ascribed to Disunity, Disinterest in General Theory," *The American Journal of Economics and Sociology*, 41. 3（1982）, 225-42, at p. 228.

（60） 本書第7章「平和の意味」一三四頁参照。

(61) 本書第6章、7章、8章「平和主義のルーツ」参照。
(62) Karl Polanyi, *Europa '37*, edited by Michele Cangiani (Rome: Donzelli, 1995).
(63) Hans Kelsen, *Peace through Law* (Chapel Hill: University of North Carolina Press, 1944).
(64) Carl Schmitt, *The nomos of the Earth in the International Law of the Jus Publicum Europaeum* (New York: Telos Press, 2003)（カール・シュミット『大地のノモス——ヨーロッパ公法という国際法における』新田邦夫訳、慈学社出版、二〇〇七年）。
(65) 本書第7章参照。
(66) 以下を参照。Philippe d' Iribarne, "A Check to Enlightened Capitalism," in Coulin Crouch and Wolfgang Streek, eds., *Political Economy of Modern Capitalism: Mapping Convergence and Diversity* (London: Sage, 1997), 161-73.
(67) 本書第7章一三七頁参照。
(68) ポランニーは、社会的協力という動機を生み出すボランタリズム（volantarism）を無視してはいない。"Über die Freiheit," p. 146（「自由について」『市場社会と人間の自由』）。
(69) 本書第6章一二二頁参照。
(70) 編注(45)参照。
(71) Schmitt, *The* nomos *of the Earth*（シュミット前掲書）。
(72) Carlo Galli, *Genealogia della politica: Carl Schmitt e la crisi del pensiero politico*

moderno (Bologna: Il Mulino, 1996), pp. 927-36.

(73) Carl Schmitt, *Land and Sea* (Washington, DC: Plutarch Press, 1997)(カール・シュミット『陸と海と――世界史的一考察』生松敬三・前野光弘訳、慈学社出版、二〇〇六年)。

(74) 本書第10章「ウィーンとアメリカの経験――アメリカ編」参照。

(75) 同前一八五頁参照。

(76) 本書第17章参照。

(77) 同前三五三頁参照。

(78) 本書第10章参照。

(79) 本書第3章「経済史と自由の問題」五〇頁参照。

(80) 本書第6章一二二頁参照。

(81) Karl Polanyi, "Economia e democrazia" [1932], in his *La libertà in una società complessa*, 65-9, at p. 67.

(82) 本書第2章「社会の運命を自前で作る余地と経済学」参照。

(83) 本書第17章参照。

(84) 同前三四八頁参照。

(85) Karl Polanyi, "Über den Glauben an den Ökonomischen Determinismus" [1947], in his *Chronik der großen Transformation*, vol. 3, 325-34, at p. 325.

(86) 本書第14章二六二頁参照。

(87) 本書第17章参照。

(88) 本書第8章一四九頁参照。

(89) 「資本」や「価格」が人間を支配しているのは外見上にすぎない。実際にはここでは人間が人間に支配されているのである」Polanyi, "Über die Freiheit," p. 141（「自由について」『市場社会と人間の自由』）。

(90) 本書第17章参照。

(91) 以下を参照。Carlo Galli, *Spazi politici: L'età moderna e l'età globale*（Bologna: Il Mulino, 2001）, p. 165.

(92) 紛争をめぐるポランニーの概念については以下を参照。Georg Simmel, "Der Streit," in his *Soziologie: Untersuchungen über die Formen der Vergesellschaftung*（Leipzig: Duncker & Humblot, 1908）, 186–205.

(93) 法および経済の双方において紛争に関するさまざまな考え方が現れる。詳しくは以下を参照。Colin Crouch and Wolfgang Streek, "Introduction: The Future of Capitalist Diversity," in their *Political Economy of Modern Capitalism*, 1-18, at p. 16.

(94) Christian Joerges, "A New Type of Conflicts Law as the Legal Paradigm of the Postnational Constellation," in Joerges and Falke, eds., *Karl Polanyi*, 465–501, at p. 501.

(95) 「市場のヘゲモニーを超える」法の影響力については以下を参照。Stefano Rodotà, *Il diritto di avere diritti*（Rome-Bari: Laterza, 2012）, pp. 3-5, 28. 以下も参照。Salvatore Settis, *Azione popolare: Cittadini per il bene comune*（Turin: Einaudi, 2012）, 3–228, at

p. 4.

(96) Jürgen Habermas, "The Postnational Constellation and the Future of Democracy," in his *The Postnational Constellation: Political Essays* (Cambridge, MA: MIT Press, 2001), 58–112, at pp. 61, 70.

(97) Luciana Castellina, *Cinquant'anni d'Europa: Una lettura antieroica* (Turin: UTET, 2007), p. 29.

(98) 本書第19章参照。

(99) 東ドイツの将来的な展望に関しては以下を参照。Claus Offe, "Capitalism by Democratic Design? Democratic Theory Facing the Triple Transition in East Central Europe," in his *Varieties of Transition: The East European and East German Experience* (Cambridge, MA: MIT Press, 1997), 29–49, at p. 35.

(100) 本書第20章を参照。また以下を参照。Durkheim, *The Division of Labor in Society*（デュルケム『社会分業論』）。

(101) 文化と立憲主義の相違については以下を参照。Peter Häberle, *Verfassungslehre als Wissenschaft* (Berlin: Duncker & Humblot, 1998), pp. 117, 584, 1066.

(102) Franklin D. Roosevelt, "The Forgotten Man's Speech," radio discussion in Albany, NY, April 7, 1932, in *The Public Papers and Addresses of Franklin D. Roosevelt*, vol. 1: *The Genesis of the New Deal, 1928–1932* (New York: Random House, 1938), 624–7, at p. 624.

訳者解説　ポランニー思想のアクチュアリティー

福田邦夫

本書はカール・ポランニーの未発表論稿を中心に編まれた論集である。ポランニー思想の全てを網羅するのみならず、これまでに発表された彼の著作をさまざまな視点から照射する上で重要な論文が収録されている。ポランニーの足跡については、本書に収録されているポランニーの長女カリ・ポランニー＝レヴィットの序文、マリアヴィットリア・カタンザリティおよびジョルジオ・レスタの編者解説を参照すれば、その概要を理解することができるだろう。カリ・ポランニー＝レヴィットが触れているように、ポランニーの『大転換』は、ダボス会議でも話題になるほどまでに世界の注目を集め、多くの言語に翻訳されている。

ポランニーは、一八八六年にオーストリア＝ハンガリー帝国で生まれ三三歳まで祖国で過ごした。激動の時代である。二八歳の時、第一次世界大戦が勃発し、ポランニーは騎兵将校として従軍し重傷を負った。この間ロシアではボリシェヴィキが権力を掌握、大戦でオーストリア=ハンガリー帝国は敗北し、一九一九年にはハンガリー革命が勃発した。だが革命はわずかの期間で挫折し、ハンガリーは未曾有の政治的・社会的混乱に陥った。

ポランニーは、三三歳の時にウィーンに移住し、『オーストリア・エコノミスト』誌の編集責任者になるが、一九三三年、つまりウィーンに移住してから一四年後の四七歳の時、同誌編集責任者のポストを失い、イギリスに亡命した。イギリスでは、労働者教育委員会がロンドン大学およびオックスフォード大学と共催する成人教育講座の講師を務めたが、第二次世界大戦最中の一九四〇年から一九四三年の三年間、ロックフェラー財団から奨学金を受給して渡米し、ベニントン大学に滞在しながら『大転換』を執筆した。第二次世界大戦後の一九四七年、ポランニーが六一歳の時にカナダに移住し、一九六四年、七八歳で他界するまでカナダで過ごした。カナダに移住したのは、アメリカで滞在が認可されなかったためであり、ポランニーはカナダのピカリングからコロンビア大学に通った。実に波乱に富んだ人生であり、研究室に閉じこもって思索に耽る大学教授のイメージとは、ほど遠い。

苦難に満ちた人生のさまざまな局面で発信したポランニーの論稿は多様な分野に及んでいる。ポランニーは、市場社会・自由放任主義の批判者としてだけではなく、社会哲学、政治・経済学、人類学を視野に入れた遠大な思想家であり、限られた紙幅でポランニーの思想の全体像を示すことは困難である。以下本書に収録されている論稿を、特に「擬制商品化と自己調整的市場」、「経済決定論」、「社会の自己防衛と十九世紀文明の崩壊」、「自由社会主義と共産主義」の四つのテーマから紹介し、ポランニーの思想が持っているアクチュアリティーを解説者なりに論じてみたい。

1．擬制商品化と自己調整的市場

ポランニーは生涯に二度の世界大戦を経験した。いずれの戦争もヨーロッパを震源地とする大惨禍であり、彼の生涯を通じて戦争体験は脳裏から払拭されえなかった。ヨーロッパは独特の文明の勃興をもたらし、十九世紀には前代未聞の物質的繁栄を生み出しながら、自らその全てを破壊しつくしたのである。本書の巻頭論文「新しい西洋を求めて」（For a New West）は、東西冷戦の最中に書かれた論文であり、本書（イタリア語版および英語版）の原題でもある。

ここでポランニーは、「西洋が過去の行いに対して担うべき責任を創造的に果たしていくにはいかにすべきか」（三三頁）という問題を提起している。西洋が過去に行ってきた所業とは何か。それは、「平和の百年の間、ようすがにしてきた思考停止の哲学」（二八頁）に他ならず、産業革命によって準備されたキノコ雲こそが危機の象徴として立ち現われているいることだと主張している。まさに産業革命が人類史の分水嶺であり、工業技術・経済組織・科学が互いに絡み合いながら社会の激動を準備した。今や「この世界全体が工業・科学・経済という船に乗り込んだ以上、西洋には果たすべき責任がある」（三三頁）とポランニーは訴える。しかし現実の西洋は、西洋以外の地域の人びととの対話ではなくモノローグを繰り返してきたに過ぎない。ゆえにポランニーは、西洋に真の対話を開始するよう求めている。「平和の百年」とは、自己調整的市場すなわち自由放任主義にもとづく経済が前代未聞の物質的繁栄を生み出した一八一五年から一九一四年までの一世紀である。

ジョルジオ・レスタが編者解説で書いているように、ポランニーの知的・政治的営為の中心的対象は新しい西洋の建設であった。ポランニーは、「平和の百年の間よすがにしてきた、思考停止の哲学」を徹底的に批判することにより、市場社会が出現した十九世紀を分岐点とする西洋社会の特異性を提示している。

「十九世紀になるまでは、物質的な財とサービスの生産と配分が社会の中で、市場システムを通じて組織されることは決してな」（三九頁）く、「経済システムの諸要素は通常、親族、宗教ないしはカリスマといった経済関係以外のものに埋め込まれてい」（三九頁）た。ところが市場社会の出現とともに、「血縁の紐帯、祖先崇拝、封建的な忠誠心は、市場的な諸関係によって置き換えられ」（三九頁）たのである。それでは十九世紀を分岐点として出現した社会はいかなる特徴をそなえていたのか。ポランニーは以下のように述べている。

「労働と土地は、それ自体で商品となるよう仕立てられました。つまり、労働や土地は、あたかも売買を目的として生産されたかのように扱われることになったのです。両者ともに実際には商品でないことは言うまでもありません。それらは（土地のように）生産されたのでは全くないし、仮にそうであったとしても、（労働の場合のように）売買を目的として生産されたものではないからです」（四〇頁）。

本来、商品として生産されたわけではないにもかかわらず、商品として扱われるようになった人間の労働や土地を、ポランニーは「擬制商品」と呼んでいる。これはポランニーの思想を理解する上で重要な論点となるので、本書に収録されたいくつかの論文を通じて、もう少し詳しく見ておこう。たとえば第18章「混乱の暗い影と社会主義の見通し」では、以下のように述べている。

「現実には、労働は人間の活動であり、商品そのものとは似ても似つかないものだ。労働は生理的、心理的および道徳的存在としての人間の諸機能の一部である。それゆえ本来、労働力の「供給」は「販売目的の生産」などではない。当の労働する人間自身が「販売のために生産」されるのではないのと――言うまでもなく――同様に、全く別の諸動機にもとづいて行われるのだ。「労働の販売」について語ることを可能にするためには、いくつもの擬制を設定せざるをえない」（四〇一頁）。

それでは設定された擬制とは何か。ポランニーは、労働力をめぐって以下のように述べている。

「われわれにとって重要なのは、労働市場として描かれた組織において自明とされる人間の置かれた状況である。そのような状況とは、五歳の子どもをして商人のごとく振る舞わせ、自身の自由意思にもとづいて「労働力」を対象とした契約を取り結ばせ、その労働力をいくばくかの量として――たとえば一二時間、一四時間あるいは一六時間というふうに――切り売りし、利潤を得ることができると考えさせるものなのだ。……このようなシステムに締め上げられた都市住民たちが、たちまちに人間的な面影をすべて失っていくとしても何ら不思議ではない」（四〇二頁）。

土地についても事態は同様である。

「人間と同様に土地も、売却のために生産されたわけではない。土地は自然の一部である。……土地とは人間の住処であり、あらゆる活動の場であり、生活のよりどころであり、安らぎを与え、季節の移ろいを告げる場所であるとともに人が土に返る場でもある。一片の土でさえも、商業的な扱いに耐えることは不可能だ。粉々に粉砕されて、あらゆる地域が太古の森、沼沢そして砂漠へと立ち返る可能性がある。……定住を許さず、健全な家庭環境あるいは健康な生活の維持が望めないような土地保有形態は、人間の種としての力を弱め、そうなれば人類は衰退していくことになる」（四〇二～三頁）。

かくしてポランニーは、土地と労働そして地球環境までをも商品化する市場システムが人類の滅亡さえ引き起こしかねないきわめて有害な制度であるという見解を打ち出すことになる。「このようなシステムが、その中に住まわされた人間たちの社会を破壊することなしには、一日たりとて存続しえないだろうことに今や疑いの余地はない。人間は死に絶え、自然はこの盲いた挽き臼のなすがまま、塵芥になるまで破壊されるだろう——破滅に向かってぐるぐると回り続けるバベルの塔である」（七六～七頁）。

ポランニーは、「破壊に向かってぐるぐると回り続けるバベルの塔」を「自己調整的プロセス」と命名する。それは、「社会における財の生産と分配が意図的な干渉や計画なしに行われ」、「経済領域は自律的、つまりそれ自身の法則に従い、生産と分配の過程を調整」（三五六頁）するという意味で自己調整的なのである。ポランニーは、その帰結として「私たちの文明」が一つの特徴を持つようになったと述べる。すなわち「社会内部に他から明確に乖離した経済領域が存在すること」、「政治領域からは分離した経済領域が独自の発展をとげてきたという」（三五五頁）ことである。

ポランニーによると「破壊に向かってぐるぐると回り続けるバベルの塔」が最初に打ち立てられたのはイギリスであり、やがてフランス、ドイツ、アメリカ、日本などに波及した。それが彼の主著『大転換』の中心的テーマの一つだった。こうした彼の見解は、今なお重大な問題を提起しているのではないだろうか。なぜなら彼の言うバベルの塔は、非ヨーロッパ世界、すなわちアジア、アフリカ、ラテンアメリカをも呑みこみ、そこで生活を営む人びとの文化・伝統や価値観のみならず生活基盤そのものを奪い、破壊しつくし、全てを擬制商品に変えてきたからである。そして二十一世紀を迎えた今、グローバリゼーションという名の破壊に向かってぐるぐると回り続けるバベルの塔は、この地球上の土地と労働だけではなく、決済手段としての貨幣までも擬制商品化し、その獰猛かつ野蛮な姿を白日のもとに曝け出している。

二〇一三年度国際決済銀行（ＢＩＳ）年次報告によれば、国境を超えて動く貨幣は、世界の貿易額の数百倍に達し、今や一日当たり五兆ドルにまで肥大化している。また数百兆ドルの運用資金を持つ投資信託やヘッジファンドは、千分の一秒の速さで株や為替を売買しつつ天文学的な貨幣を蓄積している。その対極では貧富の格差が日を追うごとに拡大し、恐るべき貧困が蓄積され続けている。想像を絶する貧苦の中での生活を余儀なくされ、近代文明から完全に締め出された人びとが織りなす群れが二十一世紀のバベルの塔の存在を示しているのではなかろうか。まさにポランニーは、この地球を塵芥にまで破壊しつくそうとする戦慄すべき市場社会の姿、つまり「悪魔の挽き臼」の姿を、われわれに指し示しているのである。

2. 経済決定論

こうしてポランニーは、労働と土地を擬制商品化する市場社会では、悪魔が挽く臼の中で人間も自然もすべてすり潰されてしまうことを明らかにした。しかし、それだけではない。ポランニーは、労働と土地を商品化する市場社会という擬制に満ち溢れた制度を批判するだけではなく、このような擬制を信じ込ませる経済決定論をも批判している。経済決定論とは何か。ポランニーによればそれは、「「経済的」人間が「本来的」人間であるごとく、経済システムこそが「本来的」な社会なのだ、という誤った結論に至る」(四五頁)論理であり、「経済的なるものの顕著な役割と、それが人類史に対して一般的に持つ決定性との双方に関する、強い確信」(三八頁)に満ちた虚偽の理論である。

こうした限界を持つ経済決定論はしかし、著名な研究者の思考をも深い次元で規定してきた。たとえば、第5章「制度分析は、いかに社会科学に貢献するか」においてポランニーは、「あらゆる社会科学は、「経済的」という言葉を自家薬籠中の物としておかなくてはなりません」(八二頁)と述べ、「経済学の影響から解放された人類学者としては先駆的な人物」(八四頁)であるハースコヴィッツでさえもが経済分析に対しては無防備であり、「経済主義的な臆断に無意識によりかかってしまう危険性」(八四頁)を犯していると指摘している。ここではハースコヴィッツだけではなく、ケンブリッジ大学の民族学者アリソン・クウィギン、スペンサー、デュルケーム、パレート、マックス・ヴェーバー、ミーゼス、メンガーも同様の誤りを犯していたことが指摘されている。「二十世紀の変わり目頃、知的な潮流にも変化が見られ……経済主義がはびこり、それが当たり前となった」（八七頁）のである。

しかもポランニーによれば、経済決定論にとらわれていたのは自由主義者や経済史家、人類学者だけではない。マルクスおよびマルクス主義者もそうだったのである。第3章「経済史と自由の問題」においてポランニーは、マルクス主義的決定論と自由放任主義的決定論の双方を批判し、自由、すなわち「良心の光に照らして個人的信念を追求する余地」（五〇頁）は、歴史的諸段階によって決定されるのもではないと主張している。また第14章では、「マルクス主義が誤っているのは、経済決定主義が人類史の一般法則であると理解している点です。真実は反対です。経済決定主義は、過去を見る上では単なる時代錯誤です。未来を見るにあたっては、それはもはや臆断です」（二六一頁）と述べている。そして第3章でもマルクス主義は、奴隷制社会、封建制社会、資本主義社会のすべてを経済決定論によって説明しているとして以下のように批判している。

「マルクス主義的決定論は、社会の発展経路に関するある種の時刻表とでも言うべきものに依拠しています。……結局のところあらゆる事物が、あらかじめ決定されています。イデオロギーも同様で、それが制度と化しているかどうかには関係ありません。長期的には社会の経済的土台、つまり技術水準が生産条件、換言すれば所有システムを規定し、そして技術水準と所有関係は、相揃って制度化された理念と価値観という上部構造を規定するというのです」（五三頁）。

十九世紀文明に育まれた自由主義とマルクス主義、経済学から人類学に至るさまざまな科学が一様に経済決定論の誤謬にとらわれていたとの認識に立つポランニーは、経済的なものを新たに捉え返す知の枠組みを創り出そうとする。その上での一つのポイントとなるのが、制度分析である。ポランニーは、制度分析の核心は、「「経済的」という語の意味を、形式的《フォーマル》なものから、より生身の人間に近い実体的《サブスタンティブ》な意味へと戻してやるのは、制度派経済学の中の、この立場だ」（八八頁）と述べ、経済的な諸制度をより生身の人間に近い実体的な意味に戻すならば、「経済的な諸制度は、経済的な諸要素だけからなるのではなく、また、経済的な諸要素も、経済的な諸制度にのみ見出されるのでは」（九〇頁）ないこと、「単に経済的要素が存在するだけで、ある制度を経済的制度に転換するに十分だとみなすべきでは」（九一頁）ないことを強調している。

ここでポランニーが述べていることは、遺稿集『人間の経済Ⅰ・Ⅱ』（玉野井芳郎ほか訳、岩波書店、一九八八年）の要約とも言うべき内容である。同書で展開された経済の制度分析を可能にする新たな知の枠組みは、「経済人類学」の名で知られ、後の研究者に多大な影響を及ぼしてきた。本書の第14章では、これと重なる議論が「一般経済史」の名で論じられている。経済人類学や一般経済史には何が求められているのか。それは、「〔交易、貨幣、市場は〕単なる恣意的な構築物であること、三者はそれぞれに独立した制度上の起源を有していること、さまざまな貨幣使用や、後に交易へと結晶化したさまざまな要因は、もともとは互いに別個のものとして制度化されていた可能性があることを切り分けて認識」（九四頁）することである。すると「原始貨幣は、特定目的の貨幣であって、使用する先が異なる場合は、異なる貨幣対象物を割り当てた」（九五頁）こと、また「貨幣というのは栄養を階級別に維持する仕組みとして機能」（一〇〇頁）しており、さらに「かつて交易は、利得のあがる、二者が関与し、平和的に行われる財の交換」（一〇二～三）であったことが明らかになるのだという。こうしてポランニーは、市場という制度によって生み出された近代的経済主義を通して過去を把握しようとする悪夢からの解放を訴えたのである。

　ポランニーによる経済決定論批判はきわめて重要である。先に引用したようにポランニーは、「二十世紀の変わり目頃、知的な潮流にも変化が見られ……経済主義がはびこり、それが当たり前となった」と述べているが、十九世紀末に古典派経済学にとって代わった新古典派経済学や経済学《エコノミクス》は、理論の純粋化を数学的に精緻化する一方、人間は経済的合理性のみにもとづいて個人主義的に行動するものと想定し、しかも効用と利潤の最大化を追求する経済人《ホモ・エコノミクス》なる概念を発明した。現在、新古典派経済学と命名されているEconomicsは、一九七〇年代以降、世界的な規模で跋扈しているが、それはポランニーが主張しているように人間の行動全てを効率と獲得される利潤に還元する近代的経済主義に他ならない。近代的経済主義は人間と社会の営み全てを経済的なものの役割に還元し、労働と土地を商品化する擬制＝虚構《フィクション》に満ちた社会を疑うことさえもせず、市場社会を普遍的存在に置き換え、市場が出現する以前の社会においても以後の社会においても人類を突き動かしてきた要因は効用と利潤であると主張する。新古典派経済学とは立場が全く異なるとはいえ、マルクス主義も経済史観中心の経済学である。十九世紀文明に育まれた自由主義とマルクス主義、経済学から人類学に至るさまざまな科学が一様に経済決定論の誤謬にとらわれていたとするポランニーの指摘は当を得た卓越した見解である。

それでは近代的経済主義を排した文明史研究とは何か。それはたとえば、ブラニスラウ・マリノフスキーやフランツ・ボアズが人類学という隣接分野で発見した「贈与と対抗贈与の互酬システム」に着目し、「競争と紛争を最小限にし、贈り物を授受する喜びを最大にするものとして編成され」（二五三頁）た社会を発見することである。ポランニーはこうした文明史的研究の成果をふまえてさらに、われわれが目指すべき新たな社会を構想していたようである。

3．社会の自己防衛と十九世紀文明の崩壊

独特の文明の勃興をもたらし、前代未聞の物質的繁栄を生み出した十九世紀文明が崩壊

したのは、ポランニーによれば「市場経済を支配する法則」、すなわち市場による自己調整的プロセスが立ちゆかなくなったからに他ならない。それでは市場経済を支配する法則はなぜ崩壊したのか。それは自己調整的市場を一定の型にはめ込むような保護的手段のディレンマによって崩壊したのである。

人間を物理的に破壊するシステムが支配する社会において、人間は自らを守り、このような恐るべきシステムに闘いを挑まなければならない。そうでなければ社会も人間も自然も消失してしまうだろう。この点についてポランニーは、『大転換』の中で以下のように述べている。

「やむをえず、社会は自らを保護するための手段をとった。しかしどのような手段であろうと、そうした保護的手段は市場の自己調整を損ない、経済生活の機能を乱し、その結果、社会を別のやり方で窮地に追い込んだ。市場システムの展開を一定の型にはめ込み、ついにはそのシステムの上に成立する社会組織を崩壊へと追いやったのは、このディレンマであった」(『大転換』第6章)。

言い換えれば、人間的実在と自然的実在を壊滅させるシステムに抗して社会とそこで生活を営む人間が、自らを守ろうとした保護的手段によって社会組織を崩壊させ、自己調整的市場を機能麻痺に陥れてしまったのである。

同様のポランニーの見解は本書の端々にも示されている。たとえば第二次世界大戦前に行われた講演「近代社会における哲学の衝突」（第17章）では、自己調整的プロセス、すなわち自由放任主義は、「産業革命という条件下で、人間の自然に対する関係、その生業、家庭、伝統は、完膚なきまでに破壊」（三五七頁）したが、これに対して「労働組合や協同組合、さまざまなキリスト教会派などの自発的結社」が現れ、「多くの点で野放しの競争という原理を制限」（三五八頁）するようになったと述べられている。またポランニーは、大戦後に行った講演「一般経済史」（第14章）の中でも社会がとった自己防衛措置が市場経済を作動不能な状態に陥れたとして以下のように述べている。

「社会が自己防衛措置をとったことにともない、自己調整システムは作動したのです（二重運動）。(1)工場法と組合、(2)農産物関税と土地立法、(3)通貨管理。これら三点は社会の自己防衛措置のうちもっとも重要なものでした。しかし、はっきり言えばこれは自己調整機能を厳密には作動しえなくしました」（二四五頁）。つまり、社会の自己防衛措置により市場が破綻したため、世界経済と結びついた経済制度の編成が必要とされ、危機が招来されたのである。ポランニーによれば、人間の側から防衛反応が起きるが、ここに経済介入政策（interventionism）の起源がある。

その一方でポランニーは、人類と人類を取り巻く自然環境の破壊を防ぐことを目指す保護主義的介入は、必然的に支配階級の妨害に遭遇すると指摘する。つまり「市場システムは、支配階級を大衆民主主義の拡大から守る防衛システムの務めを果た」（四〇五頁）すのである。ポランニーは述べる。「社会の側からの要請がいかに切迫していようとも、単発的な介入は多くの場合経済的に有害であるとみなされ、他方で、経済的に有効な計画型の介入は見向きもされなかった。政治的な点では、漸進的改革は市場の活動を疎外する干渉であるとして評判を落としがちであった一方で、徹底的な社会主義的解決は、その方が経済的には都合がよかったはずであるにもかかわらず完全に蔑ろにされてしまった。こうした状況下で、大衆民主主義の持つ強大な力は必然的に制限されてしまったのである」(四〇五頁)。

つまるところポランニーによるなら、市場システムによる人類と人類を取り巻く自然環境の破壊を守るための民主主義的手段による市場経済への継続的介入が実現することは、市場システムが支配階級を守る防衛システムとしての役割を担うがゆえに、きわめて困難なのである。たしかに歴史を振り返れば、支配階級に抗う単発的で暴力的な市場経済への介入や民主主義的手段に拠らない経済介入は数限りなく行われてきたが、いずれの経済介入も結局は挫折し、社会をいっそうの混乱の渦の中に叩き込んできた。したがってポランニーによれば、「産業システムが機能不全を起こした場合、自由放任主義と大衆政治は両立不可能」(三六〇頁)になり、自由放任主義と大衆政治のうちどちらか一方が諦められねばならなくなるのである。そこで、「産業および経済システムを、本格的に国家内で統合しようという政策に場所を譲」(三六〇〜一頁)る必然性が生じる。こうして「民主主義体制の破壊こそが、産業システム維持のための予防措置」（三六一頁）であるという主張のもと、世界恐慌後のドイツ、イタリアで擡頭したのがファシズムだったのである。ポランニーにとっては、一九一七年のロシア革命も一九三三年にはじまるニューディール政策も、市場経済が危機に陥る中で、産業および産業システムを本格的に国家内で統合しようとする動きに他ならないのである。換言すれば市場経済が危機に直面した場合、民主主義を廃絶するナショナリズムが擡頭し、ナショナリズムの旗のもとに社会全体が包摂され、経済を国家内で統一する動きが出現するというのだ。

こうしたポランニーの歴史理解は、今日的な視点から見ても刺激に満ちている。とはいえ、彼がこの世を去ってから半世紀を経た今、市場経済は新たな段階に突き進んでいることも確かではなかろうか。この間、ベルリンの壁が崩壊（一九八九年）し、ソ連邦が消滅（一九九一年）したが、これは冷戦体制の崩壊だけではなく、世界政治・経済が新たな段階に突入したことを告げる出来事である。新たな段階とは何か。それは、これまで米ソ対立を基軸として展開された古典的帝国主義体制に代わって、国民国家（Nation states）の枠を超えた新しい権力、すなわち産業資本と一体化した国際金融資本が世界を一元的に支配する世界支配体制（グローバルシステム）が確立したということである。

グローバル資本主義とは何か。それは先に述べたように、かつて決済手段としての機能を持っていた貨幣が、価値を増殖するための最も効率的な手段となったということだ。つまり貨幣が擬制商品となり、売買の対象となるというポランニーが懸念した事態は、冷戦崩壊後の時代状況においてこそ顕著になったのである。しかもここで注意したいのは、国境を超える投機マネーにとって国境はなくてはならないという点だ。国境の内と外では貨幣価値が異なり（貨幣価値の差異化）、しかも貨幣価値は日々刻々変動する。貨幣価値の差異と変動こそが投機マネーや企業の国際事業展開にとって巨大な貨幣的富の源泉になっているのである。天文学的な額に達する疑似マネーは貨幣を生む魔法の商品として国境を越えて売買されながら増殖している。しかも巨額のマネーは、現物経済そのものを食い潰し、生産現場で働く人々から生活の基盤を奪い去っている。

また今や先進資本主義諸国のバベルの塔は、グローバリゼーションの名のもとに生産工程そのものを南の世界に分散配置して世界的規模での事業を展開している。こうした中で先進資本主義諸国では職を喪失した失業者の群れが増大し続けている。

他方、先進工業諸国の生産工程を忠実に受け入れて華々しい経済成長を記録し続けている第三世界では、急激に進行する脱農村化の波に洗われて行き場を失った人びとの群れが、中国の農民工に象徴されるように資本の餌食にされ、悲惨極まりない地獄のような世界にたたき落されている。またアフリカ大陸では、資本の餌食にさえされることなく、土地を奪われ社会から暴力的に排除された人びとが、バベルの塔＝「国家」に反逆して凄惨な闘いを挑み、アフリカ社会を極限的な大混乱に陥れている。

こうした冷戦崩壊後の時代状況を踏まえる時、いっそう今日的価値を帯びると思われるのが、『大転換』以前のポランニーがロシア革命の直後に執筆した論文「今、何が求められているのか――ひとつの応答」(本書第16章)である。

4. 自由社会主義と共産主義

問題の論文「今、何が求められているのか」は一種のロシア革命論である。その内容は独特である。この中で、ポランニーは、資本主義の成立以来、あらゆる社会哲学は資本主義の擁護論的陣営と社会主義陣営の二つに分かれてきたと述べ、さらに十九世紀の社会主義思想は、マルクス主義的社会主義と自由社会主義に分かれたと指摘する。自由社会主義とは何か。ポランニーによると、「自由社会主義は、独立独歩の十九世紀思想家たちによる開放的な知的共同体として位置づけられる。……その主題は、以下のとおりである。「自由こそあらゆる真の調和の基礎である。そして自由から生じる状態こそ自然な状態である」(三二六~七頁)。

自由社会主義の思想的原点を以上のように捉えるポランニーは、「このような自由を経済において実現することが、イングランドとフランスの偉大な革命の目的であった。しかし、この仕事は果たされぬままに放置された。土地の独占という封建遺制は革命を生き延

地の所有を自由にすること、これがポランニーの思想の原点である。自由に加えて土地の所有を自由にしなければならない」（三一八頁）と主張している。土七〜八頁）と述べ、「労働と自然の諸力の結びつきを任意のものとするためには、移動のび、それによって、自由な経済が持つ新たな力を正反対の方向に向けてしまった」（三一

そこでポランニーは、社会発展段階説を否定し、「〔資本主義とは〕発展の創造的な力がようやく全面的に展開されたであろう時点で、この発展が遅滞してしまったことの産物」（三一八頁）であると捉えている。そして「この土地独占が続く限り、土地に限らずあらゆる資本が「利潤をもたらす」ことになる。いかなる労働賃金も、農業の「底辺労働者」の賃金を上回るのは不可能となる」（三一八頁）と述べている。なぜか。それは「資本利潤は純粋な地代によって立つのであり、マルクス主義者たちが主張するように地代が資本利潤に依拠するのではない」（三一八頁）からである。さらにポランニーは「剰余価値を搾り出す装置としての資本主義は、土地独占という名で呼ばれる労働の服従的形態に依拠している」（三一九頁）と述べ、「今日、経済において支配的なのは自由ではなく独占である。この土地に対する独占は……自由経済の到来を阻止しているものなのであり、かの「経済外的強制」（マルクス）として自由で平等な人間たちの経済活動を締め出し、目下、いわゆる自由競争を正反対の方向へ、すなわち有産階級による無産階級の搾取へと向かわせているのだ」（三一九頁）と述べている。

つまりここでポランニーは、資本による労働力の搾取ではなく、また資本による生産手段の私的所有という一般的概念ではなく、封建遺制としての土地の私的所有が剰余価値を搾り出す源泉であり、農業部門における底辺労働者の賃金は工業部門労働者の賃金そのものまで規定すると主張しているのである。

ポランニーは、なぜこのような「結論」に達したのだろうか。それは、この論文を書く直前に勃発したロシア革命、それに引き続くハンガリー革命が犯した巨大な歴史的欺瞞と誤謬を指摘するためであった。ポランニーは、「ソヴィエト期ハンガリーの赤く塗られた封建的大企業は、革命の欺瞞のまさに典型例である」(三三六頁)と述べ、さらに「ソヴィエト権力の完全な政治的勝利が、中央集権的な国家経済の崩壊と同居している」(三三〇頁)と述べている。なぜプロレタリア独裁の政治的成功と経済的成功は、両立しないのか。

ポランニーによれば、プロレタリア独裁の政治的成功を収めた国においては、「統計的な手法によって「社会」の要求や可能性、利害関心といったものを突き止め、それにもとづいてこの社会にふさわしい一つのシステムを打ちたてようという期待」(三三一頁)を持つようになる。しかし、「そのようなシステムが稼働しても、個々人の要求や能力、利害関心に訴えかけることがない」。ゆえにそれは「自由社会主義者にしてみれば全く無根拠で望み薄であるように思われる」(三三一頁)のである。そして「マルクス主義の理論と実践がおかしてきた最大の怠慢は協同組合の問題を等閑に付したことであり、この点でマルクス主義は、これ以上ないほど手痛いしっぺ返しを受けてきたのである」(三三五頁)であるとし、「国家が作り出した協同組合とは、まさに大規模な国営企業そのものである。その担い手たちが取り結ぶ関係は――これがどれほど公正かつ理性的なものと受け取られていようとも――まさに強制によってのみ可能なものである」(三三五頁)と述べ、「社会化は、国家経済と同義であってはならない。そもそも社会化のことを云々するのは国家であるべきではないし、少なくとも企業の最終的な所有者を国家にすべきではない。そうではなくて、労働者評議会や、自律的な消費ならびに農業生産の機関等々が代表する万人による経済的自治こそ、その地位に就くべきなのである」(三二七頁)として、統計的手法にもとづいた国家による経済の編成に断固として異議を唱えている。

こうしてみるとポランニーの「今、何が求められているのか」に記されているのは、ソヴィエト社会主義の崩壊を予言するかのような鋭い指摘であったことがわかる。一九一七年、ボリシェヴィキが指導したロシア革命は成功し、封建的地主階級を基盤とするロマノフ朝は倒壊した。ソヴィエトとは、労働者、農民、兵士の評議会を意味しており、レーニンは「全ての権力をソヴィエトに」と呼びかけ、労働者、農民、兵士は革命に決起したのである。だが、ソヴィエトの全ての権力を掌握したのは共産党の高級官僚であり、労働者・農民・兵士の意思は悉く否定された。独裁者スターリンに触れるまでもなく、彼ら官僚は人民の名のもとに全ての生産手段と土地を国家的所有に移行し、中央政府の厳格な管理・統制下に置いたのである。また彼らは人民の思想を統制し、全土に無数の秘密警察を配置して言論・思想の自由を徹底的に弾圧したのだ。ポランニーが指摘するようにソヴィエトは、統計的な手法によって「社会」の要求や可能性、利害関心を突き止め、それにもとづいてこの社会にふさわしい一つのシステムを打ち立てようとしたのである。だが、そこには自由は皆無であった。それだけにソヴィエト共産党はベルリンの壁と共に脆くも崩壊したのである。

また社会主義を標榜し、華々しい経済成長を続け、今や世界第二位の経済大国に成長した中国も同様である。人民中国は、人民とは無縁な国家であり、ごくわずかな党官僚が人民の富と財産を私物化しているいびつな国家なのである。ポランニーの指摘は、個々人の要求や能力に関係なく国家的所有の名のもとに働く人びとの財産を私物化している社会主義国のこれらの現状を理解する上で重要な手がかりとなる。またそれは、あるべき社会を展望する上でも示唆に富んでいる。ウィーン時代にポランニーが思い描いていた社会主義は、カリ・ポランニー－レヴィットが序文で触れているように、機能主義的で団体的な社会主義であり、労働者、消費者、そして市民それぞれの選挙によって選ばれた代表を通じて行われる交渉により、それぞれの利益が保証されるというものであったのだ。ポランニーは、何もかも中央で決定し、指令するような計画経済という考え方を信じていなかったのである。

またポランニーは、「今、何が求められているのか」の中で、共産主義と世界革命との混同を止めるべきだとして、「共産主義などではなく、世界中の、解放された土地に依拠する自由な労働者たちにより、待ち望まれた自由な協同組合が創造されることなのである」（三三二頁）と述べ、さらに「世界革命は、共産主義ではなく自由社会主義を実現すること、「今、求められているのは、協同組合と共産主義とが相容れないという事実を最終的に認めることである」（三三三頁）と主張している。そしてポランニーは、「あらゆる剰余価値から解放された経済においては、供給と需要が生産と分配を調和させる調節弁として機能する。そこでは、適正な賃金とは言えないような「企業家の利潤」は存在しない。また、いかなる危機も存在しない。というのも、価格はもはや隠蔽された剰余価値を実現するのではなく、ただ、等価な労働価値を実現するだけだからだ」（三三〇頁）と述べ、世界革命と協同組合に夢を託している。ポランニーにとっての自由社会主義とは、市場を抹殺して、中央集権化された社会ではなく、世界中の解放された土地の上で労働者と消費者の代表によって運営される協同組合を基礎とする社会なのである。

以上、ポランニーの思想を四つの主題に焦点をあてて紹介し、ポランニーの思想が持っているアクチュアリティーを解説者なりに論じた。ポランニーは、二度にわたる世界大戦の悪夢に襲われ、殺戮と破壊に明け暮れた西洋を目撃し、さらにハンガリー革命、ロシア革命やソヴィエト社会主義の実像を目撃するだけではなく、ヒットラーやムッソリーニが政権を獲得するプロセスを目の当たりにする中で、破壊や殺戮ではなく、人類が尊厳を持って進歩の道を歩むための知を追求し続けた偉大な思想家であった。本書は、ポランニーのオーストリア時代、ロンドン時代そして晩年のアメリカ、カナダ時代のそれぞれにおいて執筆した論稿の集成であり、現代経済社会を考察する上で、さまざまなヒントを提供してくれるに違いない。

訳者あとがき　ポランニーという「知の母胎《マトリクス》」

カール・ポランニーが生前刊行した単著書は『大転換』のみである。この一冊と遺稿集『人間の経済』によって各方面に多大な影響を及ぼした経済思想家。それがよく知られたポランニー像である。

ところがその生誕から約一世紀後の一九八七年、講演原稿や講義録といった膨大な未公開資料を所蔵する「カール・ポランニー政治経済研究所」が、カナダのコンコーディア大学に設立された。これを機にポランニー思想をより多面的に捉える機運が高まり、ドイツ語の論集『大転換年代記』(K. Polanyi, *Chronik der großen Transformation: Artikel und Aufsätze (1920-1945)*, Band1-3, Marburg: Metropolis, 2002-2005) といった多数の成果が生まれた。そうした潮流の最新の成果が本書である。

なぜ今ポランニーなのか。本書の序文や解説が論じているとおり、その最大の理由は、市場経済のグローバル化が進む冷戦崩壊後の世界状況を捉えるための理論的枠組みとして、ポランニー思想の価値が見直されているからである。ただし本書に現れるのは、市場経済の批判者というポランニーだけではない。戦争を制度の一種とみなす国際政治学者としてのポランニー、教育制度や科学哲学を——弟マイケルさながらに——論じるポランニー、さらにはある種の協同組合主義を標榜するポランニー。『大転換』や『人間の経済』には見られない、こうした複数的なポランニー像に注目する優れた研究者（M・カンジャーニ、若森みどり）はすでに現れていたが、思想家自身の言葉を通じてその実像に迫ることを可能にした本書の編者レスタとカタンザリティの功績はひときわ大きい。

それだけではない。本書に収められた二〇篇の論稿を通読すると、ポランニーの多彩な思考の根底に一貫した関心があった点が浮かび上がってくる。自由という理念を特殊近代的な経済の枠組みから解き放ち、転換する文明の行く末にそのあるべき姿を見定めることへの関心。それこそがポランニーという「知の母胎《マトリクス》」を構成する生来的関心ではなかったか。だとすれば著者の死から約半世紀を経て公刊された本書は、最新にして最良のポランニー論集とさえ評しうるかもしれない。本書の邦題に『経済と自由——文明の転換』をあてたのは、こうした読みの可能性を踏まえてのことである。

本書の重要性にいちはやく着目し出版企画を立ち上げたのは、福田邦夫先生である。その後、定年退職間近のため多忙な先生は、編者解説の翻訳と邦訳版解説の執筆に専念し、本文の翻訳は東風谷（第1、3、4、16～19章）、池田（第2、5～10章）、佐久間（第11～15、20章）が担当する体制を整えた。二〇一四年四月のことである。

ポランニーの専門的研究者とは言いがたい四名が約一年でまがりなりにも本書を訳しえ

たのは、一つには、凡例に掲げた既刊のポランニー邦訳書が存在したためである。かけがえのない道しるべを与えてくれた先人の一人一人に敬意を表したい。加えて、何人もの方々から直接的なお力添えをいただいた。とりわけ、千葉敏之先生には中世から近世ヨーロッパの地名について、シュヴェーム夫妻には判読困難なドイツ語タイプ原稿の確認の点でお世話になった。梅垣千尋先生、奈須野佑太さん、米澄岳弥さん、早川夏海さんからは、本訳書の草稿に対して貴重なご助言をいただいた。深く感謝申し上げたい。

訳者四名は、ほぼ二カ月ごとの会合と三〇〇回を超えるメールのやりとりを通じて意見交換と訳稿のクロスチェックを行い、いわば一つのチームとして訳業を進めた。このチームの取りまとめという最も困難な役割を担っていただいたのが、筑摩書房の藤岡泰介氏である。氏の叱咤激励なくして、迷走しがちな訳者らがゴールに至ることはなかった。氏の編集者魂に謝意と賛辞を捧げ、小文の結びとしたい。

訳者を代表して　佐久間寛

プロレタリアート　284, 331, 351, 377, 403
文化　32, 46-47, 54-55, 160-166, 173-175, 241, 286
分業　86, 257, 287
国際分業　141, 369
分配　72-73, 231, 255, 320, 376, 419-420
文明　29, 131, 149, 160-161, 166, 172, 247, 355, 407
平和　30, 127, 131-132, 137-139, 148-149, 411
平和の百年　28
ペルシア　230-232, 292
封建制・封建社会　39, 53, 76, 165, 349, 373, 424
ボリシェヴィズム　242, 314, 329, 331
ボリシェヴィキ　30, 316, 329, 378-379
ポルトガル　101

マ行

マルクス主義　54, 58, 261, 314-315, 325
マンチェスター　61
──学派　421
未開社会　74-75, 101, 241, 258
見通し　214, 250, 323, 399
ミノア　285
民主主義　30, 33, 328, 341-348, 354-355, 372-373, 390
代表制民主主義　381, 417
大衆民主主義　116, 137, 391, 405
メソポタミア　88, 279, 301

ヤ行

野蛮人　251, 254, 280
野蛮な社会　84, 92
融通性（柔軟性）　360, 362-363, 368, 421
ユートピア　34, 244-245, 333, 417, 423-424
ヨーロッパ　59, 140, 166, 168, 260, 331, 366, 371-372, 412, 420

ラ行

ライン（川）　167, 417
利子　72, 356
利潤　51, 71-72, 318, 419
労働　40-41, 55, 76-77, 141, 154, 181, 255, 298, 319, 401, 424
──市場　44, 72, 76, 280, 400-402, 419
──組合　358, 382-383, 390, 404, 424
労働者　71, 165, 175, 331
──階級　44, 144, 166, 352, 373, 379, 425
ロードス　299
ローマ　279, 280-284, 290-291
──帝国　63, 166, 171, 243, 300
──・カトリック　139
ロシア　30-31, 56-57, 127-128, 185, 187, 242, 250, 263, 329-330, 352, 354, 364-365, 372-380, 386, 409, 492
→ソヴィエトも参照。
──革命　29, 242, 263, 329, 372-373, 376-377, 381, 385
ロンドン　169-170, 173, 412

204
中欧　352, 377, 380, 412
　中東欧　364, 366-367
中間業者・仲買人・仲介者　44, 72, 100
中国　31, 127
中産階級　165, 170, 174, 284, 351-353, 371-372, 375-377
　下層中産階級　165, 174, 346
ツァーリ独裁（ツァーリズム）　372-373, 375
帝国　125, 420
　──主義　155-156, 414
田園　165, 173-174
　──的価値観　175
伝統　29, 102, 200, 281, 357
　──主義　34, 180
ドイツ　30, 56-57, 136, 166-167, 242, 250, 259, 263, 351, 354, 365, 369, 371-372, 384, 386, 391
　ナチス・ドイツ　263, 384
　プロイセン　116, 278, 353-354, 365, 369, 371-372, 384, 386, 391
東欧　352, 372, 413
統治形態　344, 347, 353
道徳（モラル）　30-31, 86, 122, 127-129, 132, 157, 165, 203, 401
独裁制　59, 139, 363, 368, 386-387
都市　166-169, 171, 173-174, 232, 260, 319, 324, 371
　──国家　167, 228, 301
ドナウ（川）　167, 285, 372, 413
富　83, 152, 195, 232, 345, 365
奴隷（制）　100, 282-283, 296, 319, 349-350
トロブリアンド諸島　71, 252, 255

ナ行

ナイル川・ナイル峡谷　279, 285
ニジェール（川）　99-100
二重運動　245
日本　354, 386
ニューイングランド　61, 141
ニューギニア　251-252, 256
ニューディール（政策）　263, 386, 390, 409
ネーデルラント（低地諸邦）　167, 353
農村　165, 168, 172-174, 232, 319, 324

ハ行

バーミンガム　61, 171
バナロ　252, 256
バビロニア　87, 97-99, 281
　──経済　283, 299, 301
バランス・オブ・パワー・システム　30, 408-409, 411, 414
バルカン半島　31, 352, 372, 413
ハンガリー　316, 326, 330, 365
ピューリタン　139, 162, 173
平等　182, 345, 347-348
　──主義　353, 372, 388
ヒロシマ　30, 37
ファシズム　30, 131-132, 148, 204-205, 242, 250, 341, 353, 361, 371, 381, 384, 386, 388, 390-392
複雑な社会　143-144
福利　47, 156, 184, 213, 407
フランス　31, 33, 60, 102, 136, 166, 170-171, 259, 317, 332, 349, 365, 377, 409
　──革命　29, 31, 115, 242, 332, 352, 353, 372, 385, 409
ブルジョワジー　167, 170, 173

──的存在　76, 143, 202-203, 400
経済的社会　261
社会主義　142, 281, 333, 352, 374-380
社会民主主義　181, 316, 346
衆愚政治　34, 115, 229, 295
自由至上主義　362, 385
自由社会主義　316, 320-321, 324, 326-328
自由主義　34, 121-122, 205, 333
重商主義　74, 355, 424
私有（制）　58, 329, 389-390
再私有化　297
重農主義　324
自由放任主義　38-39, 51-52, 54, 56-57, 357-362, 387
主権　134, 137, 140-141, 195, 207, 219
シュメール　98, 283, 299
荘園（制）　171-173, 351, 355, 359
商人　40, 44, 75, 169, 173, 299-300, 402
ダムカル　299
商品　40, 45, 141, 154, 322-323, 356-357, 400-402, 419, 421-423
植民地　33, 281, 283, 368-369
所有　71-72, 142, 328, 380
──システム　53, 152, 361, 385
人格　32, 46, 56, 119, 123, 143, 201, 321, 347
私的＝人格的　119, 143-144, 196, 203
進歩　31-33, 82, 135, 184, 204, 206, 220, 248, 332, 377
信用　283-285, 290, 405
人類学　84, 87, 92, 198, 219, 248
スイス　170, 353, 369
スーダン　102
スカンディナヴィア　163
スキタイ　297
スパルタ　299
西欧　171, 350, 364, 379, 413
生産　32, 39-40, 42-43, 356, 361, 400-401
──手段　55, 152, 327, 359, 373, 380, 389-390
──要素　76, 244-245, 419, 422
政治　128-129, 197, 201, 414, 425
──的自由　51
政治家　62, 223-228, 232, 234-235, 414
政治屋　223-224, 226-228, 234, 415
制度　45-46, 50, 75, 89-91, 117-118, 124, 132, 197, 247, 254, 343, 348, 390, 414, 418
──分析　88, 94, 103
西洋　28-34, 166, 260, 266, 374
世界革命　332-333, 374-375, 379
世論　56, 223, 226-228, 234-235, 404
民意　227-228, 231
戦争　37, 113-121, 123-127, 131-138, 141, 149, 151, 156, 158, 200, 262, 291, 328
制度としての戦争（戦争という制度）　118-119, 132, 149
ソヴィエト　187-188, 263
──ロシア　31, 154, 186-187, 371, 373

タ行

ダーウィニズム　180
第一次世界大戦（第一次大戦）　28, 114, 251, 360, 366, 408, 410, 412, 414
大衆　115, 187, 227, 364, 405
──政治　358-359, 379, 387, 389
地代　72, 97-98, 318, 356, 419
地中海　282, 285, 289-300
知の母胎（マトリクス）193-195, 203-

91, 255, 258
——システム　39-40, 42, 44-45, 56-58, 73-74, 94, 243, 248, 255, 258, 262, 264, 266, 354-356, 359, 360-363, 368-369, 389-390, 415
——領域　40, 70, 72, 74, 84, 355-356, 382, 417, 424
非経済的制度　91, 240, 248, 264
経済学　38, 77, 82-85, 88, 93
——者　76-77, 87
経済史　87-88, 101, 240, 248, 251, 255, 264, 266
原始経済学　249, 254, 264
ゲール　300
現実主義　113-114, 118, 127, 129
交易（貿易）　47, 93, 100-103, 245-246, 282-285, 287-290
国際貿易　102, 246, 253, 285, 289-290, 295, 386
私的交易　295, 299
自由貿易　360, 369, 421
長距離交易　102, 288
交換（の）手段　93-95, 97, 245, 288, 301
功利主義　41-42, 45, 55, 86, 201, 314
合理性　42, 45, 47, 86, 265
国際的経済協力（協調）　151-153, 370
国際連盟　145
国民社会主義　371, 409
互酬　246, 253, 256-257, 294
国家　33, 44, 122, 134, 140, 158, 327, 345, 347, 362, 388-389, 425
国民国家　135, 140, 142, 153, 331
国家社会主義　250
コリントス　299

サ行

財　39, 72, 89-90, 93, 186, 287, 356-357, 366, 376, 418-420
物質的財　41, 72-73, 255, 356-357, 359, 424
再分配　99-100, 246, 294-295
搾取　29, 167, 292, 316, 318-320, 323, 374, 380, 436, 438
産業　345, 358, 360-362, 385-386, 388-391, 425
自給自足　150, 153, 279-280, 286, 363, 367-371, 386-387, 410, 415
自己調整　54, 76, 245, 356, 399, 417, 421
自己制御的　40, 55
市場　39, 75-77, 287-288, 302, 321-322, 400, 403-405
——システム　39-40, 58, 72, 76, 100, 261, 286, 291, 300, 405-406, 422
——社会　39, 262
自然　40, 77, 172, 203, 218, 245, 357, 403-404, 422
失業　152-153, 183-184, 363, 367, 421
実体（実質）　46, 77, 88-89, 143, 261
資本　44, 71, 76, 83-84, 141, 154, 245, 318, 356, 368, 419, 421
——家　44, 62, 173, 318, 326, 378
資本主義　33, 58, 148, 249, 281, 318-320, 380, 391, 415
自由資本主義　391, 399-400, 405, 418-419
市民
——権　167, 260, 293
——的自由　50-51, 56-58
社会
——的な自由　350-351

ヴィクトリア朝期　118
飢え　39, 41-44, 70-75, 90, 150, 255, 359, 364
空腹　43, 73, 319, 326
ウォール街　366, 413
埋め込まれた　39, 76, 257-258, 261, 354
エイスフォラ　298
エジプト　87, 289, 301, 420
オーストラリア　113
オーストリア　179, 189, 251, 346, 353-354, 365, 381
オランダ　166

カ行

科学　28, 32-33, 44, 154, 156, 192-207, 212-215, 220, 240, 248
価格システム　99, 360, 420-421
カノ　102
貨幣　44, 75, 83-86, 93-97, 99-100, 103, 171, 243, 245-246, 287-288, 290, 301, 329, 399
——対象物　85, 95, 97, 288
原始貨幣　95, 97
通貨　95, 245, 285, 287, 365, 367-368, 412
非交換的な貨幣（通貨の非交換的用法）　93, 287-288
カロリング期　60
為替　412, 415
——市場　414
関税　245, 296, 329, 360, 363, 425
寛容　34, 56, 139-140, 345
宗教的寛容　139-140
技術　32-33, 46, 54-56, 70, 187, 199-200, 241, 286, 322, 324, 420
稀少性　71, 83, 88, 90,
稀少な手段　83, 195, 212
擬制　45, 400-401, 403, 422
——商品　40
教育　44, 122, 179-183, 186-187, 189, 200, 205
供給・需要・価格（需要・供給・価格）　39, 45, 54, 93, 286-287, 289
共産主義　31, 143, 185, 327-328, 330-333, 341, 353, 375-376, 384
郷紳（ジェントリ）　352
協働　55-56, 158, 196, 198, 200, 320-321, 324, 326, 444-445
協同組合　157, 321, 323-333, 358, 380, 404
共同体　39, 46, 50-51, 55, 74, 122, 128, 132-134, 137-138, 142-143, 152-153, 157, 286, 342-344, 371, 380
協同体　383, 391
——国家　381-382, 391
ギリシア　100, 228, 230, 231, 234, 279, 281, 283-285, 289-291, 300-301, 354
キリスト教　163, 260, 347
——教社会主義者　358
銀行業　284-285, 290-291
金本位制　243, 246, 360, 364-365, 367-369, 408-409, 412-414
国際金本位制　141, 151-152, 363
クワキウトル・インディアン　253
計画型の介入　405
経済　33, 46-47, 54, 75, 153-154, 241, 247, 260-261, 266, 317, 319, 321-323, 351, 425-426
——決定論　37-38, 44-46, 54-56, 58, 260-263
——（的）制度　58, 91, 93, 240-241, 248, 250, 255, 258, 261, 425
——的動機　41, 43, 45, 72-73, 75, 90-

マイアー，ロベルト・ユリウス　197
マコーリー　59, 64, 169
マッハ　197
マリノフスキー　94, 241, 248, 251-256
マルクス＝エンゲルス　316
マルクス　56, 86, 241, 278, 319　→マルクス＝エンゲルスも参照。
マントゥ　249, 259
ミーゼス　86, 243, 421
ミード　55, 254
ミル，ジョン・ステュアート　47, 51
ミルトン　52
ムッソリーニ　131, 148, 156
メレディス教授　169
メンデル　212
モーリス　358
モムゼン　281
モリス，ウィリアム　358
モンテスキュー　87

ラ行

ラサール　358
ラザフォード　174
ラッセル　31, 153-155, 157
ランドール　59
リカード　87, 318
リチャード二世　170
リプセン　249
リンカン　226
リンド　197, 199-200
ルター　117
レーニン　225, 330, 376-380, 409
ローズヴェルト　228, 234
ロストフツェフ　88, 242, 249, 279, 284
ロトベルトゥス　278-280, 282, 286-287, 291
ロビンズ　421

事項索引

ア行

アウシュヴィッツ　37
悪魔の挽き臼　77, 423
アジア　30-33
アッカド　283
アッシリア　283
アテネ（アテナイ）　228, 230-234, 281-285, 293, 295, 297, 299-300
アナーキズム　333
　アナーキスト　121, 143, 315-316
アフリカ　30, 99, 101, 282, 289
アメリカ合衆国　30-31, 33, 36, 56-57, 59, 61, 64, 115, 127-128, 136, 154, 179-189, 234, 249, 252-253, 259, 262, 352-354, 364-367, 386, 390, 409, 413, 426
アングロ＝サクソン　171, 252, 352, 413
イギリス　33, 39, 56-57, 59-62, 87, 116, 128, 136, 140, 144, 153, 155, 160-162, 165-166, 168-169, 171-174, 181-183, 245, 251, 262, 341-343, 346-348, 350-353, 358, 362, 365, 367, 371, 385-386, 409
イタリア　116, 166-168, 242, 354, 371-372, 381-382, 386, 391
イデオロギー　41, 46, 52-54, 250, 281, 424
インド　102, 290

ソロン　225, 228-230, 283-284, 296
ゾンバルト　249, 259

タ行

ダイメル神父　98
ダンテ　172
チャーチル　225
チャールズ一世　169, 173
チャールズ二世　169
ディケンズ　174
デイニアス　296
ティレニウス　85
デナム　102
テミストクレス　225, 228, 230-232, 234, 292
デューリング　316, 319-320
デュルケーム　86, 241
テュルゴー　316, 324
テロン　296
トインビー　249, 259
トゥタン　284
トゥルンヴァルト　56, 86, 241, 248, 252, 256-257
トーニー　249

ナ行

ナイト，フランク　84
ナポレオン　63
ニーブール　281
ニュートン　202

ハ行

ハースコヴィッツ　84
バーナム　261
ハーン　249
ハイエク　58, 261
ハイヒェルハイム　300
ハクスリー　135, 155-157
パシオン　281, 290
バスティア　85-86, 316
バニヤン　161-162
ハモンド夫妻　249, 259
パレート　86, 241
ビアード　249, 259
ヒトラー　30
ヒンデンブルク　409
ビスマルク　358
ビューヒャー　86, 242, 279-282, 286-287, 291
ピレンヌ　167, 242, 249, 259-260
ファーガスン　284
ファース　94
ファラリス　296
フェルスター　314-316, 332
フォード　55-56
ミュラー，フリッツ　315
ブライト　421
ブルトゥス　281
プルードン　316
プルタルコス　230, 293-294
ヘルツカ　316
ベック　87
ベネディクト，ルース　241
ベロッホ　282, 284
ベンサム　358
ベンディクセン　85
ペイシストラトス　297, 299
ホメロス　161
ボアズ　248, 254
ポールマン　284
ポリュアイノス　296

マ行

マイアー，エドゥアルト　87, 249

人名索引

ア行

アインシュタイン　202
アクィナス　168
アゲシラオス　298
アシュリー　249
アダムズ，ブルックス　249
アリステイデス　225, 228, 232-234, 292, 295
イエス　143-144, 162
イェリネク　314
インゲ師　163
ヴァイツマン　226
ヴァスコ・ダ・ガマ　289
ウィリアム征服王　168, 171, 350
ウィルコックス　153-155
ウィルソン　409
ウィルバーフォース　357
ウェスリー　144
ヴェーバー　86, 88, 241-244, 249-250, 252, 259-260, 264-265, 281, 291
ウェッブ夫妻　185, 249, 259
ヴェブレン　92, 163-164, 197, 241
ウレ教授　284
エディントン　162
エリス教授　83
エンゲルス　320　→マルクス＝エンゲルスも参照。
オースティン，ジェーン　161
オッペンハイマー　317, 324

カ行

カウツキー　325
カエサル　63
カダ・モースト　101,
カニンガム　87, 171-172, 242, 249, 259-260
カルヴァン　117
ガンディー　226
キーツ　173
キモン　293-294
キングズリー　358
クウィギン　84-85
クラーク，コリン　241
クラッパートン　102
クラポトキン　316
クレイステネス　284
グロート　281
グロッツ　284
クロムウェル　139-141
ケアリ　316, 324
ケレンスキー　377
ゲリック　153-155, 157
コフカ　206
コブデン　421
コロンブス　289
コント　53

サ行

シェイクスピア　161-162, 173
ジェファソン　59, 61, 63
シャルルマーニュ（カール大帝）　171
シュモラー　87, 242
ジョージ，H.　317
スターリン　30, 263, 380
スペンサー，ハーバート　85, 241, 316
スマッツ　226
スミス，アダム　86-87, 316, 420

本書は「ちくま学芸文庫」のために訳し下ろしたものである。

ちくま学芸文庫

ポランニー・コレクション
経済《けいざい》と自由《じゆう》　文明《ぶんめい》の転換《てんかん》

二〇一五年　七月　十　日　第一刷発行
二〇二三年十二月二十五日　第二刷発行

著　者　カール・ポランニー
訳　者　福田邦夫（ふくだ・くにお）
　　　　池田昭光（いけだ・あきみつ）
　　　　東風谷太一（こちや・たいち）
　　　　佐久間寛（さくま・ゆたか）
発行者　喜入冬子
発行所　株式会社　筑摩書房
　　　　東京都台東区蔵前二―五―三　〒一一一―八七五五
　　　　電話番号　〇三―五六八七―二六〇一（代表）
装幀者　安野光雅
印刷所　株式会社加藤文明社
製本所　株式会社積信堂

ISBN978-4-480-09666-1 C0133